U0529201

国家社科基金项目"基于海丝文化的福建地方文献整理与开发研究"
（项目批准号：16BTQ044）

福建师范大学社会历史学院学术著作出版专项资金资助

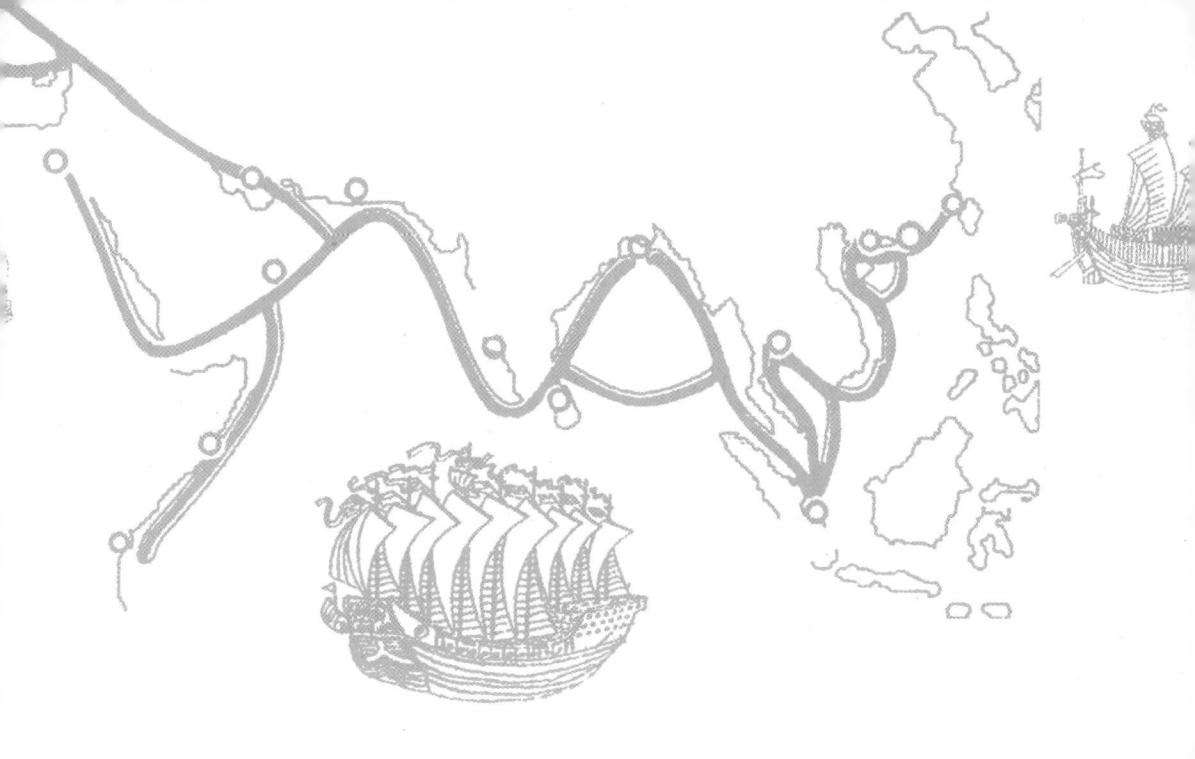

福建海丝
文献整理与开发研究

孟雪梅 等 著

中国社会科学出版社

图书在版编目（CIP）数据

福建海丝文献整理与开发研究 / 孟雪梅等著 . —北京：中国社会科学出版社，2022.10
ISBN 978 – 7 – 5227 – 0487 – 6

Ⅰ.①福… Ⅱ.①孟… Ⅲ.①海上运输—丝绸之路—文献—研究—福建 Ⅳ.①K295.7

中国版本图书馆 CIP 数据核字（2022）第 125033 号

出 版 人	赵剑英
责任编辑	刘　艳
责任校对	陈　晨
责任印制	戴　宽

出　　版	中国社会科学出版社
社　　址	北京鼓楼西大街甲 158 号
邮　　编	100720
网　　址	http://www.cssbpw.cn
发 行 部	010 – 84083685
门 市 部	010 – 84029450
经　　销	新华书店及其他书店

印　　刷	北京明恒达印务有限公司
装　　订	廊坊市广阳区广增装订厂
版　　次	2022 年 10 月第 1 版
印　　次	2022 年 10 月第 1 次印刷

开　　本	710×1000　1/16
印　　张	28.5
字　　数	423 千字
定　　价	148.00 元

凡购买中国社会科学出版社图书，如有质量问题请与本社营销中心联系调换
电话：010 – 84083683
版权所有　侵权必究

前　言

福建是我国海上丝绸之路的发祥地，创造了具有浓郁人文地域特色的闽南文化、光耀近代的船政文化、久负盛名的海丝旅游城市文化、影响广泛的妈祖文化、爱国爱乡的华侨文化以及现代开放的海洋文化。福建的福州、泉州、厦门、漳州都是历史上海上丝绸之路的重要始发港，沿海地区拥有大量的海洋文化遗址、文物，遗留下卷帙浩繁的具有海丝文化特色的福建地方文献，见证了福建海上丝绸之路历史的辉煌，揭示了福建和世界各国通过海上航线进行经济文化交流的史实。福建海丝文献类型多样，内容丰富，翔实、全面地记载着福建各个历史时期的社会发展、文脉传承、民俗风情、船政文化、对外商贸等内容，承载着绚丽多彩的福建海洋文化成果，是我国建设"21世纪海上丝绸之路"不可替代的史料依据。通过对福建海丝文献整理与开发进行研究，有助于继承和弘扬海丝文化，发展福建海丝文化事业，推进重点海丝文物保护，探索海丝文化与福建地方政治、经济、文化等的契合点，深入挖掘海丝文献潜在文化价值，促进福建海丝文献整理与开发工作，为加快福建区域经济文化发展服务。

《福建海丝文献整理与开发研究》是国家社会科学基金项目"基于海丝文化的福建地方文献整理与开发研究"（项目批准号：16BTQ044）的研究成果，该项目主持人为福建师范大学孟雪梅，参加人员有福建师范大学林泽斐、福建医科大学陈颖、福建师范大学张雪峰、黎明职业大学张巧娜、福建师范大学陈汝模（研究生，现已毕业），书稿由上述人员完成。本书由上编、中编、下编三部分组成。主要内容：上编为福建海丝文献及整理开发概述，包括福建海丝文献的概述、类型、整理与开发的机构、内容、研究现状及整理开发价值。中编为福建海丝文献整理，包括福建海丝文献整理的概况、特点、方式、成果，整理中存在的问题及发展策略。下编为福建海丝文献开发，包括福建海丝文献开发的概况、特点、方式、成果，开发中存在的问题及发展策略。本书由项目负责人孟雪梅提出写作大纲和写作要求，并统稿定稿，各章节内容具体写作分工如下：第一章孟雪梅，第二章孟雪梅、张雪峰，第三章孟雪梅、陈颖，第四章林泽斐，第五章林泽斐、孟雪梅，第六章孟雪梅、陈颖，第七章孟雪梅，第八章孟雪梅、张巧娜、陈颖，第九章孟雪梅、张巧娜，第十章孟雪梅、林泽斐，第十一章孟雪梅、张巧娜，第十二章孟雪梅、陈颖、张巧娜、陈汝模，第十三章孟雪梅、陈颖、张巧娜、陈汝模，第十四章孟雪梅、张巧娜，第十五章孟雪梅、林泽斐。附录孟雪梅、陈颖，参考文献陈颖、陈汝模，图表及注释由林泽斐、张巧娜负责规范完成。

  本书着重研究和挖掘福建海丝文献信息资源整理与开发的价值及在建设"21世纪海上丝绸之路"中的重要作用，归纳梳理了福建海丝文献整理与开发的概况、特点、方式及成果，构建了福建海丝文献整理与开发研究的信息资源体系，分析了在整理与开发海丝文献资源中存在的问题，并有针对性地提出了发展策略，使本书具有较高的学术价值和应用价值。学术价值主要体现为三个方面：一是充实和丰富了福建地方文献研究理论，为海丝文献开发实践提供理论支撑；二是通过深入揭示和宣传福建地方文化，有利于福建特色文化的保存和传承；三是通过梳理研究福建海丝文献整理与开发成果，能够更好地挖掘福建海丝文献价值，明确了福建海丝文化内涵。应用价值主要体现在四个方面：一是梳理福建海丝文献整理与开发成果，为学者研究相关课题提供系统全面的信息支持；二是通过对福建海丝文献资源整理与开发现状进行分析，找出存在的问题并提出相应发展策略，促进福建海丝文献整理和开发机构更好地为社会服务；三是有助于推动福建地方经济与文化事业的发展，加快"21世纪海上丝绸之路"建设步伐；四是为海丝文化建设提供资料线索，为有关研究人员提供相关资料。

前　言

本书对福建海丝文献整理与开发进行了系统全面的研究，具有较大的社会影响和效益。本书深入揭示了福建海丝文献价值及整理开发意义，可促使更多的机构和个人投入福建海丝文化建设之中，调动民众积极参与海丝文献整理与开发活动的积极性，提高福建海丝文献的利用率。本书通过梳理归纳福建各机构整理与开发海丝文献的方式及成果，有助于促进各地区、各机构之间的海丝文献整理与开发活动的合作交流，促使整理与开发工作规范化，提高福建海丝文献整理与开发效率。在系统全面地对福建海丝文献整理与开发现状进行分析和研究的基础上，重点介绍了中华人民共和国成立后福建海丝文献整理与开发工作取得的主要成果，为促进福建对外文化交流提供了连接纽带，书后附录也为海内外专家学者进行相关研究提供了线索和依据。特别是书中所提出的福建海丝文献整理与开发策略，不仅对福建海丝文献整理与开发机构开展工作有借鉴意义，而且对延长海丝文献资源的价值链，推进福建海丝文化事业发展，利用海丝文献资源打造优质文化旅游品牌，提升福建海丝文化的影响力、竞争力，促进福建经济发展也有一定的参考作用。

孟雪梅

福建师范大学社会历史学院

2021 年 9 月 10 日

目 录

上编 福建海丝文献及整理开发概述

第一章 福建海丝文献概述 ……………………… (3)
第一节 福建海丝文献产生的背景 ……………………… (3)
第二节 福建海丝文献相关概念界定 ……………………… (9)
第三节 福建海丝文献的特点 ……………………… (16)
第四节 福建海丝文献的收藏 ……………………… (21)

第二章 福建海丝文献的类型及整理与开发机构 ……………………… (42)
第一节 福建海丝文献的主要类型 ……………………… (42)
第二节 福建海丝文献整理与开发主要机构 ……………………… (53)

第三章 福建海丝文献整理与开发内容 ……………………… (65)
第一节 港口及海外交通 ……………………… (65)
第二节 海外贸易 ……………………… (72)
第三节 海外移民 ……………………… (80)
第四节 宗教文化 ……………………… (84)

第四章 福建海丝文献整理与开发相关研究 ……………………… (94)
第一节 福建海丝文献的研究现状 ……………………… (94)
第二节 福建海丝文献整理开发的研究现状 ……………………… (98)

第三节　福建海丝文献数字化研究现状 …………………… （103）
第四节　研究评述 …………………………………………… （110）

第五章　福建海丝文献整理与开发价值 ………………………… （113）
第一节　以史为鉴：促进"21世纪海上丝绸之路"建设
　　　　和发展 …………………………………………… （113）
第二节　传承与发展：弘扬福建海丝传统文化 …………… （118）
第三节　转化与创新：推动海峡西岸地区经济建设 ……… （125）
第四节　融合与交流：增进与海外华侨华人感情与
　　　　民族认同 ………………………………………… （131）

中编　福建海丝文献整理

第六章　福建海丝文献整理概况与特点 ………………………… （143）
第一节　福建海丝文献整理发展概况 ……………………… （143）
第二节　福建海丝文献整理特点 …………………………… （156）

第七章　福建海丝文献整理的方式 ……………………………… （164）
第一节　影印出版 …………………………………………… （164）
第二节　编订出版 …………………………………………… （168）
第三节　翻印再版、摘录、缩印 …………………………… （171）

第八章　福建海丝文献整理的主要成果 ………………………… （174）
第一节　福建地方志的整理与影印出版 …………………… （174）
第二节　福建海丝档案资料的汇编出版 …………………… （184）
第三节　福建海丝历史文献的修订再版 …………………… （189）
第四节　福建海丝史料汇编的整理编辑出版 ……………… （203）

第九章 福建海丝文献整理存在的问题 …………………… (212)
- 第一节 统筹规划和区域机构合作较弱 ………………… (212)
- 第二节 海丝文献整理的支持力度不够 ………………… (216)
- 第三节 整理深度、效率与规范有待进一步提升 ……… (219)
- 第四节 整理的专业人才比较缺乏 ……………………… (223)

第十章 福建海丝文献整理的发展策略 …………………… (226)
- 第一节 构建海丝文献资源保障体系 …………………… (226)
- 第二节 制定海丝文献整理规划促进合作 ……………… (231)
- 第三节 加大对海丝文献整理工作的支持力度 ………… (236)
- 第四节 加强海丝文献整理专业人才队伍的培养 ……… (239)
- 第五节 注重海丝文献整理的细化、规范化及效率 …… (242)

下编 福建海丝文献开发

第十一章 福建海丝文献开发概况与特点 ………………… (249)
- 第一节 福建海丝文献开发概况 ………………………… (249)
- 第二节 福建海丝文献开发特点 ………………………… (259)

第十二章 福建海丝文献开发方式 ………………………… (267)
- 第一节 编制海丝书目索引 ……………………………… (267)
- 第二节 开发建设海丝数据库 …………………………… (269)
- 第三节 建设海丝网络资源 ……………………………… (272)
- 第四节 编辑出版海丝书籍 ……………………………… (276)
- 第五节 开展海丝学术研究活动 ………………………… (279)
- 第六节 举办各类海丝展览 ……………………………… (286)
- 第七节 进行海丝宣传推介活动 ………………………… (292)
- 第八节 举办海丝文化艺术旅游节 ……………………… (297)
- 第九节 开发创作海丝文艺作品 ………………………… (300)

第十三章　福建海丝文献开发的主要成果 (306)
第一节　海丝书目索引 (306)
第二节　海丝数据库 (309)
第三节　福建海丝相关专志 (315)
第四节　海丝著作 (320)
第五节　海丝研究论文汇编 (333)

第十四章　福建海丝文献开发存在的问题 (343)
第一节　对海丝文献开发重要性认识不够 (343)
第二节　海丝数据库开发建设存在的问题较多 (347)
第三节　海丝网络资源开发建设有待进一步加强 (351)
第四节　海丝文献开发同质化且深度广度不够 (354)
第五节　海丝文献整体开发利用效率较低 (357)

第十五章　福建海丝文献开发的发展策略 (361)
第一节　加大对海丝文献开发活动的宣传力度 (361)
第二节　重视海丝特色数据库的开发 (366)
第三节　规划和整合海丝资源拓展开发的深度 (372)
第四节　提高海丝文献整体开发利用效率 (375)
第五节　优化海丝文献的服务模式 (379)

附录1　福建海丝文献主要整理成果 (383)
附录2　福建海丝主要研究开发成果（1949—2020年）(396)

参考文献 (409)

后　记 (442)

上 编

福建海丝文献及整理开发概述

第一章　福建海丝文献概述

"海上丝绸之路"是亚洲海上贸易交通的道路，也是各国之间的财富之路，它的形成是一个漫长的过程。福建是中国海上丝绸之路的重要发源地，也是太平洋西岸航线南北通衢的要地，漳州、泉州和福州都是历史上海上丝绸之路的重要始发港。福建人文积淀深厚，沿海地区拥有大量的历史遗迹体现丰富的海上贸易史实，其依山靠海的独特的地理位置和深远厚重的历史文化造就了浩如烟海的具有海丝文化特色的福建地方文献。福建地方海丝文献翔实、全面地记载着福建民众积极参与海上丝绸之路的史实。国家提出建设"21世纪海上丝绸之路"的倡议为福建的经济发展和对外开放指明了方向，对福建地方文献进行整理与开发、挖掘和弘扬福建海丝文化具有重大意义。

第一节　福建海丝文献产生的背景

"丝绸之路"这一概念最早是在1877年由德国地貌学地质学家李希霍芬在其著作《中国》一书中提出的，用以指中西陆上通道，因为主要贸易为丝绸，所以称之为丝绸之路。最早的中国与西域贸易以中国丝绸为主的商品被运往西域销售，经西域国家的传递，远达地中海及北大西洋沿岸。与此同时，国外的香料、药品等商品也随之输入中国。然而，由于唐朝"天宝之乱"（755—763年），丝绸之路变得"狼烟遍地"，商路被堵塞，长期交往不利，而且随着交易的物质越来越多，陆上骆驼的运载能力有限，人们开始寻求更大运输量的海上贸易通道，陆上丝绸之路开始逐步衰退，"海上丝绸之路"在这种历史条件下应运而生。海上丝绸之路逐渐取代了陆上丝绸之路，成为中国与世界各国通商贸易和文化交流的主要通道。

"海上丝绸之路"一般被认为是丝绸之路的组成部分，这一概念最初是由法国汉学家沙畹（1865—1918年）提出的。海上丝绸之路的发展具有悠久的历史，是当前已知的最古老的海上航线之一，它产生于汉唐时代，发展于宋元时期，在明朝初年郑和下西洋时繁荣达到顶峰。该航路始于中国东南沿海，穿行于东南亚各国，向西最远可达土耳其和埃及，西南方向则直抵肯尼亚，其行程为陆上丝绸之路的数倍。海上丝绸之路作为不同文明交流的对话之路，历经千百年的发展，不仅沟通了东西方的贸易往来，促进了世界经济文化交流，增进了各民族之间的了解和友谊，更在中外历史文明发展史上扮演着非常重要的角色。

福建是古代海上丝绸之路重要的东方起点和发祥地，从唐宋到明清至近代，参与并见证了海上丝绸之路的发展，积累下了丰富的海丝文化遗存，具有辉煌的海洋要冲地位。泉州是被联合国教科文组织确认的海上丝绸之路起点，是宋元时期海上丝绸之路的主港，被称为东方第一大港；福州长乐太平港是郑和七下西洋的重要基地，存有海丝文化珍贵史迹；漳州月港是明朝中后期海上丝绸之路的始发港，沟通了海丝瓷路；莆田是海上丝绸之路的保护神妈祖的故里，妈祖信仰随着海上丝绸之路直达海内外，成为全球不同民族、不同地区的共同信仰；地处福建东南端的厦门历史上也是海上丝绸之路的重要起点和五口通商口岸之一，特别是近代，厦门成为福建民众下南洋的主要口岸，也是华侨返乡的重要港口，厦门在民国时期为福建省八成华侨出入中国的门户，汇往福建的侨汇中，80%—90%都经过了厦门，其侨汇总量占据了全国的2/5[①]。从上述分析可知，福建通过海上丝绸之路与世界有着密切的互动，许多商品的交易、人员的流动、贸易的往来，以及文化的传播，都与这条重要路线有着密不可分的联系。自宋

---

① 陈红秋：《传统与坚持：公共图书馆特色馆藏建设策略研究——以厦门市图书馆华侨华人特色馆藏建设为例》，《河南图书馆学刊》2017年第2期。

朝以来，随着海上丝绸之路的开辟，福建各地以及东南亚各国均留存着大量的历史遗迹和与海上丝绸之路相关的文字记载，这些遗存成为我国与海丝沿线各国沟通交流的桥梁，也是研究和开发福建海上丝绸之路的重要依据。

一 福建古代海上丝绸之路的兴起

福建地处我国东南，省内多山，西、南、北三面都有崇山峻岭与外界隔绝，陆路交通困难。唯有东南滨海，具有亘长的海岸线以及无数天然良港，具有发展海上交通的优越条件。早在远古时代，福建人民就长于舟楫，善于航海，很早就开始了造船和航海活动，福建的社会经济和人民生活就与海洋息息相关。秦汉时期，福建与海外已有了初步的海上交通，当时的东冶港是南北海运的枢纽和对外交通的港口。但是相对闭塞的自然环境阻碍了福建的发展水平，与外界交往不多，海外交通尚处于开创阶段。随着晋至五代中原人民相继迁入闽，加速了福建社会经济的发展，同时福建的海外交通也出现了突飞猛进的发展。唐代时期的福州港，中外商贾云集，学者荟萃，对外地区不断扩大，呈现了空前的繁荣，被列为唐代的三大贸易港之一，这一时期南朝的梁安郡、五代的甘棠港、漳州港也发展成为对外交通的重要港口。

二 福建古代海上丝绸之路的发展

宋元是福建海外交通发展的鼎盛时期。入宋之后，福建社会经济取得令人瞩目的成就，一跃成为全国的先进区域。与此同时，福建的造船航海技术取得突破性进展。福建海军海商异军突起，航迹遍及亚非各国；无论是海外交通所联系的地区，还是海外贸易的规模，都远远超过前代；泉州港勃然兴起，中外商贾、旅行家云集，携运来琳琅满目的海外产品，从而也输入了各国的宗教文化，盛况空前，由此"刺桐港"之名远播海外，令人赞叹不已。

明代是福建海外交通由盛转衰的重要时期，由于明朝统治者对海外贸易采取消极保守的政策，在很长时期内实行海禁，即使部分开禁后，仍然对私人海外贸易施加种种严苛的限制，进行粗暴的干预，阻碍着海外交通的发展。16世纪后，西方殖民者东来，不仅在东南亚侵占殖民地，实行控制航运和垄断贸易的政策，并且在我国沿海一带进行劫掠、骚扰活动，严重地破坏了福建海外交通和贸易的正常进行。

清初至鸦片战争前福建的社会经济虽有一定的发展，但从总体上已落后于国内其他先进地区。在国外，西方列强在远东地区的殖民侵略使东南亚大多数国家先后沦为殖民地，导致福建的航海力量逐渐丧失了在东南亚的优势地位。在国内，由于清朝统治者对国内外反清势力的担忧和西方列强的侵略，清政府逐步加强对民间航海贸易活动的控制和限制。在这一时期，福建的海外交通经历了清初禁海迁界的浩劫，在康雍乾年间一度迅速发展，但也是盛衰相间，极不稳定，且繁荣持续的时间不长。到乾隆中期以后，则出现了持续的低落，最终一蹶不振。鸦片战争后，福建遭到了外国资本主义的侵略，福州、厦门和三都澳仙湖被辟为对外通商口岸。福建经济和对外贸易都被纳入世界资本主义经济体系，这在一定程度上扩大了福建对外交通，对外交流较之以往也更加密切。福建人民通过海外交通加强了与海外各国的科学文化交流，把中国的科学技术和思想文化传播到世界各国，如农业生产技术、手工业技术、造船航海技术、火药、印刷术、采矿冶炼技术、中医和中药，以及儒学、文学、戏剧、音乐甚至福建的民俗宗教信仰都传播到海外。与此同时，也把海外的生产技术和宗教文化传入福建，继而传播全国，重要的如番薯、花生、烟草和玉米等海外作物的传入，在很大程度上改变了福建乃至中国农业生产结构，丰富了人们的粮食品种，满足了人们的生活需要。海外各种宗教文化的传入则丰富了福建文化，促进了福建兼收并蓄、海纳百川的海洋文化的形成。

近代，随着福州作为通商口岸的开放以及鸦片战争后一批先进福建人的开眼看世界的觉醒，福建首当其冲成为中西文化的交汇点，不仅主张学习西方科学文化技术，而且大量地向国人介绍西方社会科学，开创了近代中国向西方学习的风气，被誉为中国走向世界的先驱者。总之，福建是中国了解世界和世界了解中国的窗口，它在中国与海外之间，架起了一座文化沟通的桥梁。

三 福建"21世纪海上丝绸之路"的建设

海上丝绸之路既是中国对外海上交通之路，也是海上贸易之路，还是中外文化交流之路。国家对于海上丝绸之路高度重视。2013年9月，习近平主席在哈萨克斯坦纳扎尔巴耶夫大学发表演讲时，首次提出建设"丝绸之路经济带"的倡议；同年10月，习近平主席在印度尼西亚国会发表演讲时明确提出建设"21世纪海上丝绸之路"。"丝绸之路经济带"与"21世纪海上丝绸之路"即"一带一路"的新丝路概念一经提出，便受到全球高度关注和沿线国家的积极响应，国内各学科领域对于陆上丝绸之路和海上丝绸之路的关注度随之不断提升。"21世纪海上丝绸之路"重点方向是从中国沿海港口过南海到印度洋，延伸至欧洲；从中国沿海港口过南海到南太平洋[1]。为让海上丝绸之路在新时代焕发新的生机和活力，通过新的形式使沿线各国联系更加紧密。国家出台了一系列政策以支持"一带一路"的实施建设：2014年，我国通过了《丝绸之路经济带和21世纪海上丝绸之路建设战略的规划》；2015年3月28日，国家发展改革委、外交部、商务部联合发布了《推动共建丝绸之路经济带和21世纪海上丝绸之路的愿景与行动》，这些政策的出台不仅有效推进了"一带一路"倡议的稳步落实，更促使各学科领域对"一带一路"研究朝深度化发展。

为贯彻习近平主席提出的"一带一路"倡议，加快"21世纪海上丝绸之路"的核心区建设，福建省人民政府在2015年发布了《福建省21世纪海上丝绸之路核心区域建设方案》，该方案指出："福建地处中国东南沿海，是海上丝绸之路的重要起点，是连接台湾海峡东

---

[1] 国家发展和改革委员会、外交部、商务部：《推动共建丝绸之路经济带和21世纪海上丝绸之路的愿景与行动》，中华人民共和国商务部官方网站，2015年3月30日，http://zhs.mofcom.gov.cn/article/xxfb/201503/20150300926644.shtml，2021年5月13日。

西岸的重要通道，是太平洋西岸航线南北通衢的必经之地，也是海外侨胞和台港澳同胞的主要祖籍地，历史辉煌，区位独特，且具有民营经济发达、海洋经济基础良好等明显优势，在建设21世纪海上丝绸之路中具有十分重要的地位和作用。"[1] 提出将福建打造成有国际影响力的海上丝绸之路国际交流平台，建设"21世纪海上丝绸之路"核心区互联互通的重要枢纽、经贸合作的中心基地和人文交流的重点地区。

四　福建海丝文献与海丝文化的开发

海丝文献是海丝历史与文化的重要载体，它揭示了中国和世界各国通过海上航线进行经济文化交流的史实。福建拥有卷帙浩繁的海丝文献，类型多样，内容丰富，记录着福建省各个历史时期的社会发展、文脉传承、民俗风情、船政文化、对外商贸等内容，承载着绚丽多彩的福建海洋文化成果，是现今我国建设"21世纪海上丝绸之路"不可替代的史料依据。在国家大力倡导建设"21世纪海上丝绸之路"、弘扬海丝文化的时代背景下，经济文化双向带动的发展模式越来越为各地区所推崇。福建省凭借其独特的地理优势和历史契机，创造了具有浓郁人文地域特色的闽南文化、光耀近代的船政文化、久负盛名的风景旅游城市文化、影响广泛的妈祖文化、爱国爱乡的华侨文化以及现代开放的海洋文化等海丝遗产，这些丰富的海洋文化遗址、文物和大量海丝文献见证了福建海上丝绸之路历史的辉煌。今天，福建省对海丝文献的收集、整理、保存、开发工作面临新的局面，目前正着力推动海丝文化遗产保护与申遗工程，已在厦门、泉州、福州、漳州等多地开展相关工作。通过对福建海丝文献的系统梳理和进行整理开发工作，不仅有助于全面了解福建海上丝绸之路的历史，继承和发扬海丝文化，发展海丝文化事业，推进重点海丝文物保护项目，探

---

[1] 福建省人民政府：《福建省21世纪海上丝绸之路核心区建设方案》，福建省人民政府官方网站，2015年11月17日，https：//www.fujian.gov.cn/zwgk/ztzl/sczl/zcwj/201601/t20160117_1119690.htm，2021年5月14日。

索海丝文化与地方政治、经济、文化等的契合点，深入挖掘海丝文献潜在信息价值，服务于社会的现实需求，同时也是积极响应习近平总书记提倡建设"一带一路"时代号召的集中体现。

第二节　福建海丝文献相关概念界定

古代福建地区和海上丝绸之路的发展过程被前人以文字的方式记录下来，以历史资料的形式保存在许多古籍文献中，这些福建海丝文献资料是开展海丝研究的重要原料。需要注意的是，在进行研究时，有必要明确福建海丝文献的相关概念，厘清不同概念之间的层次关系和联系，避免概念之间的混淆。

一　海丝文献

海上丝绸之路研究涉及地理史、交通史、探险史、贸易史、航海史、外交史等诸多领域，其文献种类包括地理文献、交通文献、航海文献、贸易文献、外交文献、海疆文献、宗教文献等多类。目前，海上丝绸之路相关文献在一些学术文章中表述有海上丝绸之路文献、海上丝路文献、海丝文献等，在本书中统一使用"海丝文献"这一表述。为清晰界定海丝文献相关概念，在本书中福建海丝文献整理与开发的时间范围以1949年为分界点，1949年前编辑出版的海丝历史文献是海丝文献整理的主要对象，1949年后在研究参考海丝历史文献基础上编著出版的海丝文献作为海丝文献开发研究成果。

1. 海丝文献与海丝历史文献

海丝文献是指与海上丝绸之路相关的所有文献，其涵盖了参与海上丝绸之路历史活动的先辈所留下的历史遗物，海上丝绸之路背景下形成的古代历史文献，研究海上丝绸之路历史的近现代研究著作，以及对海上丝绸之路的历史进行改编或创作的艺术作品等。我国学者陈彬强曾对海丝文献做了较完整的概述，即"海上丝绸之路文献是反映古代中国与世界各国通过海上航线进行经济文化交流的各种历史文献以及现代研究文献的总和，涉及的文献类型包括各种史料、方志、文学作品、艺术作品、考古资料、族谱、碑刻、铭文、舆图，以及现代学者的各种研究论著"①。如从区域角度来看，这一概述也揭示出福建海丝文献的内涵。本书中福建海丝历史文献主要指1949年前编辑出版的各类福建海丝文献，包括古代和近代编辑出版的海丝文献。

2. 海丝古籍文献

古籍作为不可再生资源，是中华文明的历史见证。福建海丝古籍文献是指1912年前产生和流传的有关福建海上丝绸之路的古籍文献资料，包含刻本、稿本、写本、拓本等文献形式，既有文字资料，也有画卷、碑刻、楹联等，还有流传于民间的口碑资料等，在现存的中国古籍中，与海上丝绸之路相关的主要分为以下几类：一是包含有关福建海丝文化的官方编修的各类史书。这类著作包括正史"二十四史"，历代王朝纂修的众多政书。例如《明史》《宋会要辑稿》及明代历朝官修的编年体史书《神宗实录》中都有关于福建海上丝绸之路的历史资料记载。二是私人撰写的有关福建海上丝绸之路的文学著作，这类文献多而杂，其中最详细而又有代表性的，有南宋泉州市舶司长官赵汝适的《诸番志》、元人汪大渊记录海外见闻的著作《岛夷志略》、明何乔远的《名山藏》、马欢的《瀛涯胜览》、费信的《星槎胜览》，还有元代来华的两位外国商人的游记《马可·波罗游记》和《伊本·白图泰游记》。三是各种地方志和各姓族谱，地方志包括省志、府志、县志及各类专志，如南宋的《三山志》、明代的《八闽通志》、清朝的《乾隆泉州府志》《乾隆海澄县志》《道光厦门志》《漳州府志》等。在《乾隆海澄县志》和《漳州府志》中，就记录了明代漳州月港兴盛时期作为海上丝绸之路重要交通和贸易港口的许多社会经济发展状况。族谱，是一种以表谱形式记载一个以血缘关系为主体的家族世系繁衍中重要人物事迹的特殊图书体裁。宋元时期，福建地区宗族日益团结，民间兴盛纂修家谱；到了明清时期，福建谱牒中记录有大量华侨历史，是海上丝绸之路研究的珍贵历史文献。福建是全世界华侨扩展的集散地，海上丝绸之路的兴起和发展促进了福建侨

---

① 陈彬强：《海上丝绸之路文献资源保障体系建设》，《图书馆建设》2015年第5期。

民迁徙海外各国的规模及进程。福建族谱中的"世系表"记载着丰富的宗亲血缘关系,是追踪族姓海外繁衍变化足迹最重要的依据。这些谱牒文献也蕴藏着其族人出洋及其海上活动、海上贸易等一手资料,为深入考察海丝历史提供了丰富翔实的研究资料。

3. "21 世纪海上丝绸之路"文献与"一带一路"文献

海丝文献与"21 世纪海上丝绸之路"文献、"一带一路"文献在概念内涵上并不完全重合,因此不能相互混淆,这对研究海丝文献至关重要。前者是记载中国与世界其他地区通过海上通道进行经济、文化交流的史实文献,也包括现代学者出版的围绕海丝历史展开的研究著述及各类作品。而"21 世纪海上丝绸"之路的相关文献是海丝文献的一部分,是在我国"丝绸之路经济带"与"21 世纪海上丝绸之路"概念提出后,结合区域建设发展而出现的著述,内容范围主要是利用海上丝绸之路深厚的文化积淀进行现代化建设,发挥沿海地区侨力资源、中外渊源、港口口岸、民营经济、生态文明等综合优势,拓展国际交流合作等。而"一带一路"(The Belt and Road,B&R)是"丝绸之路经济带"和"21 世纪海上丝绸之路"的简称,"一带一路"文献在内涵和外延上大于海丝文献和"21 世纪海上丝绸之路"文献,它除了包含海丝文献,还包含了陆上丝绸之路相关文献。

二 海丝文献与海丝文化

海丝文化即海上丝绸之路文化,其涵盖了古代海上丝绸之路形成、发展、繁荣过程中所产生的物质文化遗产和非物质文化遗产。其中,物质文化遗产主要指海上丝绸之路的古迹、遗址和其他遗存,如港口、建筑、文献等;非物质文化遗产主要涉及文化、音乐等领域,如妈祖信仰和南音等。通过海上丝绸之路,中国不仅向外传播着民族工艺品、特产等物质产品,如丝绸、陶瓷器、漆器、酒、茶等,也传播了儒道思想和民俗信仰,如妈祖文化的传播等,对"海上丝路"沿线国家、地区乃至欧洲均产生不同程度的影响。由此可见,以经济贸易为主要功能的对外航线在发展中也开始起到促进两地的文化交流的作用,海上丝绸之路不仅是一条经济之路,更是一条文化之路。伴随着"海丝"千年的发展，形成了独特的海丝文化，由海上丝绸之路带动的不同文化间的交流碰撞，推动了世界的文明发展进程。

海丝文献与海丝文化密切相关，两者都具有明显的地域性，海丝文化是海丝文献产生的基础和前提，它的发展持续不断地充实丰富海丝文献的内容，而海丝文献的内容又真实反映着海丝文化，在记录和保存海丝文化的基础上促进海丝文化的交流传播、发扬继承。海丝文献是传承海丝特色文化、海丝精神和优良传统的重要媒介。海丝文化从广义上说，是在社会历史发展过程中海丝物质成果和精神成果的总和，而海丝文献就是对海丝文化的真实记录和反映，是与海丝相关的某一特定区域各个时期变化发展的客观缩影。狭义的海丝文化指的是具有浓厚海丝色彩的文化，即具有明显海丝地方特征。海丝文化具有的独特地域艺术风格，能够反映海丝沿线区域的人民群众的生产生活、风俗人情、娱乐休闲方式，并已形成一定的传统，未来很长一段时间人民群众还将继续按照这种传统生活下去，具有一定审美价值，并且人民群众通常在生活中以人们喜闻乐见的方式表现出来。从这一层面上来说，海丝文献是海丝文化的真实写照，海丝文化是海丝文献的信息源。

福建海丝文献和海丝文化记录了福建人民对海上丝绸之路的认识和生活实践，是海丝历史传统的积淀，是将在现代和未来得到传承并服务于社会的精神财富，收集、整理、保存并开发利用好福建海丝文献是发展海丝文化、提升地方软实力的重要任务之一[1]。随着中国与东盟及世界各国共建"21世纪海上丝绸之路"倡议的实施，历史上曾创下的海洋经济观念、和谐共荣意识、多元共生意愿，将为福建未来的发展战略再次提供丰厚的历史基础。福建在进行"21世纪海上丝绸之路"的建设中，应深入挖掘"友善、包容、互惠、共生、坚韧"的海上丝绸之路的文化内涵[2]，更广泛地弘扬海丝文化，促进福

---

[1] 骆伟、朱晓华：《试论地方文献与地方文化的关系》，《图书馆论坛》2000年第5期。
[2] 林凯：《福建文化传播研究》，《中华文化与传播研究》2019年第1期。

建与世界的深层次互动。

三 海丝文献与地方文献

地方文献是一种特殊的文献形式，是反映地区地理环境、自然资源、社会生活、政治经济、历史人文以及人类活动的资料总和，具有保存历史、指导政治、服务文化等作用。关于地方文献的概念，最早做出解释和定义的是我国著名图书馆学家杜定友先生，他认为："地方文献是指有关地方的一切资料，表现于各种记载形式，如：图书、杂志、报纸、图片、照片、影片、画片、唱片、拓本、表格、传单、票据、文告、手稿、印模、薄籍等等"，在此概念的基础上，他还将地方文献划分为地方史料、地方人物与著述、地方文献出版物三个部分[1]。随着社会的发展和研究的深入，地方文献的内涵也随之不断延伸拓展，地方文献与其他类型文献的本质区别在于"内容上具有地方特征"，由此，地方文献可定义为：地方文献是某一地区历史发展过程中形成的一切反映当地社会生产关系的原始记录和资料，它真实地反映了本地社会面貌，包括经济、政治、文化、教育、科技、历史、地理、自然等各方面的历史发展情况，是研究本地历史与现实状况的第一手资料。

在海丝文献概念阐释时还应明晰海丝文献和地方文献的联系与区别。由于海丝文献内容和区域发展联系紧密，也可归属于地方文献，它是地方文献的细化和分支。因此，海丝文献具有地方文献的内涵、特点和属性，生动反映特定历史发展时期的社会全貌，具体涉及海上交通、贸易交流、文化传播、移民活动、政治往来等。其中包括海丝文本文献资源：地方史料、地方志、族谱、乡邦人士著作等，海丝非文本文献资源：票据、契约、金石拓片、图谱、侨批等。同时，海丝文献更比一般的地方文献多了对海上丝绸之路的历史文化内涵的要求。

在福建海丝文化建设中，对海丝地方文献的整理研究和开发利用

---

[1] 王以俭、廖晓飞主编：《地方文献与阅读推广》，朝华出版社2020年版，第4页。

十分重要，主要体现在以下几个方面：一是地方文献是一个地方政治、经济、文化、社会等方面发展情况的真实记录，是非常珍贵的省情信息资源，具有存史、资政、教化等作用。二是地方文献可以很好地记录城市发展形态和轨迹，很好地记录和反映城市历史文化现象。基于"城市记忆"的地方文献信息资源的整合策略是以图书馆现有地方文献馆藏资源为基础，多途径、多渠道、多层次地进行地方文献信息资源的收集；整理不同载体形态的地方文献资源，形成信息产品，打造城市文化品牌；挖掘城市记忆，加强宣传，打造城市文化品牌。三是对地方文献的开发利用研究，实际上也是深入了解和宣传地方文化的过程，有利于特色文化的保存和传承，有助于推进"21世纪海上丝绸之路"建设。

四 海丝文献整理

文献整理是指利用科学有效的方法，将无序、内容分散、层次不明的文字资料保存为有序的、系统化的文献资源，以方便开发和利用。近代学术大师梁启超先生非常重视整理史料，在著作《中国历史研究法》中，他提出史料是历史的组织细胞，若不具备或不确定史料，则"无复史之可言"。海丝文献整理有必要由相关专家和学者组织，对大量的海丝文献进行审阅、鉴定、研讨、评估，并从中挑选具有研究价值的海丝文献资料，对其进行校勘、辑佚、断句、补正、注释等整理工作，再进行出版，以便进一步研究和利用。

海丝文献整理主要指对海丝历史文献的整理，包括以下几个方面的内容：一是将零散文字材料转化为有系统内容的文献；二是将文献资料进行分类和排序；三是建立资料索引和摘要系统；四是按一定主题或一段时间归集整合相关文献出版；五是对古籍文献进行点校整理、查漏补缺、订正讹误、编订成册等；六是对利用价值较高的古籍文献进行再版，包括影印出版、整理再版、修订再版。文献整理就是将文献"去粗取精，去伪存真"，按照一定的排列方法提供利用的过程。文献的整理方式包括摘抄、影印、翻印、修订、再版、缩微等方式。

福建海丝文献涉及的范围广、类型多、类目杂,若不及时对这些文献进行整理和加工,便很难充分发挥其原有价值并有效地被读者利用。福建海丝文献的整理工作十分重要,以图书馆、档案馆等为主的地方文献收藏单位的整理工作包括:对海丝相关地方文献展开全面细致的文献调查,对散见于各处的海丝文献进行收集归类;挖掘和探清资料价值,明确和厘清重点和一般海丝文献;对记载海上丝绸之路历史的古籍文献进行点校、考订、注释和补阙拾遗,特别是对破损和被虫蛀的古籍文献及时安排专业人员展开修复和复制工作;对相关海丝历史文献影印再版和修订汇编出版,对现当代学界关于海丝研究的学术论文、会议论文以及专著书籍等修订合集出版;等等。这些海丝资料的整理、出版、再版能够为政治史、经济史、社会史、教育史、文化史等研究提供多种素材,有利于更进一步地推进海丝文化发展和相关学术研究。

五 海丝文献开发

文献开发是指在文献整理的基础上,有针对性地对文献资源进行再加工和建设,以充分发挥文献资源的实用性和利用价值,方便后续研究与利用,加强文献传播的广度与深度,实现文献共享。福建海丝文献的开发对象包括海丝历史文献和海丝现代文献,开发的机构过去主要是图书馆等文献收藏机构,以编制各种地方文献目录、索引、文摘为主,以满足读者、用户的阅读需求为目的,开发范围规模较小。随着文献开发日益受到社会各界广泛重视,不仅各大图书馆和地方文献收藏机构投入大量人力、物力和财力,进行地方志、口述文献、谱牒资料、照片及影音文献、非物质文化遗产和地方文献数据库的开发,还有众多的社会组织和个人参与到文献开发活动中,使文献资源得到有效利用,促进了区域文化的建设和发展。

福建海丝历史文献是见证福建地区参与海上丝绸之路的"活化石",真实记录了各个历史时期海丝文化的发展,作为重要的社会记忆,对福建海丝历史文献进行系统开发是福建海丝文献开发工作中的重点。福建海丝文献的开发是在对海丝文献研究的基础上进行的,开发成果主要包括如下几个方面：一是编制海丝相关文献的书目、索引、专题资料汇编、文摘以及海丝论文的文献附录，开发文献丛书；二是对涉及海上丝绸之路相关内容的古籍、地方志、口述文献、谱牒资料、影音文献、专著及期刊等进行数字化转换，并建成海丝文献书目数据库、海丝文献专题数据库和海丝文献全文数据库以及相关网站；三是对海丝文献进行多形式开发，开展与海丝相关的宣传、利用和学术研究等各类活动，如海丝图片展览、民俗活动、以海丝为背景创作改编的影视文学作品和海丝学术会议、海丝相关著作编辑出版等。

第三节　福建海丝文献的特点

福建海丝文献内容丰富，是基于福建海丝地情的一种地情文献，涉及福建海上丝绸之路的方方面面，主要包括海上交通、海外贸易、文化交流、海外移民、民间信仰、历史研究等，在各方面都具有重要的历史意义和很高的开发利用价值。因此福建海丝文献特点明显，主要体现在地域性明显、史料价值高、内容类型丰富、宗教信仰文献较多等方面。

一　地域性明显

福建海丝文献是福建地方文献资源当中的一种，具有地方文献的基本属性和特征，文献内容涉及海丝文化的方方面面，但受福建地域限制，地域性是福建海丝文献重要的特点。地域性是一个地理空间概念，人类历史上就是在不同的地域生活和发展繁衍的，根据不同的地域环境和气候条件长期形成了不同的生产生活习惯，并且按照自己生存生产方式积淀和传承文化，福建海丝文献的地域性源于差异性的闽人思想和行为方式累积的海丝文化。福建海丝文献的地域性是指以福建地域为描述和揭示范围所有涉及海丝文化的文献总和，是福建历史上与海丝沿线各国在政治、经济、文化上交流和海上交通发展的真实写照，其文献所记载的内容都是属于发生在福建特定范围之内的，或与福建特定地域关系密切,其地域范围包括福州、莆田、泉州、厦门、漳州、龙岩、三明和南平等地区。

福建海丝文献的内容、数量和特点呈现出明显的地域区别。如福建各地各具特色的海丝文献包括福州的船政文化文献、长乐的郑和下西洋史迹和史料、莆田的妈祖文献、厦漳泉的海上交通及华侨华人文献、上杭的客家谱牒、宁化的客家文献、建阳的建本文献、晋江的谱牒等,都与地方历史文化发展紧密相关。福建海丝文献的分布也有着鲜明的地域特色,闽人出洋,地理位置也是其主导影响因素,历史上海丝活动较多的区域主要集中在福建东部沿海港口城市,这些地区产生的海丝文献数量比较多。以福建图书馆馆藏谱牒文献数量分布为例,调查结果显示,省内的各图书馆所收藏的福建谱牒文献约有两千册。其中,福建省图书馆约汇集了总收藏册数的1/4,其次依次为泉州市图书馆、漳州市图书馆、厦门大学图书馆、莆田学院图书馆和福建师范大学图书馆,这些图书馆共计收集了总馆藏量的1/2,龙岩、宁德、南平、三明及其他县级图书馆的馆藏量则占总数的1/4,其中,莆田、泉州、晋江、厦门、漳州等地的馆藏都在100册以上,其余区域的数量大都为数十册。此外,开埠时间较早的闽南地区不仅谱牒数量多,而且相比于闽北、闽西等地谱牒,具有更多的福建民众出洋记录,在现有厦门、漳州、泉州地区的谱牒中,出洋记录大约有2万—3万条,相关人数约10倍于闽北和闽西地区之和,这是闽南地域性特点所致。因此,海丝文献是福建地域文化的重要载体,地域性是海丝文献的基本属性。

二 史料价值高

福建海丝历史文献史料价值较高,具有包括学术研究价值、文化教育价值、参考决策价值在内的多种文献价值,主要体现在福建海丝历史文献所记录的有关福建地区发生的海丝活动,可为人们了解和研究福建海丝文化提供历史依据,可为人们提升现有的福建文化风貌提供一定参考。

福建海丝原始文献是确凿的原始材料和历史有效证件,是如实反映各历史时期福建人参与海丝社会活动的真实记录，其中大部分是福建人士以纪实、记事的方式记录下来的，内容真实可靠、信息准确。由于福建海丝文献具有较高的真实性和准确性，不仅对现当代海丝文献查缺补漏、订正讹误、校正版本、添补残卷发挥着重要作用，也是查考、争辩、研究和处理问题的依据，使得它们具备很高的学术研究价值。例如，泉州地区的海丝文献中包含很多珍贵的家族族谱，这些族谱中记录了移居至东南亚、中国台湾等地的同胞信息。随着人口的迁移，逐步形成了中华文化和海外当地文化融合的文化形态，这些历史痕迹往往以侨批、家族族谱等形式存留至今。这些海丝历史记录文献对研究海丝文化具有很重要的研究价值。

唐代以来，福建出现了许多具有影响力的学者，如郑樵、蔡襄、黄仲昭等，他们有些亲自参与海丝活动，有些则对其生存时代内发生的海丝活动进行记录，从而给后人留下了珍贵的海丝文献，其中，部分文献在流传中成了绝版、孤版。例如，作为目前中国唯一现存的宋代县志，《仙溪志》在研究仙游地区宋代的政治、经济、文化等方面具有重要价值。陈长城先生编撰的《莆阳掌故丛书》和20世纪60年代莆田县在中华人民共和国成立以来首次编撰的《莆田县志（草稿）》皆为孤本，具有重要的研究价值。福建现有很多稀缺的海丝文献资料都是一些专家学者在海外考察学习时发现收集的，并捐赠给福建各地图书馆等机构收藏。

福建海丝历史文献能够较准确翔实地记录福建海丝文化历史，涉及与海丝活动相关的自然资源概况、政治经济的发展、军事政策的转变、社会文化的进程、科技的进步，以及人物事迹等。福建海丝文献内容丰富，类型多样，如泉州石刻、摩崖、墓志铭等内容作为还原海上丝绸之路的原始资料，历经百载而不失其原生性。福建海丝历史文献中优秀的传统文化，在文化宣传和教育中具有不可替代的价值，除此之外，福建海丝文献在福建地区党政机关的规划、方针制定、具体工作中都有参考和理论支撑作用。

三 内容类型丰富

千百年来，福建积累下了大量的海丝文献，其内容涉及广泛，包含福建海丝活动和区域发展的各种情况，人文历史、经济政治、宗教文化等皆有所涵盖。福建海丝文献所反映的内容有着自身内在的有机联系，是对福建地域政治、经济、文化、自然等方面的系统记录，是对福建地区社会历史变迁过程中的海丝文化现象的系统记录和描述，因此内容十分丰富，是不可多得的宝贵历史资料。

福建海丝文献类型多种多样，主要可分为两大类：一是海丝文本类型文献，包括地方志、谱牒、地方史籍、地方人士著述、地方资料汇编、地方丛书、地方年鉴、地方人物传记等；二是海丝非文本类型文献，包括碑刻、侨批、民间契约、舆图和书画等。海丝文献类型丰富，从不同的角度彰显了福建历史变迁的各个领域，正是文献类型的多样化，使得福建海丝文献具有较高的历史价值。例如，福建地区的族谱大多由当地具有名望的族人主持编撰，这是探索家族发展历史的第一手资料，特别是其中的族人出洋资料更是为研究海上丝绸之路提供了新的视角。在对福建海上丝绸之路的研究中，谱牒文献起着参考和支持作用，具有很高的学术价值。福建海丝文献不仅类别多样，类下的种类也不同。以地方志为例，依据各地地方行政的划分和行政区域的隶属关系，就有一系列的府志、厅志、县志、州志等。不同主题的海丝文献类型也具有多样性，如妈祖文献类型有碑刻、诏诰、敕谕、御题、奏疏、题本、咨文、起居注、御祭文、诗词、散文、匾额、对联、经签、绘画等，皆是不可多得的宝贵资料。

四 宗教信仰文献影响大

福建在海上丝绸之路兴盛的影响下，与海丝沿线各国有着长期的中外政治、经济、文化交流历史，海外宗教首先进入福建沿海地区传播，进而覆盖福建全境，佛教、道教、伊斯兰教，其信众在福建各地均有分布。在明朝，莆田林兆恩还创立了佛、道、儒三教合一的"三一教"。随着宗教在福建的传播，宗教文献大量产生，寺庙、道观、教堂林立，这些宗教机构均收藏相关宗教文献，部分宗教文献保留至今，成为极为珍贵的历史文献。

福建民间宗教信仰的类型比较多，由此出现了很多关于宗教信仰的地方文献，如经文、神话小说、神明传记等。此类文献与人民生活的各个方面，如家祭、庙祭等均具有密切关系，这体现出福建民间信仰相关文献的多样性。其中反映海丝文化交流最多、影响最大的宗教信仰文献当数妈祖相关文献，其中典型文献有《天妃显圣录》《天后显圣录》《敕封天后志》《天后昭应录》《城北天后宫志》等①。妈祖信仰是分布在中国东南沿海地区的民间信仰，宋代以来，福建地区沿海民众自发形成这一宗教文化。传说妈祖原名林默，是古代在莆田地区出生的官宦之家小姐，她可帮助通行于大陆和莆田湄洲岛之间的渔民平安出海。此外，还传说她可以帮助民众救命消灾，故被民众视为海上守护神。妈祖信仰与海丝的发展有着密切的关系，妈祖信徒分布在海上丝绸之路周边地区，在日本、东南亚、中国台湾、中国广东、中国福建等国家和地区都有大量民众信仰妈祖。信徒们将妈祖尊称为神女、天后、天妃等。与妈祖相关的传说，相当一部分以文献形式记载并流传至今，印证了海丝影响下的中外宗教信仰交流历史。

五　谱牒、侨批文献数量多

福建谱牒是研究福建海丝历史文化的重要史料，其发展历史悠久，数量巨大，族谱种类有2500多种。福建谱牒已经形成了较完整的谱牒文献体例，结构系统性高，其编纂贯穿于个人发展和家族前进中，是一个人和家族兴旺发展的最直接的凭证，也成为闽籍海外华侨寻根祭祖的重要依据。谱牒不仅记载了个人家族的繁衍，更是一个地区的文化的传承。福建海丝谱牒文献的系统性主要体现在两个方面：一方面是它独特的传承性，由于存在着亲缘关系的纽带，谱牒才被代代相传，形成了留给后代的宝贵文化财富；另一个方面是其内容也具

---

① 黄建铭：《典籍缱绻 信仰流长——闽台民间信仰文献内涵与价值解读》，《中国宗教》2007年第4期。

有系统性，其内容不仅局限于日常的婚丧事件或族人出洋的简单记录，往往还系统地记录了族人出洋的原因、方式、目的地、职业、人物贡献以及人物逝世的原因等，这些记录都使得海上丝绸之路的历史活动更加清晰。福建海丝谱牒较为重视记录的全面性和完整性，其文献目录结构通常具有定式，往往还带有较大的世系图。在编撰时，谱牒文献不仅局限于简单的文字记载，还往往利用方志和正史中的记录及叙述手法，配以图文并茂的叙事方式，这都更加凸显了福建谱牒文献的特点。

侨批，简称"批"，这是福建方言、广东潮汕话、梅县客家话及福州一带的方言对"信"的指称，而"番批""银信"专指海外华侨通过海内外民间机构汇寄至国内的汇款暨家书，是一种信汇合一的特殊邮传载体。主要分布在福建、广东省潮汕地区暨海南等地，福建境内已发现的侨批档案总数为 8 万余件，多收藏于福建各级档案馆中，闽南地区的侨批文献主要由泉州市档案馆、晋江市档案馆收藏，还有部分分散于民间收藏家手中。例如，泉州市档案馆目前有侨批文献 2592 封左右，相关扫描件 31000 余件，晋江市档案馆亦有约 2500 封侨批。闽南华侨与家乡的书信往来历经数百年，真实记录了 19 世纪中期以来福建移民的发展历程，成为维系海外华侨华人与故乡、亲人之间情感、经济与信息的纽带，承载了广大闽籍华人及其眷属的历史记忆，同时也记录了海外华侨华人对所在国和祖国经济社会发展所做出的贡献，反映了福建侨乡和侨居地社会发展多方面情况，同时也见证了海丝文化交流与融合的历史，有着深刻的海丝文化内涵和较高的研究价值。

第四节　福建海丝文献的收藏

海丝文献的收藏是开展海丝文献整理和利用工作的基础，是做好读者服务、海丝文献资源建设和海丝数据库开发等工作的前提条件，是促进福建地方经济、传承福建传统文化、推动福建地方发展的参考依据，也是研究福建海丝历史、整理开发福建海丝文献的重要前提。历史上福建人参与海上丝绸之路产生了类型多样、题材丰富的海丝文献，其收藏分布也较为广泛。随着近年来"一带一路"倡议的提出和福建海丝研究的潜移默化的影响下，保护和收藏福建海丝文献的机构越来越重视海丝文献的收藏，其主要收藏机构类型有公共图书馆、高校图书馆、档案馆、博物馆等组织机构。不同类型的收藏机构收藏的海丝文献的类型及重点也有一定区别，图书馆主要收藏正式出版的传统纸质文献、多媒体及网络地方文献；博物馆、纪念馆多收藏实物资料；档案馆多收藏照片、文件、信件等档案资料。

一 公共图书馆海丝文献的收藏

福建公共图书馆继承了福建历代书院藏书和私人藏书重视收集古籍、地方志、闽人著述和乡帮文献的传统，并把收藏、整理、研究和开发利用福建海丝文献作为馆藏资源建设的特色和重点。

福建公共图书馆包括省、市、县（区）图书馆，少年儿童图书馆，以及乡镇图书馆、向社会开放的私人图书馆。福建省现有公共图书馆96个，其中省级图书馆2个，副省级图书馆2个，地市级图书馆10个，县市级图书馆82个，其中各地区少儿公共图书馆6个。福建省级公共图书馆一般设有地方文献专门的机构和工作人员，其中包含大量海丝文献，形成了各具特色的馆藏文献资源，如福建省图书馆收藏的两岸关系文献及台湾文献；厦门市图书馆收藏的闽南地方文献；等等。福建省内公共图书馆海丝文献主要收藏机构及收藏概况如下。

1. 福建省图书馆

福建省图书馆是收藏福建海丝文献的主要机构，是全省古籍保护中心暨文化共享工程中心。截止2020年底，福建省图书馆馆藏图书382万册（件）、电子图书315万册，数字资源库64个。截止2008年底，福建省图书馆馆藏中文古籍和地方文献近40万册，其中线装古籍约占全省现藏古籍的1/4，善本约占全省现藏善本的1/2以上。该馆从20世纪80年代起开始重点收藏福建省各地文史资料和谱牒等地方文献，对本省各种版本地方志、闽台文献和谱牒的收藏较完整，并建立了以福建资料、地方志、名人著述、文史资料、谱牒等为特色馆藏的信息资源库。目前该馆藏有古籍和地方文献近40万册，家族谱资料达3000余种[①]，其收集的范围不仅包括福建地区，还扩展到了印度尼西亚、新加坡、菲律宾、斯里兰卡和中国台湾等一系列国家和地区。以闽南文化、客家文化、船政文化、妈祖文化、闽台文化等地方特色文化为主要内容的海丝文献成为福建省图书馆馆藏的重要组成部分。从2007年开始，福建省图书馆开始实施一个庞大的福建文化信息系统工程，建设福建文化记忆数据库，将逐步建立6个子数据库，分别是闽南文化数据库、客家文化数据库、妈祖信俗数据库、寿山石文化数据库、畲族文化数据库以及非物质文化遗产数据库，促进了福建海丝文献整理与开发工作。此外，福建省图书馆还收集整理散佚于民间的地方文献资料，如关于福州的海丝文献有《开闽忠懿王氏族谱》《瀛涯胜览》（已上交中国版本图书馆）《淳熙三山志》《福州府志》《金薯传习录》《榕城要纂》等。其中，《金薯传习录》作为珍贵孤帙，为清代福州长乐人陈世元所编，主要记述了其先辈于海外经商时，从吕宋引进甘薯到福州试栽之事。

2. 福州市图书馆

福州市图书馆是福州地区的海丝文献收藏中心机构，该图书馆收藏了众多福州地方文献和闽台文献，形成了别具特色的文献收藏体系。目前，图书馆共有馆藏100万册（件），各种综合性文献约62万册。截至2019年2月，福州市图书馆所搜集的与福州有关的地方文献共3100余种，达2万多册。与海丝相关的文献共计524种、2100余册（现代海丝研究专著复本数较多），其中包括文史资料49种、谱牒199种、方志64种、现代海丝研究专著（含船政）212种。除此之外，该馆还设置了表现福州地区特色的闽都文化研究馆、闽都名家

[①] 余锦秀：《公共图书馆保存利用地方特色文化资源刍议——以福建省图书馆为例》，《福建图书馆理论与实践》2016年第2期。

作品馆、新印古籍馆、闽都非遗馆和方志族谱馆等区域。图书馆所藏特色数字资源包括船政文化数据库、馆藏地方文献数据库、福州地方文献数据库等。福州市图书馆还和闽都文化研究会携手引进了一系列具有福州当地文化特色的书籍。

3. 莆田市图书馆

莆田市图书馆海丝文献收藏独具特色，长期将妈祖文献作为地方文献藏书建设的重点。目前图书馆藏有 1477 部 11636 册经史子集，包括史志、医学、小说类，其中有许多是全省乃至全国为数不多的珍品馆藏。另外，图书馆专门设置了海丝文献室、四部丛书室和妈祖文献室，是一所展示莆田人文底蕴、延续文献名邦文脉、引领书香莆田、促进信息资源全民共享，集知识传播、社会教育和学术研究于一身的公共图书馆。该馆所设置的莆田市古籍保护中心是全省古籍收藏先进保护单位，该中心以保存历代莆田地方文献为特色，对促进妈祖文化研究、莆田市地方史研究以及莆田与世界各国的文化交流提供保障。具体收藏如下：（1）历代莆人著述：据统计，历代莆人著述被收入《四库全书总目》的有 50 部 882 卷，收入《四库全书存目》的有 67 部 983 卷，其数量位居八闽之首。（2）地方志：图书馆馆藏地方志中，府志有明弘治期间《重刊兴化府志》、明万历三年《兴化府志》，县志有仙游县志 4 种，莆田县志 5 种，莆田市志 2 种，区志 5 种，以及各种镇/村志近 10 种。（3）妈祖文献书目：收藏《敕封天后志》《清代妈祖档案史料汇编》等妈祖文献 358 种。（4）数字化文献：数字化莆仙文献目录 1034 种，数字化妈祖文献书目 193 种，同时建有莆仙方言资料库。

4. 泉州市图书馆

历史上闽南人参与海丝活动最为积极，遗留下来的史籍文献和遗迹较多，相关文献多保存于泉州市图书馆。该馆收藏有 33000 余册的珍藏善本、普通线装古籍，古籍数量占泉州地区的 70% 以上。线装书中有 343 种 3567 册善本书，地方文献 384 种 1789 册，尚有 50 多种字画、墨迹、法帖等宝贵文献。馆藏善本书有明代刻本 50 多部 500 多册，如嘉靖年间刻的《徐节孝集》《资治通鉴》《文选》《仪礼注疏》《古今合璧事类备要》《楚辞》等都是精本。馆藏的《景璧集》是国内的孤本,《榕树全书》（清刻本）、《三陵集》（抄本）、《温陵诗记》（木活字本），以及《里言征》《丛青轩集》《晋水常谈录》等也都是较为完整而少见的泉人著作①。该馆设有古籍地方文献室，是海丝历史文献的主要收藏处。据统计，该馆现存海丝文献专著书目内容涉及地方文献、丝绸之路、泉州历史、海上运输、泉人著述、文化交流、"21世纪海上丝绸之路"等。古籍地方文献室收藏有大量的福建谱牒文献原本，通过谱牒文献的数字化建设，将馆内拥有的900多部谱牒制作成目录置于图书馆网页，这部分谱牒文献共记载出洋人数12000人左右。永春县《桃源潘氏族谱》《三修永春夹漈蔡氏族谱》，安溪县《大垅林氏族谱》，南安市《武荣诗山霞宅陈氏族谱》《彭岛洪氏族谱》，石狮市《银江李氏族谱》等颇具代表性，目前该馆已经成为闽南地区地方家谱、族谱收集最为全面的图书馆。

5. 厦门市图书馆

厦门市图书馆是厦门市地方文献收藏中心，自建馆以来一直坚持做好地方文献的搜集、整理和收藏等工作。早在20世纪80年代，厦门市图书馆就设立了地方文献专库，库内主要收录厦漳泉、厦漳泉出版的或厦漳泉人士著述的各类出版物。现该馆收藏古籍2700册，善本1500册；民国文献110种，共59256册；谱牒文献243种；华侨华人专题资料2562种，共3533册；收藏地方文献共41030册，以闽南地方文献为收藏特色。其馆藏资源中的特色馆藏有珍藏文献数据库、厦门记忆数据库、闽南地方文献联合目录数据库、厦门志数据库。珍藏文献数据库提供了厦门市图书馆所收藏的珍稀文献的电子全文，其中包括元刻本《注陆宣公奏议》、宋版元明递修本《通鉴纪事本末》、海内孤本《甘泉献纳编》、四库底本《云溪集》等入选国家珍贵古籍名录的善本古籍。厦门记忆数据库包括各类厦门地方文献资源，根据内容可分为小城春秋、图说厦门、厦门人物、厦门地方文献索引、厦门文献、闽南戏曲、华人华侨专题库等数据库。华人华侨专

---

① 苏清闽：《浅谈泉州市图书馆古籍保护工作》，《科技信息》2012年第29期。

题库中的闽籍华人华侨人物库一共包含326名著名华侨华人的姓名、籍贯和生平介绍，其中305名华侨迁往南洋，涉及行业包括制造、经济、教育、医学、政治、书法、音乐等领域；闽籍华人华侨书目索引库共提供了1575份文献的索引，这些文献的内容以人物志和方志为主。闽南地方文献联合目录数据库收录了内容涉及闽南地方政治、经济、文化、历史等各方面内容的文献书目和作者为闽南籍人士著述的书目①。

6. 漳州市图书馆

漳州市图书馆作为福建省漳州市的公共文化中心，以漳州历代地方文献为藏书重点和特色，为漳州市海丝文化研究、地方历史文化研究、闽南区域文化保护研究和闽台文化交流起着文献保障的作用。该馆海丝文献的收藏十分丰富，所设立的"漳州文库"集收藏、整理与利用于一体，共收录漳州古籍、图书、金石拓片等多种文献近万册（件）；宋、明、清古籍378种4093册。具体包括：一是漳籍人物著述，约有130种，其中经部11种、史部30种、子部19种、集部70种；当代漳人著述数量较多，有近1000位作者的著作列入馆藏。二是地方志，图书馆馆藏地方志中，府（市）志有清光绪《漳州府志》《漳州市志》2种，各县（区）志有龙海县6种、长泰县5种、南靖县4种、云霄县3种、东山县3种、平和县3种等共计26种。三是谱牒，图书馆自20世纪90年代初开始收集漳州民间族谱，目前已复制收藏的馆藏家谱有1687册，包括66个姓氏。四是金石拓片，该图书馆共收藏了千余件金石拓片，从而形成了别具特色的古文献资源，在这些金石拓片中，包含100余件墓志铭，400余件由各级文物保护单位和民间保存的石刻拓片，这些馆藏在我国地级市的公共图书馆中是不常见的。五是漳州市的侨批、民间文书、民间剧本，以及其他在国家非物质文化遗产项目中登记的资源等，此类文献目前存世稀少，收藏价值较高。

---

① 厦门市图书馆：《自建数据库》，厦门市图书馆官方网站，http://www.xmlib.net/sztsg/zjsjk，2019年1月12日。

7. 南平市图书馆

南平市图书馆也收藏有一定数量的古籍地方文献。该馆收藏有《洗冤录》《四库全书》《四部丛刊初编》《万友文库》等地方文献1330多种1万多册，其中线装古籍和闽北地方文献资料尤为珍贵，古籍有乾隆三十年版本《延平府志》《建瓯县志》等闽北各县志以及《宁化县志》等省内一部分珍藏本[①]，这些珍贵的历史文献中就包含了海丝文化内容，具有较高的历史研究和开发利用价值。

此外，福建一些区、县级公共图书馆也有海丝文化内容的文献收藏，如福州市马尾区图书馆收藏的马尾地方特色文化资源库，包含船政文化、马尾区古村落名居、闽剧荟萃、马尾宗祠文化、马尾名胜古迹等。福州市长乐区图书馆收藏的长乐地方文献特色库，包含城市记忆、地方志、人物志、地方族谱、名家作品、地方非遗、文化地图等。古田县图书馆收藏的地方文献，包含特色文化专题：朱熹理学文化、陈靖姑文化、圆瑛文化、华侨文化等，以及古田县志、文史资料、民间书籍、族谱名录等。厦门市思明区图书馆以"写厦门的书"和"厦门人写的书"等地方文献为收藏重点，该馆建有闽南特色资源数据库，主要内容有"闽南事""闽南人""闽南物""闽南景"。厦门市同安区图书馆收藏古籍7063册，善本1002册，善本中有6部15册为国内孤本，已被中国古籍保护中心录入《中国古籍善本书目导航》，民国文献8200册，地方文献以厦漳泉及台湾文献为主，共2702册。此外，该馆还建有同安文物古迹、同安图库、同安特色音视频库、同安地方文献专题数据库，其中，同安地方文献专题数据库共有电子图书1281种，涵盖多种同安历史文献。厦门市集美区图书馆收藏古籍15154册，善本299册，民国文献19155册。该馆地方文献古籍全文数据库包含各类古籍电子书接近1500本的古籍数据库，包含明朝清朝全国各省县、福建各地县志，以及其他各类古籍。馆内的自建数据库有陈嘉庚文献库、古籍文献库、厦门地方文献库、厦门

---

① 百度百科：《南平市图书馆》，百度百科，https://baike.baidu.com/item/南平市图书馆，2019年1月12日。

会展资料库4个。

二 高校图书馆海丝文献的收藏

高等院校图书馆是高校信息储备及传播的主要阵地，在根据办学目标和任务进行文献资源建设的同时，还积极地收集保存和共享福建海丝文献，有些高校的海丝文献收藏丰富，成为福建区域内的海丝文献资源保障中心。据调查，福建海丝文献资源收藏主要分布在福建师范大学、厦门大学、漳州师范学院、莆田学院、华侨大学、闽南师范大学、闽江学院等高校图书馆中。

1. 福建师范大学图书馆

福建师范大学图书馆是全国古籍重点保护单位，馆内拥有较为丰富的地方文献、字画、善本、古籍、碑刻，内含大量的海丝文献。从20世纪五六十年代起，福建师范大学图书馆就特别重视古籍善本、稿本、抄本、地方志、福建史料和丛书、名人字画、金石拓片、谱牒、诗文集等的收集、整理和利用。现有馆藏海丝历史文献主要集中在两个方面：一是福建地方志。福建省志、府志、州志、县志、镇志基本完备，福建的地方志现存约350种，福建师范大学图书馆共收藏280多种，收藏的福建地方志数量居全省各收藏机构之首。该馆建设了《福建省九十六种地方志传记艺文志索引及资料库》，共收录福建省志4种，各种府志、县志96种，福建闽人及来闽做官人物35600多人索引及传记资料。二是福建古代地方文献及闽人著述。该馆收藏清代以前的闽人著述别集达600余种，闽人家谱百余种；线装古籍19000多种156000余册，其中的善本古籍中有900多种10000余册的元、明、清时期的旧椠及稿本、精抄本，现有25部典籍被选入《国家珍贵古籍名录》。宋、元、明、清各代的名家书画500多幅，金石碑拓近万张，不乏稀世珍宝。该馆自编了《福建地方文献及闽人著述综录》，著录了现存国内60余家图书馆所藏清代以前福建典籍多达3400余种。该馆还自建了馆藏中文民国文献数据库，所收藏的民国文献中含有许多福建出版的图书、期刊，其中民国时期福建出版的期刊共182种，报纸共14种，图书共523种①。该馆收藏的福建海丝史料及历史典籍十分珍贵，学术研究价值较高。

2. 厦门大学图书馆

厦门大学图书馆的古籍文献收藏量较大，是国家重点古籍保护单位，其馆藏中的闽台方志、族谱等地方文献史料独具特色。该馆特藏部设有专门的古籍书库和善本书库，存有古籍133355册10161种，善本819种11743册，地方志1200余种，所藏日本末次研究所剪报资料750辑15万篇2亿多字。2009年和2013年，该馆分别有9部和1部古籍入选国家珍贵古籍名录②。该馆还设有区域研究资料中心，专藏闽台、东南亚以及华侨华人等中外图书资料，有藏书9万多册。该馆重视地方文献数据库的建设，建设了区域研究文献数据库、闽台族谱数据库、莆仙妈祖地方文化特色库等。另外，厦门大学图书馆在海上丝绸之路文献资源的建设和开发上也取得了一定的成果，图书馆建立了海疆研究数据库，数据库中专设有"海上丝绸之路"专题，有约1000条记录。

3. 漳州师范学院图书馆

漳州师范学院图书馆收藏有大量的闽方言和闽民俗研究文献，2000年开始建设闽台地方文献资源，先后完成了《馆藏地方文献目录》《闽台民间信仰》《闽方言》《本校教职工科研成果目录》及地方报纸《八闽历史文化研究目录》《郑成功》《朱熹》《林语堂》等专题目录。由福建省教育厅资助建立的漳州地方文化数据库是在现有馆藏基础上建设而成的，收录了漳州历史与地方文献、漳州文学艺术、林语堂学术研究、福建报纸漳州文化、闽南日报漳州文化等万余条记录，共包括地方文献库、闽南文化库、海西文化库、历史名人库4个子库。语言学科专题特色数据库则主要收录闽方言数字化论文和闽方言书目，是闽南地区海丝文献收藏的主要机构之一。

---

① 龙丹、郑辉：《福建师范大学图书馆民国文献馆藏概况及主要特色》，《大学图书情报学刊》2012年第4期。

② 龚冉：《厦门市12部古籍入选国家名录》，新浪网，2012年6月21日，http：//collection.sina.com.cn/gjsb/20120621/121972134.shtml，2019年9月10日。

4. 莆田学院图书馆

莆田学院图书馆的收藏特色是莆仙地方特色文献资源，因此特别注重莆仙地方特色数据资源的挖掘和开发建设。2003年，该馆特辟了妈祖文献研究室，主要致力于莆仙地方文献资源特别是妈祖文化资源的收集、整理、加工，目标是建设具有地方特色的专题数据库及妈祖文献资源数据库。目前主要建成了莆仙古代名人录、妈祖文化资料库、莆仙戏资料库、莆田茶资料库和莆仙地方文献全文数据库5个资料库。莆仙地方文献全文数据库目前收录有明万历《兴化府志》等莆仙历史文献共1030册，现代资料320册；妈祖文献古籍20多册，合计共收录1350多册莆田、仙游两地的地方志、古籍文献和现代研究资料全文。妈祖文化资料库包含了"书目库、全文库、图片库、多媒体库"四部分，现已收录书目数据近20000条，其中，全文资料近16000条。同时莆田学院建有妈祖文化研究中心基地，该基地收藏中文图书15000册（其中全国妈祖文化研究的博士、硕士学位论文1080本），外文图书3532册，建有国内最大的妈祖文化电子资料库。

5. 华侨大学图书馆

华侨大学图书馆馆藏独具特色。该馆设有华侨华人文献特藏库、福建戏曲文献特藏库和闽台地方文献专题库，其中包含大量的海丝文献。图书馆还建立了海上丝绸之路文献特藏专柜，并把它归在了闽台地方文献特藏库的范畴内。目前，该馆开通了"一带一路"数据库的应用，该数据库是国内首个聚焦"一带一路"倡议的专业学术数据库产品。

6. 闽南师范大学图书馆

闽南师范大学图书馆为漳州地区的文献信息资源中心。该图书馆内收藏了一系列漳州地方文献，从2001年开始，该图书馆开始建设漳州地方文献专藏，即广泛搜集闽南地区特别是漳州区域的地方文献资源，从而确立了在纵向上面向漳州文献、横向上面向闽南方言文献的特色馆藏体系。该图书馆目前已搜集整理漳州地区的纸本文献千余种，包括族谱、家谱共计834册，另外已建成包括闽南方言数据库、闽南地方文化特色数据库、闽台生态农业库在内的多个自建数据库。

与海丝文化有关的数据库主要涉及两类：一类是基于馆藏地方文献所构建的闽南地方文化特色数据库，该特色数据库又分为馆藏地方书目、艺术库、人物库、文化库、连氏家族等子库，同时还收录了与漳州文学艺术、林语堂专题研究、闽南历史与地方文献、《闽南日报》、漳州文化等主题相关的逾万条记录；另一类是闽方言文献特色数据库，该数据库主要包含闽方言研究论文库、闽方言图书全文库、闽方言资料库、闽方言辑目索引库等子库，这些数据库基于图书馆特色馆藏，整合了与闽台两地和东南亚区域的闽方言有关的各类语言学文献资源，并提供全文浏览和检索，是与漳州海丝文化相关的珍贵数字资源。

7. 闽江学院图书馆

闽江学院图书馆成立较晚，但馆藏极具特色，收藏了较多包含海丝文化内容的闽都文献，并建立了闽都文化文献资源特藏库。闽都文化是指福州方言语区内的文化，是由操福州方言的居民共同在一起生活长期形成的一支地域文化，闽都文化的地域范围横跨闽福州、闽东、闽北以及浙江等地区。随着明代末年大批福州人向海外流转，将福州方言传到南洋各地，甚至传播到世界各地，闽都文化也随着闽都人民的迁移足迹扩散至海内外，逐渐成为闽都华侨在海外社会中联系的纽带。闽都文化文献资源特藏收录的内容涵盖了闽越土著文化、船政文化、三坊七巷文化、寿山石文化、闽都中西文化交流、闽都教育文化、闽都名人文化、闽都海洋文化、闽都华侨文化、闽都园林建筑文化、闽都民间习俗和艺术文化。共收集古籍、图书资料、手稿、内部出版物等3000余种，5000多册。该馆在闽都文化文献资源特藏库的依托下开发出闽都文化特色书目，建立了闽都文化数据库、船政文化特色数据库、闽都宗教信仰数据库等。

三 档案馆海丝文献的收藏

公共档案馆是收藏与保管档案的重要机构，主要任务是对本地区需要长远保存的档案、史料进行统一集中的管理。福建各地市的公共档案馆特别注重地域特色档案资料的收集整理，收藏了一系列与福建地区有关的重要原始文献。其中，与海丝文化有关的档案文件主要涉及历史照片、历史档案、信稿、土地合同、名人亲笔以及建筑图纸等。目前，收藏福建海丝文化历史相关档案资料的档案馆主要有福建省档案馆、福州市档案馆、厦门市档案馆、莆田市档案馆等。

1. 福建省档案馆

福建省档案馆是我国一级档案馆，该馆的收藏内容丰富，文献价值珍贵。在该馆所藏文献中，时间最早的档案产生于 1644 年，许多文件和史料不仅立足于海丝文化和福建省的省情，而且体现出深刻的历史意义。由于福建的特殊地理区位和经济、文化地位，这些馆藏文献具有鲜明的海丝文化特色。馆内藏品主要分为明清历史档案、民国历史档案、革命历史档案和 1949 年中华人民共和国成立后的历史档案四部分。其中明清档案 56 卷，主要是福建省各邮柜（站）邮政代办人及信托经理人详情表，邮政总局和北京、上海税务总署与福州、厦门邮政处以及闽海关的来往文电、通令、公函、营业情况、月报表（多系英文），明代末年（1644 年）及清代的房地契据（1716—1884 年），福建法政学堂毕业文凭，福建私立政法专门学校影集等。其中有光绪三十三年至宣统二年（1907—1910 年）洋务总局和美孚石油公司关于在（宁德）三都澳向罗、郑二家租地拟建油池的案卷。民国档案，计有 92 个全宗，177606 卷[①]。这些历史档案材料，对保存和开发福建海丝文化有着重要的价值。

2. 福州市档案馆

福州市档案馆是一所综合性档案馆，现该馆所藏的 1949 年以前的历史档案文献共有 10 个全宗，分为 20859 卷；中华人民共和国成立后的档案全宗 192 个，共 277832 卷，86640 件。福州市档案馆中收藏的最早档案可以追溯到清朝咸丰五年。这些档案文件不仅体现了福州的历史概貌，还从各个方面揭示了福州地区民众参与海丝文化活动的历史。福州市档案馆所收藏的福建海丝文献主要涉及与福州有关

---

① 徐仁立、刘建朝编著：《福建红色旅游资源开发研究》，光明日报出版社 2019 年版，第 34 页。

的重大活动与重要事件档案、照片、音像资料和实物文献等多种形式和多种载体的资料，其中比较珍贵的福州海丝文件包含清代福州族谱和房契、地契，美国友人西奥多·琼斯所收藏的 40 余张 19 世纪 60 年代的福州老照片，外籍人士在福州地区从事文化、宗教等活动的历史档案，此外还包含能够体现福州地方特色的其他档案资料，如福州非物质文化遗产档案、船政文化档案、闽剧档案、福州中华老字号档案、福州家谱族谱以及市属单位的部分内部出版物等①。该馆还收集保存了反映福州地方名优特产品生产、加工、运销的历史档案。此外，该馆馆藏的图书资料也十分珍贵，涉及海丝文化内容的主要有福建近代民生地理志，近代、现代福建地方大事记，福建省政府公报，1949 年前福建主要期刊简介，《福建通志》《福州府志》等。

3. 厦门市档案馆

厦门市档案馆是国家一级档案馆，是收藏福建海丝文献的重要机构之一。其馆藏海丝文献按载体形态可分为纸质档案、照片档案、录音录像档案及部分实物档案。目前馆内所藏涉及海丝文化内容的文献除了《近代厦门涉外档案史料》《近代厦门经济档案资料》《闽台关系档案资料》等档案文献，还有《湖里文史资料》（共 6 辑）、《厦门华侨志》、《厦门文史资料》（共 22 辑）、《厦门市志》（共五册）、《厦门志》（共 16 卷）、《厦门年鉴》及《厦门诗词》等图书资料，其中《厦门文化丛书》系列涵盖了厦门海外交通、海防文化、宗教、侨乡、诗荟、民俗、地理等 24 个方面的内容，《闽南文化系列》丛书反映了包括厦门在内的闽南地区的饮食、民间信仰、民俗、先贤等 10 个方面的内容。这些档案资料，是 19 世纪末以来厦门市社会历史发展的真实反映，在福建海丝文化建设中发挥着重要的作用。

4. 泉州市档案馆

泉州市档案馆同样为我国一级档案馆，馆藏文献 2 万多册，文献内容主要包括侨务资料、政策文件、同乡会、宗教、法律文件汇编、

---

① 福州市档案局：《馆藏介绍》，福州市档案局官方网站，http://daj.fuzhou.gov.cn/zz/jgjs/gzjs/，2019 年 3 月 6 日。

泉州市相关统计年鉴、地方志文献、报纸、学术期刊，以及与泉州市相关的自然灾害、气象、城市规划等领域的资料。该馆也收藏部分图书资源，主要包括工具书、图书（哲学、地理、历史、经济、法律法规、政治、文学等领域）、族谱等。其中，部分档案十分珍贵，是挖掘和展示海丝文化的重要史料。

5. 莆田市档案馆

莆田市档案馆作为莆田地区的档案收藏管理机构，自成立后通过征集、赠予、寄存、接收等各类途径搜集了大量的莆田地方档案。截至 2017 年底，莆田市档案馆共保存了清代档案文献、民国档案文献、中华人民共和国成立后档案文献共计 356 个全宗，261582 卷，图书 30326 册。目前保存的地方文献主要有《莆田县志》《兴化府志》《二十四史》等莆田县方志和史书；报纸包括民国时期的莆田地区报纸和中华人民共和国成立后发行的《人民日报》《福建日报》《湄洲报》《兴化报》《闽侯报》等；福建省、莆田市的各类统计资料；莆仙地区戏剧介绍；莆田地区名人名画；当地主要家族（林、吴、王、蔡、陈、郑、杨、黄、张氏）族谱等，上述档案文献中涉及丰富的福建海丝文化内容，反映了莆田地区文化发展的历程。

6. 漳州市档案馆

漳州市档案馆作为漳州市档案的主要保存机构，通过募集、采购等多种渠道搜集了大量的地方档案。漳州市档案馆非常重视特色档案文献的搜集，目前馆内收藏的档案共计 138 个全宗，68611 卷，收藏范围涵盖重大活动档案、科技档案、文书档案、专门档案、音像档案等，收藏的地区文献包括《台湾文献汇刊》《漳州府志》《漳州党史通讯》《漳州文史资料》《福建通志》及漳州下属各县县志、统计年鉴、政策文件汇编、部分家族族谱等，这些文献均包含丰富的海丝文化内容。其中编写于民国 24 年的《海澄县己卯志稿本》，是编撰者亲自手写的孤本，同时也是海澄县县志稿中的最后一部。

四 博物馆海丝文献的收藏

博物馆是搜集、整理和陈列物质文化、精神文化遗存的公共文化教育机构。福建省内博物馆的收藏类型主要为福建地区的特色遗存、历史文物、古代书画、器具等藏品,在研究、宣传福建地区物质和精神文化方面具有重要的文化教育功能。福建地区博物馆涉及海丝文化内容的收藏包括科技史、交通史、文化交流史、经贸发展史、人口迁移史等,是民众了解福建海丝历史文化的重要场所。收藏海丝文化遗存较多的福建各类博物馆和展览馆有福建省博物院、福州市博物馆、莆田市博物馆、泉州市博物馆、厦门市博物馆、漳州市博物馆、郑和史迹陈列馆、郑和航海馆、泉州海外交通史博物馆、泉州华侨历史博物馆、厦门市华侨博物院、中国船政文化博物馆等。

1. 综合博物馆

(1) 福建省博物院

福建省博物院是集文物保护、文物考古、历史、自然标本、艺术研究为一体的省级综合性博物院,拥有馆藏文物和自然标本近17万余件,其中珍贵文物3万余件。馆内陈列涉及海丝文化内容的展示有三部分:一是"福建古代文明之光",展示文物就有明清时期郑和下西洋等海丝文化内容。二是"福建戏曲大观",展示了福建戏曲源于唐五代、形成于宋元、兴盛于明清、传承于当代的历史发展进程,其中就有以莆仙戏、梨园戏、闽剧、高甲戏、芗剧五大剧种为主体的多种地方戏曲以及木偶戏随着福建移民而传播到台湾地区和海外各地的内容,促进了福建传统戏曲的保护、传承、弘扬,延续了福建海丝文化基因和血脉。三是"福建古代外销瓷",着重展示了福建古代瓷器随着如云的帆樯航销海外的历史和珍贵的外销瓷器实物,印证了从唐五代时期福州怀安窑的青瓷,到宋元明清享誉海内外的德化白瓷,福建向世界传播了中国精巧的陶瓷工艺和灿烂不朽的海丝文明历史。

(2) 福州市博物馆

福州市博物馆主要致力于福州文物古迹的征集收藏、保护研究工作,并通过定期举办文物展览、开展研究交流活动等来传播福州历史文化。福州地区出土的大量海丝文物都收藏在福州市博物馆中,很多还保持着原始状态。目前,该馆馆藏文物共计5000多件,包括丝织品、字画、古家具、陶瓷器、玉器、青铜器、漆器、寿山石雕和古木雕等。馆内藏有五代闽国刘华（五代闽国第三主王延钧之妻）墓出土的两件波斯孔雀绿釉陶瓶，为国家一级文物，该波斯类型陶瓶由海上丝绸之路传入，第三件则藏于福建省博物院。福州市博物馆举办的海丝文化内容展览主要有："海丝门户有福之州——福州'海上丝绸之路'文化遗产专题展""闽都华章——福州历史文化陈列"两个固定展览[①]。近期全新改版后的福州市博物馆网页，正式上线了"福州海上丝绸之路展示馆"虚拟展厅功能，通过照片、文献、图片资料和场景复原等形式向观众展示福州在历史上各个时期对"海上丝绸之路"的发展所起的重要作用。

（3）莆田市博物馆

莆田市博物馆是展示莆田文献名邦历史和人文的重要窗口，其馆藏丰富，上至商周，下至近代，跨越三千年，多达8000余件，其中妈祖文物就有200多件，文物数量和价值居福建全省地市级博物馆前茅。馆内共设十大系列展览，其中涉及海丝文化内容的展览有"莆田历史""天下妈祖缘""莆田非物质文化遗产""馆藏海捞文物"等。该馆馆藏文物共有8428余件，藏品类型有陶瓷、青铜、玉器、竹木雕件、石器、书画等，品类齐全，其中三级品以上珍贵文物就有1378件，最为珍贵的是以一级品明代天文图、清代果馔为代表的200多件妈祖文化文物冠绝全省，揭示了妈祖文化的影响和传播。

（4）泉州市博物馆

泉州市博物馆是一所综合性博物馆，该馆具有明显的闽南建筑风格，曾被联合国教科文组织指定为"世界多文化展示中心"。泉州市博物馆不仅真实再现了"海上丝绸之路"和泉州古港文明的悠久历史，还具有文化交流、学术研究、旅游休闲的功能，是泉州地区的国民终身教育基地及爱国主义教育场所。该馆涉及海丝文化内容的展览主要有两部分：一是"泉州历史文化"，展览分为"早期开发""刺桐崛起""东方第一大港""泉南雄风"四个部分。二是"泉州南

---

① 徐仁立、刘建朝编著：《福建红色旅游资源开发研究》，光明日报出版社2019年版，第24页。

音——戏曲艺术",是泉州地方戏曲的专题展览,分为序厅及"乐史寻踪""世界遗产""乐坛瑰宝""艺术传承"五大部分。地方戏曲主要有南音、梨园戏、傀儡戏、高甲戏、打城戏、掌中木偶戏等艺术瑰宝。2007 年,"泉州南音"被命名为第一批国家级非物质文化遗产。泉州地方戏曲的海外流传传播了中华文化,影响广泛。

(5) 厦门市博物馆

厦门市博物馆是重要的地方综合性博物馆,主要致力于东南地区特别是闽台两岸珍贵文化遗产的收藏、保护和研究。该馆现藏文物近 3 万件,已经鉴定的三级以上文物共有 3983 件,其中以古代的陶瓷、书画、玉器、石雕和民俗文物等为主并且最有特色[①]。该馆涉及海丝文化内容的展览主要有"历史人物长廊""海防重镇与复台基地""贸易港口与城市发展"等,运用各种文物、照片、图表和场景展示了南闽郑氏集团海外通商、厦门港贸易兴盛的历史状况,并通过对外贸易、半殖民地及西方文化侵入等方面相关的文物、历史照片和图表的展示勾画出五口通商厦门的社会历史面貌,并通过各种华侨文物、族谱、图片、模型等的展示再现了当年华人出洋的历史场景。

(6) 漳州市博物馆

漳州市博物馆是漳州地方文献的重要收藏机构之一,它的馆藏品是漳州地区宝贵的历史、文化财富。该馆共有馆藏文物 10976 件,其中一级文物 73 件、二级 167 件、三级 1195 件,其中明清时期漳州窑外销瓷器 905 件、贸易货币番银 225 件等,它们反映了漳州各个历史时期的发展脉络、文化风貌以及地域特色。该馆内设 5 个基本陈列馆,涉及海丝文化内容的展览主要有"爱国华侨康荣茂赠品陈列""漳台族谱对接成果陈列""漳州历代石刻拓片展览""漳州窑精品陈列""碧海云帆——漳州与'海上丝绸之路'陈列"等。展品包括 1994 年海外华侨康荣茂向漳州市博物馆捐赠的 745 件文物,其妻陈水景及其子女续捐的文物 26 件;该馆藏有珍贵的海丝文物明清时期

---

① 厦门市博物馆:《厦门市博物馆介绍》,厦门旅游网,http://www.visitxm.com/news/1535939248781.html,2018 年 4 月 12 日。

漳州窑外销瓷器905件，贸易货币"番银"225件。

2. 专门博物馆

（1）郑和史迹陈列馆

福州长乐区郑和史迹陈列馆是专门性的主题展览馆，因郑和下西洋时驻泊和开洋起点是长乐太平港，因此郑和在该地留下了众多珍贵史迹，为纪念郑和七下西洋这一伟大的历史壮举，1984年11月，在原郑和所建的"南山天妃宫"旧址上兴建了"郑和史迹陈列馆"。该馆展品中有明代文物、图表、模型等近130件，如实形象地再现了郑和七下西洋的光辉历程。

（2）郑和航海馆

郑和航海馆地处福州闽江口的郑和广场，航海馆以"长乐与郑和航海"为展览主题，是郑和史迹馆的姊妹馆。该馆展示的内容涵盖福建航海事业的发展以及长乐在郑和航海中的作用。航海馆利用了大量的历史事实资料，展示了长乐历史上是一个海滨邹鲁、造船基地、水手之乡、舟师良港和鱼米之乡，深刻地表现出长乐悠久的海丝文化底蕴。展馆展示了明朝时期的历史资料、珍贵文物，以及遗址照片、模型、图表等共计130件，其中包括目前世界上唯一一个详细记载郑和下西洋完整历史的《天妃灵应之记》石碑和郑和等人为三清宝殿所铸造的铜钟等文物。整个陈列分"序言""郑和下西洋的历史背景""郑和下西洋与航海基地福建""伟大的成就、深远的影响"四个部分，如实形象地再现了500多年前郑和七下西洋的光辉一幕。

（3）泉州海外交通史博物馆

泉州海外交通史博物馆也被称为泉州海交馆，该馆是专门反映我国古代航海交通史的一级博物馆，博物馆成立于1959年。馆内藏品以中世纪泉州港（刺桐港）历史为核心，展示出泉州特有的海丝文化。馆内重要的文化遗产包括泉州湾宋代海船、古代宗教石刻等。该馆共包含中国舟船世界陈列馆、泉州湾古船陈列馆、阿拉伯—波斯人在泉州陈列馆、泉州宗教石刻陈列馆等7个分馆。1973年泉州湾宋代海船的发现与发掘为泉州海交馆创造了里程碑式的飞跃发展，依托海船发现带来的丰富馆藏，泉州海交馆在1979年顺势成立了以权威文化科研机构等单位为依托的"中国海外交通史研究会",并多次承办联合国教科文组织关于海上丝绸之路的综合研讨会,馆内有许多泉州当地海丝文献资料以及研究会和泉州海交馆联合编著出版的泉州海丝专著。中国海外交通史研究会及泉州海交馆长期合作将泉州市海丝文化研究成果融入海交馆的展览中,以此传播泉州地区悠久的海丝文化。中国海外交通史研究会及泉州海交馆均为泉州海丝地方文献开发的关键机构。泉州海交馆所设资料室中保存了大量的泉州海丝历史史迹和相关文献,其中涉及泉州地方珍稀古籍百余种;海交历史文献千余种,泉州地区珍贵族谱百余种,资料室还专门建立了泉州族谱数据库,构建了泉州族谱索引,长期对外提供检索、查阅,为海内外侨胞的寻根之旅提供服务。此外,泉州海交馆还创办了《海交史研究期刊》,该刊办刊长达30多年,刊物内容汇聚了大量泉州海丝学术成果。

(4) 泉州华侨历史博物馆

泉州华侨历史博物馆是泉州籍华侨历史主题博物馆。该博物馆先后推出了两套基本陈列,一套主题为"出国史馆",该陈列主要展示唐朝以后不同的历史时期,泉州籍贯华侨移民海外的原因、类型、方式、过程及其影响;另一套主题为"泉州人在南洋",该主题主要表现了泉州华侨在海外生存发展的历史和海外华人社会的变迁与现状,相关藏品具有浓郁的异国文化色彩,具有较高的历史、艺术、文化和科学史价值,是再现历史上华侨移民、生活、发展过程的重要实物史料。该馆的藏品大多为华侨、归国侨胞的眷属所捐的文物,少量文物属于出土文物,馆藏中比较珍贵的部分主要为涉及华侨历史各个时期的重要人物、历史事件的史料和文物,例如梁披云墨宝《番客谣》、陈嘉庚旗下印度尼西亚泗水分公司提货单、何香凝/郭沫若/叶恭绰合作画、缅甸同盟会会员吴宗海日记、印度尼西亚华侨欢迎苏加诺总统签名册等。除此以外,该博物馆还设置了李成智华侨华人图书资料中心,该中心专门收集海外侨胞的历史资料和部分泉州地方史料,藏书达8000多册,另有3种外国学术刊物、十余种中文学术刊物、数千册族谱资料和华侨团体刊物。

(5) 厦门市华侨博物院

厦门市华侨博物院是联系厦门华侨华人的重要窗口，主要致力于侨史文物资料征集、侨史研究，以及侨史文物展览等方面，积累了丰富的侨史文物和实物资料。该馆展览设有"华侨的产生和发展""解放前华侨的悲惨遭遇""华侨同侨居国人民的友谊""华侨对祖国的贡献""华侨社会的过去和现在""华侨政策的回顾"六个部分[①]。该馆馆藏文物近7000件，除了历代青铜器、陶瓷器、古钱币、古字画、古代雕刻工艺品以及鸟兽鱼类、矿物标本等，最具特色的要数一批珍贵的侨史文物。印刷型文献是华侨博物院馆藏最多的文献资源，依著述形式可分为各国华侨史、论著、丛书、年鉴、百科全书、词典、华侨华人传记、图片、中外档案资料、音像资料、文献书目、学术论文、光盘数据库和网上资源等。曾推出"华侨华人"展和"陈嘉庚珍藏文物"展，其中，"华侨华人"陈列以院藏侨史文物资料和侨史研究新成果形象系统地向公众展示了华侨华人走向世界、创业海外、融合当地、落地生根的足迹。从这些珍贵的侨史文物资料中，我们也可以看到昔日华侨走向世界、融合当地的过程，感受到侨民海外创业的艰辛、落地生根的选择和源远流长的亲情。

(6) 中国船政文化博物馆

中国船政文化博物馆是中国第一个以船政文化作为主题的博物馆。中国船政文化博物馆通过大量文物、仿真模型和音视频资源，展示了中国船政在近代中国工业制造、西方文化翻译、新型教育、先进科技等多个域所取得的巨大成果，生动地展现了一批爱国人士的历史形象，体现出中华民族仁人志士谦逊、进取、勇于创新、海纳百川、忠于祖国的优良品格，馆内设有序厅、船政教育厅、船政工业厅、船政概览厅、海军根基厅及船政名人堂。此外，博物馆还通过专题展览展示了1866年成立的福建船政学堂和福建船政局在中国近代史上的

---

① 百度百科：《华侨博物院》，百度百科，https://baike.baidu.com/item/华侨博物院，2018年7月11日。

重要地位和影响①。

此外，涉及海丝文化内容的专题博物馆还有德化陶瓷博物馆，展示了畅销海外的德化陶瓷发展历史和海丝瓷路蜚声宇内的概况；安溪三和茶文化博物馆，该馆是目前安溪最大的茶博物馆，在三和创意茶文化博物馆多元多角度的茶文化表达中，"万里船"就展示了当年海上丝绸之路上扬帆万里，茶从福建走向世界、茶文化传播遍及全球的历史；中国闽台缘博物馆，该馆珍藏有大量与海上丝绸之路相关的实物及文献资料，是展示古代福建海上丝绸之路的重要窗口，同时也是科研人员研究海上丝绸之路不可忽略的站点。

---

① 百度百科：《中国船政文化博物馆》，百度百科，https：//baike.baidu.com/item/中国船政文化博物馆，2018年6月12日。

第二章 福建海丝文献的类型及整理与开发机构

福建海丝文献是福建民众在各历史阶段的社会实践活动中产生形成的,是福建民众在参与海上丝绸之路中创造的历史文明、文化、智慧结晶,内容横陈百科,涉及面广泛,类型多样,史料翔实。同时,福建海丝文献反映了福建海上交通航路发达、海外贸易货品繁多、中外多元文化融合的特色。

第一节 福建海丝文献的主要类型

福建海丝文献数量巨大,卷帙浩繁,类型多样。目前福建海丝文献的主要类型有地方志、谱牒、地方史籍、地方丛书、地方人士著述、侨批、碑刻、历史档案等。各类型文献反映海丝活动发展的角度不同,侧重点也不一样。方志书写了古代福建海丝文化的发展沿革,家谱族谱记载了迁移海外的福建人的家族史,地方史籍、地方丛书和闽人著述反映了福建区域内的海丝文化发展的各个领域情况,侨批反映了福建华侨海外经商、谋生、奋斗和贡献的历程,碑刻见证了福建海丝活动的历史,而历史档案则是福建海丝文化的真实记录。

一 地方志

地方志也被称为"方志",古代又称地记、地志、图经等,它是以特定行政区域为记录范围,根据特定体裁,对该地区的政治、经济、自然、文化等方面进行全面系统描述的一种地方文献,地方志又

第二章　福建海丝文献的类型及整理与开发机构

可分为两种类型：一类是包含各地区情况的综志，如省、府、州、县、乡镇志等；另一类是包括特定专业类型的专门志，如交通志、物产志、山水志、人物志等。地方志具有历史的延续性、内容的广博性以及材料的真实性等特点，有存史、资治、教化的功能，是中国古代历史文化的信息宝库，是了解一方自然风貌、经济发展、政治嬗变以及民情风俗的重要参考资料，目前现存的中国古籍中，超过1/10的是方志。

福建省作为古代海上商贸集散中心和文化交流要冲之地，拥有数量众多的地方志。根据《中国地方志联合目录》《中国地方志综录》《福建省旧方志综录》《福建地方文献及闽人著述综录》《闽志谈概》《福建旧方志丛书》《中国方志发展报告》记录，福建省历代所修各种通志（省志、府志、州志、厅志、县志）及专志、杂志等书目达2700余部。这些地方志是记载福建的历史文化、区域文明的重要载体，是打开福建历史文化之门的钥匙。

卷帙浩繁的福建地方志，记载了福建区域内的建置疆域、自然环境、历史沿革、职官典制、社会经济、风土人情、文化艺术、政治军事等，是福建一方之百科全书。特别是在展现古代海上丝绸之路史实方面发挥着独特作用，堪称传承文明、还原历史真相的最具区域性特色的标志性传统文化形式之一。如《厦门志》就有不少与海上丝绸之路相关的记载。志书中的《防海略》（卷4）、《船政略》（卷5）、《台运略》（卷6）、《番市略》（卷8）等类目，用多卷篇幅对明清时期厦门的海外贸易做了详细记载。如《番市略》（卷8）中，介绍了厦门至东洋、南洋、东南洋，以及西南洋等多个海外国家（地区）的海上通道情况，据统计，《番市略》中记载了厦门至海外22个国家（地区）的海道水程情况，这表明彼时厦门的船只到过这些地方，开通了22条同它们往来的航线。再如《船政略·洋船》（卷5）中，"厦门准内地之船往南洋贸易""厦门贩洋船只，始于雍正五年，盛于乾隆初年。时有各省洋船载货入口，倚行贸易征税。并准吕宋等夷船入口交易。故货物聚集，关课充盈。洋船、商船千余号，以厦门为通洋正口也"等记载，还原了乾隆年间福建厦门与海外许多国家互通贸易，海外贸易一度兴盛的历史。在漳州方志中可以找到许多关于海上丝绸之路历史的记载。其中，关于漳州海丝始发港月港的最早记录是明正德《漳州府志》（卷7）载："月溪，在县东南五十里，俗呼月港，相传溪形谓如月得名。人烟繁盛，商贾辐辏，海艘溪舶皆集于此，为漳南一大市镇。"文中的月溪，就是月港。《正德府志》中一共提及月港有4处之多，所用词汇都是赞美之言，如记载桥的特征"路通镇海"，市镇"人烟繁盛，商贾辐辏，海艘溪舶皆集于此"等。明崇祯《海澄县志》是海澄县月港巅峰时刻的记录，也是中国海洋贸易高潮的见证，如书中记载："月港自昔号巨镇，店肆蜂房栉笓，商贾云集，洋艘停泊，商人勤贸，航海贸易诸番。"说明当时漳州已成为"闽南第一大都会"。该志书注重海上贸易，对东西洋各国及海内外物产有翔实的描述。

二　谱牒

谱牒也称族谱、家谱、宗谱等，它是以亲缘作为纽带，是记录家族世代人物和族裔事迹的文献。谱牒系统地描述了一个家族的发展历史和家族成员情况，包含传统文献研究中无法获得的资料，因此具有良好的研究价值。学者郑山玉曾经将谱牒的作用及功能概括为以下四个方面：首先是能够弥补正史的不足，印证史家的论断；其次是调查历史事实错误，解决历史悬案；再次是可以作为编写地方志的资料库；最后，它还是华侨华人寻根问祖的重要依据[①]。由此可见，谱牒是记载海丝文化交流、人口迁移、家族发展与海外联系的重要史料，是展现海丝历史的巨大宝库，对研究福建海上丝绸之路的发展起到了不可替代的作用。

福建族谱种类众多，约有2500种。在历史上，福建的海外移民众多，故福建地区特别重视家族谱系和血脉，海丝谱牒文献主要记录出洋家庭成员的信息，如姓名、从事行业、出生年份、死亡年份、出洋地点、死亡地点等内容。福建谱牒文献产生于唐宋时期，然而，由

---

① 郑山玉：《侨乡族谱与华侨华人问题研究》，《海交史研究》1995年第1期。

第二章　福建海丝文献的类型及整理与开发机构

于时代久远，多数宋元时期编撰的族谱目前已经不可得了，至今所能看到的福建族谱大体上产生于明朝以后。其中，从清朝到民国时期编撰的谱牒占了绝大部分[①]，这些谱牒详细记录了当地民众的出国时间、原因、侨民居住地、职业、成就等各种信息。这些谱牒文献部分流传于民间，由家庭各房成员自行保管，也有相当部分被交给当地图书馆等文化职能机构长期保存，以供查阅。此外，考虑到家族的变迁，这些文化机构作为文献的固定保护场所，也可为后代寻根提供直接而便利的查询途径。

目前，福建省各地市的档案馆均自发搜集和收藏族谱文献，在全省各地发掘和抢救濒临失传的谱牒档案。这些谱牒档案已然成为海外华侨华人寻根谒祖的依据之一，同时也为"21世纪海上丝绸之路"研究提供了宝贵的家庭文献资料[②]。当前，泉州市图书馆、安溪县图书馆、晋江市图书馆等机构均收藏了大量的谱牒文献原件，它们是研究福建华侨移居国外的珍贵历史资料，现存的福建谱牒多为明代以后，特别是清朝末期产生，1949年以前的谱牒主要为线装繁体纸本，有《蒲楼林氏族谱》《儒林宋氏族谱》《上卿欧阳廖氏族谱》《桃源凤山康氏族谱》《延陵锦霞吴氏族谱》《桃源蓬莱黄氏族谱》等；而在1949年后则多为平装，精装横排简体纸质本，如《参山二房黄氏族谱》等。除此之外，还有较大一部分谱牒属于对线装谱牒的影印，排版属于竖排繁体，在装订上使用平装或精装方式，例如《桃源东熙王氏族谱》《［福建南靖］书洋萧氏六世士鼎系族谱》《［福建诏安］秀篆龙潭楼王游氏族谱》等。

三　地方史籍

地方史籍就是关于某一地方的历史典籍，它与其他类型文献的本质区别在于"内容上具有地方特征"，它是指能反映某一地区政治、

[①]　陈支平：《福建族谱》，福建人民出版社2009年版，第17页。
[②]　陈咏民：《档案馆馆藏族谱及其开发利用》，海峡两岸档案暨缩微学术交流会论文，福州，2007年8月，第6页。

经济、历史、风俗、人物等诸多方面的具有地方特色的区域性的历史文献，是该地区历史文献资料的总称，能够从各个方面反映这一地区自然和社会环境的发展概况，帮助人们了解当地的历史文化以及社会状况。

福建地方史籍众多，记载了大量海丝文化交流内容，如记载海疆、航海交通的《指南正法》《顺风相送》《海疆要略必究》《靖海论》（李廷钰撰）、《外海纪要》（李增阶撰）以及《舟师绳墨》（林君升撰）、《渡海方程》（吴朴撰）等；记载海丝沿线各国概况的《海国闻见录》（陈伦炯撰）、《东西洋考》（张燮撰）、《海岛逸志》（王大海撰）、《吕宋纪略》（黄可垂撰）、《噶喇吧纪略》（程日炌、王大海撰）等；记载对外港口贸易的《厦门港纪事》（窦振彪撰）、《金薯传习录》（陈世元撰）、《荔枝谱》（蔡襄撰）等；记载妈祖信仰的《天妃娘妈传》《天妃显圣录》《敕封天后志》（林清标撰）等。还有反映华侨对福建经济影响的书籍，如郑林宽的《福建华侨的汇款》（满铁东亚经济调查局出版，1943 年）记载，20 世纪 30 年代华侨汇款占福建省华侨家庭收入的 80% 以上，在一定程度上揭示了侨汇在福建华侨家庭生活中的重要性，几乎成为他们维持生活的唯一来源①。此外，一些综合性史籍中也有对福建海丝相关内容的记载。如《宋史》《宋会要》《四库全书·明史》《四库全书·卷二》等史籍就有福建海丝文化交流的相关记载，对莆田地区港口的历史记载中，涉及唐代、宋代、元代、明代和清代的主要港口包括湄洲、三江口、枫亭港、平海、白湖、吉廖、端明（亦称"涵头"）等地，此外，还有著名的天然水道——湄洲湾天然航道和南日水道。这些历史文献作为古代福建海上丝绸之路的重要证据，详尽地保存了福建古代民众借助海上丝绸之路前往海外的历史事实。

---

① 福建省档案馆：《百年跨国两地书》，福建侨批网上展厅，http://www.fj-archives.org.cn/wszt/zhanting23/qianyan124/sub-gjsy.html，2019 年 3 月 22 日。

四 地方丛书

地方丛书指的是根据一定的目的,将多种地方文献汇编形成的集群式图书,有时也被称为地方文献汇编或地方文献丛刊,形式有综合型、专门型两类。地方丛书具有汇集、辑佚、提供精本善本及普及的功用。

福建古籍数量巨大,内容丰富,类型多样,因此编辑出版的海丝历史文化相关丛书较多,如《福建文史资料选辑》《福建文史丛书》《福建侨批档案文献汇编》《闽粤侨乡卷》《八闽文献丛刊》《福建文献汇编》《明清东南海岛史料选编》《中西交通史料汇编》《闽南文化丛书》《福州文史资料》《马尾文史资料》《王审知谱志汇编》《厦门文化丛书》《厦门文史丛书》《泉州海外交通史料汇编》《妈祖文献整理与研究丛刊》《妈祖文献史料汇编》《妈祖文献》(中国华东文献丛书·第8辑)及《清代妈祖档案史料汇编》《近代妈祖经卷文献与郑成功信仰资料》《漳州文史资料》等。这些地方历史丛书中,保留了珍贵的福建海丝文化记录,为我们深入研究福建海丝历史提供了可靠的依据。

五 地方人士著述

福建历史上人才辈出,经济、文化与海外联系密切,著书立说的福建地方人士较多,其中涉及海丝内容的书籍真实地记录了福建人民参与海丝活动的历史。特别是明清时期,闽南中心港口经历了"泉州—月港—厦门"的转移阶段,厦门日渐成为闽南人出洋的重要门户,并带动了闽南海上交通贸易的持续发展,成为闽南海外商贸的重镇以及闽台政治和军事要区。"海上丝绸之路"的发展开阔了福建人的眼界,在他们认识海洋、征服海洋和利用海洋进行经贸活动以及围绕海洋展开一系列活动的过程中,产生了一批反映闽南人海洋观念和记载闽南人海洋活动的著述,题材涉及非常广泛,包含了海洋地理、航海技术、海洋军事、海外见闻等方面的文献。如陈伦炯的《海国闻见录》详细记载了中外沿海各国的地理民俗情况和航海技术，资料性极强，是清代第一部海洋地理著作；李廷钰的《靖海论》和《海疆要略必究》分别论述了海疆用兵之道以及东南沿海海疆概况。此外，李增阶的《外海纪要》（又名《外海水程战法记录》），曹履泰的《靖海纪略》，林郡升的《舟师绳墨》，吴必达的《水师要略》，孙云鸿的《嘉禾海道说》《台澎海道说》《潮信说》，许温其的《防海蠡测》，林树梅的《闽安记略》《沿海图说》《战船占测》以及相关典籍文献，如杨浚所撰的《岛居随录》，徐继畲的《瀛环志略》，林鍼的《西海纪游草》，窦振彪的《厦门港纪事》等，这些著述典籍皆颇具特色，反映了彼时福建人海洋意识的觉醒，是闽南海洋文化的载体和重要组成部分，对研究福建海上交通与海外贸易来说是不可多得的第一手资料。

六 侨批

侨批是海外华侨华人借助国际邮政机构或民间渠道汇回到国内的家书或带有简单附言的支付凭证，是一种"信款合一"的家书，因闽南语称"信"为"批"而得名，又称"银信"。福建人素有"漂洋过海，过番谋生"的传统，目前，居住于海外的闽籍华人约有1580万，分布于近200个国家和地区。福建是著名的侨乡，侨居在海外的华侨华人人数约占全国的1/3，因此福建侨批具有系统完整、持续时间长、数量庞大、来源地域广等特点。作为华侨历史文化记忆的组成部分，福建侨批与海上丝绸之路有着密不可分的历史关系，它是海上丝绸之路发展的产物，是海上丝绸之路历史的重要见证。2013年6月，"侨批档案"列入《世界记忆名录》，这是福建省首个入选世界文献遗产的项目。

明清以来，随着西方国家对东南亚的殖民开发，一批又一批我国闽南沿海民众沿着海上丝绸之路移民到东南亚谋生打拼，在此历史背

第二章 福建海丝文献的类型及整理与开发机构

景下，侨批诞生。在鸦片战争后，福州、厦门成为通商口岸，闽人通过福建各港口跨洋过海谋生的人越来越多，迄今为止，福建境内已发现的侨批档案总数为8万余件①。海上丝绸之路的繁荣促进了福建与海丝沿线国家的人员交往和人口迁移，福建有大量民众移居新加坡、菲律宾、印度尼西亚、马来西亚等国家和地区。从福建侨批来源分布看，从海丝沿线国寄往福建侨乡的侨批数量庞大，成为这些海外华侨与国内家眷沟通交流、金钱往来的重要纽带②。现存已知最早的福建侨批形成于1885年，是菲律宾颜良瞒寄给福建石狮钞坑妻子蔡氏的侨批。厦门是闽南侨批的中转中心，根据资料显示，目前厦门发现最早的有侨批局信息的实物为壬辰年（光绪十八年，即1892年）葭月（农历十一月），自新加坡寄往鼎美后柯社的侨批，该封封面盖有"合德信局住夏/太史巷隆德内"名址章。1908年南安码头寄菲律宾的回批。批内结尾还附上中药处方。这些遗存下来带有深刻华侨文化符号的侨批，承载着过往华侨与福建之间的历史记忆，见证了中华文化与世界其他地区文化之间的交流和融合。它们详细记录了先辈们沿着海上丝绸之路下南洋谋生的迁徙、生存、创业和发展的历程，以及明清时期闽南地区与东南亚各国间的风土人情、社会生活、交通航运状况、开发建设路线、金融来往情况，是海外移民活动的珍贵档案史料。

通过侨批，后人可以得知历史上福建移民所产生的资金流、物流和文化流在全球各地的流动，也可以了解到福建移民在海丝沿线地区开发中产生的积极影响。侨批的流动路线分布在整个东南亚地区，如槟城、万隆、井里汶、仰光、马尼拉、西贡、三宝垄、巴达维亚、新加坡、曼谷等地区合计有400多个福建批信局，直至今日，在海丝沿线地区和福建闽南地区仍有批局遗址（见表2-1）。

---

① 树红霞：《一纸侨批满腔家国》，东南网，2021年11月12日，http://finews.fisen.com/2021-11/12/content_30888180.htm，2021年12月1日。
② 吴旭涛：《福建侨批：穿越百年的"世界记忆"》，新浪网，2012年12月11日，http://news.sina.com.cn/c/2012-12-11/101925782723.shtml，2018年7月10日。

表2-1　　　　福建与海丝沿线国侨批派送分布情况

批局运营分布					
海外网络			国内网络		
	收批地	集中地	转汇地	接收地	分送地
新加坡	新加坡及周边	新加坡	香港、厦门、上海、汕头等	厦门	厦门、同安、泉州、晋江、永春、南安、安溪、漳州、龙海、诏安、东山、漳浦、福州、莆田、涵江、仙游、龙岩等主要侨乡
马来西亚	吉隆坡、麻坡、槟城、巴株巴辖、安顺、芙蓉、吧生、哥达巴音、吉打亚罗、新山、马六甲、怡保等主要侨居地	吉隆坡、槟城、新加坡	^	^	^
印度尼西亚	雅加达、三宝垅、占碑、泗水、棉兰、坤甸、巨港、万隆、日惹、井里汶、万鸦老等主要侨居地	雅加达、泗水、新加坡	^	^	^
菲律宾	马尼拉、怡朗、三宝颜、苏洛、黎牙实比、宿务等主要侨居地	马尼拉	^	^	^
缅甸	仰光、东吁等主要侨居地	仰光	^	^	^
越南	海防、西贡等主要侨居地	海防、西贡	^	^	^
泰国	曼谷等主要侨居地	曼谷	^	^	^
柬埔寨	金边等主要侨居地	金边	^	^	^

注：该表由福建省档案馆马俊凡研究员整理。

从上述分析可知，侨批是闽籍华人与福建故土的联系纽带，承载着海外华侨的亲情，侨批内容见证了我国与海丝沿线国家的融合与交流，反映出历史上侨乡与旅居地的历史记忆。侨批不仅是一部南洋华侨移民史，也是一部海上丝绸之路文化交流史，是海上丝绸之路相关研究的重要参考文献，在华侨移民史、海上交通史和海外贸易经济史研究领域有着不可替代的遗产价值和史料价值。

七 碑刻

碑刻是重要的历史遗存，碑刻所记载的文字多有涉及海丝内容，是海丝文化真实的见证。福建历代碑刻较多，类型多样，这些碑记碑刻记事存史，文字精练，准确生动，涉及的社会层面广，堪称"活"的历史。福建碑刻史料较多，仅《福建地方文献及闽人著述综录》著录，现存金石碑刻著述就有30余种，史料价值较高。

碑刻中的碑文内容翔实，其中涉及福建海丝文化内容的主要有商人会馆碑，此类碑刻反映商人群体（即商帮）的活动内容，碑文通常载明了会馆建置和修葺的历史年代（文献一般只载会馆落成年代）、会馆的倡议者和参与者、建置和修葺的资金来源及其金额、实际开销、馆舍房产及其规模大小，会馆的功能与宗旨，以及当地的经商人数、所属行业及其商业规模等，为闽籍商人的历史研究提供了丰富资料。如福州台江新港里新港庵保存的一块清朝光绪年间的"建新港庵竹商会馆"古石碑，福州仓山清凉寺内保存的三块浙江木商公馆所立石碑，这些石碑是研究福州商业史、港口史的重要文物资料。有反映宋代莆田海运事业的碑刻，如宋绍兴八年（1138年）所立《有宋兴化军祥应庙记》石碑上，刻有"往时游商海贾冒风涛、历险阻，牟利于他郡、外番者"，其中有"泉州纲首朱纺舟往三佛齐国"的记载。有反映泉州海外文化交流的墓碑，如泉州市博物馆的珍贵藏品元代的羽翼双飞使墓碑，碑面正中两侧各有一浮雕飞天，两侧的飞天均双手捧持"圣物"，头顶各浮刻一个小十字架。该墓碑见证了宋元时期泉州"东方第一大港"与海外的文化交流。

福建涉及海丝历史最珍贵的碑刻当数福建现存的"郑和行香碑"和"天妃灵应之记"碑。"郑和行香碑"立于泉州东门外灵山圣墓（即伊斯兰教三贤、四贤墓）的右侧回廊上，记载了永乐十五年（1417年）的第五次下西洋泊舟长乐期间，身为穆斯林的郑和特地到泉州穆斯林圣迹灵山圣墓进香，通过这一宗教仪式，有助于取得各伊斯兰教国的信任，也有利于推进其远航西洋的事业。碑文如下："钦差总兵太监郑和前往西洋忽鲁谟斯等国公干，永乐十五年五月十六日于此行香. 望灵圣庇佑,镇抚蒲和日记立",立碑者为泉州人蒲和日。"天妃灵应之记"碑(俗称天妃碑、郑和碑)现存于长乐孔庙的化龙池旁,系明宣德六年(1431年)冬,郑和第七次出使西洋前在长乐候风时镌立的石碑。碑文合计1177字,详细叙述了七下西洋的目的、经过和成果,以及在长乐地区建造寺庙、宫殿、石碑的情况,在碑文中,后人可以得知郑和如何率领在当时规模庞大的舰队,到访亚非共计数十个国家的基本情况,其中涉及航行的时间、地点、人员、船舶设备等翔实的资料。这是目前记录郑和在福建地区活动的极少数珍贵文物之一,是研究明代航海史的重要史料。

八 历史档案

一些珍贵的历史档案也有福建海丝文化历史的记载。如明代《武职选簿》中就有跟随郑和下西洋船队中人物的介绍;明徐学聚《报取回吕宋囚商疏》中记载:"吕宋本一荒岛,魅魖龙蛇之区,徒以我海邦小民行货转贩,外通各洋,市易诸夷。十数年来,致成大会。亦由我压冬之名,教其耕艺,沿其城舍,遂为隩区。"[①]记录了福建华侨以自己的勤劳才智对侨居国经济文化的发展做出的重大贡献。相关档案还有清乾隆七年(1742年)福建巡抚刘於义关于苏禄国王遣使进贡事题本;清乾隆八年(1743年)福建巡抚周学健奏请从暹罗(泰国)、安南(越南)等国进口米石时,免除其船货税银以示鼓励的奏折;乾隆十二年(1747年)福建巡抚陈大受请准许内地商民赴暹罗国买米事奏折;乾隆二十五年(1760年)闽浙总督杨廷璋关于苏禄国人搭内地船只前来贸易事奏折;咸丰八年(1858年)督办南台口西洋各国通商税务协镇关于英和记洋行请减轮船资费给英国驻福州领事馆照覆等。

除此以外,还有很多能够展示出福建海丝文化的优秀文章和诗赋。例如,庄亨阳撰写的《禁洋私议》、蓝鼎元撰写的《论南洋事宜书》、潘荣撰写的《中山八景记》等,在这些文献中,有些记录了漳

---

① 陈自强:《漳州古代海外交通与海洋文化》,福建人民出版社2014年版,第11页。

州的海外交通贸易状况，有些则表现出作者的海洋意识。随着闽人海洋活动的扩大和福建海外交通贸易的发展，产生了许多与海洋相关的诗篇，它们构成了福建海丝文化历史上灿烂的华章。以福建漳州地区海丝内容的诗赋为例，描写月港景观为主题的诗赋，如邵庄《镇海卫》中的"万里闽天景象新，世平何处不阳奏"，描写了诗人登上月港标志性建筑——晏海楼近俯远眺所观所感；又如明代杰出学者张燮笔下的《登晏海楼》，有声音、有色彩、有意境、有感情地展现了月港平倭后的恬静美丽的夜景画面。还有以咏唱月港社会风情为主题的诗赋，例如，漳州著名学者郑怀魁所著的《海赋》一文以长达 2000 字的赋体散文形式，描写了漳州月港上漳州商人开展海外贸易的盛况，表达出作者对海丝活动的赞赏。另外，歌颂历史上漳州抗击倭寇的诗赋也有较多存留。自明朝嘉靖年间开始，漳州民众多次抗倭，在此过程中留下了许多可歌可泣的诗篇，如明代福建巡抚邹维琏在《镇远楼赋诗》中表达了抗倭后的感慨，明代知县徐秩在《望海》一文中歌颂了漳州海防的坚固，学者李世奇则在《祭阵亡义士张明许界》一文中盛赞漳州月港民众抗击倭寇的英雄事迹。除诗赋外，书画、民间契约、舆图等类型的海丝文献也具有重要的史料价值。

福建海上丝绸之路文献是反映古代福建和海丝沿线各国进行经济文化交流的历史记录和重要载体。做好福建海丝文献的整理和开发工作，有助于全面了解福建海上丝绸之路史，继承和发扬海丝文化，发展海丝文化事业，在全面把握海丝文化的精髓的基础上，探索海丝文化与地方政治、经济、文化等的契合点，继而推动社会事业的发展。结合福建地区海丝文献整理和开发特点，对福建海丝文献的整理开发机构进行梳理，分析和研究福建海丝文献的整理开发方式，可为福建海丝文化建设提供理论依据和实践途径。

第二节　福建海丝文献整理与开发主要机构

福建海丝文献整理开发机构众多，特别是在建设"21 世纪海上丝绸之路"、弘扬海丝文化的时代背景下，经济文化双向带动的发展模式使越来越多的机构参与进来，极大地促进了福建海丝文化建设与发展，产生了众多类型的海丝文化成果。福建海丝文献整理开发机构主要包括图书馆、档案馆、博物馆、方志机构、出版机构、研究机构、广播电视机构、报业集团、政府相关部门等，主要以公共事业单位为主体。

一 以整理与开发并重的海丝文献收藏机构

福建海丝文献收藏机构也是海丝文献主要整理与开发机构，多为兼具对海丝文献整理和开发职能的各类文化事业机构。这类整理与开发机构的特点是拥有丰富的海丝文献资源，整理开发的主要对象是本馆馆藏资源。

1. 图书馆

图书馆是对人类生产的知识成果即文献进行收藏、组织及提供利用的社会机构。福建海丝文献的收藏是福建各类型图书馆的基本职能之一，整理与开发福建海丝文献、促进海丝文化建设也是其重要任务。整理和开发海丝文献资源的主要图书馆类型是公共馆和高校馆，拥有大量的海丝文献收藏是其主要优势，收藏的海丝文献既有实物文献，又有多媒体及数字文献资源。它们在做好福建海丝文献保护与整理、馆藏资源建设、海丝相关文献数据库开发以及海丝文化宣传等方面发挥着重要的作用，是福建海丝文献整理开发的主要力量。

图书馆是集研究性和公益性于一体的文化服务机构，不仅承担着收藏和保存原始福建海丝文献的任务与使命，还进行一些相关的文化学术研究。由于大中型图书馆一般拥有大量的地方海丝文献信息资源并具有较高水平的地方文献专业人员，有整理和开发利用海丝文献的文献资源和人力资源优势，有些图书馆还设置了专门的相关研究部门，服务和研究同时开展。图书馆在海丝文献整理方面，主要重点是本馆的馆藏文献，以海丝文化相关主题汇集出版。在海丝文献资源开发方面，主要重点是海丝文献相关主题数据库的建设、海丝文献相关索引目录等工具书编制、海丝文献相关主题的宣传、海丝文化相关的讲座和展览等活动的举办。如福建师范大学图书馆以馆藏文献为基础

第二章 福建海丝文献的类型及整理与开发机构

编制的《福建地方文献及闽人著述综录》一书,收录了现存清代以前的 3400 余种典籍,并自建了《福建地方文献及闽人著述综录》和《福建省九十六种地方志传记艺文志索引及资料库》,为读者了解和研究福建地方历史和海丝文化提供了准确的文献信息,积极推动了本地区海丝历史文化的研究和建设。

2. 档案馆

档案馆是收集、保管档案的机构,主要负责接收、征集、管理档案和开展档案利用等。档案馆拥有大量有价值的、与地方海丝文化有关的原始档案资料,如历史图片、期刊报纸、文件资料、侨批、名人手迹、土地契约等,这些都是档案馆收藏的地方文献主体。福建省档案馆和各地市级档案馆馆藏资源极其丰富,拥有非常重要的海丝历史文化史料,其中福建省档案馆和厦门市档案馆、泉州市档案馆都是国家一级档案馆。福建省特殊的地理位置以及在全国扮演的独特的政治、经济角色,决定了福建省各级档案馆馆藏都具有鲜明的地方特色。如福建省档案馆馆藏档案福建地方文献主要有四个部分的内容:第一部分是明清地方文献,主要是明代末年及清代的房地契据、福建私立政法专门学校影集、福建法政学堂毕业文凭。第二部分是民国时期的地方文献,如辛亥革命时期黄花岗之役闽籍烈士概况调查表、光复福建照片以及闻名中外的"福建事变"的珍贵史料。第三部分是革命历史时期地方文献,主要是反映福建省革命斗争历史所形成的文件、刊物、布告、传单、笔记、信件等。第四部分是 1949 年中华人民共和国成立后,有关福建政治、文化、经济、教育、卫生、工程技术、司法、民政、群众团体等方面的各个历史时期情况档案资料[1]。

档案馆是社会各方面利用档案信息资源的中心,承担着收集和保存各种载体的原始福建历史档案的职责,对社会开放并提供政府公开信息查阅和档案利用服务,开展档案资料研究开发和公布出版,推动档案宣传、社会教育及国际、地区间档案学术和档案文化合作交流,

---

[1] 百度百科:《福建省档案馆》,百度百科,https://baike.baidu.com/item/福建省档案馆,2019 年 4 月 2 日。

实施馆藏档案数字化及数字档案保存、管理、交互、共享等。福建各级档案馆的收藏中拥有大量原始海丝档案资料，是福建参加海丝文化活动的历史见证。档案馆拥有一大批专业的研究人员，除了收集、保管档案资料，同时进行历史档案的整理、开发和研究工作。如福州市档案馆为使档案得到有效利用，积极挖掘馆藏，利用档案资料自编及外单位合编的各种资料30余种200余万字。档案馆在海丝档案整理方面发挥了主要作用，对馆藏历史档案进行分类梳理、分主题汇集揭示，出版海丝文化相关主题档案史料。在海丝档案资源开发方面，主要重点是海丝档案相关主题数据库的建设、海丝档案相关主题的宣传、海丝文化相关的讲座及展览等活动的举办。

3. 博物馆

博物馆是征集、典藏、陈列和研究物质文明及精神文化遗存以及自然标本的文化教育机构，其收藏特色是藏有大量的具有本土文化气息的实体文物、特色器皿和字画等，也收藏一些具有保存和研究价值的珍贵文献资料。福建省内共有国家一级博物馆5座、国家二级博物馆7座、国家三级博物馆13座。其中，国家一级博物馆中的福建省博物院、泉州海外交通史博物馆、华侨博物院均收藏有大量各类型的福建海丝文献史料和实物。泉州的中国闽台缘博物馆也收藏了一些实物、图片、文献等闽台同胞一脉相承的历史记录，是民众了解闽台历史渊源和闽台关系的重要文化场所。此外，一些为纪念重大历史事件或在历史上有卓越贡献的人而设置的纪念馆和陈列馆也收藏有相关的史料与实物，其馆藏是针对某个专题广泛收集实物和文献资料深入细致地反映一定主题内容。涉及福建海丝文化的纪念馆和陈列馆有长乐郑和航海馆、长乐郑和史迹陈列馆、南安郑成功纪念馆等。

博物馆是对人民群众进行宣传教育的文化阵地，在弘扬地方文化、宣传地方人物方面扮演着重要的角色[1]，承担着收集和保存各种载体的实物和珍贵史料的职责。福建省内各类综合博物馆和部分专门博物馆都藏有见证海丝历史文化的实物与资料，其主要任务是通过对

---

[1] 李家清：《地方文献共享体系研究》，《图书馆》2006年第6期。

第二章 福建海丝文献的类型及整理与开发机构

社会开放的展览形式开发利用海丝文化遗存，进行海丝文化宣传、开展社会教育及国际、地区间文化合作交流，同时，也根据馆藏或一定主题编辑出版相关资料，进行研究和史料整理。如泉州海交馆研究人员在近60年来，编辑出版了许多海外交通史研究方面成果著作，或与中国海外交通史研究会及其他学术单位、个人联合编辑出版了相关书籍，主要有《泉州海外交通史料汇编》《泉州港与古代海外交通》《喧闹的海市——闽东南港市兴衰与海洋人文》《泉州伊斯兰教石刻》《泉州伊斯兰教研究论文选》《闽台关系族谱资料汇编》《泉州湾宋代海船发掘与研究》《古刺桐港》《海上丝绸之路的著名港口——泉州》《泉州海外交通史略》《中国与海上丝绸之路》《海上丝绸之路研究：海上丝绸之路与伊斯兰文化》《张士箱家族文件汇编》《海上丝绸之路研究：中国与东南亚》《中华海洋文化的缩影》《重返"光明之城"》《福建连江定海湾沉船考古》《中国古陶瓷标本——福建德化窑》《泉州海关志》《泉州港考古与海外交通史迹研究》《海外交通史迹研究》等。

二 以研究、整理、开发为主的海丝文献研究和专门机构

以研究、整理与开发为主的海丝文献研究和专门机构主要是各类文史机构、研究机构。这类整理机构的特点是以一定主题或文献类型进行整理研究，人员素质高，专业能力强，整理有系统和规划。

1. 方志机构

福建省和省内各地市县均设有方志机构，是专门编纂地方史志的部门。地方志书是地方文献的一种载体形式，古称地志、地记、图经、方志等，是全面系统记述一个地区的自然、政治、经济、文化、社会的历史与现状的资料性文献。我国编修地方志的历史已有两千多年，流传下来很多古代方志，而福建古方志中含有丰富的海丝文化内容，是珍贵的历史资料。地方文献是方志机构编志修志和地情研究与服务的重要物质基础，所以很多方志机构除藏有本地区各类地方志外，还收藏大量的地方文献。因为编撰一部内容翔实丰富的志书，是建立在查阅大量的地方文献的基础上的。由于地方志是专设机构，编

撰人员专业素质较强,编撰的志书和一般的地方文献有一定区别。通常方志编订都有一定的体例,编纂的内容不仅要求全面、系统,还要求具有丰富的资料性和严密的科学性,文献价值比较高,地方特色突出。

福建省内各级别方志办编撰任务和相关工作有一定区别。如福建省地方志编纂委员会是省直属全额拨款正厅级事业单位,隶属福建省人民政府办公厅领导,是福建省方志工作的指导机构,同时每年都会编修一定量的大部头地方志。内设秘书处、省志辅导处、市县志辅导处、志书编辑处4个处。根据福建省《地方志工作条例》,福建省地方志编纂委员会负责统筹管理全省的地方志工作,具体职责范围包括指导、组织、检查和监督福建省地方志相关工作。另外,该委员会还负责制订福建省地方志的工作计划和编纂方案,保存、整理地方志书、地方综合年鉴和其他地区信息资料,收集方志文献和文件资料,促进地方志理论研究,开发、利用方志资源,加强与地方志相关的公共服务功能。而市县级方志办的主要任务和职责就是编撰和修订本地区市县的方志,其文献收藏也以本地区的地方文献为主。如厦门市方志办地方文献的收藏多为志书,对厦门地区的志书收集比较齐全。现收藏有《厦门市翔安区志》、《同安县志》、《集美区志》及《厦门志》(清道光版)、《厦门市志》(民国版)、1949年后编纂的5册《厦门市志》、厦门年鉴和地情书,这些志书分别从地理、政治、经济、文化、社会等方面详细地介绍了厦门的历史与现状,是全面了解厦门市情的重要参考资料。此外,厦门市地方志办公室网站——厦门地情网还通过厦门历史影像、厦门图经、厦门文史等板块介绍了厦门的社会历史变迁,其中有很多内容涉及海丝文化内容,如明清时期厦门历代地图的变化反映了厦门的地理变迁以及在对外贸易中的地位,这对研究厦门海上丝绸之路历史具有一定的参考价值。泉州地方志编纂委员会历年均会编撰泉州年鉴,并负责搜集、整理泉州古方志和当前地情资料,其中也有不少与海丝相关的海丝文献。莆田仙游县地方志编纂委员会负责仙游县地方志的撰写及修改工作,其主要职责包括确定县志编撰方案,指导各县志中各专业志门类的编撰,并对专业志

第二章 福建海丝文献的类型及整理与开发机构

的编写内容进行审核,做好该县方志的发行和宣传工作。此外,该机构还负责收集、整理旧方志,开展当地地情研究和地方志理论研究。目前仙游县编写、整理的方志包括《仙游县志》《仙溪志》《九鲤湖志》,另有仙游族谱17种、地情文献16种、仙游人物志37种、枫亭古代志书3种等。

2. 研究机构

福建海丝文献另一重要整理开发机构就是与海丝文化相关的各类型研究机构,这些研究机构专业性强,研究重点突出,编辑整理内容多为古代地方文献,在一定程度上促进了地方文化建设。这些研究机构有独立设置的,但多数归属高校和研究单位。这些研究机构人员的主要任务就是进行相关研究,科研能力强,具有深厚的学术功底,经常参与或承担地方研究课题,具有特定的研究方向。其研究的范围包括海丝文化内容,是重要的地方文献编撰整理机构。如2017年获得福建省高校特色新型智库立项建设的泉州师范学院海丝文化传承发展研究院,其智库以"泉州市桐江学者"王万盈教授为首席专家,联合中国社会科学院、厦门大学、宁波大学、文化部中国非物质文化遗产保护中心、中国艺术研究院等单位,汇集各方创新要素和创新资源,致力于海丝文化遗产传承与发展研究、海事法与海事立法文化研究、海丝历史与弘扬优秀传统文化研究、海上丝绸之路与华侨华人研究、海丝贸易与海疆问题研究、海丝文化与侨乡体育经济研究六大领域开展研究[①]。

早期成立的海上丝绸之路学术研究机构主要有1991年福建社会科学院成立的"中国与海上丝绸之路研究中心",这可以说是国内最早以"海上丝绸之路"研究冠名的学术机构。福建省自然和社会科学研究院每年都有大量研究成果问世,不仅其研究成果内容多涉及本省自然和社会概况,在其收集资料过程当中也会积累很多地方文献信息资料。一些大学设置的研究院每年都有大量研究成果问世,如福州

---

① 百度百科:《泉州师范学院海丝文化传承发展研究院》,百度百科,https://baike.baidu.com/item/泉州师范学院海丝文化传承发展研究院,2017年12月23日。

大学海丝核心区建设研究院、闽商文化研究学院整理出版的《闽商文化研究文库·学者文丛》（8册）、《海上丝绸之路与中国海洋强国战略丛书》，福建师范大学教育部闽台区域研究中心、海峡两岸文化发展协同创新中心编辑出版的《闽台区域研究丛刊》《闽台社会与文化研究专辑》等，福建工程学院福建地方文献整理与研究中心整理出版的《福建文献汇编丛书》等。相关研究机构还有闽江学院福州方言研究所和海洋研究院、福建农林大学海丝创业学院、厦门大学南洋研究院、华侨大学华侨华人研究院和海丝研究院、福建师范大学印度尼西亚研究中心、泉州师范学院海丝文化传承发展研究院等，这些高校研究机构在为师生提供更完善的服务的同时，也强调了福建海丝文献在见证海丝文化发展过程中的重要作用。福建各类高校与海丝相关的研究院中，影响较大的是华侨大学海上丝绸之路研究院，该研究院拥有较为丰富的海丝文献收藏，同时还承担了国家级、省级相关研究课题，每年均有大量的海丝文献研究成果产出。华侨大学海上丝绸之路研究院于2014年3月20日揭牌成立，它是华侨大学的直属科研机构。研究院由华侨大学、中国社会科学院亚太与全球战略研究院、中国新闻社、福建人民政府侨务办公室、福建省社会科学界联合会、福建社会科学院联合共建，下设经济战略研究中心、国际政治研究中心、文化交流与传播研究中心。研究院以"一带一路"理论研究为中心，规划和探索与海上丝绸之路建设有着紧密关系的前沿性课题，同时整合国内外资源，提供面向战略规划的高级研讨平台，致力于构建面向我国"21世纪海上丝绸之路"学术前沿，形成为我国海丝战略服务的高级智库[1]。

此外，还有一些有影响的研究所和研究会，也以编辑、整理、研究海丝文化相关内容为主要任务之一，如中国海外交通史研究会、泉州归国华侨联合会、闽商研究所、闽台关系研究所、闽都文化研究会等。这些机构通常从事相关的研究工作，并且刊发自己的

---

[1] 华侨大学海上丝绸之路研究院：《关于我们》，华侨大学海上丝绸之路研究院官方网站，https://msri.hqu.edu.cn/gywm.htm，2018年3月14日。

第二章 福建海丝文献的类型及整理与开发机构

刊物或文献,有许多是与福建海丝相关的文献。如闽都文化研究会就是经福州市委同意成立专门从事闽都文化研究工作的机构,并编辑出版自己的刊物《闽都文化》,该研究会收藏有最全面的闽都文化信息资源。

3. 文史机构

福建专门的文史机构主要有福建省文史研究馆、福州市政协文史馆以及各地政协下设的专门文史机构和部门。这些文史机构主要负责当地的文史资料征编出版,搭建开发利用文史资料的平台,成为专家学者了解福建历史的窗口,海丝史料整理编辑也是文史机构的重要任务。

福建省文史研究馆成立于1953年1月12日,是隶属于福建省人民政府、兼具统战性的文史研究事业单位。从1956年7月起,由省政府委托省政协代管。该馆馆员按照"文、老、名"的条件,由有关部门推荐,经中共福建省委统战部综合平衡并征求省文史研究馆意见后,报请省政府批准,由省长签署,授予聘书。现有馆员42名,均为学有所长、艺有专精、年高德劭的文化名人,文献整理开发整体实力较强,拥有文史文献整理开发成果较多。该馆创办的文史综合性刊物《福建文史》(季刊,1990年创刊,2014年改为侨刊乡讯公开出版,2016年起改为双月刊),是开展文史研究工作并同外界社会进行文化交流的窗口,内容着重地方特色和文化品位。1993年,该馆与江苏广陵书社、福建师范大学、福建省图书馆等单位合作,编辑出版《福建丛书》,将具有较高学术价值的八闽文献和闽人著述中的孤本、珍稀本、手稿本以及被"禁毁"的书籍进行整理、影印出版,其中就包括较多的福建海丝著作和史料。2005年,该馆开始编辑出版《福建文史丛书》,对有影响的闽人名人著作和重要的地方文史资料进行整理,点校出版,其覆盖面更广,现实价值亦大。2008年该馆受中央文史研究馆委托,负责编纂《中国地域文化通览·福建卷》并协助编纂《台湾卷》。在编纂《福建卷》的基础上,又编写出版了《八闽文化综览》,囊括了福建文化的主要内容。该馆还与台盟福建省委等单位联合举办了十届海峡两岸船政文化研讨会。

福州市政协文史馆成立于 2018 年 9 月，主要负责收集、整理和开发利用福州文史资料的任务，它的成立为学者专家和后人搭建了了解福州历史文化的平台。该馆史料有两大来源：一是从社科院、地方志办、宗教局和文献出版单位等机构处征集购买；二是来自社会捐赠。在该馆收集的 6000 多种文献资料中，包括大量海丝文化史料。该馆设有约 500 平方米的文史资料陈列展馆，并分为"全国各省市、福州市及各县市区文史资料""福州市历史人文基本图书""福州近现代中西文化交流图书文献资料"等八大类别。展馆四周开放式立柜中摆放着福州历史文化名城、闽都文化、城市精神、福州城市形象等一系列相关主题书刊，展馆中央 5 个玻璃展柜中陈列有由福州市政协文史委历年征编出版的文献整理开发成果，主要有"福州文史资料选辑""福州史话""福州文史"等系列书刊①。

三 以开发为主的海丝文献传播机构

福建海丝文献主要开发机构是指对海丝历史文献进行开发利用为主的各类宣传与管理机构。这些机构利用福建丰富的历史文献资源，对福建文化和海丝历史进行挖掘和传承，扩大了福建文化影响，弘扬了海丝精神，促进了福建与海丝沿线各国的政治、经济、文化、科技和教育等领域的交流，打造了福建海丝文化品牌。以开发为主的海丝文献传播机构众多，开发方式多样，影响广泛。

1. 地方传媒机构

地方传媒机构包括报业集团、广播电视媒体公司和期刊杂志社等，这些机构在海丝文献开发利用方面起着重要作用，影响广泛，但对海丝文献开发后的成果形式有一定区别。报业集团以新闻报道为主，相关海丝文献开发成果多为文字形式，包括与海丝相关的新闻报道、海丝历史人物传记和宣传海丝历史的文章等。广播电视媒体公司

---

① 福州市政协：《穿越时光隧道 记录文史榕城——福州市政协文史馆开馆》，福州市政协官方网站，http://zx.fuzhou.gov.cn/zz/zxzs/201809/t20180929_2625213.htm，2018 年 3 月 24 日。

第二章 福建海丝文献的类型及整理与开发机构

不仅报道新闻,还可制作与海丝文化相关的专题节目,这些节目都是以大量海丝文献揭示的史实为依据制作的,所开发的成果为海丝文化相关视频资料和音频资料。如莆田市文化广电新闻出版局和福建省图书馆合作共同制作的6集专题片《妈祖信俗》、10集专题片《莆仙文化》。海峡卫视与福建省图书馆联合制作的百集纪录片《丝路百工》等。期刊杂志社包括独立和附属两种形式,但大多期刊杂志社都附属于一些研究机构、学会、协会或社团,在海丝文化宣传报道上更为系统、全面和深入,有专刊、专栏和零散刊登几种形式。学术研究性期刊是海丝文献开发成果中价值较高的类型,相关研究成果都是以海丝历史文献为依据论证的,其研究结果可信度高,具有说服力。如1980年创刊的《海交史研究》,就登载了大量海交史研究成果。此外,这些传媒机构都设有网站,通过网站进行海丝文献开发的成果展示也是它们的重要任务。

2. 图书出版和销售机构

图书出版机构在海丝文献整理和开发过程中具有独特的地位和作用,它们除了承担海丝文献的整理成果出版,也进行组织和筹划海丝相关文献整理出版项目。特别是福建地方出版机构很注重地方文史资料的出版,其出版的地方书籍是地方文献很重要的组成部分,也蕴含丰富的海丝文化内容。这些机构由于长期的出版工作需要整理收集了大量的文献素材,而出版成果的累积使海丝文献不断增加,它们出版发行成果多为与海丝相关的各领域专著、文集、丛书等。无论是出版福建海丝文献整理的成果,还是利用海丝历史文献编辑出版的新成果,都是对海丝文化和精神的弘扬,也是21世纪海丝文化建设的成果。图书销售机构主要是各类书店,这些书店对海丝文献的开发形式主要是进行相关书籍的销售、宣传,举办相关书籍的专题展销等。

3. 党政机关及相关部门

党政机关及相关部门是海丝文献整理开发政策的制定、管理和宣传机构,在日常工作中产生的大量法律、法规、指示、方法、请示、报告、会议纪要、统计数据等文件,对福建海丝文献开发起着引导作用。各党政机关及相关部门主办的刊物报纸,也都是反映地方政治、经济、文化发展概貌的珍贵地方文献资料,包括"21世纪海上丝绸之路"建设规划、相关政策、海丝历史文化宣传和海丝文化建设成果展示等。这类机构收藏的海丝文献主要用于机构内部使用,较少向外开放,开发宣传的方式主要是借助网络媒介将机构内收藏、整理的福州海丝文献信息上传至门户网站或者特色数据库等平台,供读者查阅浏览。

4. 其他机构

福建海丝文献开发机构除了上述几种主要类型,还有一些专业学会和相关社团及与海丝相关的遗址、景区等。一些专业的学会和社团为了促进学术交流,每年都要举办各类海丝研讨会、海丝研究论坛,产生大量海丝主题的会议论文资料,在期刊或会议论文集上发表,促进了海丝文化研究。福建海丝相关遗址和景区也通过对外开放和举办相关活动进行宣传和展示海丝历史,以福建海丝历史遗迹与海丝历史文献相互印证,挖掘海丝文献价值。此外,一些相关的民间组织机构也是海丝文献开发不容忽视的重要力量。

第三章　福建海丝文献整理与开发内容

福建海丝历史文献记载了历史上东西方物质文明和精神文明交流的史实，内容非常丰富，主要包括福建的港口及海外交通、对外经贸、宗教信仰、人口迁徙、对外文化交流等内容。深入挖掘各种海丝文献内容的潜在价值，不仅能够为社会各文化层面的群众提供精神食粮，满足多层次、多领域信息需求，同时能够对多学科研究产生参考价值，在补充缺失馆藏、添补残卷等多个方面也起着重要作用。

第一节　港口及海外交通

古代典籍《山海经》有"闽，在海中"的记载。福建位于我国东南沿海，其背山临海的地理特点和优越的港口条件，决定了福建的对外交流依赖于海上交通。海上丝绸之路发展史也是福建沿海港口的发展史，福建拥有福州、莆田、泉州、厦门、漳州等重要出海口岸，随着福建在海上丝绸之路地位的变迁，福建各港口呈现出交替兴盛发展的波动状态。福建海上丝绸之路以海洋为历史舞台，以沿海港口为阵地，以海外交通为主要活动，这些内容被真实地记载下来，留存至今，成为我们研究古代福建海上丝绸之路的重要史料。

一　福州港与海外交通

福州港的历史最早可以追溯到两千多年前汉代的"东冶港"。最早的海上丝绸之路的史料《后汉书·郑弘传》中记载，东汉"建初八年，……旧交趾七郡贡献转运，皆从东冶泛海而至……至今遂为常路"。"旧交趾七郡"即今两广及越南一带，"东冶"即今福州。由此可见，汉代福州扮演着海上运输的重要港口和转运站的角色。西汉初闽越王始设东冶港，据考古发现，东汉以前，东冶港分别开辟了到达日本、中印半岛的海上航线；三国时东吴于侯官置典船都尉，设温麻船屯，大兴造船；福州港直航日本九州的航路雏形已现，同时福州港经建安海道进行对外贸易、军事、外交活动。唐代王审知治闽时，致力于发展海上交通贸易，以及佛教文化的传播交往，是以海内外商贾云集福州，福州港也成为与广州、扬州齐名的贸易港口。而伴随福州海上贸易的壮大还衍生出了巡检司衙门（闽安邢港）、榷货务、市舶司等管理贸易和税收的机构。彼时和福州港进行往来的海外国家和地区有日本、朝鲜、琉球、越南、印度、柬埔寨、印度尼西亚苏门答腊、马来半岛、印度尼西亚巴厘岛等。宋元时期，福州基本延续了唐五代以来的通商航线，东至日本、朝鲜；南到缅甸、越南、柬埔寨、暹罗、印度尼西亚苏门答腊、吉兰丹、渤泥等国家；西抵印度、古里国、阿拉伯、马达加斯加等南亚国家和地区。福州城第一部方志宋代淳熙年间由状元梁克家编纂的《三山志》就曾记载了福清古港与海事。明代郑和七下西洋堪称世界航海史上的一次伟大创举，时至今日仍为人们津津乐道。福州长乐太平港则在这段历史中发挥了尤为重要的作用——作为郑和船队的驻泊基地，兼具招募船员、物资补给、造船、伺风开洋之重任。明清开通了中国册封使和中琉朝贡贸易之航路，即福州至那霸的海上航线。《明会要》中记载了明洪武二十五年（1392年），成祖"赐闽人三十六姓善操舟者，令往来（琉球）朝贡"[①]的事件，这些人多来自福州；明成化十年（1474年），设福州市舶司，指定福州港为中琉交通贸易的唯一口岸，并在福州南台（今仓山）设船厂，建造出使琉球的册封船。期间，福州人还开辟了由福州到达日本的新航线。清顺治十一年（1654年）福清籍僧人隐元禅师等30多人东渡日本，创立京都黄檗山万福寺，推动了中日佛教交

---

① （清）龙文彬：《明会要》卷77，中华书局1956年点校本，第1503页。

流发展。鸦片战争以后，福州成为五口通商口岸之一，运往海外的茶叶贸易再度显现繁荣之势，而位于茶港不远处的闽江口岸，正对着的是左宗棠一手创办的福州船政局，福州港同时兼具对外茶叶贸易运输和对内近代化海防基地的内外双重身份，这一特征大概在当时中国其他港口并不多见。

记载福州港口和海上交通的文献史料较多，主要有《三山志》《葭柎草堂集》《史记·东越列传》《汉书》《后汉书》等史书、方志、笔记；《福州都督府新学碑铭记并序》《旧唐书·崔融传》《王公（义童）神道碑》《毬场山亭记》《辟毬场二十咏》《送福建李大夫》《送泉州李使君之任》《新五代史·王审知传》《登南神光寺塔院》等碑文、史书、唐诗；《宋端明殿学士蔡忠惠公文集·乞相度沿海防备盗贼》《小佑记》《小畜集》《宋史·高丽国传》《舆地纪胜·福州》《琅琊郡王德政碑》《福州府志》《马可波罗游记·武干市》等文集、史书、地理总志、碑文、方志、游记；《天妃灵应之记》《明史·郑和传》《郑和航海图》《久米村系家谱》《殊域周咨录·琉球国》《使琉球录》《旅日高僧隐元中土来往书信集》《镜头前的旧中国》《认识东方》《中国人的社会生活》《五口通商城市游记》《华报》《闽海关十年报告（1892—1901年）》等碑文、史书、舆图、书信、家谱、笔记、游记、报刊、文书。

二　莆田港与海外交通

莆田的海运事业兴起于唐代。据《莆田市志（进出口贸易）》记载："唐代通商国家有日本、朝鲜及东南亚诸国，以三佛齐国（今印度尼西亚群岛）为主。"在宋代，莆田的海运事业达到了鼎盛，番舶入境渐多，通商国家有日本、朝鲜及东南亚诸国。当时泉州是全球最大的贸易港，而莆田与泉州相邻，泉州的繁荣也促进了莆田海运事业的发展。宋绍兴八年（1138年）所立《有宋兴化军祥应庙记》石碑上，刻有"往时游商海贾冒风涛、历险阻，牟利于他郡、外番者"，其中有"泉州纲首朱纺，舟往三佛齐国"的记载。到了元代，通商国家和地区进一步扩大，数量达到16个。

明初莆田的航运事业受到挫折。洪武年间（1368—1398年），朝廷为了防御倭寇，采取闭关政策，禁止双桅（大船）下海，海外贸易不甚繁荣。正德（1506—1521年）以后，私人的海外贸易大大兴盛起来，朝廷所谓"泛海通番"的禁令已无法禁止，从"走私"变成了公开的行动。闽县陈荐夫在《某通番议》载："在沿海则金（门）、温（州）、宁（波）、绍（兴）、兴（化）、泉（州）、漳（州）、潮（州），在内地则福宁（霞浦）、福清、长乐、连江，户习风涛，人熟勾引，百人为舟，方舟为党，冒给船由，开洋射利。"晋江绅士李廷机说："闽人所通者，乃吕宋诸番，每以贱恶物贸其银钱，满载而归，往往致富。"《秀屿港资料汇编》中记述，明中叶时，湄洲湾秀屿港亦成了莆田、仙游、惠安三县的货物吞吐港口，有"人烟万三"之说。明弘治《兴化府志》记载："吉了、小屿、莆禧、平海商贩船，皆集于此。"到了清代，莆田的航运事业更加兴盛，据《泉州志》载："清雍正年间，兴、泉两郡航海到天津的商人一次就达数百人。可见，莆田的海运贸易，兴于宋，盛于明、清。"

三 泉州港与海外交通

早在公元6世纪的南朝，泉州就有与海外交通往来的历史记载。南朝陈天嘉二年（561年），印度高僧拘那罗陀（真谛）从建康（今南京）到南安郡（今泉州）欲乘船往棱伽修国（今马来半岛）。他曾在南安建造寺（今延福寺）翻译《金刚经》在内的诸多佛经。天嘉三年，他乘海舶从泉州出发。这一史实说明，当时泉州已有大船与南洋诸国通航了。

泉州港兴于唐，盛于宋元。唐五代时期节度使刘从效对泉州城复加修拓，为拓建泉州城郭，环城遍植刺桐（原产于印度和马来西亚），故泉州城称刺桐城，泉州港亦称刺桐港。泉州古刺桐港东临大海，有"三湾十二港"的说法，"三湾"是指泉州湾、深沪湾和围头湾。"十二港"包括后渚港、洛阳港、崇武港、安海港、深沪港、石井港等。这些大大小小的海港，为泉州发展海上交通提供了地理优势，为泉州古刺桐港的兴起和发展提供了便利。唐朝，随着社会经济的繁荣和海上交通贸易的繁荣，统治者对泉州海外贸易相当重视，为加强对泉州的海外贸易管理，设"参军事四人，掌出使导赞"，管理海外往来的使节和商人。泉州逐渐从一般的海港发展成为唐代对外通商的大贸易港口之一。宋元时期，随着泉州地区手工业和采矿业的蓬勃发展，泉州港的海外贸易空前繁荣，泉州港的海外交通达到最繁荣的阶段。其中后渚港在泉州湾的西边，晋江、洛阳江的出海口交汇处，因港口所在地村名"后渚"而得名，为宋元时期泉州港的中心，早在一千多年前（8世纪的唐代），后渚港就已经与当时全国最大的通商港口广州、交州、扬州等并驾齐驱。这里背山面海，水道较深，是个很好的避风港，便于海船的停泊和起航。该港在宋代为临江里，元代称后渚铺。《元史》说：至元廿九年（1292年）征爪哇，用海船大小五百艘，军士二万人……十二月后渚军发泉州。《新元史》说：发海船千艘，斋粮一年……自后渚启行。两本史书都说自后渚港启行。一个地方名，能在史书中出现，说明当时后渚港在泉州海运中的重要地位。元代，泉州港发展成为世界最大的贸易港之一，被马可·波罗誉为"东方第一大港"。明清时期，由于统治者海禁政策的影响、漳州月港的兴起以及厦门海关的设立，泉州港逐步从官方贸易港变为私商贸易港，从宋元时期的世界最大贸易港之一，下降为我国地区性的一般港口。

四 厦门港与海外交通

宋朝时期，厦门港被作为泉州的外围辅助港，在岛上共设置了两处官渡（东渡、五通）；元朝时期，成立了"嘉禾千户所"，此时厦门港的军港地位被初步确立；明朝时期，厦门港和漳州月港逐步演变为当时海上贸易的口岸，其海上交通规模显现，设置有十条通洋航线。明初成书的《西洋朝贡典录》中记载了厦门浯屿至暹罗等国的线路，《顺风相送》和《指南正法》中也有厦门浯屿至国外的航线、更次等的文字记载。明代《东西洋考》也记述：准许从厦门港贩东西洋（今东亚、东南亚及南亚等地区），海泊从月港起航，计一潮至圭屿,再半潮至中左所(厦门岛)分别开往东西洋①。到了明末时期,漳州月港的走私贸易促进了厦门与浯屿(金门)以及漳州太武十余条国外贸易航线的开辟,厦门港因此也成为漳、厦商船和华侨出洋的门户之一,由于厦门的地理位置和港口条件较内河的月港优越许多,因而渐渐取代月港,成为东南沿海重要出海口岸。据《明清史料》记载,17世纪五六十年代,特别是郑成功占据厦门的时期,他利用厦门发展海上贸易,用以解决庞大军队的给养问题。自那时起,厦门便成为海丝节点中的重要一环,厦门港也因此面向南洋通向世界,成为东南沿海的重要贸易港口。在清道光《厦门志·防海略》中,台澎海道资料详细记述了厦门至澎湖和台湾的航行距离,《番市略》中还记录了厦门至东洋、东南洋、南洋以及西南洋22个海外国家(地区)的航线水程情况。清乾隆《鹭江志》在描绘当时厦门港海上交通的繁荣景象时说:"港中舳舻罗列,多至以万计。"清道光《厦门志·船政略》亦提及"厦门海道四达,帆樯毕集。"②从上述记载情形来看,福建沿海多地港口与多个海外国家(地区)之间存在着比较畅通的往来航路,海上交通十分便利,正是通过这些途径,中外海商在福建港口进行直接或间接的贸易。

五 漳州港与海外交通

漳州市依山临海,龙海、漳浦、云霄、诏安、东山五个县临海,海岸线总长达631千米,岛屿星罗棋布,海岸线曲折,沿线港湾岬角和优良港口众多,与台湾、琉球隔台湾海峡对峙,隔南海与东南亚相望,历史上是江浙闽地区与东南亚、印度各国进行海上交通和贸易的必经之地。漳州有着悠久的海外交通历史,很早就与海外各国友好往来,与东南亚的关系特别密切。

早在唐嗣圣年间(684年),外国商人康没遮来闽经商,于漳浦

---

① (明)张燮:《东西洋考》,中华书局1981年点校本,第171页。
② 乾隆《鹭江志》序言,鹭江出版社1998年整理本,第19页;道光《厦门志》卷5《船政略》,鹭江出版社1996年整理本,第118页。

县西南温源溪沐浴，为外商首次来漳，这比漳州的建置时间还早了3年。从唐代开始，漳州的贡品中就有甲香，这很有可能来自海外。五代时期，也有外国商人曾来到漳州建寺。据《龙溪县志》载，南唐保大年间（943—957年）有三佛齐国（即7世纪到13世纪苏门答腊的古国）将军李某到漳州营造普贤室，手书法堂梁上。北宋乐史《太平寰宇记》记载的漳州的土产除甲香外，还有海舶、香药。据《宋会要辑稿》载，太平兴国年间（976—984年），朝廷曾颁发允许漳州海舶兴贩香料的诏书。南宋时期，漳州与泉州、福州、兴化并列为福建四大造船地点，已能建造宽一丈以上的海船。宋代，漳州的海外交通又有新发展。至元二十二年（1285年），元朝政府将福建市舶司与盐运司合并为都转运司，管辖福建泉、漳盐货和市舶。天主教开始传入漳州，《天主教传行中国考》记载，热心的传教士搭载商船到漳泉一带传教，漳泉一带奉教尤多。

明代，漳州的海外贸易空前繁盛，自15世纪后期至17世纪前期，漳州成为中国海外交通贸易中心。漳州月港是明朝中后期"海舶鳞集，商贾咸聚""农贸杂半，走洋如市，朝夕皆海，酬醉皆夷产"的著名外贸通商港口，与汉、唐时期的福州甘棠港，宋、元时期的泉州后渚港和清代的厦门港，并称为福建的"四大商港"。当时明朝政府因嘉靖倭寇侵扰而实行"海禁"政策，而漳州月港因地处偏僻、管理松弛的地理条件和漳州民间商人敢于与统治者的海禁相抗衡的人文特质，使得它由一个私人贸易港口逐渐孕育发展形成明朝中后期中国海上丝绸之路唯一合法的始发港，也是世界著名的"海上瓷器之路"的起航港。漳州月港在我国海外交通史上占据重要地位，它上承宋元时期的泉州港，下启清朝中后期的厦门港，上接东海、黄海，下连南海，"外通海潮，内接山涧，其形似月，故名月港"。月港地理环境优越，"东接诸倭国，南连百粤疆，货物通行旅，资财聚富商"。万历年间漳州海上丝绸之路的发展达到顶峰，"四方异客，皆集月港"。月港开辟了7条通往西洋、3条通往东洋的直接贸易航线，与40多个国家和地区有着贸易往来。顾炎武在《天下郡国利病书》中写道："闽人通番，皆自漳州月港出洋。"《海澄县志》记载了当时月港出海的盛景："方其风回帆转，宝贿填舟；家家赛神，钟鼓响答；东北巨贾，竞鹜争驰，以舶主上中之产，转盼逢辰，容致巨万……成弘之际，称小苏杭者，非月港乎？"漳州海丝的海上交通涉及国家和地区众多，《东西洋考》《顺风相送》等书记载了月港海交的东西洋方向航路，说明彼时月港已是闻名遐迩的国际港口，在明代海外交通史上占有重要地位。

月港的兴起促进了中外经济交流。我国的制糖、冶铁、农艺耕作等技术和先进的农具传入南洋，对当地农业和手工业的发展起到了积极作用。与此同时，原产美洲的大甘薯、烟草、花生等外国物种也随之传入中国。月港的兴盛长达一个半世纪以上。天启、崇祯年间（1621—1644年），由于荷兰殖民者的侵扰和清政府为平定郑氏实行的"海禁"和"迁海"，漳州月港日趋衰落，逐渐为天然良港厦门港所代替，厦门港作为一个对外贸易的优良港口开始取代月港登上我国海运交通的历史舞台，而月港便从此衰落了。

第二节　海外贸易

海外贸易是海上丝绸之路的基本内容，而便利的海上交通不仅为航运业的发展奠定了基础，也推动了福建当地经济的发展，促进了各国间的经济贸易往来，大量福建海丝文献对此都有详尽记载。如赵彦卫《云麓漫钞》中就有关于12世纪福建市舶司与30多个国家贸易的记载。

一　福建滨海地区的海外贸易

福建沿海地区有多个进行海外贸易的集市和港口，各商贸港口与海外交易最主要的货物有茶叶、瓷器、水果、丝绸等。

1. 福州地区海外贸易

福州历史上曾是世界茶叶贸易第一大港。武夷山正山小种红茶网登载的《世界茶港福州的历史兴衰与武夷茶》一文，就是在通过查阅大量档案和史料写出的，详细记载了福州茶叶海外贸易兴衰史，该文指出：自唐宋以来闽茶名气日盛，位于闽江上游的武夷茶产区，距离福州只有150英里，茶运到福州最快只要4天，通过闽江直接运茶到福州出口比从广州出口，每年每担可以节省4两银子的运费，每年15万担，就是节省60万两。因此，就区域位置和节省成本而言，福州是理想的茶叶贸易口岸。到1853年，福州至少有6艘船运茶出口。次年，运茶船数量增至35艘，茶叶出口量达13万担。1855年，约有739700磅茶由五家经营茶叶的外国商行运销国外；1856年，数量增至40972600磅，其后三年平均数为35476900磅。另据不完全统计，1853—1860年，福州港出口的茶叶总量高达2亿26万多磅。茶叶出口值占全国茶叶出口总值的比重也是连年攀升，1853年占5.7%，1854年为17.4%，1856年为31.4%，1857年为34.5%，1859年为42%。19世纪70年代，福州口岸每年出口80多万担，价值2000多万元。有数据显示，1871—1873年，中国平均每年出口值约11000万元，其中茶叶为5797万元，占52.7%，而仅从福州口岸输出的茶叶出口值就占全国总值的35%—44%[①]。这些数据和史实都是通过海丝文献的记载流传后世的，让今天的人们了解历史上福州海外贸易情况及其在全国对外贸易的地位和影响。

2. 莆田地区海外贸易

莆田历史上海外贸易也很兴盛。《莆田市志（进出口贸易）》载："唐代，始有南海番舶入境通商。唐大和八年（834年）奉谕任由番客入境通流，自为贸易。宋代，番舶入境渐多。当时出口商品以荔枝干果、晒盐为大宗。进口商品有农业用品、奢侈品等，以珍珠、香料、象牙、犀角居多。"《宋会要辑稿》记载："漳（州）、福（州）、兴（化），凡滨海之民所造舟船乃备财力，兴贩牟利而已。"当时莆田出口的主要货物有荔枝干、糖、酒、铁、瓷器、蓝靛、鱼、盐等。宋嘉祐四年（1059年），郡人蔡襄写成《荔枝谱》一书，它就荔枝的外销地点做了详细的记述，如第三节记载："水浮陆转，以入京师，

---

① 《世界茶港福州的历史兴衰与武夷茶》，武夷山正山小种红茶网，https：//www.zsxztea.com/tea_447.html，2020年10月2日。

外至北戎（今河北）西夏（今宁夏银川东南一带），其东南舟行新罗（朝鲜）、日本、琉球、大食（今阿拉伯）之属，莫不爱好，重利以酬之。"宋代莆田甘蔗的栽培十分普遍，林享《螺江（今枫亭）风物赋》中描述："其沃衍之畴则植蔗以为糖，于是盛之，万瓮竹络，于以奠之，千艘桂楫，顺风扬帆，不数日达于江浙、淮湖都会之区。"宋《莆阳志》中记载有"蒲滨海有铁沙场，舟载陆运。凡数十里，依山为炉，昼夜火不绝，今望江、永丰等里有东西铁灶……"；蔡襄《江淮月录》中也有"蓝靛采以船，盛水浸，除滓梗，以灰揽之即成靛，转贩入浙"的记载。除了蔗糖大量出口，当地特产龙眼干出口也较多，宋珏《荔枝谱》说龙眼干"寄远广贩坐贾行商，利反倍于荔子"。由于明代屡行海禁，莆田对外贸易时断时续，境内贾民多散居到东南亚诸国经商。到了嘉靖（1522—1566年）初，沿海秀屿、吉了、枫亭、莆禧、冲沁、平海、涵江、黄石及府城、仙游县城成为外贸交易的主要集市①。

3. 泉州地区海外贸易

泉州港一度是世界上最大的港口，被称为"东方第一大港"。唐朝和五代时期，泉州的进口商品就包括沉香、珍珠、玻璃、肉豆蔻、象牙、胡椒、沉香等共计116种，出口外国的商品包括茶叶、棉丝、绮罗、陶器、瓷器等共计14种，时言"市井十洲人，还珠入贡频"。可以看出，当时泉州海丝贸易的繁荣景象。许多史料记录证明泉州在唐朝和五代时期为中国对外贸易的四大港口之一；宋元时期，泉州港的对外交通更加发达，官府在此专门设立了市舶司，鼓励对外贸易。《宋会要辑稿》记载："国家置市舶司于泉、广，招徕岛夷，阜通货贿，彼之所阙者，丝、瓷、茗、醴之属，皆所愿得。"为适应中外贸易文化交流的需要，泉州城大规模拓展，拓建了翼城，由唐五代的2个城门变为7个城门，城内画坊80，生齿无虑50万。"诸蕃琛贡，皆浴是乎集"，林之奇（1112—1176年）《拙斋文集》中也有关于泉州蕃商海外贸易的记载。此时的泉州城呈现出空前繁华的景象，农业、造船、纺织、制瓷、冶铁等行业全面发展，顺应海外贸易需求，

---

① 黄婕：《文化妈祖研究》上册，中国文史出版社2019年版，第20页。

泉州城社会生产呈现规模化、商品化的局势，经济结构由农、工、商相结合。在宋代，泉州与世界近百个国家和地区有贸易往来，史料记载，南宋赵汝适执掌泉州市舶司时和泉州发生贸易关系的国家和地区有 58 个，遍及今东南亚、西非、北非等地。马可·波罗曾在游记里形容泉州"大批商人云集这里，货物堆积如山"。宋末元初，仙游人林蒙亨曾作《螺江风物赋》，生动记载了元初刺桐港舶来货的贸易盛况，当时"胡椒、槟榔、玳瑁、犀象、殊香百品，异药千名，木帛之裘，葛布之筒，重载而来轻赍而去者，大率贸白金而置青铜"，这些舶来货待"扶桑日出，阳候波暖，舳舻衔尾……瑰琛远货不可殚名者，辐辏于南北之贾客"。刺桐港"涨海声中万国商"，城市呈现出"缠头赤脚半蕃商，大舶高樯多海宝"的盛况。元时汪大渊赴南洋、印度洋游历数十国，归来所写见闻录《岛夷志略》，已记述有 98 个国家与地区和泉州发生贸易关系。刺桐港已经开辟了广阔的航线，通过这些航线，泉州得以连接东西方经济，福建民众源源不断地向海丝沿线国家输送茶叶、酒、瓷器、绸缎等货物，泉州也因以集散面向世界各地的商品被称为"世界货仓"。同时也使一批从事对外商贸的福建人富裕起来。如少时削发为僧的王元懋，因"学会南洋诸国文字，常随船赴占城，住十年归来，致家财百万缗"；洪迈《夷坚丁志》也记"泉州杨客海贾十余年，致赀二万万"[①]。

4. 厦门地区海外贸易

厦门同海内外的经贸交流十分密切。明末举人池显方在《大同赋》中描写当时的厦门港："又有嘉禾，弥迤鹭门。……旁达四洋，商舶四穷。冬发鹢首，夏返梓柂。朱提成岳，珍巧如嵩。西酾西录如淮，肴品若蓰。俳优传奇，青楼侑觞"，勾勒出一幅贩洋贸易带来的辐辏梯靡、商货云集的繁华景象。在明隆庆五年至万历八年（1571—1580 年）的 10 年间，由厦门港和月港开往菲律宾的中国商船每年有 30—40 艘，每年进出口价值 150 万金元左右。清道光年间，厦门

[①] 《宋元时期多元宗教是 泉州经济的"强心剂"》，搜狐网，https：//www.sohu.com/a/118719738_162758，2020 年 3 月 2 日。

"服贾者以贩海为利薮,视汪洋巨浸如衽席,北至宁波、上海、天津、锦州;南至粤东;对渡台湾。一岁往来数次。外至吕宋、苏禄实力、噶喇巴,冬去夏回,一年一次。初则获利数倍至数十倍不等"①,形成了国内沿海贸易和海外贸易相结合的贸易网络。另外,从道光《厦门志·番市略》中,笔者还统计出当时有东西南洋29个国家(地区)与厦门开展过海外贸易,且往来贸易货物种类繁多,以丝织品、茶叶、瓷器、香料、各类宝石等为主。"人民蕃庶,土地开辟,市廛殷阜,四方货物辐辏,骎骎乎可比一大都会矣!"②这一时期的厦门商家云集,梯航万里,"岛上人烟辐辏",到处呈现一派繁盛景象,成为我国东南沿海的对外贸易中心。

5. 漳州地区海外贸易

漳州在明代曾是中国东南沿海地区的海外贸易中心,从漳州月港出口到海外的货物主要有糖、丝绸、纸、茶叶、陶瓷、果品、布匹等,特别是漳州窑瓷,当时由欧洲设计、漳州生产,采用来样加工的先进生产方式③,这不仅展现了漳州当时海丝贸易和海上交通的发达,而且是海丝融合东西方文化的象征。在《闽部疏》中记载:"凡福之抽丝,漳之纱绢,泉之蓝,福延之铁,福漳之橘……其航大海而去者尤不可记,皆衣被天下。"徐𤊹在《海澄书事寄曹能始》中再现了当时的月港贸易盛况:"货物通行旅,资财聚富商。雕镂犀角巧,磨洗象牙光。棕卖夷邦竹,檀烧异域香。燕窝如雪白,蜂蜡胜花黄。处处园栽橘,家家蔗煮糖。田妇登机急,渔翁撒网忙。"④由于海外贸易的发展和商品经济的活跃,明代中后期,海外货币源源不断地流入漳州地区,《东西洋考》记载:"东洋吕宋,地无他产,夷人悉用银钱易货,故归船自银钱外,无他携来,即有货也无几。"《天下郡国利病书》记载:"西班牙钱用银铸造,字用番文,漳人今多用之。"

---

① 道光《厦门志》卷15《风俗记》,鹭江出版社1996年整理本,第512页。
② 郭蕴静:《清代商业史》,辽宁人民出版社1994年版,第150页。
③ 陈君:《漳州:新"海丝"新机遇》,《今日中国》2015年第2期。
④ 谭培根主编:《明清时期南靖东溪窑与对外贸易》,福建人民出版社2016年版,第122页。

二 福建内陆地区的海外贸易

福建海丝文献中对福建内陆地区的海外贸易也有较多记载,由于福建地处丘陵地带,与内陆各地商贸多受山路阻隔,交通不便,因而福建内陆的海外贸易多出河运至滨海港口,再运往东南亚、日本及其他地区。福建内陆开展海外贸易最有名的物品就是茶叶和瓷器。

1. 茶叶贸易

福建茶叶以闽北武夷茶的声名最为显赫,也被称为"夷茶",海外贸易数量巨大,是福建内陆地区对外贸易的主要商品。明朝万历三十五年(1607年),有荷兰商船来到澳门采购绿茶运往欧洲,其中主要为武夷茶,这开创了武夷茶叶销往国外的先河。清朝时期,武夷茶的经营呈现大发展趋势,尤其是道光二十二年(1842年)五口通商之后,销往北上的茶路逐步被海上茶路取代,武夷茶叶的海外销售顺畅,但是由于茶叶价格昂贵,对外销量仍然不多。光绪四年,经由福建港口外销的茶叶共计4000万千克,大约占全国总出口量的1/3,其中,武夷茶叶约占1/10。光绪六年时,外销的武夷青茶与红茶分别为20万千克和15万千克,出口总值为35万元和15万元,茶叶出口值占福建省第一。武夷茶海外贸易主要是通过福州港向外行销,后来漳、泉、厦出口海外的武夷茶数量渐增。漳州市《文史资料选辑》1983年3月第5辑刊登了《漳州茶叶的历史概况》一文中写道:"茶叶之在漳州,最早销售来自安溪,后来逐渐倾向于销售高档茶。其中'夷茶'风行一时,'夷茶'亦能长久立足,曾占全市总销售量之60%,大有统治整个茶叶市场之势。"在向海外销售的武夷茶中,武夷岩茶因质量优良而价格最高。福建口岸均因"夷茶"而商埠兴旺,促进了海运发展,同时武夷茶品、茶种及其生产制作技术迅速向外流传,武夷茶名扬中外,并带动了周边地区茶业的发展。民国《崇安县新志》中记载:"康熙五年(1666年),华茶由荷兰东印度公司输入欧洲,又康熙十九年(1680年),欧人已以茶为日常饮料,且以武夷茶为华茶之总称,此为武夷茶之新世纪。"在明清时期,以泉州为中心的闽南地区成为乌龙茶最主要的集散地。清代的安溪茶业也开始步入兴盛，安溪乌龙茶大量外销，并伴随海上丝绸之路走向世界，享誉海外。仅光绪三年（1877年）一年，英国从中国输入的乌龙茶就高达4500吨，其中安溪乌龙茶占一半以上。

2. 陶瓷贸易

闽中德化陶瓷也享誉海内外，瓷器外销有着悠久历史。在宋元时代德化瓷器随着泉州港海外贸易的发展而畅销海外，成为"海上丝瓷之路"的重要商品，这些产品在日本、菲律宾、泰国、马来西亚、印度尼西亚等国都有发现，成为古泉州港三大出口商品之一。德化窑瓷器早在北宋时期就开始外销，冯先铭在《中国陶瓷考古概论》中指出：福建的晋江、安溪、德化等县市发现了大量宋元古窑。"这些瓷窑烧制的瓷器在国内流传极少，而在东亚、东南亚不少国家都屡有发现，表明了这些瓷窑是专门为适应瓷器外销而创设的。"陈万里在《调查闽南古代窑址小记》中也写道：1957年在印度尼西亚的苏拉威西岛南部曾发现我国输出的白瓷盒，经鉴定是宋代德化窑的产品。1959年在斯里兰卡的亚拉虎瓦也曾出土宋代德化窑烧制的两个瓷碗。1964年以来，在菲律宾遗址或墓葬中就发现了数千件较完整或可以复原的德化窑瓷器。在印度尼西亚境内也发现不少德化瓷器。沈玉水在《德化古陶瓷外销琐谈》（《德化陶瓷研究论文集》，1993年）一文中指出："元末至明代，泉州港出现官办海外贸易衰落，民间商人'走私'频繁的新变化，德化的瓷器仍大量生产和外销生产的品种和制作技术，更比前代有所提高。"明人宋应星在《天工开物》中记载：德化窑在宋代开始烧制白釉器，到了明代已烧成象牙白，瓷质光泽温润如玉。象牙白就是指德化窑烧制的"建白瓷"，这种瓷器因胎薄质坚、白润如玉而扬名海外，被欧洲人称为中国瓷器之上品。明代泉州私商贸易活跃，许多德化外销陶瓷转从漳州月港运往海外。张燮的《东西洋考》记载："德化瓷从月港出口者，为数极多。"到了明末清初，厦门港兴盛替代了衰落的月港，成为德化瓷器海外销售的重地。德化陶瓷的外销促进了中外经济文化交流，也加强了中国与世界各国人民的友好关系。

3. 其他贸易

据福建海丝文献记载，福建内陆地区除了茶叶和陶瓷两种商品物产的海外贸易较繁盛，其他地区海外贸易也有所开展。如与江西、广东交界的闽西南汀州府是客家人主要聚居地和发祥地，有"客家大本营"和"客家首府"之称。史料对当地民众参与海上丝绸之路的商品贸易活动都有记载，出口海外的物品以本地区的特色物产为主，主要有木材、土纸、条丝烟、竹木工艺品、成药等。而海外出口至汀州府的商品主要集中在农作物品种、粮食、海盐、棉花等，其贸易时间也主要集中在清朝中叶之后。与滨海地区相比，汀州府出口的物品中陶瓷、丝绸等物品数量不多，但已具有一定的规模。对汀州府进出口贸易情况很多文献均有记载，如"一名甘薯，明万历间，闽人得之外国"①；"上杭山多田少，农稀商众。本邑山多田少，粮食全恃汀潮接济，汀潮亦非产米之地，汀米来自江西及宁化，潮米来自长江及海外"②；"包纸，此纸行销漳厦潮汕南洋等处"③；"番薯，其种来自南海，闽中至明末始有之"④；"落花生，俗名番豆。种从海外来，土产亦得其种"⑤；"高连纸，远销潮汕、香港、越南"⑥；"纸业亦仅就地设行，坐辨发运于潮汕广州香港长沙江西等处。纸张条丝烟洋货均系土著设店分售"⑦；"上杭县旧运漳盐，绍定间郡守李公华申请改运潮盐"⑧；"若水路，则长汀溪达上杭，直至潮州入于海"⑨；"制纸远

---

① 乾隆《汀州府志》卷6《物产志》，方志出版社2004年整理本，第128页。
② 民国《上杭县志》卷36《杂录，记嘉庆年间事》，上海书店出版社2000年影印本，第476页。
③ 民国《永定县志》卷19《实业志》，厦门大学出版社2015年整理本，第503页。
④ 民国《清流县志》卷12《物产志》，福建省地图出版社1989年整理本，第327页。
⑤ 民国《清流县志》卷12《物产志》，福建省地图出版社1989年整理本，第331页。
⑥ 民国《清流县志》卷12《物产志》，福建省地图出版社1989年整理本，第357页。
⑦ 民国《长汀县志》卷18《实业志》，《中国地方志集成·福建府县志辑》，上海书店出版社2000年影印版，第495页。
⑧ 郭天沅主编：《文献史料研究丛刊》第1辑，福建省地图出版社1988年版，第31页。
⑨ 郭天沅主编：《文献史料研究丛刊》第1辑，福建省地图出版社1988年版，第12页。

贩，其利兼赢"①；"汀地货物，惟纸行四方"②。由于与海外贸易往来频繁，外国钱币也在当地贸易活动中广泛使用。清中叶在福建汀州各县区始用外国铸银元，多为日本"龙银"、英国"英洋"和墨西哥"鹰洋"，俗称"番银"或"鹰番"。据福建《清流县志》记载："清，光绪初年，本县除原有铜钱照常通用外，已有杂版光番行使，周阔一寸，内刊鸟形者居多，故名鹰番。"③ 由此可见，福建内陆地区的海外贸易规模虽不如滨海地区，但特色明显，商贸物品主要是当地物产。

第三节 海外移民

便利的海上交通和发达的海外贸易，以及不断成熟的造船技术和航海技术，为福建人出洋提供了条件，海外移民极为普遍，许多贩洋经商者多留居海外而不归，使福建成为拥有华侨较多的地区。福建海丝文献记载海外移民的文献种类较多，但主要集中在谱牒文献、地方志中。

一 谱牒文献中关于福建海外移民记载

福建谱牒体例完整，内容丰富，记载了大量的闽人出洋记录。福建民众移民海外者众多，促使福建地区特别重视家族谱系和血缘关系。谱牒记录了大量出洋族人的资料，包括从事职业、出洋地点、卒葬地、生卒年份、名讳等信息。

1. 谱牒所记录的福建民众出洋人数多、覆盖地域广

基于泉州、漳州两地谱牒的分析可以发现，有记载的出洋民众人数约2万。这些出洋民众明显受到家族影响，多数出洋民众受到族人的带动，一个家族的出洋人数通常由1—2个扩大到几十个，甚至有

---

① 苏文菁主编：《闽商发展史·龙岩卷》，厦门大学出版社2016年版，第132页。
② 苏文菁主编：《闽商发展史·龙岩卷》，厦门大学出版社2016年版，第100页。
③ 民国《清流县志》卷16《货币志》，福建省地图出版社1989年整理本，第380页。

一个家族的一代人全部出洋。福建民众出洋人数多，一方面反映出在一定的历史条件下，受到自然经济、迁界政策和战乱的影响，福建民众为谋生和个人发展所付出的努力；另一方面也反映出海上丝绸之路逐步发展成为沿线地区文化、经济交流的重要通道。

根据目前可查阅的谱牒，福建民众出洋地点主要集中在东南亚一带，特别是泰国、新加坡、马来西亚、越南4个国家占了目的地的80%以上，除了这些国家，斯里兰卡、柬埔寨、老挝、缅甸等地区也有明确记载。另外，有5条记录显示福建民众经由东南亚中转抵达日本，最远的两位抵达了美国。东南亚地区蕉麻、棕油、天然橡胶等农作物丰富，又以航运业、纺织业作为主要产业，这些客观因素促进了福建民众来东南亚各国谋求发展。

2. 谱牒记载的内容真实、可靠性高

谱牒记载的内容具有较高的可靠性。福建籍贯的华侨林景山曾经根据《永春埔头林氏族谱》成功在泉州寻根；原越南华侨救国会主席颜子俊的个人信息不仅出现于《颜氏续修族谱》，而且在《永春县志》中也有部分记载；有学者对刘亨赙将军的生平事迹作核考时，发现《刘林刘氏族谱》与人物的信息匹配，这同样印证了福建谱牒内容的可靠性。另外，海沧石塘《谢氏家乘》、新垵《丘氏族谱》等文献中还有不少族人去往东南亚各国经营谋生的记载。根据《芥坑苏氏族谱》所载，苏氏经营的东溪窑场，经过数代人创业直至清朝初年，每日所产瓷器数量倍增，原先的国内销售渠道已然无法容纳快速上升的产量，故特意派家人出海经营，目的地包括日本、泰国、印度尼西亚、菲律宾等国[①]。

3. 谱牒中记载闽人海外迁移的历史悠久

根据莆田文献《林氏族谱》的记载，这些民众的先辈早在明成祖永乐年间就已经到暹罗经营谋生。在明朝永乐四年（1406年）至十五年期间，郑和的船队抵达菲律宾多地以后，闽人迁居至东南亚各国的人数日益增加。"吕宋居南海中，去漳州甚近，……先是闽人以其

---

① 林艺谋：《华安东溪窑史话》，福建人民出版社2016年版，第44页。

地近且饶富，商贩至者数万人，往往久居不返，至长子孙。"而后，闽南沿海商人常往来于吕宋与泉州之间。在明中叶，有同安人移居海外的记录，据同安县汀溪《黄氏族谱》记载，明成化元年（1465年），黄氏族人出洋，"终老卒葬南洋"。这些都是福建谱牒文献中对闽人海外移民的较早记载。

二 地方志中关于福建海外移民记载

福建省的地方志截至民国有350种左右，这些地方志的作用日益受到人们的重视，根据地方志记载内容可以发现人口迁徙时间、迁徙地点、迁徙数量等特征。如《宁化县志》卷8《选举志》中记载了大量闽人海外迁移的内容，最早能够追溯至明中期，明末崇祯年间也有下海记载，清康熙、雍正、乾隆年间下海记载较多，在清末至1949年前也有较多记载。其次在迁徙数量上明中期开始陆续下海，之后呈低率平稳迁徙海外，在明末有下海小高峰，在清康熙、雍正、乾隆时期下海外迁再次达到高峰，在此之后平稳外迁，从1840年开始，本地区下海外迁人口达到又一高峰。最后外迁点主要集中在我国台湾、香港地区，东南亚各国，比如马来西亚、新加坡等，其余日本、古巴、朝鲜等国较少。在时间上出国地区之间的联系，在清朝中期以前下海主要集中在我国台湾，而清中叶后，我国台湾和东南亚国家都成为主要迁徙地。记载的主要内容有："伍兆徽，历惠安训导，迁台湾。俱乾隆年"①；"陈启韬，邑东北十里洋坊人。幼聪颖，善交际。年十六即往粤东贸易。一日，乘艘遇巨风，径飘至暹罗国"②；"闽西客家早在明代就有渡过台湾海峡，登上台湾岛定居的。如宋代长汀进士杨方，其后裔就于明代移居台湾。待清代顺治末年至康熙、乾隆时期，汀州的客家人大量入台，深入腹地垦荒创业，永定胡焯猷就是乾隆年间开发台湾的杰出代表"③；"据可查到的文字记载，明成化年间，汀

---

① 民国《宁化县志》卷8《选举志》，厦门大学出版社2009年整理本，第390页。
② 福建省炎黄文化研究会、福建省作家协会编：《走进明溪》，海峡书局2018年版，第243页。
③ 张东民、熊寒江：《闽西客家志》，海潮摄影艺术出版社1998年版，第22页。

州人谢文彬'因贩盐下海,为大风飘入暹罗,遂入其国,官至岳坤'。清乾隆十年(1745年),永定籍烧炭工马福春前往尚未开发的马来亚槟榔屿,成为到该处的第一批华侨"①。

福建地方志记载的内容十分广泛,其中就有对当地名人迁移到海外和当地移民海外概况的记载,如《(雍正)福建通志》《(民国)福建通志》《(万历)福州府志》等福建省志和福州志记载了福州的重要名人。《厦门志》对闽南地区海外迁移也有记载:明末清初,郑成功据厦、金抗清,"兴贩洋道,以足粮饷,海路畅通",厦门商贩东西洋的人数日众。到了康熙二十三年(1684年),清政府开放海禁,在厦门设置海关,自此,厦门成为"通九泽之番邦"的通商大口,也成为闽南籍华侨出洋的重要门户,"商民往贩外洋,或人回而船不回、大船出而小船回及出口人多、进口人少……"②。地方志中关于福建海外移民的记载比较翔实可靠,是研究福建海丝文化的重要文献类型。

三　其他类型地方文献中关于福建海外移民记载

对福建海外移民记载的地方文献较多,除了上述谱牒文献和地方志,有很多相关内容的书籍也记载了闽人向海外迁徙的历史。特别是伴随着海外交通的发展和福建海上丝绸之路的兴盛,大量福建海商扬帆出海,其中不少商人、船员滞留异国他乡。自宋元起就有许多福建人移居南洋诸国,有的还与当地妇女结婚,有些华侨在侨居国当了官。元朝周致中《异域志》"爪哇"条记:"流寓于其他之粤人及漳泉人为众极繁。"明中叶以后,有更多的福建人侨居异国。从月港出洋谋生的商人和劳动人民"往往久住不归",在南洋各地、日本、印度甚至更远的墨西哥都留下了漳籍华侨的足迹。在明朝政府实行"海禁"政策期间,严禁与日本通商,但是,漳州沿海商民却"率多潜往",还在长崎创建了华人福济寺,漳州旅外华

---

① 张东民、熊寒江:《闽西客家志》,海潮摄影艺术出版社1998年版,第22页。
② 道光《厦门志》卷5《船政略》,鹭江出版社1996年整理本,第139页。

侨以自己的勤劳和才智对侨居国经济文化的发展做出了重大贡献①。当时吕宋因地距福建最近，故闽籍漳州华侨最多，"漳人以彼为市，父兄久住，子弟往返，见留吕宋者盖不下数千人"②。何乔远《闽书》卷39中记载："成化八年（1472年），市舶司移置福州，而比岁人民，往往入番，商吕宋国。"当时，"吕宋为西洋诸番之会……通闽，闽人多往焉，其久贾以数万"。明万历年间，"漳泉民贩吕宋者，或折阅破产及犯压冬禁不得归，流寓土夷，筑庐舍，操佣贾杂作为生活；或娶妇长子孙者有之，人口以数万计"。据明《西洋番国志》"爪哇"条记载：爪哇国人有三等，其中一等为"唐人"，皆中国广东及福建漳泉下海者。这些地方文献全面还原了福建人参与海丝活动的历史，为海丝文化发展传承和研究提供了翔实史料。

第四节 宗教文化

海上丝绸之路不仅是福建的对外商贸之路，也是福建人与其他国家（地区）人民的宗教文化交流之路。随着大批福建人沿着海丝线路到东南亚经商或谋生，福建宗教文化也随之传播到海上丝绸之路沿线国家。在海丝文献中关于这方面的记载颇多，见证了福建与东南亚等国家地区宗教文化交流的历史。

一 宗教信仰传播

据历史文献记载，福建宗教信仰与海外交流历史悠久，早期主要是佛教、伊斯兰教、摩尼教、天主教等海外宗教传入，到唐五代时期，福建宗教信仰开始向海外衍播。在海丝之路的文化交流影响下，唐代儒、释、道并兴，在福州、泉州留存至今的著名景点开元寺，便是始建于梁太清二年（548年）和唐代垂拱二年（686年）。创建于

---

① 陈自强：《论明代漳州月港》，中共龙溪地委宣传部、福建省历史学会厦门分会编辑：《月港研究论文集》，1983年，第2页。

② 苏文菁主编：《闽商发展史·漳州卷》，厦门大学出版社2016年版，第163页。

南朝陈永定二年（558年）的莆田广化寺，也是福建重要的宗教交流遗存。在唐朝王审知治理闽国时，鼓励发展海上贸易，这一举措推动了佛教的传播和发展，当时有许多僧侣，如日本僧人圆珍、空海、闲静，印度僧人般坦罗等人陆续从国外到访福州，福州开元寺在当时一度成为接待国外僧侣的正式场所。新罗僧人也常至开元寺研习，并带回开元寺刻的经书。史载："新罗僧洪庆自唐闽府航载大藏经"回国。宋元时期，许多象胥番客如穆斯林海商定居福州，更有日本净妙寺僧人安禅人赴闽购买福州刻印的《大藏经》。从元朝到清朝初期，福建佛教界对外交流的主要对象是日本，到近代以后，其主要交流对象变为了东南亚各国。印度尼西亚国家档案馆馆长穆斯塔瑞·伊勒万曾经指出，中国在东汉时期就与海外各国开展了商业贸易和宗教活动，公元7世纪所建立的斯里维查雅王国一度成为中国僧侣开展宗教交流和民众从事商业贸易往来的重要场所。明代时，印度尼西亚和中国形成了良好的关系，两国文化相互融合渗透，直至今日，中国文化仍然对印度尼西亚的文化产生着深远的影响[①]。近代福建佛教界与东南亚诸国之间的关系主要表现为福建佛教向这一地区的传播。

　　佛教在闽进行传播的同时，伊斯兰教、摩尼教、天主教等外来宗教也相继传入。始建于北宋大中祥符二年（1009年）的泉州清净寺，是我国现存最早的一处伊斯兰教建筑，为国务院公布的第一批全国重点文物保护单位之一。我国现存最早、最古老的具有阿拉伯建筑风格的伊斯兰教寺，也是福建海外宗教文化交流重要史迹之一。从历史资料记录和最近发现的碑刻情况来看，摩尼教在元朝时期福建莆田地区广泛流行。根据文献《乾隆莆田县志》记载"都转运盐使司分司在县东北涵头市，元至元间设管勾董卤差事，延祐二年（1315年）改为司令司，明洪武二年（1369年）改今名"，从中可以发现，在唐朝末期已被朝廷明令禁止传播的摩尼教，直到元朝时代仍然被部分朝廷

---

① 叶建强：《福建侨批档案展在印尼雅加达展出：见证"海丝"历史》，中国新闻网，2016年12月9日，http：//www.chinanews.com/hr/2016/12-09/8089355.shtml，2019年9月18日。

官员祭祀，由此可见该教派的影响力。外来宗教不仅对福建沿海地区影响巨大，在福建内陆地区也广泛传播。根据汀州府县志记载，天主教最早传进汀州府可追溯到明朝时期，在汀州府传教十年，在此之后没有真正意义的国外宗教活动在汀州府开展，直至清末，外国宗教大肆传入该地区，但这时期的宗教传播带有强烈的殖民色彩。而汀州本地民间信仰在明清时期传入我国台湾地区和东南亚国家，像定光佛，在中国台湾、东南亚华侨中有一定影响。在《上杭县志》中也有这样的记载："邑中教会萌芽于清光绪初年，最先为天主教，邑人自南洋回传之。其后各国传教之士接踵而至。"① 可见福建与海外宗教传播活动历史悠久，影响深远。

　　除此以外，福建还存在一种源于莆田的宗教形式"三一教"，三一教创建于明嘉靖年间，教派的发起人名为林兆恩，其祖祠位于莆田的东岩山，该宗教本质上是将"儒、道、佛"相融合所形成的一种混合文化，教派创立至今，其信众逐步遍布中国与东南亚地区，香火不断②。

　　福建对外信仰的传播最主要的就是在北宋初莆田产生的妈祖信仰，它的传播区域十分广泛，对后世影响巨大。由于东亚、东南亚国家多临海，民众在海上航行过程中为了祈求行程平安顺利，海上保护神妈祖、祈风、祭船、祭海等习俗便因航海的需要应运而生，明版《顺风相送》以及清版《指南正法》，还有清代流传琉球的《指南广义》中都有相关记载，在海商和移民心目中，妈祖可以保佑他们的行程一帆风顺。另外，妈祖由于经过多朝的敕封，其影响也越来越大，地位逐步提高。目前，全球共有3亿余名妈祖信众，其中约80%分布于东南亚地区。在唐宋时期，莆田民间一共信仰过4位海上保护神，妈祖成了民众的最终选择，在此之后，妈祖文化随着海上丝绸之路的发展被带到世界各地，其影响力越来越大，而这一信仰反过来又刺激了海洋经济和海洋文化的发展。华侨华人为

---

① 民国《上杭县志》卷21《外教志》，上海书店出版社2000年影印本，第253页。
② 林明太：《莆田文化资源特色及其旅游开发》，《福建地理》2004年第3期。

了在海外继续传播妈祖信仰，以妈祖庙的形式逐步构建出海外妈祖文化。在明代初期，出洋闽人共同出资在琉球群岛建造了当地第一座妈祖庙，从而将妈祖信仰传播给琉球民众。在清朝嘉庆年间，朝廷开放海运后，许多福建民众到海外开展贸易活动。其中，到达日本长崎的福建商人们在当地建了寺庙，摆放妈祖和观音佛像。此外，有更多的商人移居东南亚地区，将妈祖像放置于当地土地庙或观音庙中合祀，这些行为都极大地促进了妈祖文化在日本、琉球、东南亚等地区的传播。明朝中后期时，随着官府对妈祖的推崇和郑和下西洋的实践，妈祖信仰不仅在华侨群体中传播，也逐渐融入侨居国百姓之中，成为当地民众共同的信仰。清朝以后，随着海外华侨子孙的不断繁衍，以及海上丝绸之路的发展，海丝沿线多地开始建造妈祖庙。据历史文献记载，印度尼西亚是东南亚区域第一个建造妈祖庙的国家，此后，东南亚其他国家也逐步开始出现妈祖庙，除了东南亚地区，妈祖文化还远播欧洲、北美、南美等地。目前，凡有中国人聚集的地区，几乎均可发现妈祖庙，覆盖范围遍及五大洲四大洋，由此妈祖文化发展成为一种世界性的海洋文化[①]。莆田对于海上丝绸之路具有重要作用，同时也是妈祖文化的发源地，为海上丝绸之路的发展留下了大量的珍贵文献资源。这些莆田海丝文献具有重要的学术价值、史料价值与文化价值，能够真实地反映出莆田在海上丝绸之路发展历史中的地位，对这些文献的搜集、整理，有助于为区域经济文化发展提供借鉴和参考。此外，民间创造的保生大帝、清水祖师、临水夫人陈靖姑等信仰也随着福建人的海外移民而广泛传播到中国台湾地区和东南亚各地。

二 文化技术交流

福建文化对外交流在福建海丝文献中记载较多，涉及政治经济、科学技术、文化艺术、生活用品、风俗习惯等方方面面，内容丰富。

[①] 蔡天新：《妈祖信仰的由来及其古丝路传播的时空研究》，《妈祖文化研究》2018年第3期。

福建人向海外迁移历史悠久,人数众多,在远渡重洋的过程中,闽南方言、茶文化、瓷器文化也随之渗透到这些国家的语言、文化中,还有流行的戏曲、音乐等,改善了海外诸国人们的生活习俗和文化认知,这对弘扬中华文化、促进文化交流与融合具有十分重要的推动作用。最早提出"丝绸之路"概念的李希霍芬就曾说:"正是丝绸之路,带给我们关于中国的知识。"①

1. 政治文化交往

早在唐五代时期,福建文化教育蔚起,文人墨客辈出,文开气运,福建与海外人员往来频繁,海外商人和宗教人员入闽数量逐渐增多,促进了福建与海丝沿线国家经贸往来和宗教信仰的交流与传播,福建文化外传对文化输入国产生了深远的影响。随着海丝的发展,福建和海外多个国家的文化沟通日益加深,许多西方国家派员来到东方,与中国建立了直接或间接的关系。在宋代,福建麻沙、崇化的雕版印刷业发展迅速,号称"图书之府",历史上与浙版、蜀版齐名,是当时国内图书出版中心之一。建阳出版图书称作建本,是宋代福建对外文化交流的重要商品。据史籍记载,南宋时期建阳出版的书籍行销海外朝鲜、日本、东南亚等地。宋代福建对外贸易活动中,就有泉州海船载建本书籍换取新罗的《难经》《脉诀》等,涉及临床各科,内容丰富,对当时福建的医学知识传播和发展产生了较大影响。到了明清时期,由于福建港口贸易兴盛,经济发展与海外联系紧密。特别是明代郑和从福建出发出使各国期间,福建与东南亚各国物品交换、人员往来、文化交流增多,当时就有古里国使臣葛卜满暂居福州。

鸦片战争之后,道光二十四年(1844年)福州作为五口通商的口岸之一正式开埠,自道光二十五年英国率先在福州设立领事馆,此后陆续有17个国家在福州设领事馆,促进了中外政治文化交流。在此后的百余年里,大批外国侨民先后在福州、厦门等地开设洋行、医院和学校,政治文化交往频繁。闽南方言、福州方言、福建地方戏曲

---

① 万翔:《一条通往富饶之地的传奇之路——西方人眼里的丝绸之路》,《中国纪检监察报》2016年1月25日第5版。

第三章　福建海丝文献整理与开发内容

和音乐也随着迁移海外的人员和与海外进行贸易活动的人员的增多流传到了海丝沿线各国。闽南语就是随着福建人走出国门，渗入东南亚国家的。例如，印尼语中，有大量的闽南方言借词。在印尼语和马来语的词典中，可以找出闽南方言借词 456 个，占比 89.2%①，语言上的联系与古往今来不断的交往，极大地带动了福建与东南亚地区的交流。再如，随着福州和海外经济文化的交往日益频繁，外国人对福州地方语言有了学习的热情，在 1870 年 6 月出版了《福州方言—英语词典》，该词典成为当时外国人学习福州话和福州人学习英语的重要工具，反映了中外语言文化交融的历史。而外语词汇也对闽南方言产生影响，丰富了闽南方言的语言内容，1910 年菲律宾马尼拉黄开物关于寄递雪文、洋布等事宜寄给福建同安锦宅社林氏的侨批中，"雪文"（香皂）一词就吸收了外语成分。福建戏曲随闽人移居海外数量的增加而流传到东南亚各国，如《海岛逸志》记载，明清时期闽南地方音乐戏曲传入爪哇。

华侨是中外文化交流的使者。福建华侨在侨居国不仅办企业，为了保持中华文化传统，还办华文学校、开华文报馆，保留祖国语言文字、传统礼俗和伦理道德，使中华文化在异国他乡得以延续和发展。侨民在侨居地所办报纸有些影响十分广泛。据史料记载，清光绪七年（1881 年）闽籍华人薛有礼创办了新加坡《叻报》，是东南亚最早的华文日报。1923 年闽籍侨领陈嘉庚创办了《南洋商报》，1929 年闽籍侨领胡文虎创办了《星洲日报》，这两份报纸都是马来西亚主要的华文媒体。华侨不仅在海外办报，还在家乡办报，马来西亚华侨黄乃裳于清光绪二十四年创办了《福报》，这是海外华侨在福建创办的第一张报纸，该报积极地传播了新思想、新文化。1916 年，菲律宾华侨林翰仙与同盟会元老许卓然在厦门合作筹办了《民钟日报》。1935 年 9 月，著名侨领胡文虎在厦门创办了《星光日报》，1947 年 10 月，在福州又创办了《星闽日报》，其办报宗旨为"以宣导民意，沟通侨

---

① 杜晓萍：《闽南方言与海上丝绸之路——以构建 21 世纪海上丝绸之路核心区为视角》，《福建论坛》（人文社会科学版）2015 年第 6 期。

情,服务社会为目的"。这些由闽籍华侨创办的报纸,极大地促进了中外文化交流和传播。此外,闽籍华侨在海外还将中国传统文学翻译成当地文字出版,让中华文化被更多的海丝沿线国家的人民了解和接受。如出生在马来西亚的闽籍华人曾锦文(1851—1920年)将中国文学名著《三国演义》《西游记》《水浒许》《兴唐传》《东周列国志》《聊斋志异》等译成马来文,在马来文学史上占有重要地位。这些珍贵文献遗存,成为福建海丝文化交流的历史见证。

2. 制作技术外传

福建科学技术外传主要集中在制瓷技术和制茶技术。早在宋代,福建与东亚、东南亚各国文化交流范围进一步扩大,福建先进的制瓷技术传播到日本,促进了日本陶瓷制造业的发展。沈玉水在《德化古陶瓷外销琐谈》(《德化陶瓷研究论文集》,1993年)一文中写道:宋代泉州青瓷器输入日本,后因日本高僧珠光喜欢用这种青瓷碗饮茶,日本人因而称之为"珠光瓷"。据木宫泰彦《中日交通史》(下卷)记载:公元1223年(宋嘉定十六年),日本人"加藤四郎左卫门景正,曾随(入宋日僧)道元来宋,研究中国之制陶技术而归,在尾张之濑户开窑"。日本称濑户为日本制陶术开一新纪元,称加藤四郎为"陶祖"。考古界普遍认为,加藤四郎是通过在福建所学习的制瓷技术,回日本后依法烧制而获得成功的。此外,一些出土实物的考古发现,也证实了福建泉州与日本在制瓷业之间存在一定历史渊源。

福建制茶技术外传不是主动进行的,确切地说是制茶技术因被外国人窃取而外传。福建茶历史悠久,武夷茶、安溪茶享誉世界,制茶技术先进,茶类创制多,品茶技艺奇,为提高我国茶业科学技术水平做出了贡献,在世界茶叶发展上具有重要的历史地位和文化价值。明末清初福建茶叶创新增多,开创乌龙制茶工艺。释超全(1625—1711年)《武夷茶歌》《安溪茶歌》,清陆廷灿(1734年)《续茶经》引的《王草堂茶说》,清董天工编(1751年)《武夷山志》等史料记载了乌龙茶的制作技术。由于福建茶质优价高,外国进口建茶花费颇多,所以东印度公司想移种中国茶。在1845年,英国东印度公司派遣一名名为罗伯特·福琼的植物学家抵达武夷山，寻找到了红茶原产地。在1849年，福琼及其随从再次到访武夷山，期间居住在当地的寺庙中。居住期间，罗伯特·福琼从寺庙的僧侣处得知了茶道要诀，尤其是茶道对于水质的专门要求。后来，他又乔装为学术界名流，打听到了绿茶转换为红茶的工序：首先对茶叶做发酵处理，使得茶叶的色泽变暗，而绿茶的制作工艺则无序做此处理。其时欧洲人多喝红茶，其原因在于绿茶在运输期间在船舱中得到发酵。因此，绿茶和红茶本质上均属于同一种茶。罗伯特·福琼在返回印度之前聘请了8位中国工人，其中包括6位精通种茶和生产茶叶工艺的工人，以及2位罐装茶叶的工人，聘期为3年。在1851年，福琼和他所招募的工人乘坐着满载茶树种和茶树苗的船只到达加尔各答。他们的抵达为喜马拉雅山一个支脉的山坡增加了近两万株茶树。3年之后，福琼等人终于彻底掌握了种茶和生产茶叶的要诀，自此后印度境内喜马拉雅山的山坡上所种植的茶叶数量不断增加，促进了印度茶叶种植业的发展，改变了世界茶业版图，进而改变了世界的经济和政治格局。1852年罗伯特·福琼在英国出版了他在中国猎取茶叶的游记《两访中国茶乡》，书中详细记载了武夷茶的生长环境、制作工艺以及贩运线路、成本核算等。由于罗伯特·福琼窃取了福建制茶技术，传统的、个性化的福建茶叶进一步失去了竞争力，结束了福建茶对世界茶叶市场的垄断。而与此同时，由于发生在19世纪末期的经济灾难，中国茶叶的生产遭受重大打击，在1866年，英国人所消费的茶叶里约4%来自印度，但到了1903年，这一比重迅速上升到了59%，在当时世界上卖给西方人的茶叶里，中国茶的比重下跌至10%。因此，制茶技术的外传使福建乃至中国的经济蒙受巨大损失。但从客观上看，罗伯特·福琼的猎茶行径促进了世界物产传播，改善了世人的生活方式和质量，促进了人类社会的文明进程。

此外，福建的印刷技术、造纸技术、造船技术也通过不同渠道传播到海外，具有中国民族特色的蜡染工艺和制糖技术也流传到印度尼西亚等东南亚国家。

3. 风俗习惯影响

随着福建文化的外传，海丝沿线国家人民受到较大影响，除了宗教信仰，在风俗习惯上也发生了改变。宋元时期，福建开始了茶文化传播，以南平武夷山、泉州安溪为主要地区，并通过海路向欧洲、东南亚、印度、日本传播。福建茶文化与各国本土文化结合形成了各具特色的茶文化，影响和改变了人们的生活习惯，饮茶成为一种时尚，备受各国人民推崇。如1640年，荷兰商人将福建正山小种红茶传入英国，正山小种汤色红艳、滋味香醇、带桂圆味，深受英国皇室喜爱，正山小种开始在英国及欧洲大陆流行。随着中国茶文化的传播，在英国形成了下午茶，而在东方日本则形成了茶道。福建茶文化的传播年代久远，影响范围广、程度深，在中国茶文化传播中占据重要地位。福建茶也有慰藉海外华侨思乡的意蕴。见诸南安县丰州古镇的莲花峰石上的摩崖石刻"莲花茶襟"，是福建产茶文字最早的记载，刻于晋太元丙子年（376年），这比陆羽《茶经》记载的要早300余年。清道光年间莲花峰下种茶兴盛，且在南安一带渡海谋生的人较多，石亭绿茶逐渐成为侨乡送祝"顺风"的礼品。随着时间的推移，华侨因思乡都喜欢饮用这种茶，逐使石亭绿茶畅销南洋诸岛，甚至远销英伦。除了茶文化传播影响了世界各地饮茶习惯，随着福建人侨居海外的人数增多，中华文化中一些喜闻乐见的习俗习惯也流传海外，如"端午划龙舟""中秋赏月""冬至吃汤圆""除夕围炉"大团聚以及庆祝时舞狮表演等众多团聚喜庆节日风俗场景，在东南亚很多地区流行。在瓷器方面，中国瓷的传播使许多国家崇尚东方瓷器艺术，甚至将瓷器文化融合到宗教文化中。在医学方面，中药备受东南亚各国民众推崇，如中国药铺和中药在印度尼西亚需求广泛。同时，中国传统还在服装、表演艺术以及其他文化节目等方面融入了印度尼西亚人民的文化。

大量的历史文献所记载的内容和现存史迹证明，福建文化在外传过程中逐渐影响和改变了东南亚各国人民的文化认知，福建人的生活观念、宗教信仰也慢慢渗透到当地文化之中，成为中外文化交流中真实的见证。此外，华侨也学习和吸收当地文化、西方文化的养分，它们之间相互影响、渗透和补益。华侨逐渐适应了侨居地的风俗习惯,与当地居民融为一体,共同创建美好的生活。

第四章　福建海丝文献整理与开发相关研究

　　福建海丝文献是记录福建地区民众通过海上航线与世界各国进行经济文化交流的古代文献以及近现代文献的总和。福建海丝文献的整理与开发对于建设"21世纪海上丝绸之路"具有十分重要的意义。要有效开展福建海丝文献的整理与开发活动，前提是对现有的相关研究进行梳理。本章将首先回顾福建海丝文献的研究工作，然后总结福建海丝文献整理开发的研究现状，在此基础上对上述研究进行评述，以期对福建海丝文献整理开发工作起到参考作用。

第一节　福建海丝文献的研究现状

　　福建海丝文献既是海丝文化的载体，也是福建地区乡土知识、民俗风情的记录和展示。因此，针对福建海丝文献的研究，既涉及针对福建海上丝绸之路文献的专门研究，也涉及传统福建地方文献的研究。

　　为了解国内海丝文献的研究现状，笔者首先在中国学术文献总库（CNKI）中，以"主题＝海丝＋文献 或 主题＝海上丝绸之路＋文献"为检索式进行精确检索，截至2020年12月31日共检索到相关研究成果79篇，经人工核对去除无关结果后共得到匹配结果74篇，这些文献的历年发文量分布如图4-1所示。

　　从图4-1可以看出，在2013年以前，我国的海丝文献研究并未得到学术界的广泛关注。2013年10月习近平主席提出了建设"21世

第四章　福建海丝文献整理与开发相关研究

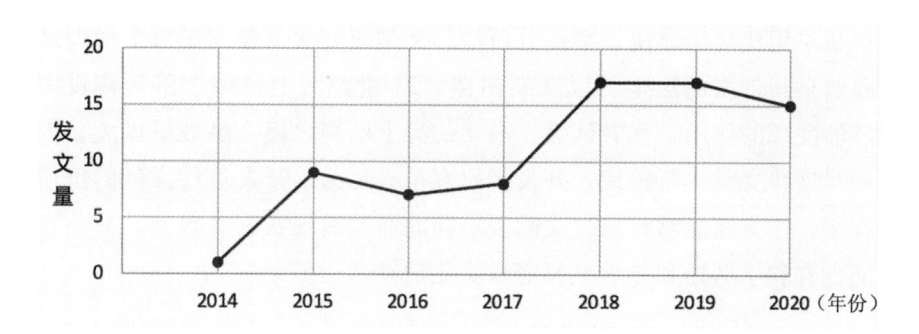

图 4-1　2014—2020 年国内海丝文献研究的发文量分布

纪海上丝绸之路"倡议,此后海丝文献研究得到了国内学者的重视。表 4-1 展示了 2014—2020 年的海丝文献研究发文数量,可以看出 2015 年后,海丝文献研究数量出现了显著增长,并整体呈上升趋势。

表 4-1　　　　2014—2020 年国内海丝文献研究的发文量

年份	2014	2015	2016	2017	2018	2019	2020
文献数量	1	9	7	8	17	17	15

值得注意的是,尽管国内的海丝文献研究方兴未艾,但福建省作为海上丝绸之路的重要起点,针对福建海丝文献的研究仍较为有限,目前相关研究主要涉及以下两方面的内容。

一　福建海丝文献的价值研究

一些研究者对福建海丝文献的价值进行了研究。陈汝模等通过文献分析法对福建省上杭县地方文献进行整理分析,以文献中记载的有关海丝史料为重点进行研究,结果显示,古时不仅在福建沿海地区海外贸易繁荣,在山区也有海外人口迁徙、海外贸易、宗教文化交流、农作物传播等活动,借此揭示上杭县与海上丝绸之路的密切联系[①]。

---

① 陈汝模、孟雪梅:《上杭县地方志"海丝"资料整理与研究》,《福建史志》2019 年第 2 期。

芦超采用比较研究法、案例分析法、文献研究法，整理了海上丝绸之路给泉州带来的影响，以及泉州在"21世纪海上丝绸之路"建设中能够发挥的作用，作者认为，泉州的海上丝绸之路文献数量庞大，因此对这些文献进行整理、开发和研究是必要的，开发这些文献的价值在于，一方面能够将海丝文献以不同的面貌展现在读者眼前，另一方面也有利于弘扬和传承泉州海丝文化精神①。

二 针对代表性福建海丝文献和文献类型的研究

部分代表性海丝文献记录了与福建相关的历史、经济、文化信息，一些研究者对这些福建海丝文献做了深入研究。如李艳玲认为道光《厦门志》在多篇分志中运用多种体裁保存了丰富的海外贸易资料，包括鸦片战争前厦门海外贸易的各种要素以及兴衰发展过程。这些海丝文化资料对开展学术研究具有重要的参考价值，对推动厦门"21世纪海上丝绸之路"建设也有借鉴意义②。"陈三五娘"的传说曾广泛流布于闽南、港台、东南亚乃至日韩等地，该传说揭示了闽南民俗曲艺之不朽生命力的文化密码。王伟分析了"陈三五娘"传说及其文献版本演变，并在此基础上研究了该传说的文化内涵和开发思路③。

谱牒文献、侨批文献是福建海丝文献中较有代表性的文献类型。因此，在各类福建海丝文献中，谱牒文献、侨批文献也特别受到研究者的重视。郑山玉是最早探索谱牒文献与海上丝绸之路的研究者，他以具有代表性的永春《鹏翔郑氏族谱》为例，按照世纪年代、出洋地点、人数和人物生卒年进行统计，探讨了谱牒和海上丝绸之路的关系，并分析出在商业贸易、开发创业、航路履险、文化和教育、青春

---

① 芦超：《基于闽南文化生态保护的文化创意产业保障体系研究——以泉州市为例》，硕士学位论文，华侨大学，2015年。
② 李艳玲：《道光〈厦门志〉"海丝"文化的重要文献》，《福建史志》2017年第3期。
③ 王伟：《"海丝"文化生态圈中的"非遗"保护与传承发展——以"陈三五娘"故事的文献整理与研究开发为例》，"一带一路"文化遗产国际学术研讨会论文，泉州，2016年12月，第252页。

和生命的奉献 5 个方面福建华侨的卓越贡献①。张惠萍认为侨批文献是"海丝"文化遗产的重要组成部分，尽管侨批档案文献已经入选《世界记忆名录》，但其社会知名度和公众认知度依然不高，普通民众对侨批文献仍然一知半解，更毋论对其进行保护与宣传利用。"海丝"倡议的提出赋予侨批文献政治和经济上的意义，有利于侨批文献的宣传利用，使其在更大的舞台上发光发热②。

除了针对福建海丝文献的专门研究，部分与福建海丝文献相关的研究还分散于与福建地方文献相关的研究中。为调查福建地方文献的研究现状，笔者在中国学术文献总库（CNKI）中，以"主题＝福建＋地方文献"为检索式进行精确检索，截至 2020 年 12 月 31 日共检索到相关研究成果 100 篇，经人工核对去除无关结果后共得到匹配结果 94 篇。根据研究内容，可将这些研究成果大致分为如下两类。

1. 福建地方文献的类型与范围研究

福建地方文献涉及的文献类型多样，内容覆盖范围广泛。一些研究者对福建地方文献的文献类型和覆盖范围进行了调研。庄琳芳认为福建地方文献的研究内容为专门记载福建特定区域的文献和福建籍人士的著作，文献类型包括地方志、乡邦人士的著作、地方的科技和经济史料、地方谱牒资料和地方石刻史料③。梁芳认为福建地方文献的研究范围还应增加两方面内容，分别为闽台区域研究和福建古代地方史研究④。郑金帆通过对福建古代地方文献研究的范围的分析，对福建古代地方文献的研究现状进行了思考，探讨了今后发展的方向以及发展中可能出现的问题⑤。黄秋梨介绍了福建地方文献的概念、主要

---

① 郑山玉：《明代泉州人旅居东南亚的谱牒资料分析》，《华侨华人历史研究》1998 年第 1 期。
② 张惠萍：《"21 世纪海上丝绸之路"倡议背景下侨批文献资源的建设与利用》，《长春师范大学学报》2018 年第 8 期。
③ 庄琳芳：《福建古代地方文献研究范围、现状及方向简述》，《新世纪图书馆》2007 年第 2 期。
④ 梁芳：《福建古代地方文献研究的现状及其展望》，《山东图书馆季刊》2007 年第 2 期。
⑤ 郑金帆：《福建古代地方文献研究探析》，《河南图书馆学刊》2009 年第 1 期。

类型，指明了福建古代地方文献研究的范围及研究现状，并在此基础上预测了福建古代地方文献未来的研究方向[①]。赵立红认为闽南地方文献的收集范围为描述闽南地区物质文化和非物质文化的各类文献类型的总和，涉及布袋戏剧目、族谱、地方志等多种文献类型[②]。

2. 针对代表性福建地方文献的研究

福建地方文献全面反映了福建地区的社会、经济、文化等方面的历史与现状，其中部分文献或文献类型具有很高的研究价值，故有学者对重要的福建地方文献进行了探索。例如，《八闽通志》是现存的福建第一部省志，由福建镇守太监陈道监修，成书于弘治三年（1490年），其内容广博，网罗详备，具有很高的史料价值。夏远志对《八闽通志》的版本、编纂体例、史料来源、史料价值及其不足之处进行了探讨[③]。蔡惠茹、郭培贵对明代福建地方科举文献展开研究，将明代福建地方科举文献分成三类，并认为全面挖掘、梳理明代福建地方科举文献，不仅有助于开拓明代福建科举研究的新思路、新视角，还有利于深化对明代科举制度的认识，其所蕴含的大量福建地方社会史料，对福建乃至全国社会史研究都有着重要价值[④]。郑惠玲认为清代是福州私家藏书的鼎盛时期，藏书家数量多，藏书规模大、质量高，具有家族藏书的传统，并通过论文总结了清代福州私家藏书的特点及清代福州藏书家的藏书思想[⑤]。

第二节 福建海丝文献整理开发的研究现状

自清末民初开始，我国学者就对海上丝绸之路文献展开了收集整

[①] 黄秋梨：《福建古代地方文献研究范围、现状和未来走向考》，《河南图书馆学刊》2007年第1期。

[②] 赵立红：《浅谈闽南地方文献资源的收集范围和研究角度》，《闽台文化交流》2010年第4期。

[③] 夏远志：《弘治〈八闽通志〉研究》，硕士学位论文，福建师范大学，2017年。

[④] 蔡惠茹、郭培贵：《现存明代福建地方科举文献研究》，《福建师范大学学报》（哲学社会科学版）2015年第6期。

[⑤] 郑惠玲：《清代福州私家藏书特点和思想探析》，《山西档案》2015年第6期。

第四章 福建海丝文献整理与开发相关研究

理工作,以冯承钧、张星、向达等为代表的一批学者,既受中国传统学术熏陶,又通"西学",将中西文献予以比证校勘,并吸收当时西方最新的学术研究成果,取得了令人瞩目的成就①。改革开放以后,在新材料、新方法、新思潮等多种有利因素的促进下,海丝文献整理工作更是提高到了一个新的高度。虽然有前人在海丝文献收集整理工作上取得了一定进展,但是福建海丝文献总量中所占比例较小,至今尚没有较为完整的福建海丝文献书目记录,目前针对福建海丝文献整理开发的研究主要涉及两个方面:一是福建海丝地方文献的收集与整理研究;二是福建海丝地方文献的开发研究。

一 福建海丝地方文献的收集与整理研究

部分学者对福建省海丝地方文献的收集与整理的宏观情况进行了研究。胡彩云对福建各市地方文献建设的总体状况进行了比较,发现区域性地方文献的整理开发方法涉及文献的收集、科学的整理和提供文献服务三部分,在此基础上,作者对各个部分进行了总结②。赵立红、沈秀琼等从研究角度、收集范围、整理方法等多个角度对闽南地区的地方文献的开发工作做了分析,这对于提高福建地方文献的利用率、促进文献资源共享具有参考价值③④。余锦秀基于福建图书馆的实践,探讨公共图书馆购买、征集、构建数据库等形式搜集和整理地方文献,并以举办主题展览、编纂二次文献等形式开发利用文献资源,最后说明了图书馆文献工作需要注意的问题,文章具有实践指导意义⑤。

---

① 陈彬强:《1840年以来我国海上丝绸之路文献整理成就述论》,《图书馆建设》2018年第6期。
② 胡彩云:《区域性地方文献建设再思考——以福建省地方文献建设为例》,《福建图书馆理论与实践》2010年第3期。
③ 赵立红:《浅谈闽南地方文献资源的收集范围和研究角度》,《闽台文化交流》2010年第4期。
④ 沈秀琼:《闽南地方文献的搜集与整理方略》,《兰台世界》2014年第20期。
⑤ 余锦秀:《公共图书馆保存利用地方特色文化资源刍议——以福建省图书馆为例》,《福建图书馆理论与实践》2016年第2期。

大量福建海丝文献分散于福建省内不同地市,一些学者对福建省各地市的海丝地方文献收集现状进行了调研,并针对相关文献的收集与整理工作提出了建议。王展妮介绍了泉州海上丝绸之路文献的搜集、整理和开发利用现状,将对文献开发利用划分为浅、中、深三个层次[1]。吴大振在《加强地方文献建设之管窥——以泉州为例》提到泉州地方文献的收藏质量和数量有待提高,特别是泉州早期地方文献的收集整理面临更大的困难[2]。沈秀琼论述了闽南师范大学图书馆通过向社会征集文献、接受赠书、购买、影印复印、馆际交换等途径来搜集闽南地方文献[3]。江琼基于龙岩图书馆的实践指出地方文献收集工作当前存在的不足之处,具体包括有关领导不够重视地方文献的搜集,各图书馆地方文献的藏书种数较少,质量偏低;当前对于地方文献未形成呈缴本制度,由此导致图书馆地方文献收集工作难以开展;此外,很多图书馆未设置专门的地方文献书库,没有设立专门部门来进行统一的文献收集,地方文献的收集组织过于分散,效率偏低[4]。

福建古代地方文献的收集与整理也是学术界关注的问题之一。张美莺主张以谱牒为代表的福建地方文献具有珍贵的文献价值,目前福建地方古籍整理能力不足,需要采取多种措施强化福建地方文献的整理研究[5]。方宝川主张,对福建传统地方文献的整理和研究既具有学术价值,也具有现实意义,因此有必要加强福建传统地方文献的整理、保护、研究和开发[6]。张林友把福建近代整理出版的金融史资料分为区域专题史史料的整理出版、外文金融史资料翻译、中文金融史

---

[1] 王展妮:《泉州地区海上丝绸之路文献整理与利用研究》,《图书馆理论与实践》2015年第7期。

[2] 吴大振:《加强地方文献建设之管窥——以泉州为例》,《内蒙古科技与经济》2009年第4期。

[3] 沈秀琼:《闽南地方文献的搜集与整理方略》,《兰台世界》2014年第20期。

[4] 江琼:《浅论县级公共图书馆地方文献收集工作的开展——以龙岩图书馆为例》,《科技资讯》2018年第7期。

[5] 张美莺:《浅谈福建地方文献整理与研究的意义》,《福建图书馆理论与实践》2007年第1期。

[6] 方宝川:《加强福建古代地方文献整理与研究》,《福建日报》2004年6月15日。

史料影印、文献数字化等多种类型，在此基础上，作者针对如何提高地方专业文献的整理开发效率，提出改进出版形式、扩大出版范围的建议①。

此外，侨批文献作为海上丝绸之路文献的重要类型，其收集整理工作也备受关注。蓝静红在分析"海丝战略"背景下的侨批档案具有史料、文化和教育价值的基础上，提出当前应从"挖掘、保护、服务"三方面实施对侨批档案的应用②。张惠萍指出当前侨批文献资源开发过程中出现的问题，提出相应的构建侨批文献资源建设体系等思路与对策③。

二 福建海丝地方文献的开发研究

在当前研究中，有关福建地方文献开发利用的研究主题主要涉及两个方面：一是福建海丝文献的开发现状，二是福建海丝文献的开发方法。

一些研究人员对福建海丝文献的开发利用现状进行了调查研究。陈颖梳理了近30年来福建地方文献的开发和利用领域的成果，并评介了近年来福建新编撰的重要地区文献，针对地方文献数据库的建设和福建地方文献的开发方法提出了有建设性的建议，为此后的研究提供了参考④。李建伟认为在"21世纪海上丝绸之路"建设背景下，可通过扫描复印的方式征集民间珍贵的家谱，二次修复破损老旧的家谱，并对散乱的家谱文献采用中图分类法、阿拉伯数字和拼音字母三者结合的索书号体系进行科学分类⑤。胡彩云通过横向比较福建各市

---

① 张林友：《地方文献的出版、整理及获取研究——以近代福建金融史资料为中心》，《福建江夏学院学报》2016年第3期。
② 蓝静红：《"海丝战略"背景下的侨批档案研究》，《广东开放大学学报》2016年第2期。
③ 张惠萍：《"21世纪海上丝绸之路"倡议背景下侨批文献资源的建设与利用》，《长春师范大学学报》2018年第8期。
④ 陈颖：《福建省地方文献开发利用研究》，硕士学位论文，福建师范大学，2015年。
⑤ 李建伟：《"海丝"视阈下广东梅州客侨家谱开发利用述略》，《图书馆研究》2016年第4期。

地方文献建设总体情况，从开展借阅流通服务、提供地方文献数目、提供参考咨询服务以及建立地方文献数据库四个方面，论述推介地方文献服务在真正发挥地方文献研究和利用价值方面的作用①。

部分学者从图书馆和档案馆工作的角度对福建海丝文献的开发方法提出相关建议。陈彬强从系统梳理文献脉络、建立联合采购机制、共建共享信息资源三个方面论述了海上丝绸之路文献资源保障体系的建设措施②。吴春浩总结了当前我国部分海丝相关省份和城市的高校、科研机构及公共图书馆海丝文献资源建设的现状、问题与不足，认为我国图书馆应积极发挥作用，争取更多财政支持、组建专业人才队伍和促进文献的共建共享等方面加强海丝文献资源的建设③。杨娟娟阐述了闽南地方文献的内容和种类，并以闽南师范大学图书馆为例，论述了闽南地方文献的著录，以及高校图书馆进一步做好地方文献书目数据工作的几点想法④。张春燕提出，在漳州地方文献的收集和整理过程中，要特别注意涉台文献、非正式出版物、非物质文化遗产的收集⑤。黄金泽论述了海丝背景下泉州市档案局在"五南"文化资源利用方面要协同发展、深度挖掘、打造特色品牌，提升海丝泉州的知名度，促进泉州旅游经济发展⑥。黄国灿对泉州的海丝文化档案品牌资源现状进行了梳理，分析了保护泉州文化档案品牌的重要性，探讨了在"21世纪海上丝绸之路"战略背景下，泉州文化档案品牌资源建设应创新发展路径，突出鲜明特色⑦。刘淑玉认为档案馆在"一带一

---

① 胡彩云：《区域性地方文献建设再思考——以福建省地方文献建设为例》，《福建图书馆理论与实践》2010年第3期。
② 陈彬强：《海上丝绸之路文献资源保障体系建设》，《图书馆建设》2015年第5期。
③ 吴春浩：《"海上丝绸之路"文献资源建设现状分析与发展策略研究》，《图书馆工作与研究》2016年第6期。
④ 杨娟娟：《如何完整著录闽南地方文献书目数据——以漳州师范学院图书馆为例》，《山东图书馆学刊》2010年第1期。
⑤ 张春燕：《浅谈漳州地方文献及其收集》，《情报探索》2010年第12期。
⑥ 黄金泽：《打造"五南"档案品牌 助力泉州海丝申遗》，《中国档案报》2017年2月9日第3版。
⑦ 黄国灿：《"21世纪海上丝绸之路"战略下文化档案品牌资源保护研究——以泉州市为例》，《辽宁经济》2017年第7期。

路"建设中担负着重要使命,应当对现有海丝档案资源开展普查、征集和保护开发工作,并建立行之有效的海丝档案管理体系①。对于办好海丝特色档案展,朱玉玲提出应当做好规划部署、收集档案资源、编研精品档案、展览受众和使用新媒体推动展览这五个方面的工作②。

针对谱牒、侨批档案等特种海丝文献开发利用的研究目前还较少,代表性的研究主要包括:曾辉对福建谱牒当前的收藏与分布情况进行了全面的统计,分析谱牒整理、开发中存在的问题,从建立共享机制、转变发展观念、提升馆员业务水平、优化客观环境四个方面给出建议③;丁志隆指出侨批档案对福建省发展方面的作用,提出福建省委、省政府以及省档案部门应加强合作,做好侨批档案研究、开发和利用方面的工作,打造侨批品牌,紧跟"一带一路"发展进程,积极开展海上丝绸之路文化遗产保护的申遗工作,更好地服务福建省发展④。

第三节 福建海丝文献数字化研究现状

近年来,文献数字化已成为图书情报领域关注的一大课题。随着人们对海丝地方文献价值认识的程度不断加深,地方文献的数字化工作也开始得到国内学者的关注。由于当前福建海丝文献数字化的研究总体仍处于起步阶段,相关文献数量有限,故本节将首先借助其上位类进行梳理,即首先梳理国内地方文献数字化研究现状,然后阐述其中涉及福建海丝地方文献的相关研究。

一 国内地方文献数字化研究现状

笔者用检索式"主题='地方文献'AND 主题='数字化'"

---

① 刘淑玉:《"一带一路"视域下档案馆的使命与对策探讨》,《山西档案》2016年第3期。
② 朱玉玲:《广东海上丝绸之路特色档案开发利用策略——以档案展览为例》,《兰台世界》2017年第21期。
③ 曾辉:《福建海丝谱牒文献整理研究》,硕士学位论文,福建师范大学,2018年。
④ 丁志隆:《打造侨批品牌 服务海丝建设》,《中国档案报》2016年1月18日第3版。

在 CNKI 中国学术期刊网络出版总库中进行检索，限定检索学科为"图书情报与数字图书馆"，截至 2020 年 12 月 31 日，共检索出 289 篇相关文献，人工去除无关结果后得到 264 篇匹配文献。通过文献阅读可发现相关研究的主题主要涉及以下四大领域。

1. 地方文献数字化的总体策略研究

一些学者从文献工作的角度提出了地方文献数字化的总体策略。黄晓斌对地方文献的数字化工作提出了一系列建设思路，涵盖选题策略、组织策略、网络资源开发策略、标准规范的制定、知识产权保护和多元化服务等①。李芳等以上海交通大学图书馆的历史馆藏文献数字化为例，分析了地方历史文献数字化工作中的特点及其解决方案，作者通过调查行业和自身发展现状，在文献数字化建设的一般原则基础上，提出了"求真""求用"的补充原则，并从文献资料整理、元数据标引规范、文献数字化标准、质量保障、数字资源长期保存和过程管理六个方面，系统地阐述了地方历史文献的数字化管理和规范体系建设策略②。毛建军对古籍数字化过程中的古籍文献版本问题进行了探讨，指出古籍全文数据库的版本模式可分为四种类型，具体包括图文对照型、古籍影像化型、电子古籍定本型以及古籍整理成果转换型，并对古籍文献的版本鉴定问题做了探讨③。徐杰研究了明清档案数字化外包过程中的安全管理问题，认为在档案数字化外包中应做到科学有序部署，并从健全规章、完善机制和安全管理启示等角度进行了分析④。

2. 地方文献特色数据库建设研究

相关研究主要涉及地方文献特色数据库的建设问题，并提出地方文献特色数据库的建设方法。在此类研究中，文化遗产相关文献及少

---

① 黄晓斌：《地方文献的数字化建设策略》，《国家图书馆学刊》2009 年第 1 期。
② 李芳、陈进、王昕：《上海交通大学新藏地方历史文献的数字化建设规划与实践》，《大学图书馆学报》2015 年第 2 期。
③ 毛建军：《古籍数字化工作中的版本问题》，《图书馆杂志》2017 年第 1 期。
④ 徐杰：《明清档案数字化外包安全管理初探》，《中国档案》2017 年第 2 期。

数民族文献是学者关注的重点问题。如吴海媛认为建设东北民间音乐数据库有助于传承和保护东北地区的民间音乐，同时也有助于音乐教育和乐曲资源的共享，作者围绕着民间音乐数据库的资料搜集整理、数字资源平台的选型以及民间音乐数字资源的加工利用等方面进行了探讨[①]。张伟云就西部民族地区地方文献的特点、西部民族地区开展地方文献数字化的必要性和存在的障碍进行了讨论，以"贵州省省情（地方志）全文数据库"建设实践为例，阐述了地方志全文数据库的建设、主要特色、使用效果及存在的问题，对如何有效地开发利用民族地方文献资源、实现民族地方文献数字化提出了对策[②]。黎发仙介绍了楚雄州图书馆的《彝族文献数据库》检索平台，该数据库拥有针对彝文古籍文献的查询、阅读、分类、管理和保存等功能，并以文本、图片、视频、音频的形式囊括了楚雄彝族的政治、经济、文化、历史、文学、宗教等近160万条数字信息，为彝文研究、利用、保存、建设数字化做出了有益的探索[③]。马鹏云分析了河南濮阳市图书馆地方文献资源建设的情况与存在的问题，在此基础上，结合濮阳非物质文化遗产种类、数量以及分布特色，明确图书馆在开展非物质文化遗产保护的优势，以此推动濮阳地方文献数据库建设[④]。

3. 地方文献数字化信息资源的共建共享

此类研究主要涉及地方文献联盟共享平台建设和共建共享策略两个问题。如高大龙对地方文献联盟共享平台建设进行了研究，并以大庆市地方文献联盟为例，分析了大庆地区地方文献资源储存分散、数字化建设主题分散、共享程度低、管理不规范、读者利用困难等难题，并提出建设地方文献联盟，以解决地方文献在收集整理和开发利

---

① 吴海媛：《东北民间音乐数据库建设初探》，《图书馆学研究》2014年第16期。
② 张伟云：《西部民族地区地方文献数字化建设研究——以"贵州省情（地方志）全文数据库"建设为例》，《贵州民族研究》2007年第6期。
③ 黎发仙：《探讨彝文古籍数字化保护发展研究》，全国中小型公共图书馆联合会研讨会论文集，株洲，2017年9月，第10页。
④ 马鹏云：《地方文献数据库建设与非物质文化遗产保护》，《河南图书馆学刊》2016年第4期。

用过程中缺乏科学性和系统性的问题①。王爽等调查了国内 20 家省级公共图书馆的地方文献工作，介绍了国内地方文献联盟存在的不足之处，为辽宁省地方文献联盟提出建设策略②。郭俊平等对蒙古文献进行了普查统计，并对蒙古文献实现数字化后的共建共享的意义进行了说明，认为有利于集中资源、促进地区经济、缓解软硬件的制约条件，并提出相应的对策③。李祝启等对地方文献在安徽地域文化影响力建设中作用的分析，明确地方文献开发利用的重要性，并在此基础上指出安徽地方文献开发利用中存在的问题，最后从体系框架、地方文献数字资源库建设以及服务品牌创建等方面提出安徽地方文献云共享体系构建及应用策略④。

4. 地方文献数字化建设标准及技术

文献数字化工作离不开技术支持和技术标准的制定，一些学者对上述两方面问题进行了探讨。如刘家真等认为在文献数字化的输入阶段，模数转换方式、扫描模式和分辨率的选择，是决定数字化源图像质量的关键，而源图像质量将直接影响创建于屏幕显示、打印及其派生的图像质量等⑤。顾磊等首先从古籍的智能整理、智能检索和智能翻译三个方面论述古籍数字化标注资源建设的重要意义；其次在搜集整理当前研究成果的基础上，从古籍的分词与词性标注、古籍的句法标注两个方面对古籍数字化标注资源的建设现状进行概述⑥。

---

① 高大龙：《地方文献联盟共享平台建设研究——以大庆市地方文献联盟为例》，《大庆社会科学》2017 年第 1 期。
② 王爽、张丹、李佳：《现代公共文化服务体系下地方文献联盟建设研究——以辽宁地区公共图书馆地方文献联盟建设为例》，《图书馆学刊》2017 年第 3 期。
③ 郭俊平、王福：《蒙古文文献资源数字化共建共享的研究》，《四川图书馆学报》2011 年第 5 期。
④ 李祝启、毛丹：《基于地方文献云共享体系的安徽地域文化影响力建设研究》，《合肥工业大学学报》（社会科学版）2014 年第 2 期。
⑤ 刘家真、徐曼：《数字化过程中的管理决策与技术建议》，《中国图书馆学报》2004 年第 5 期。
⑥ 顾磊、赵阳：《古籍数字化标注资源建设的意义及其现状分析》，《图书馆学研究》2016 年第 4 期。

第四章　福建海丝文献整理与开发相关研究

在技术标准的制定方面，姚俊元针对古籍数字化标准的必要性进行了论述，并提出几点思考，如统一概念认识、统一工作宗旨、统一方式标准、统一存储格式、统一数据形式、统一汉字编码等①。刘聪明认为数字化标准规范与质量控制问题是数字化的关键，因此从图像资源数字化和资源的元数据录入两方面讨论了数字化的标准规范，并总结相关经验②。张文亮等利用实地走访和网络调查方法，了解我国古籍数字化工程相关标准现状，发现现行标准存在制定不规范、体系不系统、内容不全面、原则不明确等问题，提出适应我国古籍数字化建设的标准体系框架，包括管理标准、技术标准和工作标准三大模块，并为我国古籍数字化标准的建设提出优化策略③。

二　福建海丝文献数字化的相关研究

笔者用检索式"主题＝'文献'AND 主题＝'数字化'AND（主题＝'海丝'OR 主题＝'福建'）"在 CNKI 中国学术期刊网络出版总库中进行检索，截至 2020 年 12 月 31 日，共检索出 19 篇相关文献，经人工去除无关文献后得到匹配结果 17 篇。从文献数量可以看出，通过数字技术进行福建海丝文献开发与利用已开始得到学术界的关注，但相关研究仍处于起步阶段，通过文献阅读可以发现相关文献的主题主要涉及以下领域。

1. 海丝文献数字化的总体策略

此类研究主要论述海丝文献数字化建设的概况，并提出海丝文献数字化建设的总体发展策略。如陈汝模首先阐述了福建省海丝文献数字化的概况，然后从海丝数据库建设、海丝信息门户建设，以及其他类型的海丝数字资源开发现状三个角度来调研当前福建海丝文献数字化工作中所取得的成果，并分析其中存在的不足之处，提

---

① 姚俊元：《关于制定古籍数字化标准的思考》，《图书馆理论与实践》2010 年第 2 期。
② 刘聪明：《古籍数字化实践与探讨》，《现代情报》2011 年第 1 期。
③ 张文亮、尚奋宇：《我国古籍数字化标准体系现状调查及优化策略》，《国家图书馆学刊》2015 年第 6 期。

出一系列改进措施①。黄志景指出海西建设背景下福建各高校图书馆建设闽台地方文献资源的重要意义，分析了当前闽台地方文献建设中存在的问题，认为应当加强对闽台地方文献的宣传力度，通过计算机技术，把其他载体类型的文献转化为计算机可识别和处理的电子文献，同时编制专题数目、索引，建立地方文献数据库②。黄华美对福州地方文献数字化建设提出构想，认为福州地区的地方文献数字化建设工作应由多个单位在不同的层面上相继展开，在进行数字化建设过程中必须贯彻集中统一、协调一致的管理原则，采用多种类型数据库并存、支持多种检索功能和支持跨库检索的地方文献数据库建设形式③。

2. 海丝文献特色数据库的建设问题研究

此类研究通过案例分析方法，对当前海丝文献特色数据库的建设现状、存在问题进行剖析，并有针对性地提出海丝文献特色数据库的建设策略。如吴绮云调查了闽粤族谱数据库的建设的现状和存在问题，从政府、高校、文献收藏机构、管理人员等角度提出相应的对策④。林仕珍介绍了闽南师范大学图书馆"漳州地方文化数据库"的内容、特色、建设原则、建设方案等具体经验⑤。黄娟娟在分析国内外专门旅游语料库的研制成果和泉州本土双语旅游语料库建设意义的基础上，提出从小型、单个的地方语料库建设入手，最终建成综合海丝双语旅游语料库的构想，以推动福建地方文化发展与建设，以及地方旅游翻译相关教学与研究⑥。蔡晓君等从建设海丝资源数据库和闽

---

① 陈汝模：《福建海丝文献数字化建设研究》，硕士学位论文，福建师范大学，2019年。
② 黄志景：《和谐海西环境下福建高校图书馆闽台地方文献建设》，《情报探索》2010年第5期。
③ 黄华美：《福州地方文献数字化建设构想》，《闽江学院学报》2012年第1期。
④ 吴绮云：《"海丝战略"背景下的闽粤族谱数据库建设》，《山西档案》2018年第2期。
⑤ 林仕珍：《高校图书馆特色专题数据库的建设——以漳州地方文化数据为例》，《漳州师范学院学报》2007年第4期。
⑥ 黄娟娟：《海丝本土双语旅游语料库建设构想——以泉州为例》，《外国语言文学》2016年第4期。

南海丝文化嵌入式学科服务平台两方面，提出了建设海丝文化信息资源中心的措施和成果模型①。陈彬强系统梳理了福建南音乐谱文献的历史发展脉络，指出其具有重要的史料价值、文学艺术价值、科学的图书分类依据价值，并从数字化前期准备，数字化扫描、入库与典藏，数据库拓展功能建设三个方面论述了福建南音乐谱的数字化保存策略②。张惠萍对侨批文献数字化建设进行了研究，指出将文献扫描成电子版、建立侨批网站和数据库是现有侨批文献数字化的三种方式，但仍不能满足其发展的需要。据此，可以通过拓宽侨批文献的数字化范围、统一侨批文献数字化标准、多种形式筹集资金、重视民间侨批文献的数字化征集、加强侨批文献的合作共建共享等途径，保存和数字化建设侨批文献③。

3. 海丝文献数字化过程中的技术方案研究

部分学者探讨了海丝文献数字化过程中的技术实现问题，如朱锁玲以农史资料《方志物产》为例，基于福建、广东和台湾三地的《方志物产》文本语料，借助命名实体识别技术构建出《方志物产》地名识别系统，然后通过对地理名称结果的统计分析进行文本挖掘④。康汉彬从海丝文献资源数据库建设和嵌入式虚拟参考咨询服务平台的建设两方面入手，论述了平台建设的具体方案，并从数据的标准化采集、数据库和虚拟参考服务平台的建设以及数据库的更新维护等方面提出平台信息资源服务技术构建方案⑤。

---

① 蔡晓君、陈彬强：《泉州建设闽南海丝文化信息资源中心的思考》，《长春师范大学学报》2016年第4期。

② 陈彬强：《福建南音乐谱文献价值与数字化保存策略》，《莆田学院学报》2018年第1期。

③ 张惠萍：《侨批文献数字化建设研究》，《盐城师范学院学报》（人文社会科学版）2015年第6期。

④ 朱锁玲：《命名实体识别在方志内容挖掘中的应用研究》，硕士学位论文，南京农业大学，2011年。

⑤ 康汉彬：《闽南海丝文化信息资源服务平台的构建》，《泉州师范学院学报》2018年第4期。

第四节 研究评述

自习近平主席提出建设"21世纪海上丝绸之路"倡议后，我国各界对海上丝绸之路的研究掀起了热潮，学者们从宏观和微观两个不同角度以及法学、政治学、文献学、历史学、宗教学等不同学科进行了深入和交叉研究，研究涉及商贸、港口、航海、造船、移民、外交、宗教等诸多领域。随着海上丝绸之路研究的兴起，海上丝绸之路相关文献的研究也开始得到了学者的关注，出现了针对海上丝绸之路文献的专门研究，国内关于海丝文献的研究成果数量呈逐年上升趋势。

福建是海上丝绸之路的重要起点，故福建海丝文献亦是我国海丝文献的一大组成部分。现有研究广泛认同福建海丝文献研究的必要性，认为福建海丝文献真实、系统地记载了海上丝绸之路的发展历史，承载着福建民众与海丝沿线国家、地区的深厚情谊。在习近平主席提出"一带一路"倡议的大背景下，开展对福建海丝文献的研究，有利于深化我国与海丝沿线各国、各地区的政治、经济、文化合作，有利于我国与海丝沿线国家、地区打造命运共同体、利益共同体，具有深刻的现实意义。

地方文献的类型具有多样性。部分学者对福建海丝地方文献的类型进行了探索，综合现有研究成果，可以发现福建海丝地方文献的类型主要包括地方志、地方学者著述、地方戏曲文献、民间信俗资料、碑刻史料、谱牒文献、侨批文献等。值得注意的是，不同于一般地方文献，由于福建地区民众具有深厚的宗族观念，故福建海丝文献中包含大量的谱牒文献和侨批文献。这些文献直接反映了华侨华人与祖国的亲缘联系，其文献价值弥足珍贵。然而，此类文献多属非正式文献，广泛散落于民间，故对此类文献的发掘和保护尤其具有必要性和紧迫性。

一些学者指出了当前福建海丝地方文献在整理与开发过程中存在的不足，主要问题包括文献的收集整理缺乏统一的协调规划；文献的

第四章 福建海丝文献整理与开发相关研究

征集渠道较为有限；文献资源的共建共享力度较低；缺乏对文献资源的深度开发；缺乏专业的文献整理开发人才；等等。部分研究提出了针对福建海丝文献整理与开发的对策，典型对策包括以图书馆为核心构建地方文献工作协调组织；通过联合采购、接受社会赠书、影印复印、馆际交换、建立呈缴本制度等多种途径拓宽文献征集渠道；统一文献编目标准；争取更多财政支持；加大人员队伍培训，组建专业的开发人才团队；等等。

福建海丝文献的数字化工作也得到了部分研究者的关注，多数学者认同应在文献数字化的基础上，基于协调一致的管理原则构建联合书目数据库；同时，可以基于数字化文献，构建族谱、侨批、地方戏曲等领域的特色数据库；另外，在海丝文献的数字化过程中，有必要通过文本挖掘技术对文献开展深入挖掘，通过嵌入式虚拟参考咨询拓宽数字化服务模式。

尽管福建海丝文献研究已开始得到国内学者的关注，但通过对相关研究的审视，可以发现现有研究仍存在三点不足：一是尽管关于福建地方文献的研究著述颇丰，但专门探讨福建海丝文献整理与开发的研究成果数量仍较为缺乏；二是现有相关成果大部分是对福建某一领域或某一类地方文献著作的研究，罕有以海丝文化为主线，对福建海丝地方文献进行整体梳理和研究的成果；三是尽管有研究阐述了福建海丝文献数字化的总体策略和针对特定类型海丝文献的数字化解决方案，但在海丝数字资源的共建共享等方面的研究仍相对缺乏。

对福建海丝文献进行整体梳理，并在此基础上探索海丝文献的系统化开发、利用方法，对于弄清相关文献信息资源的收藏分布，挖掘和弘扬海丝文化，再现真实的历史原貌，以及福建地方文献的整理、编纂、出版以及研究等方面都有着积极的意义。

鉴于福建海上丝绸之路文献整理与开发研究工作所具有的学术和现实的双重价值与意义，在本书中，将从以下方面对福建海丝文献及其整理与开发进行深入研究。

一是全面系统地调查福建海丝地方文献的概貌，通过对海丝地方文献的收集、整理，发现海丝地方文献的文化特征及社会价值。

二是通过对与海丝相关的福建交通史、福建经贸发展史、福建对外文化交流史、福建区域史、福建历史人物的相关史料及其研究著述的梳理分析，揭示历史上福建海丝文化发展的真实图景。

三是对福建地域内较大型的公共图书和高校图书馆馆藏相关地方文献以及地方文献数据库的开发做详细的调查和分析，以此构建基于海丝文化的福建地方文献整理与开发的地方文献资源体系。

四是对福建海丝地方文献的整理与开发方法，特别是数字化环境下海丝文献资源的共建共享等问题进行深入研究，通过典型案例分析海丝地方文献整理与开发的途径及效果，挖掘和探索基于海丝文化的福建地方文献资源新的开发利用价值，为福建海丝文化建设和经济发展服务。

第五章　福建海丝文献整理与开发价值

福建海丝历史文献数量庞大、底蕴深厚，但是只有将这些文献资源系统整理和充分开发利用才能够彰显出其强大的生命力。在中国建设"21世纪海上丝绸之路"背景之下，进行福建海丝文献整理与开发具有重要的理论价值和现实意义。

第一节　以史为鉴：促进"21世纪海上丝绸之路"建设和发展

"21世纪海上丝绸之路"基于中国和多国间的多边体制，借助现有有效的区域合作平台，借助古代海丝的历史符号，以和平发展为旗帜，积极探索与周边国家及地区的区域合作伙伴关系，构建经济融合、政治信任、文化包容的命运共同体、利益共同体及责任共同体。福建在与海丝沿线国家合作中，通过整理和开发利用丰富的海丝历史文献，以史为鉴，加强政策沟通、设施联通、贸易畅通、资金融通和民心相通。在传承和发扬"21世纪海上丝绸之路"精神的过程中，开展广泛的社会文化交流，促进"21世纪海上丝绸之路"建设和发展。

一　整理开发福建海丝文献可挖掘福建海丝文献历史价值

随着海上丝绸之路的繁盛，特别是明朝中期福建沿海区域成为我国海上贸易中心以来，记载福建海丝文化和海丝活动的福建地方文献不断增多。这些福建海丝文献作为特定历史时期所产生的珍贵文献资源，如实记录下了福建民众进行海上贸易、海外移民、文化交流、物资生产以及军事斗争的一系列活动，是海丝问题研究的第一手研究素材，对海上丝绸之路历史、中外海路交往关系和海丝问题的研究者而言具有宝贵的学术参考和研究价值。

福建海丝历史文献留存丰富，具有宝贵的史料价值，它真实记录了在海上丝绸之路历史上，福建人民进行海外交通、海上贸易、物质生产、海外移民、军事斗争、民间信仰、文化交流等活动，反映了福建海上交通航路发达、海外贸易货品繁多、中外多元文化融合等特色，是研究福建海丝历史的第一手资料，是反映福建区域物质文明和精神文明的固态化集合体，是本区域宝贵的文化精髓。特别是明朝以后，福建泉州、漳州、厦门、福州等沿海城市和港口成为中国海上贸易中心以来，海上丝绸之路兴盛发展，海丝活动频繁，记载这些海丝活动的古代地方文献大量产生。这些海丝文献作为特定历史时期产生的文献资源，具有宝贵的史料价值，为研究福建海丝历史、海外侨乡、中外海交关系等提供了不可多得的研究资料，对今天的学者、研究者具有难得的学术参考价值。以福州方言为例，由于历史上闽中多偏安一隅，而随着福州人由陆地向海外发展，参与到海上丝绸之路的经贸文化交流活动中，反映在语言中有许多上古音的积存，如"七溜八溜，不如福州""犀貌碰着砂"等俗言俚语词汇就源自郑和下西洋。而福州方言历史悠久，其中保存"海丝古物"之多，尤待学者深入挖掘和研究。

福建海丝历史文献蕴含着深厚的历史文化遗产价值，其涵盖了福建地区的物质文化遗产，包括古建筑、历史街区、乡镇古民居、历史遗迹、文物等；非物质文化遗产，包括传统口头传说、表演艺术、手工技艺、民俗活动、礼仪、节庆等，涉及民俗学、建筑学、宗教学、语言学、艺术学等，它们是宝贵的历史财富，更是福建进行海丝联合申遗的重要历史凭证。如莆田海丝文献对传统技艺文化就有众多记载，土纸的造作手艺、制瓷手艺、海船制造手艺等，这些地方传统技艺作为古代劳动人民集体智慧的结晶，对今天的学者、研究者具有难得的历史研究价值。同时福建海丝文献还具有深厚的历史文化底蕴、史料内容记载翔实等特征，如妈祖研究就是我们研究古代航海史、科学史、华侨史、沿海岛屿开发史、对外经济文化交流史以及古代的民俗学、宗教学等的宝贵资料。

二 整理开发福建海丝文献可促进福建海丝历史学术研究

自唐末五代以来，随着全国政治中心的南移，福建在全国的政治地位迅速上升，以很快的速度成为有很大政治影响的地区。从隋唐五代时期起，福建已有了铸造、制茶、造船、制盐、纺织等多种手工业，商品经济开始繁荣起来，泉州、漳州、厦门、福州也逐渐发展成为中外贸易重要的港口。鉴于福建在海丝历史发展上举足轻重的地位，福建海丝历史文献的学术价值和史料价值较高，整理开发和研究利用福建海丝文献就具有更重要的意义。卷帙浩繁的海丝文献记录下福建人民参与海丝活动的历史过程，福建海上丝绸之路相关活动以文字形式留存下来，它们记载了福建的海外交通与贸易、海外移民和文化交流等方方面面，成为海丝历史研究的重要史料，尤其是对于福建海外贸易研究、厦门华侨华人研究、对外文化交流以及海疆海防研究具有重要的学术价值。

福建海丝历史文献是指1949年以前专门记载福建这一特定区域的海丝文献，主要包括两个方面的内容：一是专门记载福建这一特定区域政治、经济、文化等方面的海丝文献资料；二是福建籍人士所写的海丝著作，包括福建地方志、福建乡邦人士著作、福建地方的科技与经济史料、福建地方谱牒资料、福建地方石刻史料。福建丰富的海丝文献为学者们提供了研究依据，促进了海丝历史学术研究，对建设发展"21世纪海上丝绸之路"起着借鉴作用。如福建拥有大量的地方志文献，截至民国有350种左右，仅福建师范大学图书馆收藏有福建省志、府志、州志、县志、镇志共280多种（不包括专门志），福建省图书馆针对馆藏地方志建立了特色馆藏信息资源库，可见福建文献收藏机构对地方志在学术研究中的作用十分重视。福建省乡邦人士充分采用和参考这些地方志，研究编撰出版了一系列福建的重要文献著作，如朱维幹的《福建史稿》，王耀华的《福建文化概览》，方宝璋、方宝川的《闽台文化通志》，这些著作对于后来的学者和研究者具有难得的学术参考价值和史料价值。福建要加强"21世纪海上丝绸之路"先行区建设，也是需要智力资源库作为背景支撑的。与海丝相关的研究机构设立和相关的数据库建设开发，也促进了海丝历史的学术研究。如华侨大学建立了海上丝绸之路研究院、华侨大学图书馆开发泉州海丝资料库，就为"21世纪海上丝绸之路"建设提供了智力资源支撑。此外，侨批档案和谱牒文献作为见证华侨移民史、创业史、邮政史、金融史、海外交通史乃至国际关系学史的重要文献，也为学者研究福建海丝历史提供了第一手资料。

三 整理开发福建海丝文献可彰显和平发展的海丝精神

通过对福建海丝历史文献的整理，可以以史为鉴，发现海洋贸易及航运交通对一个地区兴衰的深刻影响，也可以发现商业的力量与一个国家政策的交互关系，这对当前我国推动"21世纪海上丝绸之路"建设尤其有现实意义。通过这些海丝历史文献，也易于发现古代中国之所以开启海上丝绸之路，其目的不是称霸殖民，而是与海丝沿线各国平等对话、共赢互利，海丝文化遵循的是和谐、开放的理念，传递的是兼容并包的开放胸襟和多元化的文化体系。我国目前重提海上丝绸之路，目的既不在于干涉他国内政，也不在于控制他国经济，而在于公平贸易、共谋发展之路，这本质上也是在继承与发扬古代中国的海上丝绸之路精神。海丝历史文献还向世界证明了一个事实，即中国自古以来均无称霸世界的野心，即便是在海权具有明显优势的历史时代，中国也未通过军事和强权来胁迫小国开展不平等贸易。通过海上丝绸之路，中国向世界所展现的是一个负责任的大国的形象，这一形象赢得了海上丝绸之路沿线各国人民的尊重和赞许，而现在中国所追求的和平崛起，正是在继承和发展古代中国所树立的这一大国形象，因此，"一带一路"政策对世界政治和经济秩序而言是促进而不是威胁，这与西方所采取的殖民主义属于完全不同的崛起模式，必然得到海丝沿线国家的认同和支持。

建设"21世纪海上丝绸之路"的倡议自提出以来，越来越多的

第五章　福建海丝文献整理与开发价值

国家认识到这是一个务实合作平台,而非中国的地缘政治工具。"和平合作、开放包容、互学互鉴、互利共赢"的丝路精神是人类共有的历史财富。福建也不断拓展合作区域与领域,本着共商共建共享的联动发展原则,尝试和探索与海丝沿线各国新的合作模式,使之得以丰富、发展与完善。福建将海丝作为促进人文交流的平台,在跨越不同区域、不同文化、不同宗教信仰的同时,也汇集闽籍华侨华人力量,发挥同根同源的文化优势,促进文明间的交流互鉴。如创办于2016年的世界妈祖文化论坛,旨在大力弘扬妈祖文化,妈祖文化蕴含着"立德、行善、大爱"的精神内涵,"和平、勇敢、友善"的核心理念,"平安、和谐、包容"的价值取向。创办妈祖文化论坛,可充分利用妈祖文献资源,开发出新的研究成果,强化祖国与华侨华人之间的纽带,向全球展示中国和平发展、合作共赢的意愿,推动海上丝绸之路沿线国家和地区文化交流与经贸合作。

四　整理开发福建海丝文献可为保障国家海洋领土主权助力

整理和开发福建海丝历史文献,还有利于为我国拥有争端海岛主权提供历史证据。海岛主权争议是我国当前落实"一带一路"倡议的一大障碍。海岛主权争议事关当事国的主权、国家安全和经济利益,属于世界性难题。有数据统计,全世界有将近60个国家存在海岛争端,约占世界沿海国总数的40%[1],可以说岛屿争端几乎存在于全球各个海域。目前,我国在南海和东海海域上也存在部分海岛争端,例如中国和日本间的钓鱼岛争端、中国与菲律宾间的黄岩岛争端以及与越南等国的南沙群岛争端等,其中大多数海岛争端属于历史遗留问题,当然也有一部分是经济利益驱动使然。福建在地域上靠近东南沿海,通过对福建海丝文献的整理和挖掘,不难发现我国在相关海岛上拥有主权的确凿证据,这可为我国日后解决海岛主权争端提供有力的证据。譬如,明代海道针经《顺风相送》中存有目前已知的关于钓鱼岛的最早文献记载,该文献写成于明代永乐年间,文献中《福

---

[1] 张海文:《全球海洋岛屿争端面面观》,《求是》2012年第16期。

建往琉球》一篇记载:"北风,东涌开洋,用甲卯,取彭家山,用甲卯及单卯,取钓鱼屿"①,由这一文献来源可知,早在14—15世纪,中国民众就已经发现和命名了钓鱼岛及其周围岛屿,较日本人"发现"这个岛屿提前了数百年。1556年,明代海防研究的创始人郑若曾著有《筹海图编》一书,该书在《沿海山沙图》中,记载了台湾及黄尾屿、钓鱼岛、赤尾屿等周围附属岛屿属于福建地区的海防范围以内,并在图中标明了这些岛屿的位置与管辖区域②。1621年,明代军事家茅元仪在其所著《武备志》一书的《福建沿海山沙图》中,同样也把钓鱼山绘入了福建海防图③。由此可见,至少在明代中后期,我国就已经对钓鱼岛周边实施有效管辖,这说明我国对钓鱼岛拥有无可争辩的主权。除此以外,古代福建人民在南海诸岛一带活动的诸多史迹在文献中也有丰富的记载,这都有赖于学术界进一步进行搜集、整理、挖掘和论证,这些文献记载可为今后我国同周边各国妥善解决海岛主权争端、推进"21世纪海上丝绸之路"的建设和发展打好历史证据基础。

第二节 传承与发展:弘扬福建海丝传统文化

海丝文化是我国海洋文化的一大组成部分,它起源于海上丝绸之路的经济贸易活动,是海丝经贸活动的精神产物。海丝文化由于具有深厚的历史文化底蕴以及鲜明的多元文化色彩,已经形成了联结我国和海丝沿线国家及地区友好关系的精神纽带。福建海丝文献中有无数丰富多彩的海丝文明成果有待发掘,福建特色的妈祖文化、闽南文化及中华文化、印度文化、阿拉伯文化与西方文化的多元文化交融,都在这些海丝历史文献中详细记载,也是传承与发展海丝文化的重要史料。

---

① 刘义杰:《顺风相送研究》,大连海事大学出版社2017年版,第552页。
② (明)郑若曾:《筹海图编》点校本,中华书局2007年版,第38—41页。
③ 金永明主编:《筹海文集》第2卷,海洋出版社2016年版,第350页。

第五章　福建海丝文献整理与开发价值

一　整理开发福建海丝文献可促进福建海丝传统文化传承

福建省拥有丰富的海丝文化遗产，在 2016 年，中国海上丝绸之路被列入中国世界遗产预备名单，福建就是作为联合申报海丝世界遗产的省份之一。与福建省相关的海丝文化遗产可大致分为海丝物质文化遗产以及非物质文化遗产，其中，海丝物质文化遗产指的是与古代海丝经济贸易活动以及人文交流有关的建筑、遗迹和历史街区；海丝非物质文化遗产则指的是与古代海丝文化活动相关的精神产物。近年来，福建各地方政府均十分重视海丝文化遗产的继承与营造工作，譬如，自福建省多个设区市取得制定地方性法规的相关权限以来，以福州、漳州、泉州等为代表的福建海上丝绸之路港口城市，均陆续制定出适合当地的《海上丝绸之路文化遗产保护条例》或《海丝史迹保护条例》，此外，这些城市在开展文化遗产保护与研究的同时，也不断发展与海丝有关的旅游产业和文化产业[①]。

福建海丝文献是福建海丝文化传承与发展的重要载体，海丝文献的内容覆盖了福建区域与海丝相关的非物质文化遗产（如宗教、口头传说、手工技艺、民俗活动、礼仪等）和物质文化遗产（如文物、历史街区、乡镇古民居、古建筑、历史遗迹等），这些文化遗产涵盖了宗教学、语言学、历史学、建筑学、民俗学、艺术学等众多学术领域，许多海丝文化资料具体、生动、翔实、具有说服力，可以被视为弘扬福建海丝文化的第一手资料。对福建海丝文献的整理和开发，显然为研究者掌握海丝文化历史和当前的发展状况提供了一个便捷的窗口，也有助于更好地将海丝文化融入福建各地的地方宣传教育材料，激发普通民众对海丝文化的精神归属感和文化认同感。同时，对于培养福建民众了解和参与"一带一路"倡议，传承海丝精神和海丝文化发挥着润物细无声的重要作用。对福建海丝历史文献的深入研究和利用，有助于福建地方文化和优良传统的继

---

① 吴小萌：《文化自信视域下中国故事国际传播研究》，硕士学位论文，福建农林大学，2019 年，第 3 页。

承与繁荣。福建海丝文献是传承地方文化和乡风民俗的可靠载体，是记录福建民众生产生活、民俗民风、精神契约、独特心理素质和宗教信仰的最原始、最真实的素材。福建特色海丝文化和独特的乡风民俗是福建最宝贵的地域灵魂和文化精髓，海丝历史文献对具有地方特色的文化和传统民风民俗的记录对于海丝文化的传承具有重要意义。福建海丝文献的收集、保存、整理、研究及开发避免了传统地方文化的失传和缺失。

福建海丝文献在福建区域社会的发展过程中占有特别的地位，整理和开发这些地方文献是海丝文化传承与发扬的重要途径。这是向新时代青年传达中国历史上奋发进取的海丝精神的关键所在，只有借助福建海丝文献开发的成果，才能更好地探索海丝历史，学好海丝文化，发扬海丝精神。

二　整理开发福建海丝文献可加强福建与海外文化交流融合

福建省位于中国与海丝各国交往的海道要冲，历史上福建人民通过海上商贸活动，向周边国家和地区传播中华民族的优秀文化，并广泛吸收和融合了其他国家及地区文化的优秀成果，经过本土文化和外来文化长期的不断交汇和融合，最终形成极具个性的福建海丝文化，这一文化在中外文化交流史上占据着十分重要的历史地位。福建海丝文化的一大特点是开放互惠、兼容并蓄，福建文化最初就源于闽越文化与中原文化的不断交汇融合，并在长期以来的海外商贸活动中，逐渐吸纳了东南亚文化、波斯文化、印度文化、阿拉伯文化以及西方文化，在这种多元文化的互补共生和相互交融中形成了福建特有的文化风格。至今，福建的泉州地区还保留有众多宋元时期的伊斯兰教、印度教、基督教以及摩尼教史迹，故泉州也被誉为"世界多元文化展示中心"和"世界宗教博物馆"。福建人民讲求"敢为人先"，既"爱拼敢赢""重义求利"，又善于趋利避害，无论远赴哪个国家谋生，皆可以在当地扎根生存，而且福建先民崇尚中华文化"以和为贵"的价值观，能够与海丝各国民众和谐相处、共存共荣，最终形成互惠互信的命运共同体，为海丝沿线国家的发展、为海丝贸易的通畅开展做出了不可磨灭的贡献①。可以认为，福建省作为古代中国海上丝绸之路的起点和发祥地，在与海丝沿线各国的人文交流方面，在历史上留下了浓墨重彩的印记。

海丝文化是我国文化宝库中闪耀的明珠之一，也是世界文化的一大组成部分，海丝文化对于海丝周边国家有着深远的影响。福建地区海丝文化历史悠久，是福建地方文化的重要组成部分，也是中国海丝文化的组成部分。在海上丝绸之路的探索过程中，一批批具有远见卓识的福建海洋先驱者创造了辉煌业绩，历代的福建人沿着海丝线路进行中华文化传播，并使福建海丝文化与当地文化潜移默化地融合。同时他们也在吸纳、引进外来文化，为福建文化增添了许多瑰丽的色彩，而福建海丝历史文献真实地记录了这一过程。纵览福建的海丝历史，其实也是福建先贤走出国门，沿着海上丝绸之路在海外发展并建功立业的打拼史，海上丝绸之路所及之地，皆有福建人落脚生存和发展的足迹，他们不仅为自己拼得了安身立命的保障，也为后人留下了宝贵的精神财富。这些史实都真实地记载在海丝文献中，不仅能够让今人了解福建先人沿着海上丝绸之路拼搏创业造福乡亲的光辉事迹，学习和继承先辈们勇于开拓的冒险精神和探索精神以及吃苦耐劳、自强不息、团结互助的拼搏精神，也再现了海丝历史，唤起了人们对"海丝"的记忆。

福建地区文化通过与海外地区文化的相互发展、融合，经过千余年的发展，形成了独特的文化发展道路。福建地区的海丝历史文献不仅对学术界相关研究有很大的帮助，而且基于对这些海丝历史文献的整理和开发，有利于向全世界宣传海丝文化，促进民族和地区间的文化融合，有利于交流、借鉴、弘扬海丝精神。

三 整理开发福建海丝文献可彰显福建各地区海丝文化魅力

整理和开发福建海丝文献，有利于世界各国人民增进对福建泉

---

① 林华东：《闽南文化与海上丝绸之路》，《中国社会科学报》2015年7月15日第8版。

州、厦门、漳州、福州、莆田等历史文化名城的了解，更加深入地感受福建地域文化的魅力，有利于增强国民的文化自豪感和民族自信，强化中华民族的文化凝聚力。借助福建地区丰富的海丝文献资源，可以提高福建各沿海城市的文化内涵，构建积淀深厚的人文环境，由此可知，福建海丝文献是福建省重要的文化宝藏。整理与开发福建海丝文献，挖掘福建地方文化的魅力，既可为福建省的发展构建一个光明的前景，也可为建设"21世纪海上丝绸之路"提供力量。

海丝文化已然成为福建各地区发展的名片，相关地区通过丰富多彩的海丝研讨会、海丝艺术发展论坛、海丝艺术节、海丝电影节、海丝旅游节等活动，彰显福建各地区海丝文化魅力；通过对福建海丝文献整理与开发利用，产生大批海丝学术研究成果；通过将21世纪海丝活动与福建海丝传统文化相结合，弘扬福建海丝文化；借助对福建海丝地方文化的宣传，挖掘福建区域新的发展内涵。只有强化福建各城市的历史文化魅力，才有利于充实中华民族的多元文化遗产宝库，吸引世界的目光，并加强福建海丝发祥地形象，打造福建各城市的地方名片，促进贸易产业和旅游产业的发展，扩大福建发展的机会。以莆田为例，妈祖文献作为莆田区域特色文化品牌的重要代表，是莆田海丝文化的历史见证。莆田在对相关文献整理与开发的基础上，加强了妈祖文化的研究与传播，整合妈祖文化资源，建立以湄洲妈祖祖庙为龙头，包括港里天后祖祠、平海天后宫、市区文峰宫在内的妈祖文化核心区，将莆田建成真正的世界妈祖朝拜圣地、世界妈祖文化研究中心，提升了莆田文化软实力，塑造了多元和谐的莆田形象。同时作为海上丝绸之路重要的商品集散地，莆田海上贸易繁荣，通过挖掘莆田海丝文献的历史文化价值，加强"21世纪海上丝绸之路"建设研究和宣传，让世人了解莆田曾是海上丝绸之路重要起止点及其历史上出现的辉煌。在推动学术研究深入进行的同时，也为"21世纪海上丝绸之路"建设出谋献策，助力莆田申报"全国历史文化名城"，提高了莆田知名度，传承、弘扬了福建的海丝文化。

福建海丝文献作为一定历史时期所形成的文献资源，包含了福建民众共同的历史和文化记忆，这其中包含了大量关于海丝文化的哲学、宗教、语言、航海、天文、医学、话剧、音乐、雕刻、建筑等瑰宝。福建海丝文化是中国民族文化遗产的一部分，近年来，中央、省级人民政府以及各级地方政府都非常重视福建海丝文化的保存，为保护福建海丝史迹投入了大量的资金和人员，整理和开发海丝文献资源，开展各种海丝文化活动和学术活动，建设海丝文化名城，开发建设海丝智库、数据库，设立海丝文化展示场馆，成立海丝文化研究机构，在各类媒体上开辟福建海丝文化宣传栏目，在海丝发展中做出实效，促进福建海丝文化发展。

四　整理开发福建海丝文献可发挥福建海丝文化教育功能

福建海丝文献承载了厚重的历史文化积淀，对于继承和发扬福建优良文化传统、营造浓郁的海丝文化氛围、激励八闽子弟积极进取有着不可忽视的文化教育功能。福建海丝地方文献不仅涉及历史，还涉及多方面内容。从技术到语言文化、从科学到诗歌艺术，福建海丝文献蕴含着多层次的教育文化价值。整理和开发福建海丝文献，将其应用于历史教育领域，能够使学习者获得能力、知识、技能等多方面收获。因此，福建海丝历史教育通过海丝文化的宣传和创新，不仅是一种文化传承，也是在对历史的解释中创造新文化的行为。通过开展海丝历史教育，学习海丝精神，再学以致用投入当代社会发展建设中，可促进福建经济文化的发展。

整理与开发利用福建海丝文献可为编制弘扬海丝文化的教材提供参考素材，促进地方教育事业的发展和地方民众的精神文化建设。海丝文献系统地记录了特定地域的自然和人文等各方面的发展沿革，并且具有翔实、具体、生动、极具说服力的特点，为弘扬福建海丝文化的教材编写提供了第一手资料。把海丝文化融入青少年教育教材，为人们了解自己家乡的海丝历史和今天的发展建设状况提供了一个便捷的窗口，并增强对海丝精神和价值认同感，而且对于培养青少年热爱家乡和家乡人民，传承地方海丝文化和精神发挥着润物细无声的作用，更能激起人们内心努力奋斗、振兴福建、振兴中华的决心。

海丝历史教育是一种知识获取，在历史知识获取中，学生通过历史事件的分析、结构与推理想象以获得高级思维技能。因此，海丝历史教育的过程，就是学习海丝文化的过程，也是学习活动、知识获取、生成能力或技能的过程。海丝历史文化教育有利于帮助学习者树立正确的价值观、人生观，尤其是对当代青年学生，开展海丝历史文化教育十分必要。福建很多海丝相关场馆都积极开展海丝文化教育，如泉州海交馆、泉州博物馆在最近几年来，通过新技术和新设备向学校及学生展示与宣传泉州海丝资源，就是一种海丝在历史教育领域的输出。当然，整理开发福建海丝文献进行历史教育，这一过程并不仅是被动接受知识，同时也是让学生们自发地探索海丝历史的过程。阅读福建乡邦人士的诗文集和地方志，参观侨批展览和海丝遗迹，都可以寻觅到福建历史上海丝活动和海丝人物踪迹，能培养和唤起人们对自己乡土的深厚感情，激发人们热爱祖国的情怀，海丝遗存是培养青少年爱国爱乡情怀的活化教材，有着不可忽视的文化教育功能。整理与开发利用福建丰富的海丝文献资源，不仅有利于继承和发扬八闽大地的优良文化传统，营造浓郁的海丝历史文化氛围，也有利于激励教育八闽弟子积极进取、拼搏向上，传承海丝历史文化。

五 整理开发福建海丝文献可加强海丝文化保护与传统技艺传承

对记载有海丝文化的文献资源进行整理和开发，有利于促进地域文化保护，传承传统技艺，继承传统优秀品质。福建地方文献作为记录福建地情信息的媒介，既可反映出福建各地区的物质文明，也可反映出当地的精神文化。

福建地方文献的整理和深度开发，能够最大限度地避免大量的福建海丝文献的消亡，有助于更好地保存收集得到的海丝原始文献，提高福建文化的软实力。受到自然灾害、人为因素以及文献载体泛黄等情况因素的影响，海丝历史文献的保存难度较大，因此，尽快实现对海丝文化记忆的整理开发刻不容缓。特别是保护濒临湮灭的海丝历史文献原件，延长文献使用寿命是当务之急。一些海丝文献中出现蛀虫破坏、字迹模糊、纸张泛黄等问题，应迅速采取保护措施，还要通过扫描、影印、缩微等方式复制，以防范日后稽考困难。海丝文献的整理与开发过程，在客观上也促进了福建海丝文献的保护。

通过挖掘福建海丝文献，可促进传统技艺的传承。福建地方文献中有很多关于地方传统技法的记载。例如，制作土纸的工艺、制作陶瓷的工艺、制作船舶的工艺等。地方传统技艺是古代民众集体智慧的结晶，受时代发展和多方面因素的影响，许多传统技艺面临着消亡的危险，因此，对福建海丝文献的搜集、整理、存储、研究和开发，有利于避免传统的地方文化的消亡，实现地域历史文化和传统技术的传承与创新。地方文献所记载的人文精神，体现出福建民众勤劳勇敢、勇于开拓、自强不息、不畏艰难、甘于奉献的海丝精神，这些先辈的海丝精神值得后辈继承和发扬。

第三节　转化与创新：推动海峡西岸地区经济建设

国务院于 2009 年印发了《关于支持福建省加快建设海峡西岸经济区的若干意见》，明确提出福建省应加快海峡西岸经济区建设。福建海丝文献不仅是取之不尽的海丝文化史料宝库，而且还蕴含着丰富的经济信息矿藏。在当前我国经济发展的新常态下，对福建海丝文献的整理和开发有助于优化海峡西岸经济区的经济发展模式，催生区域经济新格局。

一　整理开发福建海丝文献可推进福建海丝文化产业发展

海丝文献是史料性很强的文献信息源，通过海丝文献挖掘地方名人和历史古迹史料，把它们转化为文化产品或服务行为，可促进海丝文化产业的发展。福建海丝文化产业就是在传承古代海上丝绸之路文化及福建传统产业的基础上，对海上丝绸之路文化符号内涵进行创造性的转化，进而推动相关传统产业的创新性发展。在当前机械化、自动化生产的挑战下，要突破福建传统产业的发展掣肘，就必须充分挖掘其海丝文化要素，增强其文化价值要素，从而推动传统产业的转型升级。譬如，泉州市近年来以海丝沿线民间信仰与民俗活动为基底，大力推进海丝旅游伴手礼文化产业建设，在"2016 年泉州海丝文化衍生品创意设计大赛"中,木偶头雕刻《印象泉州》作品获得金奖,该作品将泉州的木偶头制作成调味瓶、葡萄酒瓶塞、酒瓶起子等日常实用的物品,将老君岩、闽台缘博物馆、开元寺、清净寺等10个泉州特色元素浓缩在小尺中,将泉州东西塔制作成多层收纳盒,形成伴手礼。这些物品既可以用于陈列欣赏,也可以用于日常生活,十分巧妙,同时又具有海丝特色[①]。

依托福建海丝文化,打造海丝文化产业,这是海西经济发展新的增长点。如茶文化是海丝文化的一大代表,在古代海上丝绸之路的经贸活动中,茶叶是备受海丝国家青睐的大宗商品,故形成了中国独特的文化符号。近几十年来,茶叶已经成为世界多国人民的日常饮料,福建茶叶产业的出口额也逐年上升,但福建茶品牌在国际上却缺乏足够的影响力。依托于我国"一带一路"的建设契机,福建茶行业通过开展"闽茶海丝行"活动提升与海丝沿线国家人员往来、产品贸易、文化交流,并通过对海丝文献的挖掘、整理、创作并推出一批反映福建"海丝"茶缘、茶史、茶情的文化产品,拓展茶叶的国际市场空间。再如影响遍及全球的妈祖文化,莆田作为海上丝绸之路庇护神妈祖文化的发祥地,目前全球有妈祖信众3亿多人,其中海外信众1亿多人,80%的海外妈祖信众分布在东南亚[②]。通过妈祖文献挖掘地方名人和历史古迹史料,把它们转化为文化产品或服务行为,提高莆田知名度,进而发展莆田特色旅游事业,带动相关产业的发展,促进莆田经济的增产增收。因此,对福建海丝文献的整理与开发,可推进海丝文化产业的建设发展。

二 整理开发福建海丝文献可为福建地方经济建设提供智力参考

福建地方海丝文献具有重要的文化和经济价值,能够为福建地方经济的发展提供决策依据。例如,泉州曾是古代中国第一大港,被誉

---

① 吴小萌:《文化自信视域下中国故事国际传播研究》,硕士学位论文,福建农林大学,2019年,第25页。
② 谢如明:《把莆田打造成"21世纪海上丝绸之路"先行区》,《湄洲日报》2015年8月25日第B03版。

为世界货仓,也是我国首批当选的历史文化名城之一。泉州作为海上丝绸之路的起点,具有深厚的海丝历史文化底蕴和多样化的历史文化遗产。在泉州地方文献中,记载着泉州地区丰富的自然资源和人文资源、人物著述、重要历史事件相关的史料。2013 年,泉州市参加"东亚文化之都"评选活动,并成功入围活动初审。为了使泉州能够在终审陈述阶段胜出,在筹备的最后冲刺阶段,泉州市组织召开了多场筹备专题会,在会上建议泉州历史文化专家和学者广泛收集以泉州为中心的东亚文化交流地方文献。相关专家在仔细梳理大量泉州东亚文化圈文献和与泉州非遗保护传承相关的地方文献基础上,通过反复商讨,撰写出了终审陈述文字稿。在终审陈述方案中,重点介绍"南戏、南音、南建筑、南工艺、南少林"所构成的"五南"文化,以此凸显出泉州的历史文化特色。最终,泉州市在终审环节压轴登场并胜出。在这一过程中,海丝地方文献为泉州打造了一张独一无二的名片,也为泉州在当年"东亚文化之都"的评选活动中取得头筹立下了汗马功劳。

福建各机构为建设"21 世纪海上丝绸之路"大力开发挖掘海丝文献资源价值,纷纷举办和承办相关海丝活动,助力地区与海外经济贸易发展。例如,由中国华文教育基金会主办,华侨大学方面承办的 2017 "一带一路·贸易通"研修班,由华侨大学海上丝绸之路研究院负责组织。参加研修班的学习者有中国、泰国、越南、马来西亚、密克罗尼西亚、印度尼西亚 6 个海丝周边国家的商业管理人员、政府管理人员和学者 30 余名,研修班成员听取了 6 场专题讲座,并对厦门海沧创业广场、厦门自贸区、中欧班列等进行了现场调查。可以看出,若将福建海丝文献和海西地区的经济建设有机地结合起来,可以释放出强大的正能量,这对海峡西岸经济区的经济建设起到了有力的推动作用。

三 整理开发福建海丝文献可推动福建海丝特色旅游业发展

福建海丝文献具有很强的地域性,通过对福建海丝文献的发掘和整理,挖掘其文化内涵和历史价值,可以显著提高地方的知名度,从而对当地特色的旅游事业起到推动作用。福建地区本身具备丰富的旅游资源，海丝历史遗存众多，如泉州古港、湄洲妈祖、福州船政、郑和下西洋遗迹等，类型多样，将这些旅游资源与海丝文献相结合，可以相得益彰，促进地方经济的增产增收。

以福州为例，三坊七巷（包含衣锦坊、文儒坊、光禄坊、杨桥巷、郎官巷、塔巷、安民巷、宫巷、黄巷、吉庇巷）是福州市鼓楼区南后街十条坊巷的简称，历史上是福州名人云集之处，也是福建人文荟萃的见证。通过对三坊七巷相关文献的考证，可以得知三坊七巷得名之由来，如明代学者王应山在《闽都记》中记载："文儒坊，旧山阴巷口，初名儒林，宋祭酒郑穆居此，改今名"，"光禄坊旧曰闽山，因法祥院内有程师孟光禄吟台，更今名"。[1] 据此就可知光禄坊之名称源于北宋光禄卿程师孟，而文儒坊则得名于国子祭酒郑穆。明代著名方志学家、诗文家黄仲昭在《八闽通志》中记载："衣锦坊，旧通潮巷口，初以陆蕴并第藻知乡郡，名棣锦。南宋淳熙间，王益祥致江东提刑政，居其内，改今名"[2]，由此可知衣锦坊名称之由来。这些与福建相关的地方文献可以为三坊七巷的历史研究提供细致翔实的史料参考，而相关历史研究成果则可以为文化旅游景点或网上展馆中的旅游宣传文字介绍提供参考。除了对三坊七巷的历史进行考证，福州市还在此基础上做了进一步拓展和细分，以地方文献为基础开发三坊七巷的名人文化。三坊七巷历来是福州文人雅士的云集之地，在明清一代一大批腹有诗书气自华、温文尔雅的历史文化名人在此居住和活动，其中，最具代表性的人物包括开眼看世界的林则徐、清代名臣沈葆桢、末代帝师陈宝琛、民国一代才女林徽因、近代著名翻译家严复、文学家林纾、戊戌六君子之一的林旭、世纪老人冰心、铁血烈士林觉民以及文学家卢隐等，这些杰出的文人儒士对社会均有着深刻的思想见解，并为后人留下了卷帙浩繁的文化著作，例如，文学家和翻译家严复所翻译的《国富

---

[1] （明）王应山：《闽都记》，方志出版社2002年整理本，第45页。
[2] 弘治《八闽通志》卷13《地理》，福建人民出版社2006年整理本，第360页。

第五章 福建海丝文献整理与开发价值

论》《天演论》；清代名臣林则徐所著的《云左山房文钞》《林文忠公政书》《荷戈纪程》《使滇吟草》；近代翻译家、文学家林纾所著的《苍霞精舍后轩记》《畏庐诗存》《冷红生传》等；民国烈士林觉民所著的《与妻书》《察父书》。近年来，三坊七巷开发委员会深入发掘了三坊七巷文化名人的相关著作，以史料为基础修复开发了沈葆桢故居、林旭故居、林觉民故居、冰心故居、林纾听雨斋、严复故居、陈承裘故居等一系列福州历史文化名人的故居，并在故居中展览与历史名人相关的文献和遗物，以此开展一系列文化活动，提高历史文化名人的知名度和影响力，创新福建历史名人整体品牌，在此基础上将三坊七巷打造成福建历史名人文化名街，并在 2009 年中国文化报社联合中国文物报社举办的"中国历史文化名街"评选中被列入第一届"中国历史文化名街"[1]。其中，沈葆桢就是中国近代造船航运、海军建设的奠基人之一，是福州船政文化创造的重要参与者，他所具有的强烈的务实、创新和爱国精神对后世影响深远。

福建海丝文献记载着福建城市的繁荣与发展的历史过程，深入挖掘其文化价值可提高地方知名度，进而发展当地特色旅游产业，并刺激和带动当地相关行业的消费与发展，促进地方经济发展。目前，有由国家文化和旅游部与福建省政府联合主办的"海上丝绸之路"（福州）国际旅游节，自 2015 年起每年举办，构建海丝文化旅游合作平台，全面展示福建文化旅游发展成果，使更多海内外朋友关注福建以及海丝沿线的文化旅游，分享发展机遇。旅游节整合了海上丝绸之路周边地区的旅游资源优势，规划了基于"21 世纪海上丝绸之路"的精品旅游路线，推动了福建福州、莆田、泉州、厦门、漳州等海丝沿线城市的旅游发展，海丝国际旅游节已成为福建旅游腾飞的重要引擎。包括福州在内的海丝沿线 9 座城市还被列入"国家智慧旅游试点城市"。福建沿海各地区为促进旅游事业发展，也纷纷以海丝文化为

---

[1] 福州市社科联：《三坊七巷入选首批中国历史文化名街》，福州社科网，2009 年 6 月 17 日，http://www.fzskl.com/html/2009617/200961785045.shtml，2019 年 7 月 12 日。

主题开展活动。如莆田在湄洲岛到2020年先后举办了22届湄洲妈祖文化旅游节，每年都有中央、省、市有关单位领导和全球数十个国家、地区的专家学者、知名侨领、海外人士、世界各地莆田同乡会、商会代表，以及来自全球各地、各省份的妈祖文化机构代表、游客等参加活动，促进了福建海丝旅游事业的发展。

四　整理开发福建海丝文献可促进福建与海丝沿线各国经贸合作交流

福建地方海丝文献是建设"21世纪海上丝绸之路"的重要资源，保存和整理福建地方海丝文献，为传播和弘扬海丝文化奠定了坚实的基础。另外，开发和利用福建地方海丝文献，可以为福建的繁荣和发展提供坚实的保障，海丝文献积淀着福建数千年历史文化，无论是古代海上丝绸之路还是21世纪海上丝绸之路，都是连接不同国家、民族的文化纽带。开发福建地方海丝文献，有利于深化海丝沿线人文交流合作，塑造福建对外宣传形象。

福建海丝文献中记载了很多与福建和海外各国的沟通合作、经济贸易活动、人文交流等相关的内容。通过对这些海丝文献进行挖掘，有利于了解福建历史政治、经济、文化的发展，有利于决策者开发地方特色经济，为地方经济寻找新的增长点。在海峡西岸经济区的建设过程中，通过研究福建海丝文献，可以传承和发展伟大的海上丝绸之路精神，助力福建对外交流合作。因此，将福建海丝文献与当代福建的经济建设进行有机结合，可成为福建经济发展和对外合作交流的驱动力。

福建一直重视利用海丝资源推动经贸发展，加强与海丝沿线各国经贸交流与合作。先后举办了亚洲合作对话（ACD）工商大会暨青年企业家创新峰会，21世纪海上丝绸之路博览会，21世纪海上丝绸之路市长（高峰）论坛，首届联合国海陆丝绸之路城市联盟城市论坛，丝绸之路文献遗产保护和利用国际研讨会，首届金砖国家政党，智库和民间社会组织论坛，城地组织亚太区理事会会议暨"海洋经济与城市发展"研讨会，海上丝绸之路国际艺术节，"海丝"国际品牌博览会,品牌"境外行""海丝行",中阿城市论坛等与海丝相关的较高级别的经济、文化、外交活动,产生了较大的国际影响力。此外,福建由于具有丰富的海丝遗产而在部分国际事务中占据一席之地,如2017年"21世纪海上合作委员会"秘书处定居福州;2018年"海上丝绸之路城市安全规划与管理国际联合研究院"在福州大学正式成立;2018年继北京和澳门学术中心之后,世界记忆项目福建学术中心在福州成立。福建日益深入参与国际事务,对促进海内外经贸交流合作提供了有利条件。

第四节 融合与交流:增进与海外华侨华人感情与民族认同

古代海上丝绸之路是沟通东西方的重要桥梁,在中国与世界文化融合方面起到了积极作用,现代海上丝绸之路的建设继承了其伟大的历史价值和交流意义,中国作为世界上最大的发展中国家,承担着为古代丝绸之路注入新活力的责任,也有责任为国家间的交流营造更加稳定、安全、和谐的环境。内涵丰富的福建海丝文献作为特定历史时期所产生的地方文献资源,凝聚着海上丝绸之路沿线各国和各地区民众的共同历史记忆和文化记忆。整理和开发福建海丝文献,不仅唤起了海外华侨华人的思乡爱乡情感,为他们寻根谒祖提供线索,也促进了对中华民族的认同。

一 整理开发福建海丝文献可增进与海外华侨华人的情感联系

福建约有1580万华侨华人分布在188个国家和地区,尤以侨居在海上丝绸之路沿线的东南亚国家居多。福建沿海的泉州、厦门、漳州等地历来为我国著名的侨乡,临水夫人、妈祖、蔡夫人、陈文龙等海神信仰是福建海丝重要的文化遗产,也是世界文化遗产的重要组成部分,维系着闽籍华侨华人的共同记忆和情感。同时也是大量台湾同胞的祖籍地,闽、台两地风俗习俗相似、人文习俗趋同,两地人民具有血浓于水的亲缘关系。福建省具有丰富的海丝文化遗存,众多福建海丝文献记录有关于福建故土的历史往事，对于所有侨居海外的福建人而言，阅读福建地方历史文献和海丝相关诗文，可以唤起他们对自己家乡的深厚感情和思乡情感，激发其热爱祖国的情怀，促进与他们的情感联系，与他们产生共鸣。

以妈祖文献为例，莆田是妈祖文化的发源地，是古代海上丝绸之路的重要站点，在中国和世界海上交往历史上占有非常重要的地位，妈祖文化在港澳台民众、东南亚华侨华人中有着广泛信众，维系着闽籍华侨华人的共同信仰。在海上丝绸之路的发展历程中，遗留下了许多关于妈祖文化的文献，这些文献真实地反映了莆田地区在妈祖文化传播过程中所起的作用。被称为"海神妈祖"的林默娘，是古代福建民众出海谋求平安的精神支柱，这在莆田地区的谱牒中有众多记载。为了在航海过程中不发生海难和疾病，民众多在出海前到妈祖庙中虔诚地祈祷，这使得妈祖的精神受到推崇和信仰。目前，世界各地的妈祖庙有1万余个，除了海峡两岸，其余的大都分布在海上丝绸之路周边国家。闽人早期南渡，要在妈祖的保护下出洋谋求生计。在到达目的地后，华侨华人为了供奉妈祖建起了多座妈祖庙以表示对妈祖的感激和尊敬。在越南，单胡志明市一个地区，就有很多香火旺盛的妈祖庙，而妈祖文化已经成为越南华侨和许多越南信徒不可或缺的精神信仰。妈祖文化像阳光和露水一样融入了各国信徒的日常生活中，受到包括台湾同胞在内的广大华侨华人的认可，这增进了海丝沿线各国各地区人民的相互信任和文化沟通，成为海上丝绸之路周边国家和地区共享的精神财富，可以认为，妈祖是海上丝绸之路的文化使者[1]。几百年来，妈祖文献都是承载和传播妈祖文化的重要载体，具有重要的史料价值、学术价值和文化价值。

为了促进妈祖文化交流，深化妈祖文化研究，莆田于2016年创立了世界妈祖文化论坛，每年均举办。它旨在为妈祖文化研究交流提供包容、开放、多元化的平台，使妈祖文化得以在全球传播和发展。2016年10月至11月，由中国社会科学院和莆田学院共同主办的

---

[1] 张飞帆：《妈祖："一带一路"的文化使者》，《统一论坛》2017年第3期。

第五章　福建海丝文献整理与开发价值

"妈祖文化论坛暨2016年妈祖文化研讨会"在莆田正式召开。参加会议的有来自十余个国家和地区的100多名学者以"妈祖文化与海上丝绸之路"为主题,对"妈祖与海洋文化""妈祖文化相关文献"等问题进行了探讨。在此次研讨会中,许多研究人员对妈祖文献的价值、分类做了充分探讨。2018年5月,福建师范大学社会史学院与中国宗教学会、中国社会科学院世界宗教研究所、莆田学院、福建省艺术研究院及莆田经济开发区联合在莆田市贤良港举办了"贤良港妈祖文化论坛暨妈祖与海丝学术研讨会",该研讨会一共邀请到来自中国大陆、中国台湾、美国、马来西亚等地的众多著名高校和科研机构的40多名研究者,接收到参会论文45篇,这些论文对各国妈祖庙、妈祖信仰做了考证和梳理[①]。这些会议充分体现了妈祖文献的价值,在提高妈祖文献的使用效率的同时,深化了中外文化的交流,加强了福建和海丝周边各地区华侨华人的感情纽带,促进了海丝研究文献的数量和质量的增长。

为扩大妈祖文化的宣传和利用,提高妈祖文化的影响力,莆田市政府在1994年创办了湄洲妈祖文化旅游节。随着旅游节举办层次的不断提高,其地区影响力日益增大,旅游节的形式和内容也在不断变化,从第1届主题"妈祖祭典"到第4届"妈祖颂",再到第20届中"《妈祖回家》电影""妈祖文化灯光秀",这些生动的形式吸引了众多华侨华人代表和福建民众参与,提高了妈祖文化的宣传和利用效率,同时也为促进莆田地区经济和文化的发展做出了巨大贡献。

二　整理开发福建海丝文献可为海外华侨华人寻根谒祖提供线索

中国的传统文化发展注重血缘关系,无论是家族成员聚集在一起还是身在海外,同根同源是维持华人与华人之间关系的最坚实的纽带。落叶归根、祭祀先人是中国文化的一大组成部分,生活在海丝周边国家和地区的华侨华人传承了中华文化,因此寻根谒祖是他们建立

[①] 林爱玲:《第二届莆田贤良港妈祖文化论坛顺利闭幕》,东南网,2018年5月17日,http://pt.fjsen.com/xw/2018-05/17/content_21054526.htm,2019年5月12日。

亲缘纽带的重要途径。谱牒作为家族发展历史的一种记录载体，详细记录了家族从起源到发展的全过程，如家族相关的姓氏源流、世系宗支、个人传记、昭睦辈序、坟茔、族产等。血缘是连接家族成员的最坚固的纽带，谱牒作为这一纽带的文字表达形式，往往可为东南亚华侨华人回国寻根问祖提供可靠的资料。如《永春鹏翔郑氏族谱》出国史料部分就记载出洋人数多达 1000 余人。所以，对福建海丝文献的整理与开发，可为海外华侨华人寻根问祖提供主要依据，促进海丝沿线区域的民间文化交流。

福建地区民间的谱牒文献是以血缘与亲缘将家族联系起来的一部家族史，其不仅是海外华侨寻根问祖的一大依据，也是促进福建和海外华侨交流的手段之一。福建谱牒文献中对明清时期闽人下南洋的目的、职业、分布、人数、贡献有所记录。对于家族来说，是后辈回到祖籍地寻根的主要工具。相关资料显示，新加坡第四任总统黄金辉的籍贯是福建省漳州市，2000 年他带着 18 名子孙前往漳州市寻根；第五位总统王正昌的籍贯是福建省厦门市，他的爷爷 1918 年带着家人去新加坡谋生后定居在当地；菲律宾前总统科拉松·阿基诺的曾祖父是福建省漳州人，她在拜谒祖庙后发表的演讲中说："我是菲律宾国家的元首，但从某种意义上说，我也是这个村子的女儿。"福建谱牒是证明两地血脉联系的最好历史证据，因此，福建谱牒文献的整理对于维系中国和海丝沿线国家的良好友谊具有重要的价值。

古代福建人士通过海上丝绸之路迁徙海外人口众多。通过对现存谱牒文献的研究，福建与东南亚的交流始于明朝，此后进出海内外的人员不断增加，谱牒文献的内容也不断完善，从而促进了各种团体活动的开展。建立在两个地区的各家族的宗亲会，定期进行种类丰富的活动，这增进了两个地区之间的情谊。另外，在厦门、漳州、泉州等地举办的谱牒展览会、海丝文化交流会等活动，都吸引了大量海外宗亲回国。1949 年以后中国出现第一次修谱热，就是在各国华侨的带动下展开的。以福建著名的侨乡泉州为例，早在唐宋时期就有民众远渡南洋经营谋生。明清以来，泉州地区开始出现大规模民间移民，直至近代形成移民高潮。在泉州各宗族族谱中，有相当一部分记载了历

第五章 福建海丝文献整理与开发价值

史上泉州民众向东南亚等区域移民的信息。2016年，福建省泉州市侨联、南洋华裔族群寻根谒祖综合服务平台在马来西亚吉隆坡举办了"根脉寻踪——泉州百个家族移民马来西亚族谱展"，展览选用了1340册电子族谱和百册纸质族谱，涉及泉州迁居马来西亚62个姓氏、220个家族，比较全面地反映了泉州各姓氏先人迁居新、马各地的情形。来访者只需提供开基祖姓名、昭穆、堂号、祖籍地或其他可供参考的资料，工作人员现场进行电脑查询，并协助查阅相关族谱文献[1]。对这些族谱文献的整理不仅是资料的整理，还是精神文化的传承，并以此构成了海外华人与祖籍国中国的精神桥梁。在展览期间，泉州市侨联还举办了马六甲泉籍宗亲寻根谒祖恳谈会，以族谱寻根为契机，促进宗亲联谊互动、社团交流往来、商贸投资引导服务，有力地促进了泉州地区的民间文化交流。再如，一位名为林景山的80岁高龄马来西亚华侨于2011年回到了泉州永春县，由于可得的资料很少，他仅知晓其祖父是从永春县某个村子搬出来的，除此之外没有其他线索。在一位熟悉《永春浦杜林氏族谱》的居民的协助下，通过族谱中姓名、排名、年龄等信息，找到了族谱分册中所记载的关于祖父的内容。不仅如此，族谱中还记录了老人父亲和他自身的名字、生日等，对照起来都与实际情况符合，该老人在成功寻根后，向宗庙祠堂做了拜谒，并多次致电感谢帮助他寻根的恩人。

福建的各类档案馆、图书馆等文献管理机构也通过有效利用其所藏的海丝文献，为海外华侨华人提供与寻根相关的服务，如漳州许多县的公共图书馆、档案馆均设立了专门的地方文献部，为读者提供查找、阅读和利用地方文献提供服务，并积极探索多种服务形式。漳浦县图书馆将宗祠资料的整理、服务与开发作为自身特色，专门设立了宗祠普查工作组，主要开展对漳浦县宗祠文化的调查、宗祠文献收集、宗祠资料整理活动，多年来对27个乡镇、近600个宗祠开展过调查，获得相关信息520条，收集到族谱近百本，并将上述信息、文献做了统一的录入、整理、上传，借助宗祠普查管理平台实现资源共

---

[1] 张亚宏：《泉州侨力资源培育研究》，《武夷学院学报》2018年第8期。

建共享。此外，漳浦县图书馆还充分利用上述族谱文献开展特色读者服务，为台胞和海外华侨寻亲归宗提供检索服务。

对福建海上丝绸之路文献的整理和开发，不仅可以促进各宗族子孙的祭祀和宗亲联谊，还激发了福建出国侨胞们的思乡之情。一方面，这些海外同胞回乡探亲、旅游、通过投资建厂支援家乡建设，加强了侨胞对家乡的归属感和认同感；另一方面，通过海外华侨的帮助，部分闽商远赴海丝沿线国家经商、投资、办厂，加强与海外的商业贸易合作，从而充分发挥出侨商在海丝经济建设中的作用。由此可见，历史悠久的福建海丝文献是中华民族共同的记忆，借助这些文献，海外游子能够找寻到先人的印记和儿时的回忆，因此这些文献也成为他们思乡的一大精神寄托。

三 整理开发福建海丝文献可增强中华民族的民族认同

福建海丝文献的整理与开发，有助于促进海丝沿线国家和地区华侨华人对中华民族的民族认同，有利于中华文化的传播，特别是台湾同胞的民族认同。在历史上，台湾一度为福建省的一个辖区，目前台湾同胞80%以上的祖籍地为福建，闽台两地的文化、语言、艺术、民俗、宗教均极为相似，显然，福建省在发展海峡两岸友好关系、促进祖国统一进程中发挥着重要的纽带和桥梁作用。海丝地方文献是闽台历史文化的重要载体，是两岸同胞血浓于水的见证，在两岸交流中起着重要的文献保障职能。

以福建谱牒文献为例，福建海丝文献中的谱牒资料包含大量闽台两岸家庭、宗族的世系的记录内容，在目前的福建谱牒文献中，尤以漳州、泉州为祖地的姓氏族谱最多。据统计，近年来陆续从台湾回漳、泉追祖溯源的宗族超过50个，涉及姓氏包括林、黄、陈、王、吕、萧、张、李等。通过对两岸谱系文献的对接，已经可以确认王金平、连战、萧万长、林丰正、林洋港、江丙坤、谢长廷、林尔嘉等一系列台湾知名人士与福建祖居地的亲缘关系[①]。2009年以后，多届海

---

① 江玉平：《漳州与台湾族谱对接指南》，厦门大学出版社2011年版，第75—78页。

峡论坛的召开更是在台湾掀起了回闽寻根问祖的热潮。直至 2020 年，海峡论坛已经举办了 12 届，在历次海峡论坛中，闽台各姓氏族谱的对接是论坛的核心内容之一。如首届海峡论坛中参展的闽台姓氏族谱总量达到 5759 册，涵盖了 141 个姓氏；第 3 届海峡论坛中设置了"闽台族谱对接暨中华百姓氏联墨展览"，在展览中提供了两岸族谱共 583 部，3500 多册；第 4 届海峡百姓论坛则在台湾高雄举行，论坛实现了两岸许、李、张 3 个姓氏族谱的对接，更有 14 个姓氏源流的研究组织签订了《闽台姓氏长期合作协定》，从而推动了两岸宗族交流向机制化、常态化的方向发展[1]；在第 5 届海峡论坛中，两地共有 100 多个姓氏，合计 3000 册族谱实现了对接，共有 7 对姓氏的研究组织签订了长期交流合作协议，建立起两岸经常性学术交互机制，推动了姓氏宗亲源流研究的全方位开展[2]；第 6 届海峡百姓论坛中，电子族谱的成果展示是一大亮点。此届海峡论坛中所展示的电子族谱，可供宗亲在异地以电子方式查询本族的"世系脉络图"，还可查看"五服九族""我的一家"，在网上"一键寻祖""查找共祖"。此外，福建省政府机构和民间团体还赴台湾举办了"泉台百姓族谱暨中华姓氏联墨巡展"和"两岸宗亲交流暨姓氏族谱展"，这些族谱展览为台湾民众提供了翔实而又可靠的寻根问祖对接资料，既是台湾同胞延续宗亲宗族血缘的需要，也反映了两岸民族在文化层面相互认同的精神需求。

对其他类型的福建历史文献的整理与开发也有助于梳理"闽台亲缘"和海外华侨华人的历史脉络，唤起台湾同胞和海外侨胞的民族认同。如 2019 年，在国台办和福建省台港澳办的大力支持下，福建省档案馆、中国闽台缘博物馆和漳州市博物馆共同举办了"我家的两岸故事·迁台历史记忆库"海峡两岸和香港澳门巡展，展览通过展出大陆渡台的史料文献、寄寓情感的传家族谱与亲笔家书、两岸往来不辍

---

[1] 蔡干豪、陈力：《"第四届海峡论坛·海峡百姓论坛"综述》，《福建省社会主义学院学报》2012 年第 4 期。

[2] 陈文革：《地方文献在闽台文化交流中的价值》，《中共福建省委党校学报》2012 年第 6 期。

的珍贵写真与笔墨手稿等资料,通过涉及"远古迁徙""明清开台""日据赴台""战后接收来台"等历史时期的闽籍先民迁台谱系文献,溯源迁台史的流变脉动,以此唤起两岸共同拥有的历史记忆,促进两岸民众的彼此理解和情感联结[①]。由于闽台之间五缘相近,福建充分利用方志文化的优势,以史为据,以志为证,与台湾共同打造海峡两岸闽台方志文化交流与合作平台,整理并出版了《妈祖文化志》《闽台历代方志集成》等文献,这对于加深两岸命运共同体的共识、推动两岸统一具有十分重要的意义,尤其在《闽台历代方志集成》中包含的《福建省志辑》及《台湾志书辑》部分,有相当多有关闽台关系的记录,例如其中收录的乾隆时期《重修台湾府志》所载"台郡负山面海,台山自福省五虎门蜿蜒渡海",康熙时期的《台湾府志》也提及"凡此岁时所载,多漳泉之人流寓于台者,故所尚亦大概相似云"。这些文献记录从地方志的角度印证了两岸民众是休戚与共的骨肉同胞,表明两岸血浓于水、同根同源。

由于侨批文献具有明显的国际性和民间性,作为一种文化载体更加容易被海外读者理解和接受。福建是中国重要的侨乡,也是侨批的主要接收地。百余年前,大量闽人前往南洋的马来西亚、印度尼西亚、新加坡、菲律宾等地谋求生计。海外华人们依靠侨批寄钱回家、传递平安音信。因此,侨批是维系海外同胞和国内家族成员的重要纽带,同时也是侨乡发展建设的重要动力。侨批档案2013年入选《世界记忆遗产名录》,福建省档案馆为弘扬海丝文化,先后组织赴美国、日本及新加坡、菲律宾、印度尼西亚、马来西亚、泰国、柬埔寨等海丝沿线国家20多个城市举办"福建侨批档案展",引起海外各国人民特别是广大华侨华人的强烈反响,彰显了侨批档案联结海丝沿线各国人民情感的独特作用和魅力,加强了中华民族的民族认同感。目前,许多民众积极投入侨批的保护和宣传行列之中,如马来西亚华侨曾福华专门向福建省档案馆捐赠了大量侨批档案,其中相当一部分是较为稀缺的"回批"。经过多年的积

---

① 吴亚明:《2019年6—7月海峡两岸大事记》,《统一论坛》2019年第4期。

累,福建省各级档案馆收藏的侨批档案数量从侨批申遗以前的1万余件增加到当前的8万余件。为了促进侨批文献的进一步研究开发,把书库中储存的"死档案"转变为"活档案",福建省档案馆与多所高校和研究机构合作,出版了《中国侨批与世界记忆遗产》《福建侨批档案目录》《福建侨批档案义献汇编》《福建侨批档案图志》等一系列研究文献,完成了中国国家档案局项目"世界记忆视野下福建侨批档案的整理与开发研究"以及省社科规划项目"福建侨批与申遗",并拍摄纪录片、宣传片和动漫作品,制作侨批文献网上展厅,设置了网上"侨批故事"专栏等,以此来推动对侨批文献的开发工作。

此外,福建省还开发利用海丝文献举办相关宣传讲座和展览活动,以促进海丝传统文化认同。如2017年11月,厦门市姓氏源流研究会、台湾省姓氏研究学会、金门县宗族文化研究协会共同承办了"第八届海峡两岸形姓氏文化论坛——海丝与姓氏文化暨闽台联合祭祖 家风家训"的讲座,该论坛重点突出了今日"海丝之路"与古代"海丝之路"相关的姓氏文化的研讨和交流,通过厦门、金门、台湾有关姓氏在"海丝之路"年代,漂洋过海、离乡背井、艰苦创业,而后回报祖国和桑梓,回乡光宗耀祖等历史事迹的研究,并结合鼓浪屿的申遗成功和各姓氏家风家训的宣传讲座,树立社会主义核心价值观,进一步宣扬崇尚向善、见贤思齐、德行天下、敬宗睦祖的中华传统美德与时代新风。

因此,对福建海丝文献的整理和开发,不仅是对福建地区的海丝历史记忆的梳理,同时对于激发海丝沿线国家和地区民众,特别是台湾同胞的民族认同感具有不可多得的作用。

中 编

福建海丝文献整理

第六章　福建海丝文献整理概况与特点

福建海丝文献内涵深厚，价值突出，是记载海丝文化的重要载体，对福建海丝文献进行整理、修订、影印等活动，是对福建海丝文献的系统梳理和保护，是开发利用福建海丝文献、挖掘其重要价值的基础。通过对福建海丝文献的整理，细化信息，将其分类归纳和整合，能更清晰地揭示福建海丝历史。通过印证史实，一方面可以加深我国与海丝沿线各国和地区之间的友好关系，另一方面也可以为"21世纪海上丝绸之路"建设提供借鉴，促进区域和平稳定发展。

第一节　福建海丝文献整理发展概况

福建海丝文献整理工作，最基本的是摸清文献的数量、所在位置、编修年代、编纂者、重修次数等信息，根据开发价值和重要性按计划系统地进行整理归纳。只有了解和掌握福建海丝文献的编纂发展脉络及现有的收藏情况，才能保证对其基本信息有全面的了解，为海丝文献整理打下基础。

福建海丝文献整理是建立在众多记录海丝历史的文献基础上进行的，通过对海丝历史文献进行摘抄、影印、翻印、修订、再版、缩微等方式，复制再现海丝历史文献，挖掘其历史文化价值，以便于保存和开发利用。虽然海丝问题的研究对象和研究内容早已有之，但是含有海丝内容的文献并非完全是一个独立的整体。现存福建海丝历史文献的明显特点是"散"，这体现在如下几个方面：一是收藏散，同一类海丝研究材料可以分散在同一国家的不同典藏中，也可以分散于不同信仰、不同语种和不同国家的典藏之中①。二是内容散，海丝文献内容包括海丝活动的方方面面，尽管有很多专述海丝内容的历史文献，但更多的是在文献中的一部分内容与海丝有关，使查找利用难度增大。三是类型散，海丝文献类型多样，包括地方志、谱牒、地方史籍、地方丛书、地方人士著述、侨批、碑刻、历史档案等多种形式。由于缺乏系统化的文献整理，海丝研究对象极为广泛但是其文献资料较为分散，从这些文献中寻找海丝研究的参考资料需要史海钩沉，对相关领域研究者的使用十分不便。由于完备的资料体系是进行学术研究的基本条件，因此福建海丝问题的持续深入研究依赖于对其文献的系统整理。

福建海丝文献整理在摸清文献基本信息的基础上，还要进行详细整理归纳。只有保证对基本信息有全面的了解，才能有利于人们更为便捷地利用海丝文献，为科研人员研究和管理者决策提供丰富的海丝历史文献资源支撑，为福建海丝文献研究活动的开展带来便利，从而带动福建海丝文化研究的发展。在福建海丝文献整理时，各机构都注意运用一定科学有效的方法使收藏无序、内容零散、层次不清的文字材料成为有序化、条理化、系统化的文献资源。目前，福建海丝文献收集、整理和保存主要由图书馆、档案馆、方志办、文史馆及相关研究机构等承担，整理工作内容主要包括对福建海丝相关文献展开全面细致的文献调查，对散见海丝文献资源进行收集、分类、整合；对海丝相关历史典籍进行点校、补遗、编纂等；对海丝历史文献进行影印出版、修订出版；对海丝历史档案和史料进行汇编出版。福建海丝文献在古代典籍方面的整理成果最多，主要是整理再版，这是福建海丝文献整理成果的最主要形式。

福建海丝文献的整理工作是一项复杂的系统工程，历史上整理的形式主要体现在五个方面：一是对海丝文献进行细化或增删内容的更新整理；二是对海丝文献在不同主题和项目中进行归类的集合整理；

---

① 范春义：《丝绸之路文献学研究亟待拓展》，《中国社会科学报》2013年6月14日第5版。

三是运用不同的整理方式对海丝文献进行多样化整理;四是根据不同主题归纳不同海丝文献的相关内容进行整合整理;五是对海丝文献进行勘误、注释、点校的修订整理。根据整理的历史背景和时间段进行划分,对福建海丝历史文献的整理可划分为三个阶段:1949年前的海丝文献整理、1949—2013年的海丝文献整理和2013年后的海丝文献整理。

一 福建海丝文献整理发展第一个阶段(1949年前)

福建文献整理历史悠久,古代类书的编纂是古代古籍整理活动之一,福建从唐末五代就开始编纂类书,其中福建古代书院是福建古籍整理的主要力量,有不少书院编纂的书籍流传于世,如康熙年间福州鳌峰书院整理校勘的大型丛书《正谊堂全书》就闻名遐迩。宋元明清时期,古籍整理一直业绩傲人。但是鸦片战争(1840—1860年)后,国运日衰,西方经济不断入侵,福建古籍整理日趋式微。1949年前福建海丝文献整理的对象主要集中在研究价值和使用价值较高的方志和海丝古籍文献上。

以地方志为例,由于地方志是了解一方自然风貌、经济发展、政治嬗变以及民情风俗的重要参考资料,具有存史、资治、教化的功能,所以保存和利用价值较高。又因旧志因语言隔阂和时代背景,其所含价值未能被很好地开发,导致后人难以顺畅利用。因此,历代官方在组织人员编修新志的同时,对前代志书资源的保护性整理也十分重视,通过点校、补刻、重印等方式,充分挖掘旧志的价值,让旧志重放光彩,以便更好地为今所用。福建唐以前见于著录的方志不到5种,而且已全部佚失。根据《中国古方志考》,张国淦先生推测《瓯闽传》一卷似为福建最早的志书,成书时间似应不迟于晋代,其书已散佚。福建省目前已考证的现存最早的方志是南宋淳熙九年(1182年)梁克家修的《三山志》。元代是福建方志事业发展的低潮期,留存下来的方志不多,并且都已散佚。明清两代是我国地方志编修的繁荣期和高峰期,这个时期编修的福建省地方志的数量是最多的。据《福建省旧方志综录》中郑宝谦的初步统计,明代福建编修的方志共

292种，散佚210种，存82种，这一时期共修编了4部总志，包括福建第一部省志——《八闽通志》。见于著录的清代福建方志共242种，散佚59种，存183种。民国时期修纂的福建方志目前留存的有86种。1949年以前福建省县级以上行政区共修通志650种，存289种，这是八闽考献征文的重要典籍①。正因为福建有丰富的方志资源，对旧方志的整理从明清时期就已开始，民国时期虽时局动荡，但对旧志整理工作并没有停止，不同时期的整理成果不仅形成了多个版本，也具有不同特点，有利于福建的地方文献资源保存。如明代设立的海澄县是福建最具代表性的海丝名城（古海澄县为今漳州龙海市和厦门海沧区），《海澄县志》在明清两代先后四次编制修撰。第一部并非专门编制的县志，而是以县为别汇整而成的漳州府志合订本，于万历元年（1573年）成书，比较注重山川、河流、水利等地名古今演变参考，是海澄建县初期的第一手资料。第二部《海澄县志》编订于崇祯六年（1633年），比较注重海澄县月港和海上贸易的记录，对东西洋各国及海内外物产有翔实的描述，也是中国海洋贸易高潮的见证。第三部重修于康熙三十二年（1693年），基本上是抄袭前作，部分内容有删减，同时也增加了一些新作品、新内容。第四部成于乾隆二十七年（1762年），篇幅最大，内容比较翔实，参考价值较高。由此可见，明清时期福建各地比较注重地方志的修撰与整理。

除方志外，其他类型的海丝文献整理起始时间也较早，如《永春鹏翔郑氏族谱》一书经过明代嘉靖、弘治、崇祯，以及清代康熙、光绪等时代的多次编修，直至1941年由族人郑翘松重修，形成共25册的木刻本文献。族谱记录了出洋族人共计千余人，所载资料十分丰富翔实，是当前泉州区域族谱中记录出洋族人最多、最具代表性的一部族谱。20世纪30年代，张星烺编纂的《中西交通史料汇编》收录了大量从17世纪中叶起中国与西亚、中亚、欧洲等多国交通往来的资料，并对其中的地区、国家、地名、历史事实进行了分类和解释。其

---

① 马小琴：《福建旧方志（通志）的编修及现存状况研究》，硕士学位论文，福建师范大学，2011年，第2页。

第六章　福建海丝文献整理概况与特点

资料丰富系统，整理方法较为科学，考释精详，为我国中外关系史学科奠定了基础。再以妈祖资料的文献收集整理为例，自宋元时期开始就持续不断。最早出现的妈祖文献是南宋时期的《明著录》《圣妃灵著录》，在元明时期，还出现了刻印版《圣妃灵著录》与《天妃明著录》。但是，这些早期出现的妈祖文献大都已经佚失，只有少数断简残篇被包含于部分史籍文献的引用中，已然无法窥探其原貌，故难以做过多考评。自明朝开始，针对妈祖文献的整理更加受到学者的重视并开始出现历史遗存。明末成稿的《天妃显圣录》，由湄洲妈祖祖庙住持照乘、普日、通峻师徒三人在清代康熙十年（1671年）、康熙二十四年（1685年）、雍正五年（1727年）经过三次修订，由僧人照乘所刊刻的文献《天妃显圣录》是当前存世年代最为久远的妈祖文献刻本，具有珍贵的价值。明代学者杨士奇所编纂的《天妃灵应集》，为一部叙述妈祖灵验事迹的文献。此后，还出现一批有关妈祖小说、戏剧的文学作品。清代以后，随着妈祖文化的大范围传播，信仰妈祖的民众数量越来越多，与妈祖有关的文献也日益丰富，学界也更加注重对妈祖文献的整理。清朝康熙年间，妈祖被册封为"天后"，《天妃显圣录》也得到重新修订，更名为《天后显圣录》。清乾隆三十五年，林清标对妈祖生平事迹进行考察和收集后撰写了《敕封天后志》，这部文献涉及妈祖神话传说、救灾事迹、生平介绍、朝廷敕封等一系列内容，可以认为是中国古代最权威的妈祖文献之一。此外，相关文献还有《湄洲屿志略》《天上圣母源流因果》《天后昭应录》《城北天后宫志》《天后圣母圣迹图志》《敕封天上圣母实录》等。对这些妈祖文献进行整理与修订再版，有力地推动了妈祖文化的传播。

古代和近代的福建海丝文献整理主体包括官府、书院和个人等。官府和书院整理的重点主要集中在地方志的修订再版和类书的编撰上，整理有计划，比较系统，不仅有专门机构、专人负责，而且参与整理的人员多学识渊博并经过严格的选拔，整理后的方志和类书更为严谨，学术价值较高，其中部分内容记载了福建各地区的海丝活动历史，比较全面，官府和书院整理的成果一般具有较大的权威性。个人整理的重点主要集中在宗教信仰和乡邦人士著述类文献上，整理对象的选择主要以社会需要和重要性为准，由于个人整理的主体水平不一，看法认知相异，采用的底本不同，整理的成果质量良莠不齐。从整体上看，这个阶段的海丝文献整理除地方志和宗教信仰类文献外，其余海丝历史文献整理规模不大，整理的类别略微单一，文献整理并未从海丝历史文化传承的角度去思考，缺少整体规划。

二 福建海丝文献整理发展第二个阶段（1949—2013 年）

1. 改革开放前福建海丝文献整理概况

1949 年中华人民共和国成立后，党中央开始重视古籍普查与整理收集工作，福建古籍整理工作也时来运转，重新焕发生机[1]。由于福建特殊的地理位置和海丝历史文化积淀，自中华人民共和国成立后，各机构都比较重视海丝文献的整理。"海上丝绸之路"的概念在 20 世纪中叶尚未被提出，但是以"海交史""中西交通史"为主题的福建海丝相关文献的研究和整理工作已经开始。在 20 世纪 50 年代，关于福建海丝文献的主要整理成果是台北"中央研究院"近代史研究所于 1957 年编的《海防档》，这是中国有关清末海防建设的档案汇编。1961 年，由中华书局出版、向达整理的《郑和航海图》也是重要的海丝文献整理成果，《郑和航海图》记载了郑和船队自福州长乐港启程的航线，向达还对福州附近的一些古地名进行考证。该文献后还附带《武备志》原始图片、地名索引以及整理序言，可见其整理之细致、用心，因此该书一经出版就受到众多研究者好评。此书目前在福建师范大学图书馆、福州市图书馆均有收藏。

这一时期福建海丝文献的整理工作处于起伏发展阶段。1949—1966 年，时值百废待兴之际，是以福建各种文献整理工作均处于起步阶段，后期海丝文献整理工作逐步走上正轨，并稳步发展。在当时，相关整理成果大多为文史资料整理，例如《福建文史资料选辑》《福建文史资料》，这些文献的特点是整理规模较小，文献数量少，

---

[1] 陈学松：《福建古籍整理纵横谈》，《出版广场》2002 年第 4 期。

大多为油印本。文献出版机构以福建人民出版社为主，此外存在一些文史工作组内部刊印的情况，这些文献印量较少，不对外发行，故出版物数量不多，但这些文献有一定的区域特色。1966—1976 年，由于"文化大革命"时期一切以阶级斗争为纲，政治挂帅，对知识分子横加迫害，福建海丝文献整理工作基本处于停滞状态。例如，早在20 世纪 20 年代，以杨殿、罗香林为代表的学者就开展了对我国谱牒文献的整理，然而，在"文化大革命"时期，谱牒文献的发展受到了很大的打击，甚至被看作封建产物而遭到破坏，只有一些偏远山区的谱牒得以保存。这也使得谱牒的整理工作在"文化大革命"结束后的很长一段时间内都未能恢复。

2. 改革开放后福建海丝文献整理概况

改革开放以来，我国社会相对安定，经济也得到一定的发展，学术开始繁荣复兴，为古籍整理出版提供了"盛世修典"的有利社会环境。1981 年 9 月，党中央发出了《关于整理我国古籍的指示》，明确指出："古籍整理是一项十分重要的、关系到子孙后代的工作。"福建人民出版社 1981 年制定的《福建地方文献整理出版规划（1982—1990）》，受到国务院古籍整理规划小组通报表彰。2007 年，国务院办公厅颁布了《关于进一步加强古籍保护工作的意见》，并开始实施"中华古籍保护计划"。同年，福建省人民政府办公厅也颁布了《关于进一步加强古籍保护工作的意见》，并成立"福建古籍保护中心"。福建省各级古籍保护单位在古籍普查登记、修复展示、研究整理和开放利用等方面取得了长足的进步，对福建海丝文化相关的地方文献的整理工作越来越受到有关部门的重视。

在 20 世纪 80 年代后，福建地区的文献整理工作逐渐恢复正常，例如，许多家族重新开始谱牒的编撰、出版工作，在当地文化机构的介入下，谱牒的发展再次被注入活力。此外，海外华侨华人也在谱牒编修过程中，特别是经费资助方面发挥着重要作用。福建省内的文化机构，如福建地方志编纂委员会、福建省图书馆、漳州市图书馆、泉州市图书馆都开始对福建谱牒文献进行整理和数字化，特别是福建省早期成立的姓氏渊源研究会，以及各地区相继成立的谱牒学会，都共同促成了福建谱牒文献出版的常态化，这显然是推动福建谱牒发展的动力。此外，福建海丝历史文献的整理成果也越来越多，代表性文献包括中华书局1982年出版的《金薯传习录·种薯谱合刊》、1996年出版的《职方外纪校释》和《诸蕃志校释》，其中后两本书分别由谢方、杨博文校释翻译，并且与《郑和航海图》一起，均属于中华书局所编的中外交通史籍丛刊系列文献。在2000年，中华书局又将这两部书合刊再版，以飨广大读者。2013年后，福建海丝文献整理工作进入了快速发展时期，不仅参与海丝文献整理的学者队伍不断扩大，文史机构和研究机构开始有计划地进行海丝历史文献的整理，学者关于福建海丝的相关研究成果及海丝文献整理相关研究成果也逐渐增多。这时期的海丝文献整理水平有了进一步提升，文献整理人员的工作积极性被调动起来，各机构对海丝文献的保护和价值挖掘意识增强。

在福建海丝文献整理过程中，以各级历史研究机构、史志办、图书馆、档案馆作为主力军，初步形成了三大整理成果类型。一是出版海丝相关史料档案汇编，构建了以"文史资料选集"为代表的资料体系，并有目的地对福建海丝史料、档案进行整理。例如《船政史料专辑》《闽海关史料专辑》《泉州海外交通史料汇编》《近代厦门涉外档案史料》等整理成果编辑出版。二是影印出版和修订福建旧方志，如《崇祯海澄县志》《八闽通志》等记载福建海丝历史的志书先后修订再版。三是对福建海丝历史文献的整理出版，如《八闽文献丛刊》系列整理成果的出版。出版形式也从传统的内部刊印、油印开始向大型化、系统化的编订出版和影印出版过渡。在这一时期，福建省文史研究院的整理成果最为丰硕。在1993—1997年，一共出版了10种珍稀文献，由此保存了大量晚明珍贵的史料，这些文献均为稀本、影印本，尽可能保持原书风貌，具有很高的版本价值。

值得一提的是对福建方志进行系统的编修，这项工作是从20世纪80年代开始的，当时福建省根据全国的统一部署，开展省、市、县三级新方志编撰，其中，很多地区广泛整理开发了历史上所修方志，取得显著成果。福建省地方志编纂委员会在地方志整理工作上发挥了主要作用。他们自20世纪80年代起开始整理编辑出版旧志，作为《福建地方志丛刊》（共9册）并陆续出版。该《丛刊》由福建省地方志编纂委员会主编，由省、地区、市、县各级地方志编纂委员会负责组织整理，并邀请高等院校和学校团体参加协作。选辑一些稀有的、价值较大的福建地方志，其中包括省、府（州）、县志和县以下的乡、里、镇志等。包括《八闽通志》（上、下）、《长乐县志》《嘉靖清流县志 道光清流县志》《临汀志》《晋江县志》《仙溪志》《宁化县志》《重刊兴化府志》等。《丛刊》整理工作主要是根据原刊本加以分段、断句、标点和校注。校注以校为主，多校少注。校勘方法，有的用理校，有的用他校，注释范围限于少数重要的地方史实和地方性文物典章制度。该《丛刊》是这一时期的重要成果。

通过对国内相关研究的学术史梳理及研究动态审视，这时期福建地方海丝历史文献信息资源整理研究呈如下两个特点：一是除了福建各地地方志的编修成果，利用福建海丝文献进行整理研究的主要成果形式是著述和论文，呈现逐年递增态势，越来越多的学者投入了对地方文献整理与开发利用的研究中，但专门对海丝文化与福建地方文献信息资源整理的研究成果不多。二是现有相关成果多为由福建高校和相关机构师生及学者研究的，这些成果大部分是对福建某一领域或某一地方文献著作的研究，较少有以福建海丝文化为主线，对福建地方文献进行整体梳理和研究的成果。该领域的研究在这一时期尚处于探索发展阶段，发掘的材料比较有限，缺乏更加深入、细致、全面而系统的理论研究，相关的理论研究亟待加强。

三　福建海丝文献整理发展第三个阶段（2013年至今）

自2013年习近平主席提出建设"丝绸之路经济带""21世纪海上丝绸之路"的倡议后，福建海丝文献整理工作进入了繁荣兴盛时期。建设"21世纪海上丝绸之路"的倡议为福建的经济发展和对外开放指明了方向，极大地促进了福建地方海丝文献资源的收集、整理、保存、开发和利用，挖掘和弘扬福建海丝文化成为这一时期的重要任务之一。特别是随着泉州市"海丝"申报世遗工作的推进，福建省委、省政府高度重视海丝文化传播和海丝遗产保护。

福建海丝历史悠久，涉及面广，海丝研究成果具有明显的地域特色，可以认为这是福建海丝文献整理利用的亮点之一。早期所整理的文献史料以及相关研究成果，多与福建海丝文献史料有所重合，在这一时期，则有越来越多的专门海丝文献整理成果出现，福建方志整理工作也有显著进展。在2015年，福建省地方志编纂委员会在《闽台历代方志集成》出版项目和海丝文献资料的搜集整理专家学术研讨会上，对海丝历史文献的收集和整理进行了探讨。同年12月，福建省政府在发布的《福建省地方志事业发展规划纲要（2016—2020年）》中指出，要"开展与福建有关的'海丝'文献史料的收集整理工作，为福建打造'海丝'核心区提供历史佐证和新鲜素材"；"加强特色志鉴和地方史的编纂工作，深入挖掘福建历史文化资源和多元文化内涵，编纂福建'海丝'史料等精品丛书"；"构建'海丝'方志文化对外交流平台"；等等，这些政策为福建海丝文献的整理编纂工作指明了发展方向，明确了整理福建海丝史料的任务。

这一时期福建海丝文献的整理工作受到高度重视，海丝研究队伍不断扩大。为加快建设"21世纪海上丝绸之路"和弘扬海丝文化，有些机构开始将海丝文献独立出来进行整理，不再作为其他地方文献或历史典籍整理内容的一个分支或附属。海丝文献整理人员数量增多，先后承担了国家级、省级各类关于海丝文献整理的相关项目，海丝文献整理工作有计划展开，相关研究成果丰硕，一些知名专家学者成为海丝文献整理的主力军。例如，陈自强是漳州海丝历史资料整理领域最为突出的学者。在1994年，陈自强在《海外贸易商业资本的代言人——评清代前期三位漳州学者的海外贸易思想》一文中梳理了清朝早期漳州区域3位著名学者：庄亨阳、蔡新、蓝鼎元的相关论述中所涉及的海外贸易主张，对3人发展民间海外贸易、反对海禁、支持开通南洋航线的思想进行了总结，在此基础上为漳州海丝研究提供文献支持[①]。在2007年，陈自强在所发表的《明清时期漳州海洋文

---

① 陈自强：《海外贸易商业资本的代言人——评清代前期三位漳州学者的海外贸易思想》，《海交史研究》1994年第1期。

第六章 福建海丝文献整理概况与特点

化简论》一文中对明、清时期漳州相关的海丝著作 13 部（篇）进行了整理，相关文献均为漳州海丝活动时期由漳州人所记录海外交通史料、贸易史料以及反映漳州籍学者海洋观念的地方文献，特别是其中王大海的《海岛逸志》、张燮的《东西洋考》、吴朴的《顺风相送》《渡海方程》都是史学界公认的中国古代海外交通、海洋地理方面的知名典籍。文章中作者不仅简要介绍了漳州海丝文献的书目，还介绍了每部文献的朝代、内容提要、作者、生平等，并在第 2 章中，将宋元时期的海丝著述与整理的文献进行对比，以全面地揭示漳州海丝文献的价值与特点。这是首篇关于漳州海丝文献的整理汇编文献，它于 2014 年被收入《漳州古代海外交通与海洋文化丛书》中。在 2012 年，陈自强整理了 30 余种闽南地区涉海著述，发表研究成果《明清时期闽南涉海著述举要》。作者所选取的文献整理对象，是明清时期闽南人的海丝活动相关的著述，以及作者为闽南籍贯人士的涉海文献。根据文献类型，可以将它们划分为士大夫文集、福建省志书、涉海专著和其他单篇，收录的篇目十分广泛。在文中，作者为整理的书目编写纲要，为整理闽南海丝史料做了大量基础性工作[①]。此外，陈自强还在《漳州古代海外交通与海洋文化》《明清时期闽南海洋文化概论》等论著中，对漳州海丝文献的汇编整理进行了完善，在"洋人笔下的闽南风物""绚丽多彩的海洋文学""明代漳州涉海诗赋举要"等章节中，梳理了与漳州海丝相关的地方论著及相关海外文献，对与漳州地区海丝文化相关的传说、游记、赋、诗词、歌谣进行了整理，具有较高的学术价值。再如对妈祖文献整理的主要学者蒋维锬先生，他原任莆田县委党史研究室主任、湄洲妈祖文化研究中心副主任，退休后任湄洲妈祖祖庙董事会文化顾问、莆田学院妈祖文化研究所特聘研究员、中华妈祖文化交流协会副秘书长兼学术部主任。他研究妈祖文献数十年，主编和参与编著的妈祖文献有十多部，如《妈祖文献史料汇编》《妈祖研究资料目录索引》《湄洲妈祖》《妈祖文献资料》《清代妈祖档案史料汇编》《历代妈祖诗咏辑注》《妈祖研究文

---

① 陈自强：《明清时期闽南涉海著述举要》，《闽台文化交流》2012 年第 3 期。

集》等，是妈祖文献整理的权威人士。对海丝谱牒整理的主要研究学者是厦门大学的庄为玑教授，其曾在厦大历史系、人类博物馆、南洋研究所、人类学系从事教学和科研工作，担任教授。一生从事考古、方志学、中外海上交通史研究，发现并参与发掘泉州湾宋代海船等一批重要文物。编著学术论著8部，撰写论文100多篇。他在海丝谱牒整理这一方面造诣颇高，主要成果有《泉州谱牒华侨史料与研究》（上下册）《闽台关系族谱资料选编》等。福建谱牒整理的另一大家为厦门大学人文与艺术学部主任委员、国学研究院院长陈支平教授，他主编的《福建族谱》《闽台族谱汇刊》等文献影响较大。

　　这一时期福建海丝文献的整理成果数量呈现增长趋势。海丝文献整理工作的主体主要有省市级公共图书馆、档案馆，以厦门大学、华侨大学、福建师范大学、泉州师范学院为主体的福建高校，省市级公共博物馆和海丝相关的专门博物馆，以及文史馆、史志办等，这些机构本身内部收藏了大量福建海丝文献，并兼具保存、整理、研究之职责，多属于事业机构。这一时期海丝文献整理出版的类型范围进一步扩大，主要集中在福建地方志、乡邦人士著述、文史资料、档案文献、谱牒文献等，且多采用影印整理的方式出版，力求保存其原图原貌。福建海丝文献整理形成一南一北两个中心，闽北主要是以福州为中心，闽南则以厦漳泉为中心，这两个中心聚集了福建大部分高校、科研院所、图书馆、博物馆、档案馆等研究机构，文献整理专家学者众多，研究领域广泛，初步形成了海丝文献研究体系。

　　这一时期出版实力大大增强，福建省内以福建人民出版社、鹭江出版社和厦门大学出版社为主，参与出版福建海丝文献的出版机构数量明显增加，国家与地方、地区内部不同系统的文献收藏机构之间也开始以合作共享的形式开展文献整理出版工作。如国家图书馆出版社以其丰富的馆藏和强大的学术力量，在海丝文献整理开发利用方面，起到了领头作用，联合福建师范大学图书馆、福建省图书馆等福建地区文献收藏机构，出版了一批具有重要史料和学术价值的涉及海丝文献的汇编丛书，如《船政奏议全编》《民国时期福建华侨史料汇编》《福建师范大学图书馆藏稀见方志丛刊》等。此外，一些较有实力的

第六章 福建海丝文献整理概况与特点

专业出版机构也纷纷加入福建海丝文献的整理中来,如凤凰出版社、海洋出版社等都有各具特色的影印海丝文献出版。2017年"一带一路"国际合作高峰论坛在北京召开,会议期间,厦门大学国学研究院举办了"中国与世界:多元视野下的海上丝绸之路研讨会",在研讨会中,发起了《海上丝绸之路文献集成》的编撰与出版工作,该著作为国家新闻出版改革发展项目库入库项目,旨在利用5年时间收集、挖掘、整理和出版海上丝绸之路的历史和文化相关的文献资料。该文献丛刊分为历史档案、历代史籍、近现代文献、语言文献、科技文化、考古资料、西洋文献、东方文献、宗教信仰、文学艺术、民间谱牒、民间文书12个分编,各分编相互关联,整体出版规模为1200册,该套丛刊对于全面展示海丝历史与文化有着重要意义。在2018年,大型文献丛刊《海上丝绸之路文献集成》被列入国家"十三五"重点图书出版规划旗下重大出版工程项目,这是福建省唯一被列入的重大出版工程项目,由福建人民出版社负责出版①。该文献丛刊由海峡出版发行集团、中山大学、厦门大学三个机构发起,与"海丝"周边国内外著名大学、科研机构共同编写。该文献以完整的体制、丰富的内容、庞大的规模为"21世纪海上丝绸之路"建设提供了充分的历史事实依据和参考,为海上丝绸之路历史、文化等各领域的研究提供了坚实的历史资料支持和新的研究视野,具有重要的现实意义和学术价值,这也体现出福建省作为"21世纪海上丝绸之路"的核心区所具有的作用和担当。2020年7月,福建省高校新型智库海丝文化研究院在福建省泉州市召开了《海丝文献整理与研究丛书》专家论证会。来自华侨大学、泉州海外交通史博物馆、泉州师范学院的专家、学者出席了会议。出版《海丝文献整理与研究丛书》主要致力于系统挖掘、梳理泉州海上丝绸之路的历史文献,并开展系列学术研究。该丛书首期拟出版的《海丝文化研究》第1辑、《海丝文化研究》第2辑、《泉州海上丝绸之路历史文献汇编》及《闽粤下南洋家

---

① 李珂:《〈海上丝绸之路文献集成〉入选国家重大出版工程》,东南网,2018年8月2日,http://fjnews.fjsen.com/2018-08/02/content_ 21321885.htm,2019年9月7日。

族族谱资料选编》4部，为我国2020年的申遗项目"泉州：宋元中国的世界海洋商贸中心"提供了较完备的文献证据和学术研究支持。

在福建海丝文献整理过程中，海外华侨也是不容忽视的力量，他们热心家乡公益事业，对家乡贡献良多。如1989年，著名侨领林绍良与林文镜捐款30万元资助《福清市志》出版发行，资助《海口特志》《海口续志》《瑞岩山志》《玉融古趣》《福庐灵岩志》《瑞亭村志》的点校、整理和刊印，促进了福清地方文献整理工作。但从福建海丝文献的整体收辑情况看，现有的出版物中对福建海丝文献的整理较为分散，专题性的整理成果数量相对较少，常见的多是福建海丝文献史料被辑录在大型文献汇编丛书中，查阅起来有一定困难。因此，福建海丝历史文献整理在今后相当长的时间里，都是福建地方文献整理的重点，也是福建海丝文化建设的重要任务之一。

第二节　福建海丝文献整理特点

福建海丝文献具有一定独特性，在整理过程中须具体问题具体分析，在整理工作开展时体现出来与其他类型地方文献不同的特点。整理的主要特点有：整理主体众多、整理内容丰富、整理类型多样、整理理念开放和保护开发并重等特点。

一　整理主体众多

福建海丝文献整理主体众多是福建海丝文献整理工作的明显特点。通过对福建海丝文献的整理概况进行梳理，可以发现整理的主体包括集体和个人两类，其中，集体整理机构多为海丝历史文献收藏机构和海丝历史研究机构，出版机构多与收藏机构和研究机构合作进行整理。而个人整理范围较广，以专家学者为主，但并不局限于福建地区的相关机构和学者，而是包含全国广大历史学研究者、文献工作者、海丝史专家和历史爱好者等。虽然被整理的对象是福建海丝历史文献，属于福建地方文献，但是由于福建是海上丝绸之路发祥地，海

第六章 福建海丝文献整理概况与特点

丝历史文献和遗迹较多，在中国海丝历史上占有重要地位，加之建设"21世纪海上丝绸之路"倡议的提出，不仅是福建本地学者和机构积极投入海丝文献整理工作之中，还引起了越来越多学者和机构的重视，吸引了全国的文献工作者甚至海外学者以及各类机构的广泛参与。通过研究发现，目前出版的福建海丝文献论著中，有不少是由非福建地区的专家编著的、由非福建地区的出版社出版发行的，这都反映了福建海丝文献整理参与对象广泛、整理主体众多的特点。

福建海丝文献系统整理工作主要是由集体整理机构来承担，各机构性质和功能虽然不同，在收藏重点和研究重点上也略有差异，但作为文献收藏机构和研究机构，整理海丝历史文献是发挥其职能作用的重要工作任务，根据馆藏和自身条件组织人员对海丝文献进行相应的整理，与个人整理相比有一定优势，特别是大规模、多部头文献系统整理，需要充足的时间、精力、人员、资金和各种资源，只有集体整理机构才能完成。整理机构可组织联合众人之力，对许多未曾开发的珍贵古籍文献集中辑注汇编，各机构间相互合作，汇编、修订、影印整理出版一系列海丝文献史料。值得一提的是，地方志的整理与其他历史文献整理主体略有不同，因福建各地均设有地方志办公室及相关机构，专门对地方志进行修订整理出版和影印再版，因此地方志整理的主力军为各地方志办。福建海丝文献的集体整理机构呈现出参与主体广泛的特点，福建本土各相关机构是推动海丝文献整理的中坚力量，福建的图书馆、档案馆、博物馆、文史馆、史志办、大学院校、研究机构和出版社等机构积极参与，承担了保护抢救、价值挖掘、宣传推广福建海丝文献的重要任务，为建设"21世纪海上丝绸之路"、促进福建海丝文化交流做出了巨大的贡献。福建地区的专家学者从热爱乡土的情愫出发，热衷于福建海丝历史文献的探索与研究，促进了福建海丝文献整理工作的发展。

福建海丝文献个体整理的主体是专家学者，他们在自己所专研的领域不断发掘海丝文化价值和历史价值，在福建海丝文献整理中起着不可或缺的重要作用。随着整理队伍的不断扩大，对海丝各类历史文献的研究和整理不断深入并薪火相传。以福州海丝学术研究队伍为例，汪征鲁、林金水、谢必震、戴显群、林国平、谢重光、胡沧泽、赖正维、方宝川、张振玉、卢美松、欧潭生、郑国珍、赵君尧、何绵山、沈岩、赵麟斌、郑有国、陆芸等学者都是福建海丝相关研究领域的资深专家，在福建对外文化交流、交通史、地方文献、宗教信仰传播等诸多海丝文化领域的研究成果较多。同时，还有青年学者如吴巍巍、曾筱霞、戴晖、徐斌等加入海丝研究队伍中，为福建海丝历史研究和海丝文献整理研究注入了新鲜血液。

二 整理内容丰富

福建海丝文化博大精深，蕴含着深厚的遗产价值，其涵盖了福建地区的物质文化遗产（古建筑、历史街区、乡镇古民居、历史遗迹、文物等）和非物质文化遗产（传统口头传说、表演艺术、手工技艺、民俗活动、礼仪、节庆等）以及民俗学、建筑学、宗教学、语言学、艺术学等[①]，它们是宝贵的历史财富，更是福建进行海丝联合申遗的重要历史凭证。福建海丝文献具有宝贵的史料价值，它数量众多，史料翔实，涉及面广，内容包罗万象，真实记录了福建地区海上丝绸之路的历史，是研究福建海丝历史的第一手资料，具有较高的学术参考价值。正由于福建海丝文献涵盖了福建历代海上丝绸之路的方方面面，所以决定了福建海丝文献整理内容具有丰富性的特点。福建是海丝历史文献和遗存数量最多的省份，这使海丝文献整理工作量增大，而内容的丰富和复杂多样又使整理的难度提高，福建海丝文献整理工作任务十分艰巨。

从已收集和整理的福建海丝文献来看，整理内容主要包括如下几大类：一是港口及海上交通。福建海上丝绸之路以海洋为历史舞台，以海上交通往来为主要活动，以港口为阵地开展对外贸易活动。福建沿海泉州港、漳州月港从宋元至明清都曾经是国内东南海外交通贸易中心。而福建地理环境优越，是连接海上丝绸之路的便捷通道，郑和

[①] 林华东：《历史、现实与未来：闽南文化的传承创新研究》，厦门大学出版社2011年版，第115页。

下西洋也是从福建出发，福建沿海的海洋交通十分发达。福州的船政文化也是其中一大特色。因此，关于福建的港口及海上交通文献史料较多，是海丝文献整理的重要内容。二是海外贸易。海外贸易是海上丝绸之路的基本内容，它不仅推动了福建当地经济的发展，也促进了各国间的经济贸易往来。海丝文献对此记载较多，包括福建海外贸易的品种、福建物产和中原物产运往海外过程、交易的规模和方式、涌入福建的海外货币等相关内容。三是海外移民。福建是我国著名的侨乡，伴随着海外交通的发展和福建海上丝绸之路的兴盛，大量福建海商扬帆出海，其中不少商人、船员滞留异国他乡。自宋元起就有许多福建人移居南洋诸国，关于福建海外移民的文献史料十分珍贵，是联系福建与海外华人的纽带。因此，海外移民也是海丝文献整理的重要内容。四是文化交流。福建海丝文献中也有大量内容是记录中外多元文化交流的内容。伴随着海上丝绸之路的发展，西方各国相继东来，与我国建立起直接或间接的关系，福建与海外诸国的文化交流日益深入。关于这方面的文献内容涉及范围较广，包括与海外各国和地区政治交往，宗教信仰交流传播，印刷术和刻本外传，语言、戏曲交流，制作工艺学习及风俗习惯融合等内容。

由于福建历代都有较多历史文献遗存，关于同一内容在不同的文献中都有记录，可为文献辨伪、考证提供线索。值得重视的是一些珍稀的海丝历史文献，其中有些海丝内容是在其他文献中所没有记载的，其史料价值更高，也更为珍贵，为海丝历史研究提供了可靠的凭证。

三　整理类型多样

福建海丝历史文献的类型十分丰富，对其进行整理的形式和体裁也具有明显的多样性特点。

1. 整理形式多样

根据对现有福建海丝文献整理成果的分析可以发现，在海丝文献整理过程中主要采用的整理形式有影印出版、编订出版、翻印再版和摘录、缩印五种方法。影印出版主要是对有价值的海丝历史文献进行影印复制，影印后可使古籍中的珍贵版本以本真面目得以保存，影印对象以旧志和档案文献居多。编订出版是对福建海丝历史文献进行校订、整理、加工和修编后进行出版，编订对象以乡邦人士著述、文史资料、旧志居多。翻印再版福建海丝文献不仅可以保护原始文献，也有利于海丝文献的利用和传播，翻印再版对象以古籍、旧志、谱牒居多。摘抄是文献整理过程中保证内容真实性的有效方法之一，在福建谱牒文献整理中经常使用，通常是将保存于各村县的谱牒原本中的内容，选择与海丝有关的记录，进行逐条的摘录，能够反映最真实的移民情况。通过对大量谱牒的摘抄，选择出符合条件的内容，可以最大限度地丰富及完善各类文化机构中的现有谱牒。缩印是在海丝文献整理的过程中使用现代化手段进行缩印，即制成缩微胶片，不仅有利于保存古籍，还可节省馆藏空间。

2. 整理的体裁多样

福建海丝文献整理的主要体裁有文史资料、档案文献、地方志、谱牒、侨批、诗歌、考古资料、乡邦人士著述等文本文献，以及票据、契约、金石拓片、舆图、口述文献、碑刻铭文、航海针簿等非文本文献，类型多样，是不可多得的宝贵历史资料。福建海丝文献多样化的文献体裁生动地反映了福建历史变迁的各个领域，如方志书写了古代福建的发展沿革，家谱族谱记载了福建族人的家族史，侨批反映了福建对外贸易和移民的兴盛，地方史籍记录了福建海丝发展历史，碑刻和档案则是福建海丝历史的真实凭证。

正是对这些多样类型的福建海丝文献进行系统整理，为我们了解福建海丝历史提供了可靠的依据，有利于我们挖掘福建地方海丝文献具有的历史和研究价值。

四 整理理念开放

福建海丝历史文献数量巨大，文献整理工作起步时间较早，积累了丰富的经验，并形成了开放的整理理念。主要体现为文献整理的系统化和文献整理体例创新。

福建海丝文献整理工作经过多年发展，取得了巨大进步，整理成

第六章　福建海丝文献整理概况与特点

果逐步具备了体例完整、结构系统性强的特点，各级整理规划和整理规范不断完善。福建海丝文献分散在福建区域内各个地方，进行收集整理难度较大，特别是早期没有统一规划和整理规范时，整理的体例和结构、分类都存在一定问题，文献整理的形式也比较单一，整理成果质量良莠不齐。但随着我国改革开放后经济文化的快速发展，特别是"21世纪海上丝绸之路"建设的需要，福建作为海丝核心区，文献整理工作得到了各级政府和各个机构领导的高度重视，对海丝文献整理越来越系统化，如海丝文献多部集、大规模综合整理成果逐渐增加，海丝文献整理成果的质量不断提高，海丝文献整理区域合作越来越多，海丝文献整理人员队伍不断扩大，海丝文献整理的项目和资金数量增多，海丝文献整理的方式多样化，海丝文献整理的相关任务和要求也被列入各级海丝文献收藏和研究机构的相关文件之中。以谱牒文献为例，修谱活动最初只在家族内部进行，由族中长者或有名望的中年人主持，由选定的其他族人进行辅助。修谱后往往会出现信息缺漏、补充不全、小部分出错的情况。随着修谱过程的不断完善，修谱工作全过程细化分工，与时俱进地增改了修谱方式。在修谱活动前期，通过报纸刊登、广播通告、写信通知、张贴倡议书等方式，号召海内外族人共同参与修谱事宜；在福建谱牒编修的过程中，都会成立专门的编修委员会，组织内分工明确，职责落实有效，部门划分详细。例如，负责对活动的宣传，联系海外宗亲；负责经费的管理，记录详细账目表；负责对信息的考证与核实、前谱存在错误的纠正等，每项责任都有专人管理。有些家族在修谱时，会与某些修谱网站进行合作。在修谱结束后，宣告修谱完成，并对账目进行公开，对有突出贡献的族人予以表彰。修谱过程的系统化，使谱牒编修的质量与速度得到提高。

　　福建各机构在海丝文献整理过程中秉持开放理念，不墨守成规，勇于创新。如在海上丝绸之路活动中留下了不少女性的活动印记，但在民国及之前，"女子不可入本族谱牒，而记载入夫家族谱"是谱例中最为常见的一条规定。这样的记录方式造成了女性本人生平及活动轨迹不明确，出洋信息记录匮乏。在福建谱牒中，却不乏有关于女性的记载。从谱牒的编修来讲，这是族人修谱理念开放化最主要的表现；从研究海上丝绸之路来讲，无疑是对史料的丰富和补充。其中安溪《参山二房黄氏族谱》较早提出女性入谱牒的规定，这一举措，是女性在家族中地位提升的重要表现，同时也为日后福建谱牒编修树立榜样，有利于促进女性入谱成为每个家族接受的一项内容。另外，从福建海丝文献整理成果来看，很多海丝史料的归类划分也很有新意，如在《妈祖文献史料汇编》整理成果中，编辑者将妈祖史料分为碑记卷、档案卷、散文卷、诗词卷、匾联卷·匾额编、匾联卷·对联编、史摘卷、著录卷·上编、著录卷·下编、方志卷、经文·签诗卷、彩图卷等几部分，很多类别都是根据妈祖文献的特点划分的。该书尽管所收录的史料时间从宋至民国，但全书却有统一体例、序号、时代标注，特别值得一提的是在书中附有"校记"，这是海丝文献整理体例的创新。

五　保护与开发并重

福建海丝文献整理机构在进行历史文献整理的过程中，不仅注重文献的保护，也注重文献的开发，深入挖掘海丝文献的历史文化价值。早期进行福建海丝文献整理的目的，更多的是抢救与保护稀缺的海丝历史文献资源。近十年福建文献整理工作开始重视文献整理后的利用和深层价值开发，以促进历史研究、文化传播，为社会经济文化建设服务。人们越来越意识到海丝文献整理的最终目的是文献的保护和开发利用，二者缺一不可。如果只保护而不开发利用，那么文献的价值就体现不出来；如果只开发利用而不加以保护，就会造成历史文献的损坏，甚至消亡。因此，福建文献整理观念逐渐从注重保护转向保护和开发并重。例如漳州市图书馆 20 世纪 90 年代为抢救和保存漳州地方文献而建立《漳州文库》，通过实地考察、社会征集、购买、复制等方式整理了一批宝贵的漳州地方文献，其中不乏海丝文献。当时的文献整理的重心是保护文献，因此大多数的工作止于文献整理和保存。而近年来，该馆越来越重视文献整理成果的传播和利用，他们通过重印历史文献、建立特藏室、提升读者服务等方法提高海丝文献整理成果的有效使用率，从而保护和开发被整理的漳州海丝文献。再如妈祖文化研究整理机构利用整理成果开展一系列活动，组织召开妈祖文化研讨会、召开妈祖文化论坛，邀请各国专家学者前来参与，促进文化的传播，也充分利用了文献的价值，从而更好地保护和发展被整理的莆田海丝文献。

第七章　福建海丝文献整理的方式

福建海上丝绸之路文献是反映古代福建和海丝沿线各国进行经济文化交流的历史记录和重要载体。做好福建海丝文献的整理工作，有助于全面了解福建海上丝绸之路历史，继承和发扬海丝文化，发展海丝文化事业，在全面把握海丝文化的精髓的基础上，探索海丝文化与地方政治、经济、文化等的契合点，继而推动社会事业的发展。结合福建地区海丝文献整理特点，分析和研究福建海丝文献的整理方式，可为福建海丝文化建设及研究提供理论依据和实践途径。

福建海丝文献数量众多，类型多样，对其进行整理的方式也各不相同。整理机构采取什么形式进行整理，主要由整理的机构类型、目的任务、资源多少、投入资金、人员素质等因素决定。福建海丝文献整理是一项复杂的系统工程，也是一个漫长的整理研究过程。为保证整理最终成果准确、全面，首先要对所需整理的相关福建海丝历史文献进行调查，通过对海丝历史文献资源进行收集、分类、整合，对海丝相关古籍文献进行审定、点校、补遗、编纂、注释，进而对海丝历史文献进行影印出版、整理修订再版，使其便于现代人阅读传播，从而完成海丝文献整理的任务。根据对福建海丝文献整理的现实成果分析，可归纳出福建海丝文献整理的主要方式，整理方式主要有影印出版、编订出版、翻印再版和摘录、缩印等。

第一节　影印出版

影印是古籍整理出版的一种重要形式，是通过电子计算机对古籍

第七章　福建海丝文献整理的方式

进行数字化扫描后,将其印刷成纸质版本。影印可使古籍中的善本、孤本以本真面目得以抢救和保存,并使珍稀版本或卷帙浩繁的资料按照整理的主题归类,为广大科研工作者和需要阅读的读者提供购置、查找和研究的便利。福建区域内的图书馆、档案馆、博物馆、方志办等文献收藏机构通过与出版社合作,对其馆藏珍贵历史文献进行影印整理和出版,其中就包括一些福建海丝文献。福建海丝文献的影印出版类型大致可分为旧志影印、史料汇编影印、档案资料影印、谱牒影印、文学作品影印等。

一　旧志影印

旧志整理出版一般多选择影印出版,这种形式出版可完整保留旧志原貌,避免在出版过程中出现错漏,特别是珍稀版本的地方志更注重这一点,福建省及各市、县地方志编委会是组织福建旧志的影印出版的主要机构。

福建旧志整理和影印出版是保存与利用福建海丝文献的重要工作,在福建各级方志办和相关机构的文史工作者的努力下,影印出版的旧志数量不断增多,主要可分为五大类:一是省志,如明《八闽通志》、民国《福建通志》;二是市志,如《中国地方志集成·福建府县志辑》中"乾隆福州府志"等;三是县志,这一类数量最多,如明《长乐县志》、清《古田县志》、清《屏南县志》、清《福清县志》、民国《闽清县志》、民国《永泰县志》、民国《平潭县志》、民国《连江县志》及《中国地方志集成》福建府县志辑中民国闽侯县志;四是专志,如清《黄檗山寺志》、民国《长乐六里志》、民国《闽中金石志》;五是旧志汇编,如福建师范大学图书馆和北京图书馆出版社合作出版的《福建师范大学图书馆藏稀见方志丛刊》,上海书店出版社影印出版的《中国地方志集成·福建府县志辑》,书目文献出版社出版的《日本藏中国罕见地方志丛刊》等,这些影印出版的旧志中保存了丰富的福建海丝史料,为海丝研究提供了可靠的依据。

二 史料汇编影印

福建海丝相关文献多保存于各类地方历史资料中，其收藏和研究的相关机构非常注重地方历史资料的汇编与影印出版。如 1982 年由农业出版社编辑出版的《金薯传习录·种薯谱合刊》就是依据福建省馆藏珍贵孤帙底本《金薯传习录》影印出版的古代农学珍本，该书记载了清代福州长乐人陈世元的先辈于海外经商时，从吕宋引进甘薯到福州试栽之事。福建省文史研究馆与广陵书社合作打造了《福建丛书》收入许多福建籍人士著述或记载福建的地方文献，如据福建师范大学图书馆所藏 6 种明末清初福建地方文献的手抄本影印的《莆变纪事》，其中《榕城纪闻》一卷，历载清初福建沿海迁界与加派等诸史事，兼叙福州掌故遗闻，内含颇多珍贵海丝史料。2011 年由福建师范大学图书馆同国家图书馆出版社合作出版的《船政奏议全编》，内含该馆馆藏最完备版《船政奏议汇编》《船政奏议别编》《船政奏议续编》汇编，堪称福建船政史料集大成者。2016 年由福建省图书馆同国家图书馆出版社合作整理出版了《民国时期福建华侨史料汇编》，辑录该馆馆藏 1912 年至 1949 年福建华侨史料，汇编涵盖福建华侨的相关著作 20 种、报纸杂志 12 种，内容翔实丰富，其中很多华侨史料属于首次披露，蕴含的海丝史料尚待深入挖掘，极具研究价值。2014 年据福建师范大学图书馆馆藏整理出版的《琉球文献史料汇编》，对零星散见于大量明清诗文集中的相关史料进行了搜辑遗逸工作，汇编收入了《福建市舶提举司志》等其他汇编本未收入的中琉历史关系重要文献史料，可补正史记载之不足。福建晋江图书馆将上千部珍稀谱牒进行影印，根据地区进行分类排架，提供开架阅读。

三 档案资料影印

福建海丝文献中档案资料丰富，其整理的主要方式是通过影印出版原始档案史料以期还原其历史真迹原貌，避免反复翻阅对档案原件造成损伤。福建海丝档案资料影印比较有影响的是福建档案馆联合相关侨批档案文献收藏机构和个人，按照不同阶段、区域、类别分类对

第七章　福建海丝文献整理的方式

福建侨批档案文献进行系统整理，并于 2017 年与国家图书馆出版社合作编辑出版了《福建侨批档案文献汇编》，这些侨批档案系统揭示了清末以来国内外侨批业的发展脉络、批局运营发展历程，为华侨华人移民历史研究及海上丝绸之路经济文化交流研究提供了原始档案资料，研究价值较高。此外，台北"中央研究院"近代史研究所编的《海防档》（1957 年），则是据咸丰十年至宣统三年这一时期的清代总理各国事务衙门、外务部清档（誊清存查的专题档册）中之海防档影印而成的清末海防档案汇编。其中汇集了记录清末船政史料的谕旨、函札、奏折、咨文、合同等档案文件。

四　谱牒影印

福建谱牒文献极为丰富，图书馆、档案馆、博物馆等机构都有收藏，其中含有十分珍贵的海丝内容，一些出版机构有选择性地对海量的公私藏谱牒文献进行影印整理出版，并整理了谱牒谱首文献（谱序、家规家训及艺文等部分文献），丰富了社会史、人口史、经济史、文献学等方面的史料①。尤其是记录华侨历史的谱牒，是海上丝绸之路研究的珍贵历史文献，蕴藏着福建人出洋及其海上活动、海外奋斗创业、发展事业等大量第一手资料，其中许多原始记录和统计数据更是无可替代的珍贵史料，是福建海丝文化历史研究的宝贵文献资料。影印出版的福建谱牒比较有影响的有如下两部：一是 2017 年由南开大学和凤凰出版社合作编辑出版的《中国珍稀家谱丛刊：福州族谱丛刊》；二是 2000 年由北京图书馆依据馆藏家谱整理出版的丛刊《闽粤侨乡卷》，该丛刊所用版本上起清顺治下迄民国，远及海外新加坡等地，多不为外界所见。再如清代顺治年间的刻本《莆阳刺桐金紫方氏族谱》，当前存世仅有百余页，记载了方氏家族从宋代以来由安徽歙县迁居固始再迁居莆田的状况，迁居莆田后，方氏屡出名卿，一度成为莆田著姓。除此类善本外，国家图书馆还存有方树谷所编的《莆阳

---

① 鲁朝阳、肖承清：《国有史而家有谱——谱牒文献出版的意义与展望》，《中国图书评论》2019 年第 1 期。

杜塘方氏比事录》（清代乾隆二十七年莆阳方潼刻本）和方端远所编的《金紫方氏火宗祠祭规》（清代嘉庆年间刻本），这些文献可补充宗谱之缺，对于研究莆田方氏家族和祭祀制度有相当助益。此外，谱刻年代较早的文献还包括清代乾隆年间的《莲湖祖氏族谱》《麟峰黄氏家谱》《（武平）李氏族谱》等，这些都是出自福建的家谱，相比之下，广东地区的族谱刊刻时间较晚。通过影印出版，不仅使这些珍贵收藏得以更好的保存，还便于海外华侨华人利用这些史料寻根问祖，促进福建与海外华侨华人情感交流和民族认同。

五　文学作品影印

海丝文献中的文学作品可多视角、全方位地为海丝文化研究提供珍贵史料，其类型包括笔记、游记、诗赋、戏曲等。随着福建人海洋活动的拓展和海外交通贸易的发达，流传下来许多涉海诗赋，它们以文学方式展示了福建海丝文化的史实。影印出版的含有海丝内容的文学作品如 2016 年由国家图书馆出版社出版的《历代地方诗文总集汇编》、2018 年由北京燕山出版社出版的《历代地理外纪史籍丛刊》、2009 年由广西师范大学出版社出版的《中国研究外文旧籍汇刊：中国记录》等，其中《历代地理外纪史籍丛刊》收入诸多与福建海上丝绸之路历史相关的地理外纪文献，如《使琉球记》6 卷、《使琉球录》1 卷、《使琉球杂录》5 卷、《殊域周咨录》24 卷，以及将郑和下西洋整个行程一一详录的《西洋番国志》《星槎胜览》《瀛涯胜览》等作品。

第二节　编订出版

福建海丝文献的编订出版是指有选择地对福建海丝历史文献进行校订、整理、加工和修编后出版。由于海丝历史文献受到当时编修体系不完善、编修方法不系统及其他因素的影响，很多海丝历史文献都存在着一定的缺漏或错误。因此，为了还原历史真相，承担修订出版的主体机构组织人员对福建海丝历史文献进行认真校对、订正，有新发现的内容予以补充完善，然后出版。编订出版的海丝文献主要有乡邦人士著述、文史资料、地方志等类型。

一 乡邦人士著述编订出版

福建海丝文献中的乡邦人士著述颇多，对乡邦人士著述进行编订整理是地方文献工作者的重要任务，较为常见的是对乡邦人士著述的点校刊布。福建人民出版社是较早开展相关整理工作的出版机构，从20世纪80年代初至今，陆续出版《八闽文献丛刊》共40册，其中就包含福建海丝历史和文化交流内容，如丛刊中的《荔枝谱》就辑录了自宋迄清有关福建荔枝、茶、海错等特产之谱录15种，第三篇述福州产荔之盛及远销之情。《八闽文献丛刊》断断续续出了近30年，数量虽然不是很多，但所编订出版的史料极为珍贵，其中不乏精品，如整理出版的《名山藏》，其整理者是中国社会科学院近代史所的张德信、历史所的商传、方志办的王熹三位先生，该书从开始点校到最后出版耗时六年。乡邦人士著述编订出版的另一重要成果是2017年由福建人民出版社出版的"闽人年谱丛书"系列，该丛书以年谱长编的形式，对近现代闽籍文化名人的生平事迹及诗文著述进行全面系统的梳理和考订，特别选取尚未有过年谱或已有年谱但内容简略、资料过旧的闽籍人士，再广泛收集已刊著述及未刊文稿，并对这些资料进行严格考辨、细致梳理、合理剪裁、逐年编排，以全面揭示谱主生平事迹、社会交往与著述活动，为学界研究福建社会历史文化提供翔实史料。值得一提的是，该书后附录了谱主著作目录、出版情况及各类索引等，为学人检索及利用提供了便利。

二 文史资料编订出版

福建文史资料的整理及编订出版工作起步较早，其中涉及海丝文献的整理成果相对较多，主要是刊印出版的文史丛书和文史刊物。特别是自20世纪80年代以来，文史资料的编订出版受到福建省内各类文史机构的重视，整理成果十分丰富。如由福建省政协文史馆和福建人民出版社合作整理出版的《福建文史资料选辑》系列，其中包含福建海丝内容的文献有第 10 辑《闽海关史料专辑》（1985 年）、第 15 辑《船政史料专辑》（1986 年，附《船政大事年表》）、第 37 辑《海峡缘——当代闽台文化交流史料》（1997 年）等。之后，双方又合作整理出版了《福建文史丛书》，其中涉及海丝内容的文献包括《船政足为海军根基》（2010 年）、《全闽诗录》（2011 年）、《八闽文化综览》（2013 年）、《闽词钞 闽词征》（2015 年）、《闽东文化流变论剖》（2016 年）等。福州市政协文史委也对文史资料进行了系统征编，至今已形成《福州文史资料选辑》《福州史话》《福州文史》等系列书刊。其中，《福州文史资料选辑》内容包括影响福州近现代史发展的事件及人物，以时间先后为经，以经济、政治、文化、华侨华人为纬，集中再现了福州近现代社会风云变幻的历史沧桑，目前已出版了 36 辑。其中涉及福州海丝研究的有第 15 辑《纪念马尾船政 130 周年》（1996 年）、第 19 辑《纪念沈葆桢诞辰 180 周年》（2000 年）、第 22 辑《船政文化篇》（2003 年 10 月）、第 23 辑《福州名人故居》（2004 年）。此外，编订出版的还有由福州市文物管理委员会编写的《福州文物史料汇编罗星塔文献》、由福州宗教团体编写的《福州基督教文史资料选辑》（1987 年）、由戴一峰编辑的《厦门海关历史档案选编》（1997 年）、福建省委员会文史资料委员会编撰的《春华秋实：福建文化史料》（1999 年）、郑振满和丁荷生的《福建宗教碑铭汇编（兴化府分册）》（1995 年）、福建省马尾船政文化研究会会长沈岩著与方宝川教授共同主编的《船政奏议全编》（2011 年）、中国海外交通史研究会编辑出版的《泉州海外交通史料汇编》（1983 年）、福建省档案局与高校和研究机构及专家学者合作编辑出版的《福建侨批档案图志》（2013 年）等。

三 地方志编订出版

地方志编订出版是海丝文献整理的重要任务，因地方志系统全面地揭示地方区域内的历史文化发展概况，包含丰富的海丝历史内容，资料翔实可靠，是海丝历史的真实记录。福建省及各市县地方志编委会积极开展地方志编订出版工作，主要分为修订旧志、编修新志两种形式。福建各级史志办文献工作者在旧志整理的基础上，充分发挥地方优势，对旧志进行修订加工并出版，如罗源县方志委整理出版清康熙版《罗源县志》（2014年），长乐方志办历时4年组织整理的明崇祯《长乐县志》(2016年)，福清市方志委聘请多名专家点校的《黄檗山寺志》（2017年），由连江教师郭庭平点校出版乾隆版《连江县志》（2016年），由福州港务局史志编辑委员会编《福州港志》（1999年），福州市史志办组织编《船政志》（2016年），由福清市著名文史专家俞达珠主编的《福清方志汇编》（2017年）和《福清市方志丛书》（2015年），由方宝川、陈旭东主编的《福建师范大学图书馆藏稀见方志丛刊》（2008年）等。地方志的编订出版比较严谨，如《船政志》的整理、编写、校对、出版共耗时5年，该书凝聚了国内船政研究专家及学者的心血最终得以成书，内容涉及船政的历史沿革和发展历程，为广大学者提供了一部专业的船政研究工具书。

第三节　翻印再版、摘录、缩印

福建海丝历史文献卷帙浩繁，为了突出相关主题的系统性和便于阅读利用，海丝文献整理往往采用翻印再版、摘录、缩印等文献整理方式。

一　翻印再版

翻印再版是海丝文献整理采用较多的形式之一，主要原因是整理时间比较短，不用对内容进行深入的研究分析。翻印再版一方面可以保护翻印所依据的原始文献不在利用时受损，另一方面也有利于海丝文献的利用和传播，发挥海丝文献的作用。特别是大多数古籍文献装订形式为线装书，少量为蝴蝶装，竖排版，繁体字，与现代人阅读方式存在较大差异。因此，对福建海丝历史文献的翻印再版，可将原有文献竖排版的模式改为横排版，繁体字改为简体字，或添加目录、页码等关键查找信息，使翻印再版的文献更便于使用。翻印再版主要是由收藏这些历史文献的图书馆等相关文化机构和出版机构合作完成，翻印再版的多为一些质量优良、研究价值较高或罕见稀有版本的历史文献，或归为某一主题范围内的历史文献。为了保证质量，翻印再版所依据的版本有些不是原始版本，而是整理后质量效果较好的版本，有些历史文献甚至被多次重印。如《福清海口志》合刊于1994年出版后，又分别于2013年、2017年重印，该书由俞达珠集校了明《瑞岩山志》、清《海口特志》、民国《续海口志》后合订出版。2017年，重新刊印1960年版《福清县志》和民国版《福清县志》；重新刊印清代《方成里乡志》，《方成里乡志》是现知福清留存最早的村志（清光绪十年编纂完成）。此外，泉州市图书馆收藏的《晋江西霞蔡氏族谱》《虹山彭氏族谱》《泉州桃源庄氏族谱汇编》《南安东门谢氏族谱》《桃源永春东熙王氏族谱》等，都属于再版成果。

二 摘录

摘录方式在福建海丝文献整理中历史悠久，早期整理时经常使用，现在多用于根据某一主题在一部或多部历史文献中进行摘录，再将摘录后的相同主题内容按一定顺序类别汇集起来保存或出版。如海丝谱牒文献的汇集就可将保存于各地的谱牒原本中的海丝相关内容选择并逐条摘录下来，以反映福建最真实的移民情况。

摘录不仅可以保存珍贵的海丝历史史料，也为海丝文献整理再版打下基础。例如，1935年，北京图书馆的研究员向达在英国牛津大学波德林图书馆整理中文史书时，无意中发现了一部没有题名的古代史本，其中第一页包含"顺风相送"字样，另有一本《指南正法》，他将这些文献抄录带回，并对其做了校注。1961年，向达所校的《顺风相送》与《指南正法》两部文献由中华书局合并为《两种海道针经》出版问世，此后该书还做过多次修订和再版。

摘录是文献整理过程中保证内容真实性的有效方法之一，通过对大量相关主题历史文献翻阅，选择出符合条件的内容进行摘录，可以最大限度地丰富及完善各类海丝文献内容，在整理过程中工作量比较大，易出现错漏。因此，在摘录的过程中要保证与原文吻合，摘录时要注意其完整性、真实性，即使发现原文存在问题，也要将其先录入，后加以考证，尊重历史文献的客观性。

三　缩印

为了更好地保存现存福建海丝历史文献，发挥海丝历史文献的社会文化价值，在整理的过程中使用现代化手段对历史文献进行缩印，这也是整理常用的方法之一。具体来讲，缩印就是通过一定技术将历史文献制作成微小胶片，一般为16mm和35mm两种型号。相比较而言，缩微胶片具有保存时间长、便于查阅、分类方便等特点，在温度21℃、湿度50%下至少可以保存500年。图书馆多使用缩印方式保存珍贵的历史文献，特别是清代以前的原本。如福建省图书馆将特藏部的精品古籍进行缩微保存，包括清道光六年刻咸丰六年续刻本《开闽忠懿王氏族谱》11册、清乾隆刻本《金薯传习录》两册、清刻本《沈文肃公牍十六卷》6册等。与其他文献整理方式相比，历史文献缩印的优势体现在保存内容数量大、占用空间范围小、缩印成本较低、缩印品可反复利用不易损坏等优势，其不足就是利用时须使用特殊的放大设备。

此外，福建对海丝口述史的整理也十分重视，根据口述史整理成的文献历史价值也很高。例如，泉州市档案馆对4位80余岁的侨批研究者进行了采访，以此建立了口述侨批历史录音151分钟、影像224分钟，形成了侨批口述史档案。

第八章　福建海丝文献整理的主要成果

福建是古代海丝的关键节点，八闽大地上留下了许多海丝文献和历史遗迹，这成为人类文明互利共赢、互学互鉴的重要历史证据。通过对福建海丝历史文化的深入研究，一些海丝文献不断被发掘和整理出来，整理这些文献，有利于充分发挥海丝文献在传承文明、促进人文交流、见证海丝历史中的作用。当前，福建海丝历史文献的整理成果主要涉及地方志、档案资料、历史文献、史料汇编四种形式。

第一节　福建地方志的整理与影印出版

盛世修志，志载盛世。福建地方志作为古代海上丝绸之路的见证者和活化石，不仅翔实记载着古代福建通过海上丝绸之路走向海外的史实，诸如海上交通、人口迁徙、文化交流等，也见证了福建海上贸易的兴旺。福建省古旧地方志数量繁多，现存福建方志有342种，卷数达7300卷左右①。福建存世最早的地方志，当推南宋淳熙九年（1182年）梁克家撰《三山志》，南宋所修尚有《仙溪志》《临汀志》，因编撰时代较早而十分珍贵。福建修志传统历朝不辍，可以分为综合志和专志两类，专志类数量相对较少。整理方志成果的形式主要是对古代方志进行影印及修订再版，目前成果的整理主体为福建省

---

① 彭文宇：《略论福建地方志》，《福建师范大学学报》（哲学社会科学版）1991年第4期，第100页。

第八章　福建海丝文献整理的主要成果

地方志编纂委员会，以及福州、泉州、厦门、漳州等地市县的方志编纂委员会，并联合各文献出版机构共同合作对方志进行整理出版。

一　综合志的整理

福建各区域的综合志包括省志、府志、州志、县志、乡镇志等，是地方志整理的重点。福建历代都注重地方志编撰，留存下来丰富的地方志，对地方志的整理一直延续至今。特别是在改革开放后，在福建省、各地市及各县市地方志编委会等文献工作者的努力下，整理出版的涉及福建海丝史料综合志数量较多。主要有如下几类。

1. 省志的整理

主要有明弘治庚戌（1490年）刊行的《八闽通志》87卷，该书是现存的第一部福建全省性的地方通志，内容广博，网罗详备，特别是在人物传记、社会经济、文化、教育和科举、自然灾害、文学等方面的记载，具有很高的史料价值，对研究福建海丝历史文化也有着重要的参考价值。《八闽通志》刊行后，翌年又有递修本。福建省地方志编纂委员会和福建省图书馆成立旧志整理组，对该志进行整理，福建人民出版社先后于1990年5月、1991年6月对该书影印出版，并在2006年出版了《八闽通志》修订本（上、下）。明何乔远的《闽书》共154卷，于万历四十四年（1616年）纂，四十八年（1620年）补纂，崇祯二年（1629年）刻本。《闽书》是福建现存最早的完整省志，体例新颖独特，保存了许多有关福建地方史以及中国古代政治、经济、军事、文化、中外关系等诸多方面的珍罕记载。全书共154卷，记载福建的天文、地理、历史、人物、风俗、武备、岛屿、科技、特产、宗教、灾异等方面情况。该书经厦门大学古籍整理研究所校点，重新考订31条明朝科第与人物传记内容，福建人民出版社于1994年6月出版。

2. 府志的整理

福建沿海地区府志记载海丝历史较多，其府志整理历来受到重视。

对《福州府志》的整理：《福州府志》在明代编纂较为繁荣，同一朝代连续编纂 5 部《福州府志》，十分罕见。其中万历《福州府志》（喻政修，1573—1620 年）和正德《福州府志》（叶溥修，张孟敬纂刻本，1506—1521 年）后世影印较多。到了清代，《福州府志》编修不辍，最有名的为乾隆版本（徐景熹，1756 年，据清乾隆十九年刻版增刻），后世多次刻印和影印。如 2001 年 7 月，由福州市地方志编撰委员会整理、海丰出版社影印出版了万历、正德和乾隆版本的《福州府志》，并对该书进行加标点、更改明显错字、对避讳改写字改为通行字等整理。

对《兴化府志》的整理：兴化在宋有《兴化旧经》《兴化图经》《兴化旧记》《莆阳旧志》《兴化军志》等不知编纂者姓名的志书，知道编纂者姓名的则有乾道五年（1169 年）陆琰之《莆阳志》7 卷，乾道九年潘時之《莆阳志》，绍熙三年（1192 年）林選之《莆阳志》15 卷，庆元间（1195—1200 年）何兹主编之《莆阳志》等，其中以绍熙志较为知名，然皆佚而无存。元不修郡志，但翻刻绍熙本。明初有永乐（1403—1424 年）之《莆阳志》，景泰（1450—1456 年）之《莆阳志》，天顺间（1457—1464 年）彭韶之《莆阳志》10 卷，成化三年（1467 年）岳正主修之《莆阳志》，成化间（1465—1487 年）黄礼勤、林若权之《莆阳志》20 卷，亦皆佚而无存。现存最早的一部府志是明朝周瑛、黄仲昭所修的弘治《兴化府志》，该书网罗遗逸，在明代志书中堪称善者。《四库全书提要》谓其别具风格，不同凡响，由此可见该书的价值所在。中国国家图书馆收藏弘治十六年建阳刊本残卷 19 卷，2007 年 8 月蔡金耀对其重新点校出版了精装本《重刊兴化府志》（福建人民出版社，2007 年 8 月）。万历三年（1575 年）吕一静、康大和所修《兴化府志》26 卷，原本收藏于日本，福建省图书馆据其摄制胶卷影印抄本 12 册。万历四十一年，马梦吉、徐穆所修《兴化府志》59 卷，国图收藏其刊本残卷 43 卷，福建师范大学据国图甲部藏本传抄本未足本。

对《厦门志》的整理：清道光十二年（1832 年）周凯所修的《厦门志》，该书在道光十九年（1839 年）由吕世宜等校对印刻发行。在 1967 年，台湾成文出版社影印出版了《厦门志》（全 1 册），并收

第八章 福建海丝文献整理的主要成果

录进《中国方志丛书》；1987年，大通书局整理出版了《厦门志》（上/下册），收录到《台湾文献史料丛刊》第2辑中；到了1994年，厦门市地方志编纂委员会办公室组织人员对《厦门志》进行校注，于1996年由鹭江出版社出版。《厦门志》共16卷，其中在卷5《船政略》、卷6《台运略》、卷7《关赋略》以及卷8《番市略》等卷中，运用多种体裁保存记载了丰富的有关海上丝绸之路时期厦门对外交通和海外贸易资料以及闽台关系等方面的材料，包括鸦片战争前厦门海外贸易的各种要素及其兴衰发展的过程，勾勒出厦门朝海港城市发展的历史轨迹；同时，书中还征引辑录已经散佚的文献、家谱、族谱等，无论是对于海丝学术研究还是地方史研究都有较高的参考价值。

对《泉州府志》的整理：《泉州府志》始由南宋嘉定年间（1208—1224年）起笔编撰，起笔编撰者一说为知州事程卓主持，光泽"李芳子（字公晦，嘉定七年（1214年）进士、调泉州观察推官）"所修编。另一说为南宋庆元五年（1199年）至嘉泰元年（1201年），泉州知州刘颖及戴溪一起编撰的。内容主要记载泉州并及闽南一带的历史沿革及政军民情风俗，以官方角度笔撰。《泉州府志》从南宋·嘉定·淳祐、元朝·至正、明朝·嘉靖·隆庆·万历、清朝·乾隆·同治至今已有多个版本：南宋嘉定（1208—1224年）《清源志》，7卷；宋淳祐十年庚戌（1250年）《清源志》，12卷；至正十一年辛卯（1351年）《清源续志》，20卷，元吴鉴撰；嘉靖四年乙酉（1525年）《泉州府志》，26卷（类14、纲17），晋江史于光著；明隆庆二年戊辰（1568年）《泉州府志》，22卷（8志），和州万庆（嘉靖四十五年知泉州）修，晋江黄光升著；万历四十年壬子（1612年）《泉州府志》，24卷，泉州知府阳思谦修，晋江黄凤翔类编，晋江林学曾等同编；乾隆二十八年癸未（1763年）《泉州府志》，76卷，首1卷（目46），（满州）怀荫布修，（永福）黄任、（晋江）郭赓武同纂。怀荫布（字涵村，乾隆元年（进士，乾隆二十一年知泉州）。黄任（字子华，号莘田，康熙四十一年举人）；同治八年己巳（1869年）重印《泉州府志》，76卷，首1卷。后代多有将之影印再版，如1984年泉州志编纂委据民国十六年乾隆本补刻印本影印《泉州府志》（40册全）。值得一提的是，2003年泉州市地方志编纂委员会点校的（乾隆版）《泉州府志》共77卷，160多万字。这次点校主要将《泉州府志》（乾隆版）内的字体改为简体字，按照文章的意思加上标点，并把文章内难懂的专有名词加注，使该书通俗易懂，方便后人对泉州的历史进行研究。以明清两代《泉州府志》为底本的复印本较多，还有一些是对该书的选录，如台湾银行经济研究室刊印的《泉州府志选录》（全1册，台湾文献丛刊第233种）。

对《漳州府志》的整理：《漳州府志》是记录漳州历史、文化、经济相关信息的重要文献，该文献中包含很多与漳州海丝相关的历史信息，是漳州海丝史料文献。其中光绪版《漳州府志》在清朝光绪年间由李维钰、吴联薰、沈定均等人编修而成，是古代《漳州府志》中信息最为丰富、历史记录最为完善的一部，同时也是古代漳州所编修的最后一部府志。该府志汇集了从唐朝初年到清朝光绪初年这千余年间漳州政治、经济、文化、民俗、军事、自然等方面的资料，是当代学者了解古代漳州风貌的权威性正史，具有重要的文史参考价值，但是如此珍贵的漳州海丝文献，目前仅存收藏于民间的刊刻本一部。1965年，台湾学生书局出版了《明代方志选（三）漳州府志》〔（明）彭泽〕、《万历重修漳州府志》〔（明）罗青霄等，影印本〕。漳州市图书馆藏有《（宓庵手抄）漳州府志》（王君定手抄，2005年）。1988年，漳州市图书馆组织整理影印出版《（光绪）漳州府志》（50卷），共2函32册，这是大陆最早对古代《漳州府志》的整理再版。之后，厦门大学出版社出版了《漳州府志》〔（明）罗青霄修纂，陈叔侗点校，福建省地方志编纂委员会整理，2010年〕、《（正德）大明漳州府志》〔（明）陈洪谟修，2012年〕、《（万历癸丑）漳州府志》〔（明）闵梦得修，2012年〕。中华书局也整理出版了《漳州府志》〔（清）沈定均修，（清）吴联薰增纂，陈正统整理，2011年〕、《福建旧方志丛书：大明漳州府志》〔（明）陈洪谟修，（明）周瑛撰，福建省地方志编纂委员会整理，2012年〕。

此外，整理出版的福建府志还有：（明）夏玉麟、汪佃修纂《嘉

第八章 福建海丝文献整理的主要成果

靖建宁府志》（福建省地方志编纂委员会整理，厦门大学出版社出版，2009年）、曾日英《福建旧方志丛书：汀州府志》（方志出版社出版，2004年10月）等。

3. 县志的整理

对县志的整理成果较多，八闽各县志都进行了修订和再版。福建旧志整理后出版的主要有：《（嘉靖）龙溪县志》［（明）刘天授修，（明）林魁、（明）李恺纂，中华书局上海编辑所出版，1965年12月］、《海澄县志》［（清）邓廷祚等撰，台湾成文出版社出版，1968年］、《仙溪志》［（宋）黄岩孙撰，仙游县文史学会点校，福建人民出版社出版，1989年］、《（乾隆）龙溪县志》［（清）吴宜燮，上海书店出版社出版，2000年］、《海澄县志》［（明）梁兆阳修，（明）蔡国祯、（明）张燮等撰，北京图书馆出版社出版，2002年］、《泰宁县志》［（清）洪济修，福建省地方志编纂委员会整理，厦门大学出版社出版，2007年12月］、《连城县志》［（清）李龙官等修纂，福建省地方志编纂委员会整理，厦门大学出版社出版，2008年9月］、《明溪县志》［（民国）王维梁、（民国）刘孜治修纂，福建省地方志编纂委员会整理，厦门大学出版社出版，2008年10月］、《平和县志》［（清）黄许桂主修，（清）曾泮水纂辑，平和县地方志编纂委员会点校，福建省地方志编纂委员会整理，厦门大学出版社出版，2008年］、《福安县志》［（明）陆以载修纂，福建省地方志编纂委员会整理，厦门大学出版社出版，2009年9月］、《嘉靖重修沙县志：外二种》［（明）叶联芳等纂，福建文史丛书，福建人民出版社出版，2009年12月］、《将乐县志》［（清）徐观海修纂，福建省地方志编纂委员会整理，厦门大学出版社出版，2009年3月］、《宁德县志》［（清）卢建其修，福建省地方志编纂委员会整理，厦门大学出版社出版，2012年4月］、《安溪县志（第二版）》［（清）庄成修，安溪县地方志编纂委员会整理，厦门大学出版社出版，2012年5月］、《（康熙）永定县志》［（清）赵良生、（清）李基益修纂，福建省地方志编纂委员会整理，厦门大学出版社出版，2012年8月］、《（道光）永定县志》［（清）方履篯、（清）巫宜福修纂，福建省地方志编纂委员会整理,厦门大学出版社出版,2012年8月]、《(乾隆)永定县志》[(清)伍炜、(清)王见川修纂,福建省地方志编纂委员会整理,厦门大学出版社出版,2012年8月]、《宁化县志》[(清)李世熊,宁化县志编纂委员会整理,福建人民出版社,2012年11月]、《康熙寿宁县志注辑》[(清)赵廷玑编次,黄立云注辑,线装书局出版,2013年4月]、《福建旧方志丛书:永定县志》[(民国)徐元龙,福建省地方志编纂委员会整理,厦门大学出版社出版,2015年9月]、《(永乐)政和县志》[(明)黄裳、(明)郭斯垕,政和县地方志编纂委员会注,厦门大学出版社出版,2015年9月]、《长乐县志》[(明)夏允彝纂修,厦门大学出版社出版,2016年10月]、《平潭县志》[(民国)黄覆思纂,海峡书局出版,2017年]等。福建还与金门方面合作点校(清)光绪《金门志》和民国《金门县志》,充分挖掘福建海丝历史文化资源和多元文化内涵。

福建拥有旧县志较多,故其方志整理和再版数量较大,很多县志整理后是内部发行,有部分内部发行后再出版。如清乾隆十六年《古田县志》8卷(内部发行,1987年12月重印)、清光绪三十四年《屏南县志》12卷、附图(内部发行,1987年12月重印)、民国七年《永泰县志》12卷(内部发行,1987年12月整理完毕)、民国十年《闽清县志》8卷、首1卷(内部发行,1988年12月重印)、清乾隆十二年《福清县志》20卷、图1卷(内部发行,1989年11月重印)、民国二十二年《连江县志》35卷、首1卷(内部发行;1989年4月重印,2015年7月整理出版;2016年7月,印数500册,内部发行),其中,连江县方志委整理出版的清宣统三年《连江县志》35卷,为连江县历史上最重要的方志之一,民国六年该志进行肇修,至民国十六年完稿,民国二十二年正式出版。民国十一年《平潭县志》34卷(内部发行,1990年重印,2017年出版),此志内容由序、凡例、记、志、传、图、表、录组成,体例较完备,是平潭县唯一的旧志。

以莆田县志为例,莆田、仙游两县在中国古代由兴化府管辖,目前存世的莆田县志包含5种,仙游县志则有6种,均具有较高的史料价值。宋代黄岩孙所撰的《宝佑仙溪志》是当前福建省仅存的 3 部宋代方志之一，同时也是中国现存的唯一一部宋代县志，方志中对仙游的人口和物产均有详细介绍，是研究宋朝仙游地区社会、政治、经济、风俗、文化等方面的珍贵资料。目前国图收藏其清抄本残卷 4 卷，1987 年初夏仙游县文史学会据国图清抄本残卷出版点校本 1 册，2012 年超星出版公司据清抄本影印《仙溪志》上下两册出版。到了明朝弘治期间，陈迁纂修新的《仙溪志》，共 16 卷，国图收藏其弘治刊本残卷 10 卷，1960 年初福建省图书馆据国图藏本初抄本 2 册 10 卷。明朝周华纂修的《游洋志》又名《福建兴化县志》，记载了兴化县 469 年的光辉历史，为后人了解古代兴化县提供了丰富史料。原刊本被日本收藏，民国二十五年，莆阳印书局出版张国枢重新校对并改题的《福建省兴化县志》2 册；1999 年，内部印刷莆田蔡金耀完善的点校本。明朝嘉靖年间，林有年重新修撰的《仙游县志》8 卷，原先收藏于日本，1992 年由书目文献出版社重新出版该《仙游县志》的影印版。在清代，康熙十九年、乾隆十五年、乾隆三十四年 3 次对《仙游县志》做了编修，全书内容丰富，体例完善，对仙游县的政治、经济、文化等各方面情况做了翔实的记录。这些清代编修的《仙游县志》因为年代较近，故保存得较为完好。2000 年，江苏古籍出版社、上海书店和巴蜀书社在联合出版的《中国地方志集成·福建府县志辑》第 18 册中，收录了同治十二年的重刊本《仙游县志》。在清朝康熙、乾隆和道光年间，分别对《莆田县志》做了编修，在 20 世纪 60 年代，福建省图书馆和福建师范大学图书馆根据国家图书馆所藏版本对上述清代编修的《莆田县志》做了抄录和影印，使得上述珍贵文献在福建省内留存了复本，同时也便于其他研究者进行研究和开发。

4. 综合志的集中整理

综合志的集中整理出版工程浩大，是多部地方志一起整理后统一结集出版。集中整理出版对象多以一定区域的方志为限，有以一省为限的，如《中国地方志集成·福建府县志辑》（全 40 册）（上海书店出版社出版，2000 年），收录福州、厦门、建阳、宁德、莆田、晋江、龙溪、龙岩、三明地区清代、民国时期编纂的方志78种，以晚清时期修纂的为主。该书覆盖面广、编印质量高、使用价值较大，兼顾地区分布和版本价值的原则编纂。2017年10月，上海书店出版社将该书再版。有以一县为限的，如由福清市著名文史专家俞达珠主编的《福清市方志丛书》（俞达珠主编，福建人民出版社出版，2015年）、《福清方志汇编》（俞达珠主编，中国文史出版社出版，2017年）则将现存的各类、各代、各地史料中涉及福清的内容进行整理汇总，使之成为研究福清历史的工具书。有以一馆为限的，如福建师范大学图书馆和北京图书馆出版社合作，将馆藏28种稀见方志汇编为《福建师范大学图书馆藏稀见方志丛刊》（方宝川、陈旭东主编，北京图书馆出版社出版，2008年），其中收入稀见福州方志7种，包括《（正德）福州府志》40卷、《（道光）屏南县志》6卷、《（嘉庆）连江县志》（10卷，首1卷）、《（弘治）长乐县志》8卷、《（万历）永福县志》6卷、《（崇祯）长乐县志》11卷、《（乾隆）福州艺文志补》（4卷，首1卷）。2011年3月，凤凰出版社出版了《中国地方志集成·省志辑：福建》（套装共15册）。还有将国内外收藏罕见方志汇集出版的，如《日本藏中国罕见地方志丛刊》（书目文献出版社出版，1990年），其中包括《（嘉靖）仙游县志》、《（嘉靖）福清县志续略》、《（崇祯）海澄县志》、《（崇祯）尤溪县志》；《稀见中国地方志汇刊第三三册》（张爕等，中国书店出版社出版，1992年），其中包括《（万历）福宁州志》《（崇祯）寿宁待志》《（康熙）福清县志续略》《（崇祯）海澄县志》《（康熙）宁洋县志》《（万历）归化县志》《（嘉靖）沙县志》《（万历）永安县志》《（崇祯）尤溪县志》。

除此之外，福建还和台湾联合两岸学界力量整理出版了《闽台历代方志集成》，由社会科学文献出版社、国家图书馆、福建省图书馆、福建师范大学图书馆等机构专家学者和台湾学界共同完成，共汇辑福建和台湾两地历代以来至民国时期所编方志347种，按省、府、县的顺序分地域编排，分福建省志辑、台湾志书辑、福建州府志辑、福建县厅志辑四辑整理印制,是迄今为止最为完整的闽台历代方志汇编[①]。

5. 对海外编写的福建综合志的整理

一些流寓海外的福建人出于对家乡的怀恋,也编写了福建方志史书,这类方志不仅记载福州本土的历史,还涉及对外交流的见闻。如由书目文献出版社出版的《日本藏中国罕见地方志丛刊》(1992年)中收入了《福清县志续略》(18卷,明嘉靖二十六年刻本)和《福州府志》(36卷,明万历二十四年刻本)等福建地方志。前者目前收藏于日本国会图书馆,乃清代福清籍僧人释如一东渡日本后"借邑志以寄厥衷,意在报弦之外"之作,书中记载了当时隐元禅师赴日弘法之事件,是目前仅存的一部用汉字记录下来的中日文化交流的方志。

二 专志的整理

专志多为某一专门领域的方志,如物产类专志、山水志、交通志、传记类方志等。福建专志的整理成果不多,但学术价值较高。如清道光三年《黄檗山寺志》8卷,该专志初修于明内阁首辅叶向高重兴山寺之后。清顺治九年(1652年),隐元禅师在圆悟、通容禅师和居士林伯春、僧行玑所襄辑的旧志基础上重修该志。清道光三年(1823年),住山僧清馥、道遄再次重修。现存的该志系民国十一年(1922年)的重刻本。福建省地图出版社于1989年4月出版了修订本。该版本根据福建省地方志编纂委员会关于整理旧地主志的规定,对原本进行了断句、标点、分段、校勘后重版印行。

2001年7月,由福州市地方志编纂委员会整理、海风出版社影印出版了《鼓山志艺文》,在清乾隆《鼓山志·艺文》的基础上,以林家钟先生为主的编修人员收集有关鼓山艺文之作,尤其补录清朝下半叶和民国时期的相关文字,辑成1册,包括诗、词、游记、杂录4个部分,基本涵盖了鼓山的艺文内容。因名《鼓山艺文志》。其中,以诗为主,占2/3;词最少,只占1%强;而杂录部分则有铭、记、序、

[①] 林春茵:《两岸共同编修〈闽台历代方志集成〉》,中国新闻网,2017年4月25日,http://www.chinanews.com/tw/2017/04-25/8208793.shtml,2019年4月13日。

跋、疏等，对研究鼓山及涌泉寺颇具参考价值。为了便于广大读者阅读，进行全面点校。凡源自《鼓山志·艺文》或作者各专集的皆注明出处。若两者兼载，则注明"又见"，并做文字校勘。

2017年11月，由福州市地方志编纂委员会整理，海峡出版发行集团、海峡书局出版发行了《闽中金石志》［（明）李恺著，1—6册；（清）冯登府著，1—6册］影印本，清代冯登府所著《闽中金石志》收入了周、汉代以来闽中金石文献，全书内容70%—80%属于福州，按照朝代分为14卷。为力求再现其原貌，此次影印版本是民国十六年吴兴刘氏希古楼刻本版。该书记载有著名的李阳冰般若台篆书、崇妙保圣坚牢塔记、朱子鼓山题名等。根据该书记载，不仅可以访查金石遗迹，而且可以考察其所记载事物的兴废沿革。该书影印出版对整理保护闽中金石文献十分有益。

此外，《瑞岩山志》《玉融古趣》《福庐灵岩志》等专志也经过整理和刊印。

第二节 福建海丝档案资料的汇编出版

福建海上丝绸之路文化是海丝历史文化的一大组成部分，在中国和世界的交往历史中占有非常重要的地位，其留下了大量珍贵的福建海丝档案。这些档案文献具有举足轻重的学术价值和文化价值，可真实地反映福建地区海丝经济和文化的发展历程。对这些档案资料的收集与整理，可为挖掘福建海丝文化、促进海丝研究打好基础。

福建海丝档案资料的整理是以各级档案馆和研究机构为主，整理主要采用按主题汇集、编辑出版和影印出版方式。其中，档案资料最为丰富的福建省档案馆在福建海丝档案资料整理中发挥了主要作用。福建各级档案馆先后独立或与其他机构合作整理出版了一系列福建海丝档案资料。

一 福建华侨华人历史档案汇编

福建省档案馆联合相关侨批档案文献收藏机构和个人，按照不同阶段、区域、类别分类对福建侨批档案文献进行系统整理，在此基础上编辑出版《福建侨批档案文献汇编》（国家图书馆出版社出版，2017年），第1辑第10册收入《大清福州邮政局邮政事务月报（1904年9月—1911年3月）》。福建省档案馆还编辑出版了《百年跨国两地书：福建侨批档案图志》（鹭江出版社出版，2013年），这类侨批档案为首次公开面世，为系统认识清末以来国内外侨批业的发展脉络、批局运营发展历程、华侨华人移民历史研究以及海上丝绸之路经济文化交流研究提供了原始档案资料，具有较高的海丝研究价值。该馆还编辑出版了《福建华侨档案史料（1912—1949）》（档案出版社出版，1990年4月）。该书系根据福建省档案馆馆藏珍贵历史档案及中国第二历史档案馆和闽南、闽西侨乡市县档案馆侨务档案选编而成，分上下两册，辑录了千余件重要档案。该书内容主要有侨务机构及工作计划、报告，华侨出入国，侨汇机构与侨汇，华侨投资、华侨教育，华侨捐赠与抗战，救侨，护侨等，是研究福建华侨历史的重要资料。2016年和2018年，福建人民出版社分别出版了《闽南侨批大全》第1辑与第2辑，该文献是国家出版基金资助项目以及国家新闻出版改革发展项目库入库项目，全套书共2辑30册，收录了19世纪80年代至21世纪初闽南区域的侨批以及相关资料1万余件，文献类型具体包括侨批、回批、侨批账册、汇票、汇款单据、电汇单等。书中收录的侨批采用原件影印，力求保持原貌，以体现不同历史年代、不同寄批国、不同收批县乡的侨批特色，并对每个侨批加上适当的文字注解，方便读者研究使用。此外，关于福建华人华侨历史档案汇编的成果还有厦门市档案馆主编的《近代厦门华侨档案选编》（鹭江出版社出版，2020年）。

二 福建商业经济历史档案汇编

厦门市档案馆在海丝商业经济档案整理工作上做出了较大贡献。他们与厦门总商会合编了《厦门商会档案史料选编》（厦门市档案馆、厦门总商会，鹭江出版社出版，1993年），该书共有5个部分，主要介绍了1904—1949年厦门商会的沿革以及商会在社会政治、经济、地方建设中的重要作用，对于研究商会的历史、正确评价商会的历史地位和作用都有相当价值。厦门市档案馆还自编了《近代厦门经济档案资料》（厦门市档案馆，厦门大学出版社出版，1997年），该书记载了厦门工业、金融、侨汇业、交通运输、银行等方面的发展情况，并统计了1879—1932年厦门进出口贸易情况以及1922—1928年厦门输出、输入货物的概况，有利于了解厦门经济发展历史。《厦门货币图录》（陈亚元、陈国林编著，厦门大学出版社出版，2012年）是将福建海丝经贸活动中运用最广泛的国内外各种货币以图录形式进行汇集的图片档案集，该书分为上编"福厦地名版纸币"和下编"外国金属货币"两个部分。上编收录的仅限于钞票上印有厦门或福建其他地名的货币，下编收录的是曾经在厦门一带流通过的外国金属货币。其时间的跨度为明清至民国年间。

三　闽台关系历史档案汇编

2017年，由厦门市档案局策划编辑出版了《近代厦台交流档案资料选编》（厦门市档案局编，厦门大学出版社出版，2017年），该书收录了与近代厦台关系相关的档案近300件，其中绝大部分为首次披露，十分珍贵。该书以厦门市档案馆所藏的厦门交流原始珍档为基础，以部分报刊资料为补充，收录了大量珍贵的档案资料，较为全面地反映了近代厦门、台湾两地在人员往来、政治经济交流、军事警务交流、教育就业交通等方面的概况。这些珍贵的档案不仅是厦台交流的历史见证，也是两岸参与海丝活动的真实记录。他们还与福建省档案馆合编了《闽台关系档案资料（1894—1949年）》（福建省档案馆、厦门市档案局，鹭江出版社出版，1993年），展现了近代厦台、闽台的交流概况，为研究厦台交流和闽台关系提供了历史条件参考。福建省档案馆连同中国第一历史档案馆和福建师范大学一起合编了《明清宫藏闽台关系档案汇编》（中国第一历史档案馆、福建省档案馆、福建师范大学合编，福建人民出版社出版，2017年），这是迄今为止最大规模的闽台关系档案出版项目。全书共30册，按编年体例影印出版。全书辑录了明清两朝闽台关系档案2000余件，均为中国

第八章　福建海丝文献整理的主要成果

第一历史档案馆所藏明清时期中央政府的原始珍档。其文种有明代兵部题行稿、清代军机处上谕档、宫中朱批奏折、内阁史书、内阁乡试录、御制诗文、满文奏折、咨文、信函、移会等。全书所辑明清闽台关系档案时间起自明朝天启四年（1624年）至晚清光绪三十四年（1908年），所涉内容丰富翔实，涵盖物产交换、移民开发、海疆防务等诸多海丝历史内容。

四　福建对外交流历史档案汇编

福建对外交流历史档案汇编主要有厦门市档案馆编写的《近代厦门涉外档案史料》（厦门市档案馆，厦门大学出版社出版，1997年），涉外档案史料选用时限为1852—1949年的档案资料，全书共分为12个部分，较为翔实地再现了厦门近代对外关系的一系列史实，为研究厦门近代对外关系史提供参考，也有利于进行爱国主义教育。这些档案资料从政治、经济、文化等方面记录了厦门参与海上丝绸之路的过程，为后人了解这方面的历史提供了宝贵的财富。

五　妈祖历史档案汇编

参与福建海丝档案资料汇编出版的还有很多高校和研究机构的学者，如由湄洲妈祖文化研究中心副主任蒋维锬和杨永占主编，中国第一历史档案馆、湄洲妈祖祖庙董事会、湄洲妈祖文化研究中心和莆田市归国华侨联合会合编的《清代妈祖档案史料汇编》（中国档案出版社出版，2003年10月）一书，对清朝的妈祖相关资料整理较为完善。全书20万字，对清代康熙二十三年至光绪三十三年（1684年至1907年）中146件妈祖档案史料进行整理、影印、出版，档案史料包括内阁全宗的题本、史书、起居注、宫中全宗的朱批奏折、军机处全宗的录副奏折、上谕档、内务府全宗等，所辑文件按时间顺序编排。由于清代妈祖档案保存不全，编者从台湾"故宫博物院"出版的《宫中档案雍正朝奏折》中选录了5件档案辑入本书，同时也选编了一些文献资料目录附于书后。该档案的出版使得国内外读者能够直接阅读到这些珍贵的妈祖历史文件，可以说是妈祖文献整理和出版方面的重大突破。

六 福建船政历史档案汇编

福建船政文化反映了近代中国沿海海防建设、中外文化交流等历史，形成了独特的福州船政文化。由台北"中央研究院"近代史研究所编的《海防档》（1957 年），则是据咸丰十年至宣统三年（1860年至1911年）这一时期的清代总理各国事务衙门、外务部清档（誊清存查的专题档册）中之海防档影印而成的清末海防档案汇编。如《海防档》第二部分为"福州船厂"，汇集了记录清末船政史料的谕旨、函札、奏折、咨文、合同等档案文件。该书卷首列有分类目录，卷末附有大事年表，其中目录详细罗列了所收文种的编号、时间、责任者、主要事项和页码，便于检索利用。每部分之末附有编者所撰大事年表。由于该汇编印刷时间较早，且印量有限，目前仅查阅到福建师范大学图书馆金法书库收藏平装版中的 13 册（总共应为 17 册），足见其珍贵。《船政文化研究——船政奏议汇编点校辑》（张作兴，海潮摄影艺术出版社出版，2006 年）是对船政奏议整理点校之作，该书以清光绪十四年（1888 年）福建船政衙署刻本《船政奏议汇编》和宣统二年（1910 年）的福州活字印刷本《船政奏议续编》为底本进行点校。2011 年，福建师范大学图书馆同国家图书馆出版社合作，将馆藏最完备版《船政奏议汇编》（54 卷，1888 年起陆续刻印）同《船政奏议别编》（不分卷，誊清稿本，首次影印）、《船政奏议续编》（1 卷，1910 年活字排印本）汇编为《船政奏议全编》（沈岩著，方宝川主编，国家图书馆出版社出版，2011 年）出版，是研究福建船政历史的重要第一手资料。

七 福建海关历史档案汇编

厦门大学教授戴一峰主编出版的《厦门海关历史档案选编1911—1949（第一辑）》（戴一峰主编，厦门大学出版社出版，1997年），汇集了大量厦门海关历史档案资料。该书将经过整理后的厦门海关档案分为两大部分：一是原海关税务司署收存的档案资料，包括海关出版物及其他出版物、未出版的档案资料。这部分档案资料以英文为主，另有少量中文、日文和法文。二是原海关监督公署收存的档案资料，基本以中文为主，仅有少量英文和日文。此外，还有部分税收账册、关务登记簿、常关税则和各种法规、章程等。该汇编所选档案为1911—1949年厦门海关税务司与总税务司来往的半官函和密函。这些信函不仅涉及一般关务问题，还广泛涉及全国和福建地方政治、经济、文化等各种内容，包含大量海丝历史史料。如厦门国内外贸易的发展变化、厦门近代航运业发展变化、外国在厦洋行的活动、厦门商会的活动与商界的演化、鼓浪屿万国租界机器工部局活动、闽台的经贸关系等。编者在档案整理过程中进行了归类装盒装箱、编制目录、筛选辨读、翻译校对并编辑成书，这是研究中国海关历史和福建历史的重要档案汇编。

第三节　福建海丝历史文献的修订再版

福建海丝历史文献数量繁多、内容庞杂、类型多样，难以将全部文献都进行校订和修订出版，因此，需要以整理为基础，根据实际工作的需求，有计划、有选择地进行校订和出版。福建海丝历史文献弥足珍贵，但因时代背景和语言隔阂，一些没有断句标点和拥有众多版本的古籍会给利用者造成不便和困扰。特别是一些经查证为稀缺版本甚至是孤本的古籍文献，以及一些破损毁坏的历史典籍，如不尽快整理抢救就会造成无可估量的损失。故需要加强对福建海丝古籍文献的梳理，发现蕴含在其中的可供参考、研究和使用的文化资源，对破损的稀有历史文献版本进行抢救，以影印再版或修订再版的方式，使稀有文献孤本不孤，得以广泛传播，充分发挥出文献的学术价值与应用价值。修订再版福建海丝历史文献既可以保存海丝文化遗产，也有利于其他二次文献的开发。值得注意的是，在整理海丝文献前，有必要组织相关领域专家对这些海丝古籍文献进行评估、审阅、鉴定，从中遴选出具有研究价值的文献，分别对其进行校勘、辑佚、断句、标点、注释、补证、考订等整理工作，然后对其进行再版。

对于涉及福建海上丝绸之路历史的古籍进行系统的整理，能够较为完整地体现内容、作者、朝代及相关重要信息，深入揭示和呈现海丝文献的内容和特点，为了解福建海丝历史提供便利，为相关历史研究和海丝文献开发工作提供资料参考。福建对海丝历史文献修订再版的多为一些有广泛影响的名著，中华书局是重要的出版机构之一，这里介绍的经过整理的海丝文献都是与福建有关的，或是包括福建区域自然、人文内容，或是由福建人或在福建任职的人所写的与海丝相关的著述，或是由福建学者进行整理出版的海丝历史文献，或是海丝历史文献罕见版本收藏于福建，时间为1949年后整理出版的福建海丝历史文献。

一　单本海丝文献整理

单本海丝文献整理主要集中在海洋交通、海丝各国概况和妈祖信仰三类文献上，其他类别数量较少。

1. 海洋交通文献整理

（1）《东西洋考》［（明）张燮著，谢方校注，中华书局出版，1981年，中外交通史籍丛刊］

《东西洋考》全书共计12卷，记录了东、西洋共计40个国家和地区的沿革、事迹、物产、形势、海洋气象、二洋针路、水程、潮汐、贸易状况，以及造船业、国人在南海诸岛周边的航海活动等情况；还收录了自秦汉以来，中外交往的有关史料，以及宋元明三个朝代中外交往的事实。文献中有关福建的部分记载了自明朝中叶以后漳州地区开放海禁后，闽南地区的海外交通和对外贸易迅速发展，书中记录了与漳州相关的23个海外国家的情况，其中涉及与西欧国家的交往，以及二洋针路的记述，都是珍贵史料，该书后还附有完整的地名索引。该书的修订再版为福建海丝研究提供了权威的文献参考依据。该书曾在1936年由上海商务印书馆影印出版。

（2）《岛夷志略校释》［（元）汪大渊著，苏继庼校释，中华书局出版，1981年、2009年，中外交通史籍丛刊］

《岛夷志略》是《岛夷志》（已佚失）的节略，共100余篇纪略，是由元代航海家汪大渊于元顺帝至正九年（1349年）为当时市舶司

第八章　福建海丝文献整理的主要成果

所在地清源县（今泉州）的县志（《清源续志》）所着的附录。《岛夷志略》记述汪大渊在1330年和1337年两次从泉州搭乘商船出海远航再回泉州，亲身经历的南洋和西洋200多个地方的地理、风土、物产，是一部研究古代亚非地区历史地理和中外交通史的重要文献。《岛夷志略校释》为《岛夷志略》之校释本。采用了《四库全书》文津阁本作为底本，同时以龙氏《寰宇通志》刊本。

（3）《瀛涯胜览》[（明）马欢著，冯承钧校注，商务印书馆出版，1935年，1955年中华书局重印；（明）马欢著，万明校注明抄本，海洋出版社出版，2005年]

在海丝发展历史上，郑和下西洋显然是一个重要事件，但相关的文献档案却没有完整地保存下来。与郑和下西洋有关的原始文献主要有3部，具体包括马欢的《瀛涯胜览》、费信的《星槎胜览》、巩珍的《西洋番国志》，它们都是其时跟随郑和下西洋的人所著。其中最重要的一部，是马欢所著的《瀛涯胜览》，该书内容由当时亲历下西洋的通事（翻译）所记，故更弥足珍贵，在3部文献中具有最高的史料价值，是研究郑和下西洋事件不可或缺的原始资料。目前尚存世的《瀛涯胜览》版本约20种，分为抄本和刻本两个系统，其中，刻本多采用张升改编本。多种明抄本的陆续发现，则为在前人研究上做进一步研究提供了可能。马欢的《瀛涯胜览》（1416年，已佚失）"淡生堂""征信从录"抄本原藏于福建省图书馆（现已上交中国版本图书馆），其中"淡生堂"明景泰二年（1451年）的抄本是国内现存4种明抄本之一，十分珍贵。它不仅记录了下西洋所到过的国名、下洋官兵人数，还是迄今为止最早记录宝船尺度的明代抄本，具有重要的历史学术价值。

（4）《渡海方程辑注》（陈佳荣、朱鉴秋辑注，中西书局出版，2013年）

《渡海方程》一书的著者吴朴（约1500—1570年）为福建漳州诏安人氏，其所著《渡海方程》刻于明朝嘉靖十六年（1537年），书中记载了东西两洋的海路、针经以及作者的海防、海事卓见。不幸该书已佚失，后人只能从董谷所著的《碧里杂存》一书中略知其概，另外有少数针路由于被郑若曾所著的《筹海图编》等书转载才得以保存至今。由陈佳荣与朱鉴秋合编的《渡海方程辑注》一书是一部优秀的福建海丝历史文献修订作品。在各类古籍航路资料中，除了《两种海道针经》，数量庞杂的海道针经都分散于海量古籍中，《渡海方程辑注》一书从近40种古籍文献中，梳理了我国古代涉及海洋航行的全部针路资料，可谓集航海针路大成之作，辑录的汉文古籍至1912年止。本书共分为"上编：汉文古籍所载的海道针经"和"下编：吴朴及《渡海方程》资料"两部分。其中上编分为东洋针路与西洋针路二目，罗列了自《真腊风土记》至清末民初约40多种历史文献中有关海外航程的记录，下编则是专属《渡海方程》一书的资料辑佚。书中辑录的汉文古籍至1912年止，所录古籍内容均加标点，对书中所辑内容中的专业词汇、历史人事及文字校勘等，以脚注的形式进行解释①。在本书上编中，编者整理、修订了汉文古籍所载的海道针经，其中有很多福建海丝相关文献。如（明）慎懋赏的《四夷广记·东夷广记》记载了漳州往琉球并日本针位、兵库港回琉球并漳州针位；（明）佚名《明代东西洋航海图》和（琉球）程顺则的《指南广义》记载了漳泉往琉球针路；（明）张燮《东西洋考》和（明）佚名《明代东西洋航海图》记载了漳泉往吕宋；等等。在下编"吴朴及《渡海方程》资料"中，第一部分"明、清载籍所记的吴朴及《渡海方程》"整理了包括（明）董谷《碧里杂存》、（明）林希元《〈龙飞纪略〉序》、（明）郑若曾《筹海图编》和《郑开阳杂著·使倭针经图说》在内的12篇历史文献的原文片段；第二部分"吴朴《龙飞纪略》的中外陆路交通史料"中，以庄严文化事业有限公司1996年版的《四库全书存目丛书》史部第9册、北京图书馆藏明嘉靖二十三年（1544年）吴天禄等刻本《龙飞纪略》为原本，对《龙飞纪略》卷1至卷8中的重要交通史料进行整理选辑，对其中的古代地名、人名、历史事件进行注释；第三部分"现代报刊论述的吴朴及《渡海方程》"

---

① 陈佳荣、朱鉴秋编著：《渡海方程辑注》，中西书局2013年版，第3页。

第八章　福建海丝文献整理的主要成果

中，整理出了包括刘铭述《郑和航海事迹再探》在内的 10 本（篇）著述或学术论文，集中展示了近年来的研究成果。书后有附录 4 条，包括"古航海图选""引用古典举要""参考文献目录""中国古代海路交通大师表"。搜集、整理这些古籍资料，具有很高的学术价值和实用价值，是福建海丝文献重要的整理成果。

（5）《厦门海疆文献辑注》（陈峰辑注，厦门大学出版社出版，2013 年）

该书收录了六部历尽劫难而保存下来的厦门海疆文献，分别是陈伦炯撰的《海国闻见录》、李廷钰撰的《海疆要略必究》和《靖海论》、窦振彪撰的《厦门港纪事》、李增阶撰的《外海纪要》以及林君升撰的《舟师绳墨》。辑注者陈峰对这六部著作中的专业名词、人物、事件以及一些用闽南方言的文字表述逐一校注解释，为方便读者理解，还对文献中个别篇目加上标题，主要地名集中注释，以拼音为序，附于该书之后。陈峰还在发表的《厦门古代海疆文献考》一文中介绍了厦门古代海疆文献（除书中已经辑录的六部文献，还包括林树梅的《闽海握要图说》和《闽安记略》，吴必达的《水师要略》，许温其的《防海蠡测》，孙云鸿的《嘉禾海道说》《台澎海道说》《潮信说》等，部分已佚失）的基本概况，分析了它们产生的原因和共性特点。这些文献是古代厦门人在认识海洋、征服海洋、利用海洋进行物质生产和经贸活动过程中，根据自己的所见所闻以及经验和实践撰写而成的，它们或是记叙海外风情、沿海地域形势，或是记录海道水程、风信气候，抑或是论述海防策略、防海战术、造船制舟等，题材丰富，囊括了海洋地理、海防军事、航海技术等多个学科知识。本书集中收录整理校注的厦门海疆文献，印证着厦门人探索海上丝绸之路的历史足迹，也反映了他们对中国海洋文化史的重要贡献。

（6）《两种海道针经》（向达校注，中华书局出版，1961 年，中外交通史籍丛刊）

该书包括《顺风相送》和《指南正法》两书，原书为稿本，现存英国。两书作者均已无考，约分别成书于明中叶和清初。原是明末清初舟师所用远洋航海的针簿，是研究航海史的珍贵史料，书末附地名索引。《顺风相送》包括127则；《指南正法》包括87则。两书内容大致可分为三部分：第一部分关于气象方面的观察方法，第二部分是各州府山形水势的记载，第三部分是各处往回针路、日清，于往还各地的罗经方向、路程远近、礁石隐显、打水深浅、能否停泊，都有详载。为研究我国地理学史、中西交通史提供了宝贵的资料。有向达校注本，收入中华书局2000年4月出版的《西洋番国志·郑和航海图·两种海道针经——中外交通史籍丛刊》中。

（7）《闽海纪要》[（清）夏琳撰，林大志校注，福建人民出版社出版，2008年，八闽文献丛刊]

该书主要记载了明末清初之际郑氏三代在台海两岸的政治、军事活动。其内容主要涉及郑成功在今福建、广东一带反清复明的活动；郑成功率部收复台湾的经过；郑经及郑克爽父子经营台湾及最终降清之始末等。此外，该书也收录在台湾文献史料丛刊——第6辑（117）海纪辑·闽海纪略·海上见闻录·闽海纪要（合订本）中。

（8）《筹海图编》[（明）郑若曾，中华书局出版，2007年；国家图书馆出版社出版，2013年]

该书共13卷，系明嘉靖三十五年（1556年）胡宗宪总督浙江军务时，为防御倭寇，聘请郑若曾等人收集海防有关资料编辑而成的一部沿海军事图籍，初刻于嘉靖四十一年。《筹海图编》内容中含有"舆地全图""沿海山沙图""沿海郡县图""日本岛夷入寇之图"等。其中由72幅地图组成的"沿海山沙图"，实际上是绘有岛、山、海、河流、沙滩、海岸线、城镇、烽堠等地物符号的沿海地形图（福建9幅），是迄今所能见到的最早、内容详备而又完整的海防军事地形图。北京图书馆善本特藏阅览室有初刊本。

2. 海丝各国概况文献整理

（1）《西洋朝贡典录校注东西洋考》[（明）黄省曾著，（明）张燮、谢方校注，中华书局出版，2000年，中外交通史籍丛刊]

《西洋朝贡典录校注》记录了明代与我国有朝贡贸易关系的海外23个国家的情况，其中有些资料不见于他书，也可以校订《瀛涯胜

第八章 福建海丝文献整理的主要成果

览》《星槎胜览》诸书，对研究明代的中外关系和航海史很有用处。样注本用最早的借月山房本校注整理。《东西洋考》是研究明代对外关系和福建地区对外贸易的重要资料。有万历刻本存世，通用本是1981年中华书局出版的《中外交通史籍丛刊》铅印标点本。

(2)《海岛逸志》[（清）王大海撰，麦都思译，墨海书馆出版，1849年；姚南、吴琅玻校注，香港学津书店出版，1992年]

该书是由清代王大海在乾隆五十六年（1791年）所著，共6卷，附录1卷。它是一部关于爪哇岛和马来半岛的游记，包括地方志、人物志、方物志、花果类等内容，介绍了印度尼西亚诸岛的航路、风土人情，以及荷兰殖民者在巴达维亚一带的风俗、政教等情形，还为华侨立传，记载了他们的生活、风尚等，颂扬了华侨在传播中华文化方面的贡献。该书是史学界公认的我国古代海洋地理、海外交通方面的名著，是著名的海洋文化典籍。有嘉庆十一年（1806年）刻本和其他各种翻译刻本及校注本。该书的作者王大海是漳州府龙溪县（今龙海市）人，清乾隆四十八年（1783年）时，王大海泛海至爪哇，前后侨居巴达维亚、三宝垄等地十年，游踪遍及爪哇北岸及马来半岛诸港口。该书是他归国后所撰，他居于海外看世界，录其见闻为书，对当时国人了解海外情势有不可估量的重要价值，是研究南洋、研究海洋文化之典籍，有多种抄本、刻本流传于世，然皆罕见。1992年，香港学津书店出版了由我国著名学者姚南和吴琅玻校注的《海岛逸志》，这是迄今为止最完善的版本，在书末附录数篇，其中有程日价的《噶喇吧纪略》和《噶喇吧纪略拾遗》。姚南教授在《海岛逸志·校注者序》中写道："书末附录数篇，因与噶喇吧有关，其中《噶喇吧纪略》闽南文化研究一篇，较为重要，可补《逸志》之不足。"《噶喇吧纪略》是由曾经旅居噶喇吧（今印度尼西亚首都雅加达）多年的漳州籍归国华侨程日价撰写的记录侨居地风情的著述，记述了噶喇吧见闻，叙述了噶喇吧（实际内容涉及爪哇岛及其周边岛屿）的地理风情、社会习俗、华侨生活等。《噶喇吧纪略》和《海岛逸志》都是我国华侨历史文献中较早由归国华侨撰写的反映侨居地华侨社会情况的文献资料，对研究17—18世纪南洋史、华侨史具有重要价值。

因此，被南洋史、华侨史学者视为"华侨文献之瑰宝"。

（3）《瀛寰志略》[（清）徐继畬著，上海书店出版社出版，2001年，近代文献丛刊]

该书由钦命福建巡抚部院大中丞徐继畬所著，于道光二十八年（1848年）在福建省城福州抚署刊行面世。徐继畬的《瀛环志略》与魏源的《海国图志》并列为中国近代史上最早的世界历史著作，也是19世纪中叶亚洲地理著作集大成者。全书近20万字，计分10卷，配有40幅地图，图文并茂。全书按全球、各洲、各国的顺序，分别详细介绍了亚洲、欧洲、非洲和美洲及其域内近80个国家的疆域四界、地理风貌、建置沿革、种族人口、风俗人情、宗教信仰、物产种类、经济状况和政治制度等。尤其注重介绍各国经济和政治的演化及现状，以考察其国势盛衰之缘由，因此该书其实是一部世界史地志。

（4）《西海纪游草》[（清）林鍼著，岳麓书社出版，1985年，走向世界丛书]

该书是福建人林鍼于清道光年间赴美教习中文和游历，在道光二十九年（1849年）四月写成。书成之后，稿本曾在厦门、福州等地流传，曾为洋务派闽浙总督左宗棠等人注目借阅，大约在同治六年（1867年）付梓刊刻。刻本正文由《西海纪游自序》和《西海纪游诗》组成，附录《救回被诱潮人记》等2篇，首尾有序、跋和题诗26篇，全书不分卷。由于当日刊刻数量不多，现存的已是罕见珍本了。作为晚清首部域外游记，该书依据亲历经验，实录西方现代社会形态，打破了"西洋人介绍西洋，借助洋人看西洋"的视域局限，扩充了晚清士人的认知视野。

（5）《西洋番国志》[（明）巩珍著，向达校注，华文出版社出版，2017年，丝路文库]

该书是记载郑和下西洋事迹的最早文献之一，主要记录了明宣德八年（1433年）郑和船队第七次下西洋时所经20个西洋番邦国家的风土人情、社会百态，并附以自序，明永乐十八年（1420年）、十九年和宣德五年的三通敕书，以及其他有关郑和下西洋的金石文献史料。该书是研究郑和下西洋的重要原始文献，也是航海史、中外交通史的珍贵史料。现以仅存的孤本知圣道斋抄本校注整理，后附有关资料 9 篇。

（6）《诸番志》[（宋）赵汝括著，中华书局出版，1996 年；上海古籍出版社出版，1993 年]

《诸番志》分上下两卷，记载了东自日本、西至东非索马里、北非摩洛哥及地中海东岸诸国的风土物产，以及自中国沿海至海外各国的航线里程和所达航期。该书成书于宋理宗宝庆元年（1225 年），是作者初任泉州市舶司提举时所作，是研究宋代海外交通的重要文献。

（7）《诸番志校注》[（宋）赵汝括著，冯承钧校注，中华书局出版，1956 年]

《诸番志校注》是对《诸番志》的考订和校注，内容比较详细，是福建重要的海丝古籍文献整理成果之一。

3. 妈祖历史文献整理

（1）《敕封天后志》[（清）林清标著，卢金城译注，莆田文化新闻局出版，2013 年]

该书为清代乾隆四十三年（1778 年）泉州府惠安县儒学教谕林清标所著，是研究妈祖的权威文献资料，它详尽地介绍了湄洲妈祖的生平、宫殿建造、各种灵异现象、民众对妈祖的信仰以及民众对妈祖的祭祀方式等各种事宜，并依古人左图右书之法，镌以神迹图说 40 余幅，是集妈祖文化之大成之作，揭示了妈祖文化与海洋文化的密切关系。该书在清代就多次翻刻，有乾隆、同治、咸丰、道光等多个版本。卢金城 2012 年将该书译注整理后，由莆田文化新闻局出版发行。

（2）《妈祖图志》[（清）林清标著，江苏古籍出版社出版，2001 年；广陵书社出版，2017 年，艺苑丛刊]

本书原名《天后圣母圣迹图志》共 2 卷，内容为东南沿海地区记述妈祖护航事迹图志，在历代《显圣录》等书的基础上，分门别类，广收博采，增删编订而成。该书被学术界公认为"图说妈祖"的始作，其中版画部分 56 页（贤良港、湄洲古迹，天后圣母护航事迹），后附天后圣母灵签。初刊本当刻于道光六年（1826 年）之前，今国家图书馆藏有清道光十二年上洋寿恩堂刊本,该本是此书现存年代最早的刊本。该刊本卷末附寿恩堂跋语云:"原本《敕封天后志》《显应录》《昭应录》刻板俱在福建兴化,而江浙二省未见善板,况原本亦属少见。今虔诚绘像并里居古迹绘图敬刻,又灵筶圣签及道光六年海运加封事实一并补刻,名之曰《天后圣母圣迹图志》。"由以上跋语可证初刻本和重镌本都是由寿恩堂主持刊印的,而福建存有原本刻板。江苏古籍出版社在 2001 年广陵书社刊刻时改为《妈祖图志》,原刻本的初刻时间为同治四年(1865 年),但该书将著者错写为"孙清标"。2017 年,广陵书社再次刻印,并作为艺苑丛刊之一,且将著者名改为"林清标"。

(3)《天后显圣录》(卢金城注译,莆田市文化广电新闻出版局出版,2010 年)

该书是第一部妈祖专著,也是妈祖文化的源头,原名为《天妃显圣录》,全书收录妈祖传说 64 篇。该书第一篇《序》作者是明朝莆田黄石人林尧俞,因此该书成书年代应在明代或更早,因无存原本,编撰者无法确认。著名妈祖文化研究专家蒋维锬认为《天妃显圣录》成稿于明天启六年(1626 年)之前,在清代康熙、雍正年间经过 3 次修订,修订重刊者为湄洲天妃宫住持僧人照乘、普日、通峻师徒 3 人。该书目前已知较早藏本:一是三山会馆于雍正三年(1725 年)仲春重刊的,现藏于日本;二是清代雍正、乾隆年间由照乘的徒弟普日和徒孙通峻重修的,现藏于台北图书馆。1989 年,蒋维锬先生在福建师范大学图书馆发现该书旧本(蒋维锬根据首页上杨浚的"雪沧"名号章,确定该书为《湄洲屿志略》的作者杨浚的藏书),并用电脑扫描技术进行复印出《天后显圣录》(线装 2 册,分上、下卷),由湄洲妈祖祖庙董事会和湄洲妈祖文化研究中心出版发行,作为妈祖文化研究丛书之一。但出版时将丘人龙的《序》开头 600 字左右遗漏。卢金城在 2010 年新版注译时,特地到福建师范大学图书馆与原本查对,抄补了遗缺部分,并进行校勘、注释和翻译,因此新出版本比较完善。

(4)《天妃娘妈传》[(明)吴还初撰,黄永年标点,上海古籍出

第八章 福建海丝文献整理的主要成果

版社出版,1990年]

该书是根据福建沿海一带的妈祖传说整理而成的,以民间传说中的天妃林娘娘出身和济世为背景,着重讲述了其"西荡妖猴,东除怪鳄"的护国济世的故事,为妈祖研究提供了极为珍贵的资料。吴还初号南州散人,在建阳书坊以编创小说为生,其代表作主要有明万历年间建阳熊龙峰忠正堂刊刻的《新刊出像天妃济世出身传》(《天妃娘妈传》)2卷,是明代章回白话神魔小说,中国失传已久,在日本发现明刻孤本《新刊出像天妃济世出身传》。该书还有一版本名为《天妃娘娘传》,题"新刻宣封护国天妃林娘娘出身济世正传",南州散人吴还初编,昌江逸士余德孚校,潭邑书林熊龙峰梓。1990年上海古籍出版社将该书整理出版。

4. 国外海丝历史文献的整理

对国外包含福建海丝内容的历史文献进行整理是福建海丝文献整理不可缺少的组成部分。与福建海丝文献相关的国外历史文献是指福建海上丝绸之路发展历程中国外来访者游历福建留下的相关文献记载,文献作者包括来自意大利、葡萄牙、荷兰、日本以及英国等多个国家的商人、探险家、传教士、学者等。对这些国外历史文献整理的形式主要包括对历史原文进行整理、翻译、再版等;整理的主体主要有相关学者、译者、出版单位等;成果出版时间跨度大,从民国时期至近五年都有成果问世。(详见表8-1)

表8-1 与福建海丝相关的国外主要整理成果

文献名称	责任者	出版机构	出版时间(年)
中国阿剌伯海上交通史	[日]桑原骘藏著;冯攸译	商务印书馆	1934
中日交通史	[日]木宫泰彦著;陈捷译	商务印书馆	1935.9
唐宋贸易港研究	[日]桑原骘藏著;杨炼译	商务印书馆	1935.7
宋代之市舶司与市舶条例	[日]藤田丰八著;魏重庆译	商务印书馆	1936.10
汉译世界名著 中国南海古代交通丛考	[日]藤田丰八著;何建民译	商务印书馆	1936.7

续表

文献名称	责任者	出版机构	出版时间（年）
蒲寿庚考	［日］桑原骘藏；陈裕菁译	中华书局	1954
郑和下西洋考	［法］伯希和（P. Pelliot）著；冯承钧译	中华书局	1955.11
华夷变态	［日］林春胜、林信笃编	东方书店	1981
东印度航海记	［荷］威·伊·邦特库著；姚楠译	中华书局	1982.4
十六世纪中国南部行纪	［英］博克舍；何高济译	中华书局	1990.7
道里邦国志	［阿拉伯］伊本·胡尔达兹比赫著；宋岘译注	中华书局	1991.12
大中国志	［葡］曾德昭著；何高济译	上海古籍出版社	1998.12
光明之城	［意大利］雅各·德安科纳著；杨民等译	上海人民出版社	1999.11
远游记	［葡］费尔南·门德斯·平托著；金国平译	东方葡萄牙学会	1999.6
南明行纪	［葡］伯来拉等著；何高济译	中国工人出版社	2000.1
南明行纪	［葡］伯来拉等著；何高济译	台湾古籍出版有限公司	2003
马可·波罗行纪	［意大利］马可·波罗	东方出版社	2011
大中国志	［葡］曾德昭	商务印书馆	2012.7
十六世纪葡萄牙文学中的中国中华帝国概述	［葡］巴洛斯、（西）艾斯加兰蒂著；何高济译	中华书局	2013.9
伊本·白图泰游记	［摩洛哥］伊本·白图泰	华文出版社	2015

二 海丝文献集中整理

1. 与海丝相关的文献集中整理

（1）《海上丝绸之路文献汇编》（宫楚涵、俞冰编著，学苑出版社出版，2018年）

第八章　福建海丝文献整理的主要成果

该汇编共 44 册，收录有关文献百余种，包括编年史、交通史、国别史、专门史等多种类型，以本土著述为多，以国别分类，按时间顺序，将古代中国与海上丝绸之路有关的原始文献以及部分近代早期的研究文献辑为丛编影印出版。在选目方面，充分利用了现有的便利条件，将大量的舆图、地方史志文献以及有关的外文资料纳入编辑范围。在底本的选择上，尤其注意保存旧本、善本，通过影印海丝这些相对完整的历史文献，为海丝研究工作提供扎实的史料基础，促进当代的海上丝绸之路的研究。

（2）《妈祖文献整理与研究丛刊》（妈祖文献整理与研究丛刊编纂委员会编，第 1 辑，鹭江出版社出版，2014 年；第 2 辑，海峡文艺出版社出版，2017 年）

该书为中国社会科学院历史研究所妈祖文化研究基地、福建省社会科学研究基地、莆田学院妈祖文化研究中心和莆田学院妈祖文化研究院合作主持编纂，丛书内容比较全面，是一部学术价值、艺术价值较高的妈祖文献集成，是当前妈祖文献搜集和整理新成果的标志性丛书，为学术界带来了完备的妈祖文献资料。丛书专门搜集整理记载妈祖（天妃、天后）事迹，以妈祖信仰为题材，历史上曾独立成书的各种古代及近代文献，包括小说、戏曲、史传、经书、籤诗、论著等，共收书 100 余种，部分文献为珍稀本，还有一些为首次面世的史料，时间断限为 1949 年之前。所收资料以影印为主，个别文献由于年代久远，仅有后代排印本，故影印本十分珍贵，是妈祖文献整理的重要成果。

（3）《北京图书馆藏家谱丛刊（闽粤侨乡卷）》（张志清、徐蜀主编，北京图书馆出版社出版，2000 年）

《闽粤侨乡卷》为大型丛书《北京图书馆藏家谱丛刊》的首卷，选印闽粤著名侨乡家谱 40 种。收录的这些族谱编纂、成书、刊刻年代在清至民国间，其中不乏较为珍稀的版本。内容除传统的世系表、祖训、族规、姓氏源流考、先祖图像、人物传记、坟墓图址和大事记等家族资料外，还详细记载了近现代华侨华人的迁移流亡海外的历史。所收集的家谱多为福建地区的家谱，广东地区的家谱一般刊刻时间较晚。该丛书共100卷，其中闽粤侨乡卷多达50卷，可见闽粤两省谱牒文献之丰富，对研究清朝至民国间福建、广东等地的社会状况、宗法制度、人口变迁、人物传记，以及中外交通史、海外华人史都有重要的意义和作用。其中还有一些名人名族之谱，如福建闽侯陈宝琛纂修的《螺江陈氏家谱》，萨镇冰、萨嘉曦修的《雁门萨氏族谱》等。该书出版为研究古代宗法制度、民风民俗、人文地理和中外交流史、海外华人史等提供了宝贵史料，亦可为海外华人寻根问祖指路导航。

2. 包含海丝内容的地方文献集中整理

此类文献整理成果较多，在此仅按类别挑选较重要的几种进行介绍，不一而足。

（1）《历代地理外纪史籍丛刊》（张汝鸿主编，北京燕山出版社出版，2018年）

该丛刊共辑录珍稀古籍124种，其中善本47种、稿本9种、抄本16种，将古代分散的地理外纪文献汇集在一起，为国家"一带一路"战略研究多视角、全方位地提供珍贵史料。其中收入诸多与福建海上丝绸之路历史切实相关的地理外纪文献，如《使琉球记》6卷、《使琉球录》1卷、《使琉球杂录》5卷、《殊域周咨录》24卷，以及将郑和下西洋整个行程一一详录的《西洋番国志》《星槎胜览》《瀛涯胜览》。

（2）《八闽文献丛刊》（福建人民出版社出版）

自1951年7月起，福建人民出版社就开展了福建乡邦人士著述的整理工作，从20世纪80年代初至今，陆续出版《八闽文献丛刊》共40册，其中涉及海丝内容的著作有《荔枝谱》[（宋）蔡襄撰，陈定玉点校，福建人民出版社出版，2004年]，该书辑录自宋迄清有关福建荔枝、茶、海错等特产之谱录15种，第三篇就述及福州产荔之盛及远销概况等海丝历史内容。早期的都是平装本，简体横排，如《海上闻见录定本》《中兴小纪》等。20世纪90年代出了一批大部头精装本，如《闽书》等。期间该社曾暂缓出版，后从2005年起又开始出版，改成平装，如《荔枝谱》《全闽诗话》《闽中十子诗》《后林》等。《八闽文献丛刊》印数都不多，目前各品种尚未重印过。

（3）《福建丛书》（福建省文史研究馆编，江苏古籍出版社、广陵古籍出版社出版，1993年至今）

该丛书是福建省文史研究馆以抢救、保存、事理具有较高学术研究价值的闽人著述和闽事文献为宗旨而汇编的。自1993年开始，他们精选底本，陆续出版了明代福建地方著述10种，其中大量珍贵史料都选自稀本珍本，整版精良，具有较高版本价值。发行后引起国内外文化界、学术界、出版界的重视，并为美国、日本等国国家图书馆所藏。在1996年全国文史研究馆成果展览上，获得嘉誉。为保护珍贵历史文献，丛书第2辑以抢救出版有价值的闽人著述和闽事文献的手稿为对象，时限不受限制，著者不限闽人，又陆续出版了十余种。福建丛书第3辑主要出版闽地著名学者的诗文集。第3辑将继续保持前面两辑的特色，精心事理。在这些古籍中，也含有海丝文化内容。

（4）《福建文史丛书》（福建省文史研究馆编）

《福建文史丛书》自2005年起，由福建省文史研究馆开始编辑出版，参与出版的出版社有福建美术出版社、海风出版社、方志出版社、福建人民出版社、福建科学技术出版社、厦门大学出版社等。该丛书整理点校了大量有影响的闽人著述，包括很多的福建地方、闽都文化、习俗旧闻。《福建文史丛书》还包括馆员的文史著作和今人的研究成果，如《八闽文化综览》等，其覆盖面更广，与《福建丛书》相得益彰。

此外，福建省学者编纂的大型丛书《台湾文献汇编》（2004年）、《台湾文献汇刊》（2014年）中也影印收录了一些与海丝文化相关的文献史料。

第四节　福建海丝史料汇编的整理编辑出版

福建海丝史料浩如烟海，在古籍整理的过程中，除了前述地方志、历史档案和历史文献，数量最多的就是散见在各类文献中的史料。进行海丝文献整理需将散见于历代福建地方文献中的与海丝文化相关的文章史料汇聚起来，按主题归类，经过校勘、整理后形成史料汇编并出版发行。近代文史哲大师梁启超对史料整理极为重视，他在著作《中国历史研究法》中曾说："史料为史之组织细胞。史料不具或不确，则无复史之可言。"因此，汇编史料并结集出版是福建海丝文献整理的重要形式。整理的方式主要是影印、重刻、修订整理等。

福建海丝史料汇编成果较多，1949年后整理出版的成果主要有以下几种类型。

一 海洋交通史料汇编

（1）《明清东南海岛史料选编》（卢建一点校，福建人民出版社出版，2011年）

该史料选编是编者从明清地方志及部分著述中，将有关史料辑出，编次而成。书中所收史料的地域范围是东南沿海的大中型海岛及地理位置相对重要者。编排顺序从北到南，从崇明岛至海南岛。该书根据研究需要收集，删节之处以省略号标示。史料分为地理、军事、社会、经济、文化五大部分。以海岛为单位，按原地方志的顺序编排。编者将史料点校、分段，为了避免烦琐，尽量不用引号。对原史料有误处，凡遇讹字，或在讹字"（）"内填写正字，或予以说明。凡遇缺字，在"（）"内补足。凡遇异体字，一律改为规范字。有歧义或费解之处，在"（）"中予以说明。由于该书收录的是目前未见标点的史料，因此，经过整理后的史料可用性增强。

（2）《泉州海外交通史料汇编》（中国海交史研究会、福建省泉州海外交通史博物馆合编，1983年）

该汇编是中国海交史研究会与泉州海外交通史博物馆、泉州市文物管理委员会合作，于1959—1964年编辑出版的油印刊物，辑录有关泉州海外交通史的文献资料和泉州海外交通史迹的调查报告，主要内容有古泉州港历史的研究；法石、后渚、东石、安海、丰州海外交通史迹的调查；外销瓷器、纺织、冶炼遗址、窑址的调查；蕃坊、市舶司的调查研究；佛教、伊斯兰教、印度教、摩尼教等宗教的考察研究等，这些资料对研究泉州海外交通历史有一定参考价值。

第八章 福建海丝文献整理的主要成果

二 妈祖文献史料汇编

(1)《妈祖文献史料汇编》(郑丽航、蒋维锬等编纂,第1辑、第2辑由中国档案出版社出版,2007年、2009年;第3辑由海风出版社出版,2011年)

该汇编由中华妈祖文化交流协会、莆田学院妈祖文化研究中心(前身为研究所)、中华妈祖文化研究院和湄洲妈祖祖庙董事会等机构负责编辑,由蒋维锬等人主纂,该书已出版3辑,第1辑4卷4册,主要有碑记卷、档案卷、散文卷、诗词卷。第2辑3卷5册,主要有匾联卷·匾额编、匾联卷·对联编、史摘卷、著录卷·上编、著录卷·下编几部分。所收录的史料时间最早为宋代,最晚至民国,全书不仅有统一体例、序号、时代标注,作者和生平简介,还有"校记",这是使用该文献的重要辅助资料。第3辑3卷7册,由郑丽航辑纂,主要有方志卷、经文·签诗卷、彩图卷。该书是妈祖文化集大成者,它将长期湮没在古代典籍、档案、民间抄本、各种文物刻件等历史文献中的妈祖史料进行搜集、整理、汇编。该汇编采用的是文字重新录入、增加标点的整理方式,便于汇编零散的文献史料,它的出版对促进海内外妈祖文化学术交流、深入开展妈祖文化研究、保护妈祖文化资源具有重大意义。

(2)《妈祖文献资料》(蒋维锬编校,福建人民出版社出版,1990年)

该书选择辑录了近400篇史料,共计30万字。编者将浩繁分散的妈祖史料按宋、元、明、清4个朝代排列,进行系统的汇编和认真的考订、校勘,史海钩沉,不仅校正了部分讹误,而且从众多文献中发掘出有价值的和鲜为人知的史料。该书收集的妈祖史料内容广泛、丰富完整,是妈祖文化研究的重要参考资料。

(3)《历代妈祖诗咏辑注》(刘福铸、王连弟主编,中国文史出版社出版,2005年)

该书收罗范围广泛,精选自南宋以来吟咏与妈祖文化有关的诗、词、曲作品,汇集了散见于历代浩如烟海的总集、文集、方志、家谱及抄本石刻中的与妈祖相关诗词620多首，重点为清代及清以前的作品，涉及作者400多人，书中对每首诗的作者、题目、正文、出处等均进行了注释。该书是第一部妈祖诗词总集和注释本，书中还对妈祖诗词进行了考证辨析，具有较高的学术性、史料性、文艺性和可读性，是民众了解妈祖信仰、妈祖圣迹和妈祖典故的重要参考书。

（4）《妈祖真迹》（林庆昌著，中山大学出版社出版，2003年）

该书共分为五个部分，作者着重将《敕封天后志》中的历代名人"序""图说""传""奏疏""祭文"等进行译注，翻译成白话文。又将妈祖文化的许多疑点做了考辨，澄清其真迹原委，并阐述建立妈祖文化的必要性和重要性。

（5）《近代妈祖经卷文献与郑成功信仰资料》（王见川主编，台湾博扬文化事业有限公司出版，2013年）

该书共6册，由台湾著名妈祖学者王见川教授编辑，书中汇集了大量近代妈祖经卷文献和关于郑成功信仰的史料，由台湾博扬文化事业有限公司出版。

此外，还有一些学者根据30年的研究体会，针对若干妈祖文化新论著中的一些误读误判进行有理有据的拨乱反正，并进行匡纠、校勘，这其中的代表作品就是许更生所著的《妈祖研覃考辩》《海丝雕龙》。

三　福建华侨华人史料汇编

（1）《民国时期福建华侨史料汇编》（福建省图书馆辑，国家图书馆出版社出版，2016年）

福建省图书馆同国家图书馆出版社合作，辑录馆藏1912—1949年福建华侨史料并整理出版。该汇编辑录了1912—1949年有关福建华侨的相关著作20种、报纸杂志12种，涉及闽省政府所出的报告及相关法令汇编、闽籍华侨在民国各时期从事社会及经济等活动的概况及研究、知名闽侨的文集或回忆录，亦有闽省各家商会或机构创建的期刊、特刊或纪念刊等，还有当年闽籍学子有关侨汇的论文等内容，翔实丰富，极具研究价值。

第八章　福建海丝文献整理的主要成果

（2）《厦门侨乡历史文化资料汇编丛书·海沧卷》（厦门市侨联、海沧区侨联、华侨大学华侨华人研究院，花城出版社出版，2015—2019年）

该丛书是厦门市侨联、海沧区侨联与华侨大学华侨华人研究院在抢救式收集海沧区开展侨乡社会历史文化资料的基础上整理汇编而成。从2015—2019年陆续出版，丛书共6册，分为新阳篇、东孚篇、海沧篇，总计380万字，丛书主要内容包括民间文献、红榜、民俗、侨乡建筑、宗亲、姓氏家族、侨乡名人、华侨华人家书等内容。该丛书出版发行，全面挖掘整理了厦门侨乡历史文化资料，史料价值较高，为厦门市推进侨乡侨文化建设、引导侨胞传承中华优秀传统文化、保护侨乡侨史侨迹、坚定文化自信及开展侨乡侨史研究奠定了基础。

（3）《近代华侨投资国内企业史资料选辑（福建卷）》（林金枝、庄为玑编纂，福建人民出版社出版，1985年）

《近代华侨投资国内企业史资料选辑》（以下简称《选辑》）是一部研究近代华侨在中国大陆企业投资的大型历史资料性丛书，该书由厦门大学南洋研究所林金枝和庄为玑编纂。编者先后于1958—1960年到侨乡广东、福建两省的48个市县和上海市等地作为期3年的实地调查，根据所得的原始资料，结合文献和有关档案，按地区编排分广东、福建和上海三卷，全书共100多万字。《选辑（福建卷）》是作为《选辑》全书的第1卷出版的，该书编者搜集了大量尚未发表的有关档案文件和历史文献，综合了各地的调查资料（包括口访、座谈会记录、调查报告），摘录并汇集了散见于图书、杂志、报纸中的资料，以及华侨投资厂矿企业保存的纪念刊、会议录、报告书、账簿等文献中的相关资料，选辑的档案资料时间从1840年鸦片战争后至1949年中华人民共和国成立前夕，内容包括海外华侨、国内归侨或侨眷投资于国内资本主义企业（工业、农业、矿业、交通业、商业、金融业、服务业、房地产业等）的历史。

此外，2020年厦门大学出版社出版的《厦门华侨资料选编：1909—1949》也是关于福建华人华侨的重要史料汇编成果。

四 地方综合类史料汇编

（1）《厦门古籍序跋汇编》《厦门古籍序跋补编》（陈锋编，厦门大学出版社出版，2009年，厦门文献丛书；2017年）

《厦门古籍文献序跋汇编》和《厦门古籍文献序跋补编》是厦门史料汇编整理的成果。它们收录于《厦门文献丛刊》，其中不少是劫后残余、弥足珍贵的古籍文献，是厦门市地方史研究的重要资料。《厦门古籍文献序跋汇编》和《厦门古籍文献序跋补编》将所收录古籍分为经、史、子、集四大部类，各文献均由题名、作者、书目提要、序跋正文、注释等部分构成。对涉及厦门海上丝绸之路的篇目如《鹭江志》《厦门志》《金门志》《马巷厅志》等旧志以及其他海丝古籍文献如《海国见闻录》《海疆要略》《厦门港纪事》《瀛环志略》《舟师绳墨》《西海纪游草》等，一一辑录自刊刻本或是点校本、方志艺文典籍，或者是载录者自叙或他人所作的序跋，并对具有不同来源的同一序跋，参互校勘，同时采用注释给予说明。书中还对这些文献编写书目提要，主要包括文献名称、卷数、著者、籍贯、生平阅历、题解、馆藏存佚和序跋出处等方面，于研究者考证散佚文献之功更不待言说。《补编》是编者新发现的以及《汇编》编纂时所遗漏的厦门古籍，计近60部、130余篇的古籍序跋和题记。

（2）《福建文史资料选辑》（中国人民政治协商会议福建省委员会文史资料编辑室编，福建人民出版社出版）

《福建文史资料选辑》由福建省政协文史馆和福建人民出版社合作整理出版，是系列出版物，整理出版的福建海丝史料涉及面广，价值较高。如第10辑《闽海关史料专辑》（1985年）、第15辑《船政史料专辑》（1986年，附《船政大事年表》）、第37辑《海峡缘——当代闽台文化交流史料》（1997年）、《船政足为海军根基》（2010年）、《八闽文化综览》（2013年5月）、《闽东文化流变论剖》（2016年）等福州海丝史料。

此外，福建各地市文史机构出版的文史资料汇编中，也有丰富的海丝文化内容。

第八章　福建海丝文献整理的主要成果

五　福建碑铭史料汇编

(1)《福建宗教碑铭汇编》(郑振满、[美]丁荷生编，福建人民出版社出版，1995年、2003年、2018年)

该书按福建区划对宗教碑铭分别进行汇集，分批出版，该书是福建宗教碑铭资料汇集较为齐全的史料汇编。编者在20世纪80年代后期就进行了资料收集整理工作，先后在1995年出版了《兴化府分册》、2003年出版了《泉州府分册》、2018年出版了《漳州府分册》，尚未出完。其中包含很多新发现的碑铭，具有较高价值。

(2)《泉州宗教石刻》(吴文良编，科学出版社出版，1957年)

全书8万多字，书中采录宋元时期外国人遗留在泉州的伊斯兰教、古基督教（景教和天主教）、婆罗门教（印度教）、摩尼教（明教）、佛教等的宗教建筑遗物和墓葬碑刻图片200幅，其中有阿拉伯文、古叙利亚文、古拉丁文和中亚、西亚古文字，是研究古代泉州中外交通史、宗教史、华侨史、民族史、艺术史和中亚、西亚古文字的极其珍贵的第一手资料。2005年，科学出版社又出版了《泉州宗教石刻》（增订本），由吴幼雄在原书基础上对内容进行了扩充，以文物照片、拓本、文字说明、资料辑录、考证、专题论述及阿拉伯文字的释译，展示了泉州古代商港和海丝文化的风采。

(3)《泉州伊斯兰教石刻》(福建省泉州海外交通史博物馆编，宁夏人民出版社、福建人民出版社出版，1984年)

该书收录了截至1982年发现的泉州200余方伊斯兰石刻，包括我国最古老的清真寺、伊斯兰世界最古老的圣墓中的石刻，对这些碑刻，书中提供了照片（或拓片），并对其来源做了记录，对其造型做了描述，对碑上的外文进行了全文翻译，并附原碑古阿拉伯文或波斯文的现代书写体，以便于读者对照。同时，对碑刻的一些问题做了初步的考证。译文中涉及的专有名词以及引文资料出处等，均在注释中做了说明。

六 谱牒史料汇编

（1）《泉州谱牒华侨史料与研究》（庄为玑、郑山玉主编，中国华侨出版社出版，1998）

该书分上、下两册，是作者耗时十余年经过实地调研，广泛收集当地各家各族所修撰的族谱编辑而成，收录了泉州、晋江、南安、安溪、惠安、永春、石狮、德化八市、县共200部族谱，1万余条族人出洋原始记录，是运用泉州侨乡族谱研究海外华侨的移民历史的重要史料汇编，也是福建区域移民史研究中比较有代表性的作品。

（2）《中国家谱资料选编：漳州移民卷（套装上下册）》（陈建华、王鹤鸣主编，林嘉书整理，上海古籍出版社出版，2013年，文献丛刊）

该书是从海量的漳州谱牒文献中辑选出有价值的漳州移民谱牒资料，分门别类整理、编辑而成，是目前最为全面的一部反映漳州海丝的漳州谱牒文献整理成果。据统计，至20世纪末，国外及中国台湾地区的漳州移民后裔超过2000万，其中台湾地区祖籍漳州人口约1000万。这些移民活动，除了家谱，很少有专门资料予以记录。漳州本地及中国台湾、海外漳州移民后裔的旧谱不足千部，但其中对漳州移民的记录十分详细，是研究漳州移民的重要史料。

（3）《闽台关系族谱资料选编》（庄为玑、王连茂编，福建人民出版社出版，1984年）

该书是编者在福建省有关档案馆、图书馆等部门搜集阅读了数百部福建各姓族谱基础上选编而成的，其内容主要是涉及闽台关系的福建各姓族谱，其中大部分系移民资料，约17万字，并辑入一些有关的重要碑记、铭文等，为闽台宗亲的联络提供了大量珍贵史料。

此外，已出版的福建族谱还有《泉州桃源庄氏族谱汇编》（《泉州桃源庄氏族谱汇编》编纂委员会，厦门大学出版社出版，1999年）、《北京图书馆藏家谱丛刊·闽粤侨乡卷》（北京图书馆编，北京图书馆出版社出版，2000年）、《闽台族谱汇刊》（陈支平，广西师范大学出版社出版，2009年）、《中国珍稀家谱丛刊：福州族谱丛刊》

(王强编著,凤凰出版社出版,2017年10月)、《闽粤下南洋家族族谱资料选编》(苏黎明、吴绮云编,厦门大学出版社出版,2020年)等。另有较多未正式出版的史料整理成果,在此不加论述。

第九章　福建海丝文献整理存在的问题

福建海丝文献整理与开发工作成效显著，成果众多，但由于福建海丝文献数量较多、内容涉及广泛，在整理过程中难免会出现一些问题，这些问题需要在今后的整理工作中加以解决和改进。福建海丝文献整理存在的问题主要有如下几点：统筹规划和区域机构合作较弱、海丝文献整理的支持力度不够、整理深度与效率有待进一步提高、整理的专业人才比较缺乏。

第一节　统筹规划和区域机构合作较弱

一　海丝文献收藏分散"家底"不清，整理缺少整体规划

1. 海丝文献的"家底"尚不清楚

福建海丝文献具有特定的地域性特点，一方面数量庞大，且由于多因素影响，许多珍贵的海丝历史文献分散在各地各类型机构收藏，甚至是收藏在海外或个人手中。虽然近年来福建相关机构对海丝文献进行了一系列的征集、普查工作，但至今仍有许多珍贵的海丝文献资料收藏于民间。有些珍贵的古代文献因年代久远而在流传中变成孤版、绝版，还有些稀缺的地方文献是由一些专家学者在世界各地考察学习时发现收集所得。因此，对这些散佚的历史文献的收集整理比较困难，海丝文献整理的数量及内容都有待进一步扩展。另一方面类型多样，记载福建海丝内容的文献载体形式有著述、史料、族谱、侨批、碑刻、诗文等多种，使海丝文献整理工作难以兼顾全面。因此，

福建保留下来的海丝历史文献到底有多少,目前还不能给出准确的答案,也就是"家底"不清。所以在进行海丝文献整理时,除了地方志等少部分专门类别的海丝文献,大部分海丝文献没办法全面完整地进行规划和整理。福建现在已整理的海丝文献多为各类型文献收藏机构收藏,社会散在的海丝文献缺失,因而整理时必然不够全面,其分散性也无法满足读者对海丝文献的系统完备性需求。

2. 海丝文献全面整理难度大

由于福建海丝文献是福建地方文献的重要组成部分,内容包罗万象,它与地方文献之间必然存在交叉现象。目前专门的海丝文献数量不多,大部分是包含海丝内容的地方文献,有些地方文献包含的海丝内容较少,只有零星记载,往往被忽略,没有纳入海丝文献整理的项目和整体规划中,因此在归集和整理海丝文献时就有缺失和不够全面。此外,由于海丝文献分布分散,研究者在整理过程中,往往要费时费力地奔波于数个文献收藏机构才有可能将所需资料收集得比较齐全,要想全面收集十分不易。如福建谱牒文献的分布地域性特点明显,除省内分布分散之外,还有一些在海外,因出洋闽人在海外成立宗亲会等机构,编修本家族谱牒,最终这些谱牒留存海外而无法寻回,影响了谱牒系统完整性。此外,由于谱牒原本为家族编纂且不公开出版的文献,因此明清时期,甚至元时的谱牒文献现仍藏于家族人手中。虽然福建地区开展了不少谱牒整理活动,但是有些传统观念较重的老人由于对整理工作不信任以及地理因素限制,即使知晓这些活动也不愿意将家谱提供给研究人员,造成这些珍贵的谱牒文献无法收集到。要调动群众对谱牒保护与参与活动的积极性,还有大量细致工作要做,否则对这些珍贵文献的收集整理、深度开发与利用难以实现。由此可见,要全面整理现存所有的福建海丝文献十分困难。

二 海丝文献整理重复现象严重,区域机构沟通协作较少

1. 海丝文献重复整理造成资源浪费

福建海丝文献内容丰富,涉及政治、经济、文化等多个领域,按不同的主题和内容进行整理,会出现重复交叉现象。在可实现资源共

享的条件下，重复整理海丝文献，会造成人力、资金、时间等资源浪费。重复整理主要有以下两种形式：一是同一部（篇）海丝历史文献被多人多次整理出版，整理成果雷同。由于整理者关注点集中，相关文献整理机构之间缺乏沟通和协调，一些大型影印出版物中辑录题材相似或雷同，重复出版的情况并不鲜见。如2000年北京图书馆出版社出版的《国家图书馆藏琉球资料汇编》所收《中山世谱》《中山世鉴》，此前已被《琉球史料丛书》所辑录，由日本名取书店于1941年出版。其中，作为琉球立国三大史书之一的《中山世谱》既见于2012年鹭江出版社出版的《传世汉文琉球文献辑稿》（第一辑），又见于同年由复旦大学出版社出版的《琉球王国汉文文献集成》。再如，《厦门古籍序跋汇编/补编》里收录整理了多篇厦门海疆文献的序跋并作注释和校正，《厦门海疆文献辑注》又对这些海疆文献进行审校和辑注。这种海丝文献的重复整理工作还见于海防、华侨、交通等其他海丝专著里，十分不利于集中精力进行深入的海丝文献整理工作的。二是从不同主题、不同研究领域进行整理时，同一文献重复交叉整理现象严重。如有些影印再版和整理出版的海丝历史文献，又被收入其他相关丛书中再次出版，这样虽然增加了海丝文献整理成果的数量，但海丝文献整理的范围并没有扩大，使整理的资源都集中在部分海丝历史文献中，进而影响了海丝文献深入细化整理的进程。

2. 整理机构、区域横向合作较少

由于福建海丝文献整理机构在管理上分属多头，条块分割，图书馆、档案馆等文献收藏机构以及文史馆、方志办和研究机构等其他文献整理机构横向联系不密切，文献资源、人力资源、整理经费不能得到优化配置和合理使用，最终影响到海丝文献整理成果的质量。尽管福建十分注重对地方文化的挖掘和对地方文献的整理，图书馆、方志办、出版社以及文化研究机构等纷纷推出各自的海丝文献资源整理计划，但各类型机构横向合作和联盟较少。目前比较多的合作一是同一系统内部的海丝文献整理合作，如福建省档案馆编辑出版的《福建华侨档案史料（1912—1949）》一书，就是根据福建省档案馆馆藏珍贵历史档案及中国第二历史档案馆和闽南、闽西侨乡市县档案馆侨务档案选编而成的；二是图书馆、档案馆和出版社共同出版海丝相关文献的合作，如《闽台历代方志集成》就是由社会科学文献出版社、国家图书馆、福建省图书馆、福建师范大学图书馆等机构专家学者和台湾学界共同编辑整理的成果；三是区域相关机构对专题海丝文献整理的合作，如《妈祖文献史料汇编》是由中华妈祖文化交流协会、莆田学院妈祖文化研究中心（前身为研究所）、中华妈祖文化研究院和湄洲妈祖祖庙董事会等机构编辑出版的海丝文献整理成果。但图书馆和档案馆的合作、文史馆和各类研究机构与图书馆和档案馆的合作较少，且合作的方式比较单一。此外，福建各区域横向合作也较少，如现有的福建谱牒文献整理就大多是"各自为政"，很少开展区域合作。无论是总量较大的闽南地区还是薄弱的闽西、闽北地区，虽然各地都注重文献整理，但多以本地区收藏的谱牒文献为整理重点，这不仅会导致各个图书馆等文化机构信息沟通不畅，影响资源共享，也不利于福建省谱牒文献整合。

3. 缺乏海丝文献整理工作共享交流平台

地方文献事业的发展不仅需要明确目标，统筹规划，还要设置交流平台，系统地、常态化地组织相关活动，分享经验。如地方志的整理工作就比较有序化，有统一整理规划，以方志机构为整理主体在全省全面铺开。地方文献整理工作也拥有自己的交流平台，以图书馆为首的文献收藏机构大都设立了地方文献资料室，他们相互学习进行经验交流，以便更好地为地方文献事业服务。海丝文献整理工作由于缺少这样的交流平台而面临着很多困难，主要是海丝文献是地方文献的一部分，很多文献收藏机构并没有将海丝历史文献从地方文献中析出，海丝文献整理计划大多未纳入各机构地方文献整理工作中去，也没有针对性地成立海丝文献整理工作委员会等类似组织加以指导，还缺少一个有效的共享交流平台供海丝文献工作者分享心得体会、解决实际工作中的疑问。所以，目前各机构开展海丝文献整理工作相对比较封闭，虽然整理成果较多，但从区域整体来看易出现混乱无序状态。

第二节　海丝文献整理的支持力度不够

一　部分机构对文献整理重视程度低，个别地区海丝文献整理没有开展

1. 部分机构对海丝文献整理重视不够

福建是海丝文化的发祥地，特别是福建沿海地区，遗留下大量海丝文化遗存，卷帙浩繁的海丝历史文献分散在福建多地。随着建设"21世纪海上丝绸之路"倡议的提出，这些地方的各级政府、图书馆和档案馆等相关文化事业单位、各类研究机构、出版社和研究者，都将收集、整理和开发福建海丝文献任务放在重要位置。因此，近年来无论是文献收藏机构还是研究机构均将大量精力集中在海丝文献研究整理以及开发利用上来，政府投入巨大资源挖掘海丝历史文献价值，组织整理出版了一大批海丝历史文献，也取得了一些效果。但部分机构在整理和保护海丝文献的过程中，由于缺少大局观而对海丝文献整理工作开展存在局限性，在很多方面重视不够，具体表现在：一是只注重主要海丝文献的整理，忽略了其他海丝文献的整理。如现在海丝文献整理比较集中在历史文献、方志、侨批、谱牒方面，对诗文、书画、碑碣、账册等类型的文献整理成果较少。二是只注重在城市各相关机构开展海丝文献整理，忽视了乡镇和偏远地区海丝文献整理。如莆田各级地方志编纂委员会对地方志的保护整理以及开发利用情况就出现两极分化现象，莆田市地方志编纂委员会、莆田学院、莆田市图书馆等机构方志整理实力较强，整理成果较多，但各县、区地方志编纂委员会以及一些乡镇文化馆等文献整理条件较差，这些机构要么是人员编制有限，要么是素质不高等，难以做到对方志的高质量的系统整理。三是只注重沿海地区的海丝文献整理，忽视了福建内陆地区的海丝文献整理。如由于福建海丝文献和相关整理机构、整理专家多分布在福建沿海的福州、莆田、泉州、厦门和漳州等大中城市，因此相关文献的整理工作开展较好，但福建内陆如三明、龙岩等地区的海丝文献整理实力明显较弱，成果较少。四是只注重海丝文献的收藏保护，忽略了对海丝文献进行编辑修订整理。如很多大中型图书馆、档案馆等文献收藏机构在馆内设有海丝文献收藏室、专题海丝文献收藏室或海丝文献收藏专柜，比较重视文献保护工作，但却没有集中人力组织对这些海丝文献进行系统整理。五是只注重编辑出版新的海丝文献，忽略了对海丝历史文献的整理。如一些地方在地方志编修过程中，存在只注重抓编修续志和新志的旧观念，未能主动融入当地政府挖掘海丝文化价值、弘扬海丝精神的中心工作中，缺乏利用地情资源为现实服务的意识。

2. 一些地区尚未开展海丝文献整理工作

主要有两种情况：一是海丝文献整理机构缺失，二是部分地区相关机构没有开展海丝文献整理工作。福建海丝文献及整理成果丰富的地区集中于闽南、闽东地区，而闽北和闽西相对薄弱。如福建省目前有9个县区尚未设立地方志机构，已设立的人员编制普遍偏少；有的编制和领导职数被占用，人员在编不在岗；有的修志机构规格、领导配备问题有待解决。在闽北和闽西一些地区的文献收藏机构内，虽然建立了地方文献库，但并未将海丝文献作为主要整理和保护对象，也没有相应的海丝文献整理计划。由于一些地区没有相关机构负责整理海丝文献或相关机构没有开展组织海丝文献整理工作，海丝历史文献湮没在浩瀚的史籍之中不能发挥其价值和作用，特别严重的是，如果没有进行及时的收集整理和抢救濒危古籍，珍贵的海丝文献会毁损，后续进行该项工作时，对文献进行修复与保护的任务会更加繁重，甚至会造成部分海丝文献难以恢复。目前，福建现有四个区域的文化研究机构，对海丝文献的整理程度由高至低分别为闽南地区、闽东地区、闽西地区、闽北地区。三明市、宁德市与南平市海丝文献整理成果较少。

二 海丝文献整理经费不足，资金来源渠道比较单一

1. 海丝文献整理资金支持力度不够

福建海丝文献整理是一项复杂的系统工程，涉及福建省内各个地区和众多类型机构，由于地区经济发展水平不同，各类型机构性质不

一样,因此在海丝文献整理工作开展上就存在很大差别。因为无论是海丝文献的收集整理,还是整理人员、整理设备、整理技术的使用,以及出版发行都离不开专项资金支持。一般来讲,资金支持力度与整理成果成正比,资金支持力度越大,整理成果越多。从现有区域来看,福建省目前各区域海丝文献整理经费分布不均衡有一定合理性,因为海丝文献整理实力强和海丝文献集中区域,是需要配置更多整理资源加以重视,但不能忽视其他地区的海丝文献整理工作,也需要投入资金加以支持,不能出现空白和缺漏。如地方旧志的整理工作,各地区的修志经费虽比以往有所改善,但有些地方的资金还是捉襟见肘,要完成修志这样的系统文化工程仍面临重重困难。迫切需要各地各级政府依法进一步加大投入,并改善一些地方的落后的整理设备和办公条件。从不同整理机构来看,文史馆、方志办和一些相关研究机构的主要业务就是对历史文献进行整理研究,有一定持续性,整理工作与机构任务统一,其文献整理经费也相对稳定。但图书馆、档案馆等文献收藏机构的文献整理工作都是阶段性的,通过规划、专项任务和项目申报获得整理经费,如不能获得资金支持,个人进行海丝文献整理不仅时间长,没有单位支持造成整理困难大,而且出版发行还要耗费较多资金,从而影响了海丝文献整理的工作热情,阻碍了整理工作的开展。

2. 海丝文献整理资金来源较少

目前,福建海丝文献整理的主力军主要是图书馆、档案馆、方志办、文史馆等文化事业机构和各类相关研究机构,这些机构的整理资金来源主要是政府部门拨款。基本形式有三种:一是业务经费,主要是指方志办、文史馆等整理工作和机构任务统一的单位的业务经费。他们进行海丝文献整理多由单位组织,多人参与,整理相关费用也由单位业务经费支出。二是项目经费,主要是由教学、科研机构和其他相关单位的研究人员通过申请各层级、各类型机构设置的研究项目,项目经批准后可获得一定数额的科研经费支持,但文献整理开发成果须经审核合格后才算完成项目,项目经费的使用也只限于申请中所列的相关项目。三是专项经费,分为内部专项经费和外部专项经费。内部专项经费是指图书馆、档案馆等文化机构在馆内业务经费中拨出专项经费进行海丝文献整理,外部专项经费是指上级有关机构、地区政府部门或出版社等相关机构委托、合作或为指定其完成的专项整理任务而提供的经费。因此,海丝文献整理经费的现状是业务经费限制较多,要想拓展整理工作较难;项目经费除国家社科基金项目、教育部项目和地区专项项目经费相对较多外,其他类型的项目经费不多;项目经费多来自纵向项目,横向项目经费较少;专项经费中内部设有海丝文献整理专项经费的机构较少,已设专项经费的资金数额有限。整体来说,福建海丝文献整理资金来源比较单一,数额有限,缺少社会团体组织、企业和个人的资金支持,这对海丝文献整理的速度、质量及成果数量均有影响。

第三节 整理深度、效率与规范有待进一步提升

一 对海丝文献整理的深度不够,整理效率有待进一步提高

1. 海丝文献的整理深度有待提高

福建海丝文献整理工作开展在现阶段比较快,整理成果也陆续出版,但整理的类型多为影印出版和翻印再版,对海丝文献整理的范围、数量虽然加大,可整理的深度明显欠缺。对海丝文献进行系统深入的整理要耗费较多的时间和精力,不可能在短时间就完成。如果忽视文献整理的深度,没有更多地从海丝文化角度深入揭示海丝文献,就不可能将海丝文献资源中的文化价值和利用价值充分挖掘出来。海丝文献整理深度不够的原因主要有如下几点:一是很多机构批准的海丝文献整理项目和研究者申请的各类各级海丝文献整理项目都在一定程度上存在短、平、快现象,因为他们都希望在较短的时间出更多的整理成果,向上级管理者汇报和展示海丝文献整理成就。二是大多数海丝文献整理项目都有时间限制,这使整理者压力较大,为在规定时间内完成文献整理任务就只能选择简单整理方法,或是无法有充足的时间去收集齐全整理的文献,或是收集到文献也没有足够的时间进行

深入的整理。三是海丝文献整理主要是对海丝历史文献的整理，而福建海丝文献分散在福建各地，主要在各类文献收藏机构，有些历史文献如收集利用还需一定费用，参加整理活动的人员也要有劳务费用，所以没有一定经费支持要想系统和深入地进行整理比较困难，有限的项目经费会制约和影响文献收集与整理的质量。因此，目前福建海丝文献整理的大型项目多是以图书馆、档案馆、方志办、文史馆、研究所和出版社等单位形式进行组织，研究人员个人进行整理的数量较少，特别是一些工程浩大的整理项目，必须集中人力、物力、财力进行。当然，对海丝文献的整理不仅仅是完成收集、影印、再版等简单工作，还要对海丝文献中重要的海丝文化内涵进行梳理和深入挖掘，对海丝文献进行校勘、标点甚至注释，才能够便利和吸引读者使用，加深对海丝历史文献的理解和掌握。从现有的整理成果来看，福建在海丝文献整理的深度上仍存在一定欠缺。

2. 一些地区和机构整理海丝文献的效率较低

福建海丝文献浩如烟海，分布极为广泛，内容涉及历史、文化、经济、外交等多个领域，对海丝文献整理是一个浩大的系统工程。福建目前整理海丝文献工作效率并不高，主要原因有以下两点：一是各领域的收藏整理机构虽然多在着手开展海丝文献资源的采集、购置、整理、建设工作，但各个单位工作缺乏沟通，导致海丝文献资源的重复整理现象发生，由此更导致海丝文献整理效率低下，造成文献资源浪费现象。如漳州各县图书馆普遍存在对漳州地方志进行相似的复制、整理等工作。这种海丝文献的重复建设浪费了资源，耗费了人力、财力、物力，也不利于集中精力进行深入的海丝文献整理工作，因此在海丝文献整理过程中必须考虑到投入产出，遵循效益原则。二是海丝文献整理需要专门的整理人员、整理技术和整理设备，但福建相关机构拥有的高素质整理人才和先进的整理技术设备十分有限，整理工作在全省广泛铺开后，各地区、各机构文献整理实力不同，工作的进展、整理成果的质量和数量都有很大的差别。文献整理实力较弱的机构和人员，在海丝文献整理过程中效率低下，整理成果质量难以保证，甚至保存海丝历史文献都

第九章 福建海丝文献整理存在的问题

面临很大的困难，整理工作很难有效开展。如兴化地方志在历史各时期均有编修，版本类型多种多样，目前现存的府志有3种、仙游县志6种、莆田县志5种，各种专志种类庞多。但保存至今的兴化府地方志馆藏多为复印刊本、手抄刊本、影印本等多种形式。兴化府两县的各版本县志和府志原版多珍藏于外地，本地馆藏方志急需整理。例如，万历四十一年（1613年）马梦吉、徐穆修的《兴化府志》，原刊本残卷43卷收藏于国家图书馆，福建省图书馆收藏国图残卷摄制胶卷，省内缺乏相应纸质文献；还有民国石有纪修的《莆田县志》34卷原稿收藏于莆田文化馆，但在"文化大革命"中遗失，幸亏福建省图书馆在20世纪60年代对其原稿进行传抄，保证了这些珍贵的文献不至于佚失。可见莆田地区的原版资料的保存技术、设施设备、人员专业素养都无法满足长久保存的需要，对文献整理的重视程度也不够，相关工作开展效率较低。

二 整理标准应进一步规范，整理成果的利用率较低

1. 整理部分标准缺少规范性

整理部分标准缺少规范性主要体现在以下三个方面：一是整理的海丝文献分类标准不一致。由于各种海丝文献是按照不同主题和研究领域进行整理的，所以在文献整理类别划分时会出现同一文献被不同整理对象划分为不同类别，如陈锋编著的《厦门古籍序跋汇编》和《厦门古籍序跋补编》，作为文史整理著作于2009年由厦门大学出版社出版，后来又被列入厦门文献丛书，作为地方文献于2017年再次出版。二是有些整理的海丝专项文献归类不够合理。为了全面汇集相关主题的历史文献，对文献类型划分会出现迁就现存历史文献的现象，使文献分类不符合逻辑。如厦门大学教授戴一峰主编出版的《厦门海关历史档案选编1911—1949（第一辑）》，他将汇集起来的大量厦门海关历史档案资料分为两大部分：一部分为原海关税务司署收存的档案资料，另一部分为原海关监督公署收存的档案资料。其实，还有一些厦门海关历史档案资料如部分税收账册、关务登记簿、常关税则和各种法规、章程等，他就没办法与前面的信函档案合在一起进行

分类。三是不同整理机构和不同研究者有不同的整理标准。比如谱牒文献按照区域、姓氏、世系流派等不同标准编辑，形成的整理成果往往不统一，限制了文献的查找及获取。

2. 海丝文献整理成果利用率不高

福建海丝历史文献整理成果十分丰富，特别是近20年来整理出版了许多与海丝相关的方志、汇编和丛书，如《中国地方志集成·福建府县志辑》《闽台历代方志集成》《海上丝绸之路文献汇编》《妈祖文献史料汇编》《妈祖文献整理与研究丛刊》等。但整理的海丝文献成果在图书馆、档案馆等文献收藏机构中的利用率并不高，主要原因有以下五个方面：一是海丝文献整理成果的利用主体主要是研究者和海丝文献开发人员，这些人整体数量有限，且对海丝文献需求往往比较集中在一些热点内容上，使得很多海丝文献整理成果无法广泛发挥效用价值。二是重复整理的海丝文献被重复收藏，使读者利用时有了更多选择，一些整理后的海丝文献因被同质性的其他整理成果替代，也相应地降低了利用率。三是由于网络化和数字化的发展，人们的阅读习惯也发生了改变，人们更多地利用网络和数据库资源，到图书馆查阅的人数减少，同样也影响了海丝文献成果的利用率。如福建师范大学图书馆收藏了许多珍贵的福建海丝文献，其中不乏珍贵的海丝历史典籍，但这些书籍只能到馆阅览，文献利用率普遍不高。四是由于宣传普及力度不够，面临"酒香也怕巷子深"的困境，不能为读者以及一些学者获知其所蕴含的海丝研究价值。如图书馆等一些文献收藏机构没有将海丝文献单独陈列出来，或没有进行海丝文献整理成果的宣传报道，使读者不了解新整理的成果有哪些，甚至馆员也不清楚，这些情况都影响了海丝文献整理成果的利用。五是由于福建海丝历史文献中所涉及的很多典籍都是用古文撰写，有些影印出版的海丝文献还是竖版繁体，因此，这些整理成果虽有着很高的研究价值，但因读者阅读能力有限等原因一般也很少借阅。

第四节　整理的专业人才比较缺乏

一　文献整理专业人员缺乏，专职文献整理人员较少

1. 海丝文献专业整理人才短缺

福建海丝文献整理是一项浩大的工程，在整理工作中所面临的首要问题就是专业人才短缺。由于福建海丝文献内容涉及历史、文化、经济、政治、交通等多个研究领域，文献整理对象大部分是古籍文献，因此需要大量专业的专家学者对福建海丝文献进行系统且全面的整理。然而现实情况是尽管福建的省市公共图书馆、主要高校图书馆均设置了古籍特藏这一部门，但专业整理人员比较少，无法满足对卷帙浩繁且收藏分散的福建海丝文献的整理需求。小型图书馆等藏书机构文献整理专业人才更是短缺甚至没有，这影响了整个福建海丝文献整理工作的进程。例如，许多县级图书馆由于缺少专业的古籍修复整理方面的人员，无法很好地独立开展古籍整理工作，只能依靠省市等大中型图书馆的指导和帮助来完成古籍普查、整理工作。

2. 专职文献整理人员数量不多

从福建海丝文献整理队伍的整体情况看，存在的主要问题如下：一是专职进行文献整理的人员数量有限，现有的专职文献整理人员多在图书馆、档案馆、文史馆和方志机构等事业单位，但这些机构相关部门岗位设置有一定数量限制，人员不多，一旦要完成大型文献整理项目就面临人缺乏的困境，要完成整理任务只能与其他机构人员合作或延长文献整理时间。而一些研究机构和出版机构的相关人员不是稳定的文献整理人员，他们一般是根据自己的研究方向或相关文献整理项目，阶段性地参与到文献整理工作中。二是现有文献整理人员中年龄结构不合理，文献整理队伍整体来看年龄偏大，有些人员还存在知识更新滞后现象，存在人才断层情况。

二 部分整理人员素质有待提高，社会力量在整理工作中发挥作用较小

1. 部分文献整理人员能力水平较低

对古籍文献进行整理需要较高的专业素养和专业技能，但人员培训短期难以达到要求，相关知识和能力需要长期积累和培养。以福建海丝文献中涵盖的大量古籍文献的整理为例，文献工作者既需要具备目录学、图书馆学、文献学、版本学等专业知识，还需要掌握历史学、古文字学、编辑学、出版学、社会学、宗教学、艺术学等人文学科基础知识。除了具备以上专业素养与专业技能，鉴于福建地域特性与文化语境，整理开发人员也需要掌握各地的俗言俚语、掌故逸闻等乡土常识，语言学、文学、民俗学和地理学知识也要了解。很多福建海丝历史文献涉及多种地方语言和文化，相关史料甚多，例如福建海丝史料和古籍文献中，记载了大量与今时叫法不同的地名，只有掌握古今福建各地地名相关知识，才能充分解读古籍历史文献内容，完善古籍的保护修订与汇编出版工作。福建闽南地区的海丝文献中也时常可见一些用闽南方言的表述方法，这在海疆文献中尤为突出，比如"靠"作"倚"、"沙汕"作"纱线"、"泊船"作"抛船"、"海陵湾"作"海龙澳"、"屏峰屿"作"屏方屿"等，所以掌握一定的福建地方方言的人才也是福建海丝文献整理工作中急需的。由此可见，福建海丝古籍文献的整理工作有较高的门槛。

此外，对文献的深度整理也是海丝古籍文献整理的工作重点。福建海丝文献的深度整理涉及文字审求、文献考订、史事辨别等方面，需要专业的学术眼光和学术判断，如琉球文献中有琉球版汉籍和琉球人著述，都需要整理人员做学术判断。但现有文献整理人员水平参差不齐，特别是一些文献整理的新手，知识底蕴和能力都难以胜任文献整理工作的要求。文献整理是一项艰苦的工作，需要长期坚持而又默默无闻地工作，它要求整理人员具有吃苦耐劳、作风严谨的工作精神，更为重要的是需要有崇高的使命感和历史责任感。但有些素质较低的人员对海丝历史文献整理有畏难情绪，有些存在等、靠、要思想，面临一些机械重复的工作时难免会心生懈怠，以致在整理过程中

出现纰漏和谬误，造成较坏影响，或是延误文献整理进程，不能按期完成任务，甚至影响整理成果的质量。所以，福建各文献整理机构需要更多有能力的、高水平的专业人士参与到海丝古籍文献整理工作中来。

2. 社会力量参与文献整理工作的热情不高

由于海丝文献整理时间长，对整理人员素质能力要求高，海丝文献价值挖掘较为困难，且海丝文献整理的社会意义大于经济意义，经济回报率较低，这些因素都阻碍和影响了社会力量参与到海丝文献整理工作中。同时，在文献整理过程中，福建文献整理主体机构也没有较好地启动社会志愿者力量。如在谱牒文献收集整理过程中，发展族内宗亲志愿者团体是保证谱牒收集完整、减少人力物力耗费的有效手段之一，但福建海丝谱牒文献的整理还没有很好地启动志愿者力量，在海丝谱牒的收集整理过程中，仍然是组织体制内的相关事业单位的专家学者进行"地毯式"的搜集，除花费较大数额的差旅费之外，由于对家族背景、发展迁居历程的不熟悉，也会影响谱牒收集的完整性，进而影响到整理成果的系统性。此外，一些社会人士对海丝文献整理重要性的认识不到位，没有意识到整理工作对福建地区珍贵海丝文献的保护和海丝文化的传承具有重大意义，因此参与文献整理的积极性不高。

第十章　福建海丝文献整理的发展策略

福建海丝文献的整理工作要有序展开，必须遵循相应的地方文献整理工作原则，针对实际整理工作中的现存问题，采取一些切实有效的措施和对策，这样才能在整理海丝文献的过程中目标明确，提高海丝文献的整理效果，保护好海丝文献资源。

第一节　构建海丝文献资源保障体系

一　构建海丝文献资源共建共享保障体系

文献资源保障是指一个国家、地区或机构向读者供给文献资料，满足读者文献情报需求，进而支持经济建设、社会发展和科学技术研究的能力。海丝文献资源保障体系则是指为了实现能在福建区域内满足海丝文献需求保障功能，通过对海丝文献信息资源建设而建立起来的海丝文献信息资源系统。针对福建海丝文献资源分散、开发效率较为低下的现状，要使福建海丝文献得到有效的整理和开发，有必要建立起制度化的海丝文献资源保障体系，保障体系的建设格局应采取集中与分散相结合的建设模式。建立福建海丝文献资源保障体系主要从以下三个方面展开。

1. 建立海丝文献共建共享中心

福建海丝文献保障体系的运行涉及多层级、跨系统的分工协调，因此需要有一个被官方认可的省级中心机构开展统一的协调配置，由该中心机构负责统一协调、组织和管理福建省内的海丝文献共建共享工作，并制定文献开发的规划和协议，统一文献编目标准、文献收藏

第十章 福建海丝文献整理的发展策略

重点及共建共享措施，提供人员、政策、组织、规划等一系列的保障，还要协调各系统、区域和单位的横向联系。福建海丝文献共建共享中心在全省海丝文献资源建设中既是组织保障体系的核心，又是海丝文献资源的集藏指挥中心。中心的参与单位要发挥各自优势，丰富海丝文献藏量，奠定区域海丝文献资源的物质基础。如公共图书馆应以福建现有海丝文献馆藏资源为基础，多途径、多渠道、多层次地进行海丝文献信息资源的收集，对于散落在民间的一些存量少且时间久远的珍贵地方文献版本，要进行有针对性的采访和征集，保证区域地方文献总量的逐步增长和收藏体系的日渐完善。而福建科研机构、高校图书馆，应加大补充缩微文献、音视频文献资源的入藏力度，形成自己的海丝文献特色和特藏资源，为福建海丝文献资源互补、共享格局的创建奠定文献基础。另外，目前网站、微信、微博也都可作为海丝文献收集的重要载体和渠道，如能将这些散落的大量海丝文献信息搜集起来，对其进行必要的过滤和规范化整理，也将成为区域海丝文献共建共享的重要资源补充。

2. 整合各类信息中心的海丝文献资源

文献信息中心是指在一定区域或一定系统的范围内，为了实现文献信息资源的有效利用而设立的文献信息资源保障实体。最近几年来，福建省已成立了多个文献信息中心。例如，福建省教育委员会于2004年发文将"福建省高校数字化图书馆建设管理中心"改建为"福建省高等教育文献信息中心"。经CALIS批准，该中心成为"CALIS福建省文献信息服务中心"，其职能包括统筹福建省高校系统的文献信息建设和服务工作，负责CALIS国家"十一五"项目中国高等教育数字图书馆福建省共享域（也称福建省高等教育数字图书馆）的建设与服务；2008年9月，福建省委、省政府决定由福建省台办牵头建设福建省台湾文献信息中心，大力开展台湾文献信息资源建设与服务工作，并确定该中心由"两馆""四库"组成，即人文社科馆、科学技术馆，以及工业、农业、电子信息、外经外贸4个专业信息库，满足海峡西岸经济区文化、科技、经济发展对台湾科技文献的需求。值得注意的是，这些信息中心隶属于不同系统，受不同管理机构管辖。由于现有福建海丝文献高度分散于不同系统和区域，依靠原有的福建省文献信息资源保障实体，并不足以充分地搜集、整理和开发海丝文献资源。在这一背景下，有针对性地对各文献信息中心的海丝文献资源进行整合和优化配置显然具有必要性。而福建海丝文献共建共享中心的重要任务之一就是整合各类信息中心的海丝文献资源。

3. 以图书馆为主体建立海丝文献资源共建共享协作服务体系

从形式上说，文献资源保障体系通常由一个或多个文献信息中心共同构成；从运行机制上说，文献保障体系通常是一个有秩序、有组织的共建共享协作服务体系。海丝文献共建共享中心的运营应以有明显资源和职能优势的公共图书馆为主体。因为在资源方面，福建海丝文献中相当一部分属于传统地方文献的范畴，目前，我国已经建立了完善的省、市、县、乡级别的公共图书馆体系，这些公共图书馆在文献资源保存和整理中的最大优势是地缘优势。地方公共图书馆为了加强其独特优势，就必须广泛搜集地方文献，建立起具有地方特色的藏书结构和体系，这些地方文献形成了福建海丝文献保障体系的重要基石。从这一角度来看，以公共图书馆为建设主体，构建海丝文献共建共享中心是建设海丝文献资源保障体系的理想选择。另外，在职能方面，图书馆是作为保存全社会文化遗产的机构而存在的，图书文献是保存社会文化遗产的重要载体，在各类型公共机构中，只有图书馆目前担负着保存全社会文化典籍的任务。从古代藏书楼到当今具有自动化、信息化、数字化的多功能复合型图书馆，图书馆的职能在不断拓展和演化，但其保存全社会文化遗产、传承人类文明的职责始终未发生改变。公共图书馆作为一个地区公共文化服务体系的关键组成部分，承担着保存地区记忆、保护地区历史文化遗产的重要责任，故理所应当成为"海丝记忆"的"保护者"。因此，以公共图书馆为主体发挥头雁效应，组建福建图书馆、博物馆、档案馆、史志办、文史馆和其他科研单位共同参与的海丝文献资源体系，由福建海丝文献共建共享中心统一协调和组织海丝文献资源的整合与服务传输，实现海丝文献资源最大化的集藏和利用，确保海丝文献资源共建共享传输平台的正常运转和功能完备。此外，福建图书馆学会以及相关海丝研究机构和社会团体等相关组织也要加强组织协调，通过联合发文等形式督促、鼓励福州相关单位以共建协议的形式积极加入共建共享协作服务体系。

二 制定海丝文献资源保障体系的运行机制

建立有秩序、有组织的海丝文献资源共建共享协作服务体系，是支撑海丝文献整理、开发和利用常态化运行的保证。海丝文献资源共建共享协作服务体系的确立，需要完善顶层设计、分工协作和运行模式等多方面的条件。因此，建立海丝文献资源保障体系的运行机制主要从以下三个方面展开。

1. 完善顶层设计

相关政府部门需要对福建海丝文献资源的收集保护及整理工作制定专项长期发展规划和阶段性目标，以此指导海丝文献整理和开发的顺利开展。通过制定可行性强的海丝文献整理开发方略，可有效调动各参与部门的工作积极性，使各系统和层级的文献机构积极投身于福建海丝文献资源保障体系的建设。地方政府也应给予福建海丝文献整理工作高度重视，与地区的文化机构相互配合，摸清当地的福建海丝文献分布情况，在此基础上制定合理政策，指定本地区牵头机构，从而使参与建设的图书馆、档案馆更加顺利地开展文献收集整理工作，推动海丝文献保障体系建设。要加快地方文献工作相关法律法规体系的建立，从法律上确保各地方收藏机构在地方文献资源共建共享的权利和义务。文献信息资源共建共享并不是资源、技术和人力的简单组合利用，它应是一项具有战略高度的合作，福建海丝文献资源共建共享要本着"优势互补、互惠互利"的原则，需要一个比较长期的过程，要建立不同阶段的应对方案，在充分研讨和论证基础上确定总体目标和阶段任务，有计划、按步骤地解决海丝文献普查、数字化联合目录建设、征集与交换，以及如何共建共享、优势互补、整合开发与服务利用等一系列问题。

2. 进行分工协作

福建海丝文献种类繁多、数量庞大，因此在共建共享过程中不必过分追求集中统一，博物馆、档案馆、文史馆、方志办和其他科研机构在专题文献开发、专业人才培养以及网络技术能力方面具有明显优势。但因海丝文献整理各类型机构分属不同文献系统，并且长期以来形成的条块分割和自我封闭的管理状态，在某些区域或一定时期内实现集中管理、统一标准、集中资源和统一平台是不现实的，阻碍因素较多，但在海丝文献收集整理项目规划和一些具体的操作实施方面都需要各收藏机构的广泛协调与合作。只有聚焦各方面的资源优势，才能提高福建海丝文献开发的整体效益。福建海丝文献资源广泛分布在不同载体之中，相关文献的所有者涵盖公共图书馆、高校图书馆、各地方方志办公室、档案馆、博物馆、学术研究机构以及个人收藏者等多种主体，这些主体保存文献的目的各不相同，其文献揭示和组织的手段也不尽相同，需要在政府主管部门的领导下，将不同文献收藏主体纳入福建海丝文献保障体系之中，引导不同主体服从大局，积极承担海丝文献资源建设任务，形成优势互补、布局合理、共建、共享的文献保障体系。

3. 采用集中分散管理模式

在福建海丝文献资源共建共享模式的选择上，可根据区域现有实际情况采用集中与分散式相结合的管理模式，形成一主多分式的建设格局，即由福建省图书馆为主体进行建设，分布式节点则由各地区公共图书馆、档案馆和高校图书馆、史志办等机构共同构成。福建省图书馆作为海丝文献共建共享中心的核心节点，负责海丝文献的搜集、文献编目、信息组织和数据传输规范的制定，构建福建海丝文献联合目录数据库及相关全文数据库，并由核心节点保存部分较为重要的福建海丝地方文献；在此基础上，根据人力、馆藏和经费等条件，选择具有实力的地方文献机构重点负责某一类型海丝文献的搜集、整理、开发工作，这些地方文献机构构成了海丝文献信息中心的分支节点。各个分支节点要注意"有所为有所不为"，重点建设特色馆藏，在专、精、深等方面下功夫，力图形成各自的特色资源优势，并与福建海丝文献信息中心的核心节点相配合打造福建海丝文献联合目录。除核心节点和分支节点以外的县区图书馆、普通高校图书馆、博物馆、档案馆等文献职能部门，以及方志办、党史办、政协文史委、地名办、新闻出版局等文献生产部门，则可以松散联盟的形式纳入福建海丝文献保障的服务体系之中，共同创建一个优势互补、互联互通、共享资源、协同服务的福建海丝文献保障体系。

第二节　制定海丝文献整理规划促进合作

一　系统收集和梳理海丝文献

做好福建海丝文献整理工作的基础是"摸清家底"。海丝文献数量巨大，类型多样，涉及学科众多，内容包罗万象，地域和时间跨度很大，部分文献的成书年代历史久远，搜集较为困难，且具有明显的"散存"特点。大量的海丝地方文献分布在正史、丛书、文集、谱牒等多种文献类型中，不仅海丝文献收藏地点分散，而且篇目分散也是福建海丝文献的一大特点，这表现在与海丝相关的内容往往分散在同一地区的不同地方文献典籍，也可能分散于多个地区的种类各异的相关历史文化典籍里。所以，对福建海丝文献还需要文献机构多方搜集，广开渠道，不断拓展海丝文献的搜集来源，并进行系统的分类整理十分必要。完备的资料又是进行学术研究的基本条件，便于研究者查阅参考，通过对收集梳理后的海丝文献有序地进行系统整理，可推动海上丝绸之路的深入研究，促进海丝文化建设。海丝文献的收集和梳理工作主要从以下三个方面展开。

1. 普查和梳理各机构馆藏海丝文献的数量、种类、类型

福建各图书馆等文献收藏机构的首要任务应该是对馆藏所有与福建海上丝绸之路相关的文献分步进行大规模的全面普查，普查应由文化主管部门负责策划，组织该领域的一流专家学者，筹集充足的建设经费，拟订周密计划。普查需细致地清点记录，汇总数量种类及收藏地点。重点清查海丝古籍、方志、谱牒、侨批等，系统地盘点梳理全

省范围内各类型海丝文化遗产，包括海丝文献、海丝史迹遗址、海丝碑刻等，应组织专门力量开展研究，制定整体性保护办法，建立海丝文化遗产保护管理机制。文献普查可以《福建文献书目》及《福建地方文献及闽人著述综录》等书目为基础，在此基础上参考史志目录和历代公、私藏书目录等，并通过广泛渠道搜集与福建海丝相关的书目，为制定详尽的福建海丝文献采访策略提供依据，以期减少不必要的资金和资源投入，获取对福建海丝文献保障真正有价值、有意义的文献。各文献收藏机构应根据本单位的性质任务、馆藏海丝文献的情况及本地区特点、社会发展需要确定海丝文献的收藏重点，形成海丝文献的收藏特色。

2. 确定海丝重要文献和包含海丝内容的相关文献

在掌握各机构现存海丝文献状况的基础上，通过制定统一的评价标准将海丝文献分为稀有、重要、一般和相关等不同级别，分层次、有重点地进行收藏和整理。其中稀有和重要级别的海丝历史文献应首先作为整理的对象，对于残本、破本要及时进行抢救性修复整理，组织专业人员进行点校、补遗。一般级别的海丝文献可根据以往整理的情况和使用价值来展开整理，应注意各个文献类别和不同文献内容的深入整理与均衡整理。包含海丝内容的相关文献由于数量较多，可视文献中海丝内容的多少和重要性有选择性地进行整理。

3. 有计划地收集散落在各地民间的福建海丝文献

福建海丝文献的采访是一项十分细致而又艰辛的工作。由于仍有较多海丝文献分散在民间、省外甚至海外，这些海丝文献具有巨大的潜在学术研究价值，因此相关机构应面向全社会，多途径、广渠道地进行搜集，既可以通过文献征订、采购这一传统途径获取文献，也可以通过交换、复制、呈缴、受赠、析出等途径作为补充，全面搜集与福建海丝历史和文化相关的文献、海丝研究著作、与海丝相关的宗教文献和谱牒文献等。各文献收藏机构应采取以下措施：一是加大对福建海丝历史文献的征集以充实馆藏。在海丝文献收集过程中，不能忽视非正式的海丝出版物的收集，也应发挥福建图书馆、档案馆、博物馆等文献收藏和利用中心的带头作用，制定征集的政策、重点、规划

第十章 福建海丝文献整理的发展策略

和策略,有步骤地开展海丝文献征集工作。还可建立征集渠道调动群众共同参与海丝文献的收集。二是通过对省外和国外稀缺海丝文献的复制补充馆藏。各主要海丝文献收藏机构可联合起来,在核查本省各机构馆藏现有的海丝文献情况基础上,通过对省外、海外广泛的文献调研和实地考察,包括图书馆、档案馆、博物馆、古旧书店与旧书市场等,对散见于各处的福建海丝文献哪怕是零星的文字记载都应予以高度关注,无法购买时可通过拍摄、扫描、复印等途径取得复制件,对于一些碑刻、史迹遗迹等无法直接收为馆藏的文献资料,用拍照、录影的方式详细记录,出版图集、摄影集使之纸本文献化。三是各海丝文献收藏重要机构应组建专业的文献采访队伍。各机构应有专人负责,积极组织走访福建各乡镇访谈,了解各地情况,对海丝文献进行跟踪征集,广泛搜集或有偿购买民间手稿、族谱、侨批等海丝文献,并对文献资料的来源、考察情况做详细记录。四是与图书文献出版机构、地方新闻、宣传机构建立合作关系,注意采集这些机构产出的与福建海丝相关的文字和音视频资料。五是积极与福建海丝历史、文化领域的专家学者联系和沟通。通过对海丝文化研究者、历史研究者、见识广阔的年长者和民间艺人等进行访谈,不仅要向他们咨询福建海丝地方文献的收藏保存状况,根据他们的建议开展福建海丝文献的采集工作,扩大福建海丝文献资源采集的覆盖面,而且要以录音的形式记录与海丝文化相关的口述历史资料,并将这些资料编辑加工成海丝口述历史典藏,这也是对部分海丝文化记忆的一种抢救。六是与群众和民间团体合作进行采集。对福建海丝文献的收集不是几个人或者几个单位所能完成的任务,这需要全社会各界的支持和参与,才能将散落于民间的福建海丝地方文献进行全方位的搜集。七是扩大与台湾相关的海丝文献收集。采访单位可以积极加强与台湾地区出版业界及台湾地区图书馆界的交流合作,通过交换文献和报刊资料、相互赠送学术成果、举办两岸联合书展、参加图书交易会等多种形式拓宽对台文献来源。

二 对海丝文献整理工作进行统筹规划

福建海丝文献整理是一项复杂的系统工程,应分清各区域海丝文献的特点和整理的重点,明确各文献整理机构的整理目标和任务,为此必须在整理过程中强化宏观调控,进行统筹规划,合理配置组织整理资金、设备、人员等各种资源,协调好图书馆、档案馆、博物馆等海丝文献收藏机构的文献整理工作,有计划、分类型、分层次、有重点地进行海丝文献整理。因各类型机构性质、任务不同,在海丝文献整理中的优势和特点也不一样。有些史料只在特定的机构部门才有,比如档案馆的一些非公开的人事资料等;再如文物保护部门,性质与图书馆相似,把一些稀缺珍贵的古代文献作为文物保护的对象,其史料价值较高。由于这些机构和部门之间整理和揭示海丝文献的目的各不相同,所以需要相互之间进行有效沟通交流,促进海丝文献整理工作有序开展,避免一些大型海丝文献丛书在整理编辑时为力求收录的文献齐全,多个相似主题、内容的海丝文献重复整理,浪费资源,而整理的成果同质性高影响利用率。所以,福建海丝文献整理工作中须加强整体宏观调控和有组织的分工协调。对海丝文献整理工作进行统筹规划主要从以下两个方面展开。

1. 制定福建海丝文献整理工作规划

要进行宏观调控和整理资源有效配置及使用,制定合理完善的海丝文献整理规划是文献整理工作顺利进行的有效保证。打破目前各系统文献信息部门间的"各自为政、条块分割"的现状,确立起"全省一盘棋"观念,走"合理布局,整体规划,相对集中,联合保障"的一体化建设之路,使海丝文献开发朝着规范化、标准化、常态化的方向发展应当是今后的主要任务。海丝文献整理规划应从整体性出发,根据全省海丝文献资源布局的情况、各个机构性质任务和收藏重点、各区域海丝文化特色和经济发展情况统一规划布局,整合区域内各机构的海丝文献资源,有重点、有序列地共同展开整理工作。在海丝文献整理过程中,各部门可在管理体系上加以明确,由于从文献类别上看福建海丝文献归属于福建地方文献,因此可将海丝文献整理工

第十章 福建海丝文献整理的发展策略

作的各相关机构和团体都纳入地方文献工作的宏观调控范围，以地方文献整理原则和方法为参考，指导开展整理工作。

2. 强化海丝文献整理机构的联合协作

福建各类型海丝文献整理机构的管理体系多是按系统构建，分属不同系统的文献整理机构在没有统一组织规划和交流平台的状况下，不同区域和机构间的横向合作交流活动较少，在海丝文献的整理上多各行其是。所以，在有了统一组织规划和交流平台后，各机构开展海丝文献整理工作时可联合协作，资源互补，优化配置。加强图书馆与图书馆之间、图书馆与研究机构之间、图书馆与档案馆及博物馆之间，以及这些机构与出版社之间相互合作，建立文献整理机构之间新型合作关系，打破行业、系统之间互相封闭的状态。福建各地区、各机构应明确各自海丝文献的收藏范围及服务对象，不断完善文献整理工作，通过合作取长补短，互通海丝文献整理信息，避免出现重复整理现象，减少资源浪费，实现各机构海丝文献互赠、共建共享的发展目标。

三 建立多级海丝文献整理工作体系

福建海丝文献的整理工作涉及利益方众多，面临的问题复杂多样，只靠各机构或个人自发地进行整理，在整理的质量上难以保证，整理资金和技术、人员的限制又会使整理进程缓慢，所以单凭任意一方力量都不能很好地发挥效力，致使重复整理、资源浪费、效率不高等问题出现。建立多级海丝文献整理工作体系主要从以下两个方面展开。

1. 设立海丝文献整理工作专门委员会

海丝文献的整理离不开文献编纂、出版、收藏单位的共同努力，而这些机构的整理工作开展需要一个共同有效的交流平台。因此，为保障福建海丝文献整理工作顺利开展，建议在福建省文化厅的指导和支持下，由福建省图书馆、福建省档案馆、福建人民出版社和海丝研究机构等主要机构牵头成立海丝文献整理工作专门委员会，在几个区域内设立海丝文献整理工作分委员会,加强对各区域的海丝文献整理工作的指导。在海丝文献的实际整理工作中,由专门委员会负责组织、协调各方,切实解决实际工作中的问题。该机构也可以地方文献整理工作为由设立,将海丝文献整理工作由该机构下专门的分委员会负责。

2. 制定海丝文献整理工作标准和评价体系

建立多类型的统一的海丝文献整理标准是规范文献整理工作的重要一环,无论是对海丝重要文献的界定、整理技术使用、影印和编订要求,还是进行修补损毁海丝文献、保管重要海丝文献的环境条件限制等,各机构都需要有可遵循的原则和标准。文献整理工作标准的制定应由省级海丝文献整理工作专门委员会组织专家完成,并在各地区、各系统、各机构中落实。此外,还需建立对海丝文献整理工作的评价体系,不仅要对已经完成的海丝文献整理工作进行总结和表彰,还要对各机构已整理的成果进行评价评比,这有利于提高海丝文献整理成果质量,号召更多的机构和人员投入海丝文献的整理工作中。

第三节 加大对海丝文献整理工作的支持力度

一 加强对海丝文献整理工作的重视

在建设 21 世纪海丝文化的大背景下,提高对福建海丝文献整理工作的重视程度十分必要,只有通过各种有力措施创造有利于福建海丝文献工作稳定发展的条件,才能真正促进福建海丝经济文化的快速发展。要加强对海丝文献整理工作的重视,主要从以下三个方面展开。

1. 各级政府部门应加强对海丝文献整理工作重要性的认知

各级政府有关主管部门要加强对福建海丝文献整理的重视,通过制定建设规划的形式明确海丝文献整理工作在福建省文化建设领域的地位,安排必要的激励机制和专项建设经费,对图书馆和档案馆等文献机构开展福建海丝文献整理工作提供政策支持,以加快海整理进程。同时，通过成立专门的海丝文献整理委员会，以福建海丝文献整理作为工作中心，全面有序地推进海丝文献整理工作的开展。

2. 各文献收藏和整理机构应提高对海丝文献整理工作的重视

图书馆、档案馆、方志办、研究机构等文献收藏与整理机构是收藏和整理海丝文献最重要的机构，开展海丝文献整理工作是其应肩负的重要使命和任务。福建各地区海丝文献收藏整理单位负责人应当在思想上加强对海丝文献整理工作的认识，在新的发展形势下，深入了解海丝文献整理工作对于福建经济、文化发展的意义。对于一些海丝文献的重点收藏整理机构，不但应当以福建海丝文献为中心进行文献收藏和整理，而且有必要安排专业人员，成立专门的工作组，提供配套业务经费等方式支持海丝文献整理工作的进行，同时应将文献整理成果与其他科研成果同等对待，以提高文献整理工作人员从事此项工作的积极性。相关机构可以参照全国古籍整理出版规划小组设立的年度古籍项目评选和中国版协古籍出版工作委员会设立的全国优秀古籍图书奖，设置奖励机制，对优秀的海丝文献整理成果进行表彰并传播，同时激发管理人员的工作热情。

3. 海丝文献整理工作人员应更新思想理念

从事海丝文献整理的工作人员应树立传承与发展福建海丝文献的理念：一是在开展海丝文献整理过程中要有认真负责的态度，深层次的、原创性的文献整理难度极大，要耗费大量的时间精力，需要有刻苦钻研毅力和敬业奉献精神。二是整理人员要提升对海丝文献整理工作的认同度，不能简单地认为仅仅是校对文字、标点、翻译，粗通古文就能从事的枯燥工作，要注意提高自身业务能力，加快海丝文献整理工作进程，进一步提高海丝文献整理成果的质量，为弘扬福建海丝文化和助推"一带一路"建设添砖加瓦。三是在积极开展海丝地方文献整理的同时，加强对它们的利用和研究，注重发挥团队合作精神，促进海丝文献整理工作的顺利进行。

二 加大福建海丝文献整理工作的经费支持力度

充足的建设资金是海丝文献资源保障体系建设的前提条件。当前，一些海丝文献收藏机构受场地、人员、经费等因素影响，无法有效开展本地区海丝文献的收集整理工作，究其原因，在很大程度上是政府的政策支持与财政保障的不到位，更深层次的根本原因是地方政府对海丝文献保障工作的重视程度不够。因此，相关的地方政府主管部门应加强对海丝文献工作意义和作用的认识，为海丝文献的收集整理工作提供足够的资金支持，是开展福建海丝文献收集整理工作的保障。要扩大海丝文献整理的资金渠道，主要从以下两个方面展开。

1. 加大地方政府对海丝文献整理工作的支持力度

地方政府部门在区域内应颁布相应条例，对海丝地方文献整理工作予以支持和鼓励，有了足额经费的持续投入作为前提，后续的海丝文献搜集、整理、开发才能得以顺利开展，才能强化海丝地方文献的共建共享工作，形成不同体系各成员馆之间的海丝文献资源共建共享服务体系。目前大规模的海丝文献整理工作的经费多是地方政府和相关机构提供的各类文献整理经费或项目经费，海丝文献整理项目仅是其中一小部分，经费总量有限，海丝文献整理工作不能全面展开，甚至受经费不足影响了文献整理进程。因此，各级政府可根据各地情况加大经费支持力度，有条件的应设立海丝文献整理专项经费。

2. 扩大海丝文献整理工作的资金渠道

海丝文献整理工作的开展需要资金作为保障，要增加海丝文献整理经费不能仅靠政府部门所提供的有限项目经费，还应扩大海丝文献整理的资金渠道。一是与区域海丝文化建设相结合，吸引更多相关社会组织参与到整理工作中，文献整理经费由各方共同承担。二是与地方经济建设和海丝旅游事业相结合，争取有意愿参与文献整理工作的企业的经费支持。三是与海外相关机构和社会团体合作，获得人力、财力的支持，发挥各方文献整理优势。四是与出版机构合作，将海丝文献整理纳入其出版规划，并在出版经费上予以支持。

第四节　加强海丝文献整理专业人才队伍的培养

一　组建和培养文献整理人员队伍

要做好海丝文献的整理工作，组建和培养文献整理人员队伍十分必要。福建海丝文献整理专业人才不仅在数量上不足，在文献整理水平上也有待提高，由于文献整理人员的原因影响海丝文献整理工作的深入开展是当前亟待解决的问题。由于海丝文献研究涵盖学科较多，研究领域涉及广泛，整理起来与传统的单一性的学科文献相比更具难度，要有计划、深层次和大规模地系统整理福建海丝文献，只有组建一批有一定专业水平的文献整理人员队伍才能完成，不仅需要相关机构重视文献整理研究人才的招募、专业素质能力的培养，还要通过相关政策和激励机制使文献整理人员的职业认同感提升。要组建和培养文献整理人员队伍，主要从以下三个方面展开。

1. 重视专业人才的引进

福建海丝文献整理工作主要由专业人员来完成，文献整理人员的素质如何直接关系到文献整理水平和质量。因此，要做好海丝文献整理工作，相关文献整理机构首先要重视对研究领域相关专业的优秀文献整理研究人员的引进，吸收新鲜血液补充现有的研究整理人员储备，组建专业对口的高素质文献整理人才队伍。在招募过程中，要注意对所招募的专业人员的专业背景、水平能力进行严格把关，出台相关政策吸引高水平的专家加入文献整理队伍，优化人才队伍结构，完善保障措施，加强管理，从而推进海丝文献整理工作进一步发展。在人才引进时应以机构需要和人员能力作为衡量标准，打破专业和学历限制，应关注图书馆等各文献收藏机构中有经验的文献工作者，以及有一定科研能力和专业背景的专家学者。招聘方式既可以通过公开招聘、笔试面试及综合考察等程序对人才严格把关，保证人才质量，又可以结合本单位工作的实际情况特招人才，并为引进人才制定合理的发展和工作规划，根据人才综合素质和业务能力给予优惠待遇，形成海丝文献整理人才的梯度化、多元化和纵深化，组建一支专业对口的高素质人才队伍，保证海丝文献整理工作有效进行。

2. 加强现有人员培养

从事海丝文献整理的工作者需要具备一定的研究能力和文献工作技能，应该具备适应新形势、新变化的能力。但由于各种原因，相关海丝文献整理机构现有文献整理人员的素质能力参差不齐，特别是一些基层机构的文献工作人员队伍整体水平较低，无法高质量地完成海丝文献整理任务。因此，各相关机构应该注重开展的工作主要有：一是有针对性地举办专题培训。各相关机构可定期或不定期举办海丝文献知识培训班、文献分类整理培训班等，邀请相关领域内专家学者或一些经验丰富、能力突出的文献工作者讲授海丝文献专业知识，内容可根据现阶段海丝文献实际整理工作的问题和成果相应调整，使相关工作人员熟悉海丝文献整理工作的业务流程，保证高质量地完成工作。二是举办海丝文献整理人员交流活动。各相关机构可针对不同层次的文献工作者开展不同的交流活动，可举办海丝文献整理业务研讨和学术交流活动、开展知识问答以及技能竞赛等活动，通过深入研究、相互学习、了解业务，带动他们掌握海丝历史知识，提高科研能力，将学习到的知识技能更好地应用到文献整理工作中。还可以组织相关人员外出参观学习和考察，了解各地海丝文献整理工作的情况，学习一些海丝文献整理工作好的经验，并学以致用。三是优化人才培养环境。各机构还应积极创造供人才发挥专长的平台，引入竞争机制，给现有人才提供公平竞争的环境，让他们尽情发挥才能，服务海丝文献整理工作。

3. 提升职业认同度

海丝文献的整理工作不仅是经验型的工作，也是创造性的工作。文献整理工作人员既要审求文字、考订文献、辨别史事，还要访求相关文献、挖掘文献价值，有些工作非常枯燥、琐碎繁复，需要文献整理人员付出巨大精力，有时其艰难程度令人难以想象。各相关机构应注意增强馆员使命感，提升职业认同度，肩负起海丝文献整理工作责任，在思想上重视起来，要树立相应的责任意识与历史使命感，端正工作态度，摆正心态，积极投入海丝文献整理的相关工作中。

二 提高文献整理人员素质和能力

福建海丝文献整理工作人员的素质能力从整体上来看，除了教育研究机构和专业机构的一些相关研究人员，很多海丝文献收藏机构的文献整理人员的素质能力都有待提高，高层次文献整理人才缺乏。因此，各文献收藏机构对文献工作者的整理能力和素质方面应着重培养，加大对相关工作人员的资金与精力投入，完善人才比例的构成，合理使用人才，使各层次文献整理人才都能够充分发挥作用。福建海丝文献整理工作人员需要具备良好的专业素养，应具有高度的责任感和事业心，掌握文献信息搜集整理的基本能力和海丝文献整理技术，通过努力学习掌握各种文献工作技能完成相关工作。要提高文献整理人员素质和能力主要从以下两个方面展开。

1. 加强整理人员素质培养

各相关机构在开展海丝文献整理工作的过程中，应定期组织管理人员学习最前沿的专业知识，掌握海丝文献整理工作的相关必备技能，组建一支文化素质高、业务能力强的队伍，保证团队可以高效完成海丝文献的整理工作。要注意通过组织专业人士定期或不定期进行现场指导、定期组织文献整理人员学习交流等各种方式活动，确保文献整理工作人员能够熟练掌握除了最基本的图书馆学、情报学、计算机和外语学科知识，还必须掌握福建地区的文史知识、地理知识、古汉语知识、目录学知识、版本学知识等，有些地方文献整理甚至要求能够熟练掌握地方方言。各相关机构对整理人员素质培养应设定长期培养计划，同时结合工作实践经验进行有针对性的目标设计，让团队中的每一位文献工作者的优势得到充分发挥，做到优势互补。此外，文献工作者应更新观念，不断适应新形势、新变化，关注海丝文献和相关文献整理工作的前沿动态。

2. 提高整理人员工作能力

福建海丝文献学科覆盖广、类型复杂多样，文献工作者进行文献整理时不仅需要具备一定的专业素质，还需要有一定的工作经验和文献整理研究能力。文献工作者只有通过不断学习，在实际的工作过程中总结积累经验，提高自己的专业能力，培养思辨能力、分析能力和创造能力，具有创新意识和超前意识，勇于探索，才能高效保质地完成海丝文献的整理工作。在此过程中，各相关机构除了需要重视出台相关鼓励政策，还应加大对相关从业人员能力培养的资金投入，保障文献整理工作有序开展。文献整理工作中运用不同的整理方式对人员能力要求有一定区别，高、中、低各层次人员在整理工作中作用不同，因此，还需注意优化专业人才的比例构成，以老带新，给年轻人更多实践机会，形成人才梯队，使各层次人员能力不断提高。

第五节　注重海丝文献整理的细化、规范化及效率

一　注重福建海丝文献细化整理

福建海丝文献整理近年来成果丰硕，数量和质量都有很大的提高，越来越多的机构和研究人员加入海丝文献整理的队伍中来。特别是在各级政府的支持下，福建海丝地方文献整理工作取得了显著的成绩，但是对福建海丝文献整理的深度、广度还明显不够，对福建海丝文献分门别类、专门整理工作开展得不够深入。图书馆等文献收藏机构对海丝文献的深入细化整理是后续福建海丝文献开发利用的基础，也是服务"一带一路"建设和海上丝绸之路智库的决策咨询保障，可以直接为海上丝绸之路科研提供文献服务。因此，要进行福建海丝文献深入细化整理主要从以下两个方面展开。

1. 加强海丝文献整理的深度

福建海丝文献整理的过程也是对海丝历史文献研究的过程，整理的方式不仅仅有影印再版复制，或是简单地停留在书目整理层面，还应进一步对海丝文献的主题、内容等深层信息进行深入研究与细化整理，从福建历史文化角度深入揭示海丝文献的内容，将海丝文献资源中的文化价值和利用价值充分挖掘出来，并探索基于语义网、知识图

谱技术的知识组织模式，以便利用这些深度整理成果提供深层次知识服务，将海丝文献的整理和组织工作提高到一个更高的层次。各级政府相关部门应有序地适当设置一些罕见的和特殊类别的海丝文献细化整理项目，指定具备条件的相关机构承担整理任务，并根据整理难度可适当延长整理任务完成时间，提供一定的经费支持。图书馆、档案馆、方志办、文史馆、研究所和出版社等相关机构应集中人力、物力、财力，对海丝文献进行深入细致的校勘、标点甚至注释，便于读者对海丝历史文献的理解和掌握。由于很多福建海丝内容分散在众多福建历史文献中，因此注重将不同海丝文献中的同一主题内容汇集起来，以海丝某一主题史料汇编形式出版，应当作为福建海丝文献深化细化整理工作的重要任务。

2. 注重不同类型的文献整理

福建拥有众多不同载体的海丝遗存，目前福建海丝文献整理的类型以文献为主，今后应加强谱牒、碑刻、绘画作品、建筑等类型的海丝历史文献资料的整理，拓宽海丝文献整理范围。特别是对一些民间故事传说、戏剧、声像等应及时转化为文献资料，在注重开展传统类型的海丝文献整理的基础上，应加强对一些非传统的海丝文献整理的关注，这样福建海丝文献的整理工作才能够得到更全面、更精细的提升。如对妈祖相关文献资料的整理，不仅要将散佚于世界各地的妈祖文献资料尽可能地收集齐全，在这一过程中注意对不同类型和不同载体文献的收集和整理，还要将一些历史实物转化成文献资料加以整理出版，如经签、契簿、谱牒等文献资料和碑刻、庙联、壁画、石雕等各类型实物。对于其他非物质的妈祖相关资料，如音乐、戏曲、舞蹈、叙事歌谣、游艺、传说、故事、礼仪、祭祀活动等，要通过现代科学手段进行摄影、录像录音得以保存。

二 提高海丝文献整理规范化及效率

福建海丝文献整理规范化，直接关系到海丝文献整理成果的质量和水平。在开展海丝文献整理工作过程中，应制定一系列相关标准和规范，严格把关和审核，避免出现错漏，如对一些海丝历史文献年代的界定和划分、对海丝文献分类标准和版本的区分、对海丝历史文献整理的程序和要求、对古籍整理中遇到的技术和版权问题等方面都需做出明确的规定。在利用现代技术对古籍类珍贵文献进行数字化、缩微复制、影印出版时，应采取规范化措施，防止操作不当造成文献损毁。应根据古籍文献整理的实际情况，在全省范围内组织一些相关专家学者，制定一些文献整理标准和规范，从整体上把控和规范海丝文献整理工作。应充分利用现代整理技术，学习先进经验，提高海丝文献整理效率。要在规范化的基础上提高整理的效率主要从以下两个方面展开。

1. 加强海丝文献整理工作的规范化

目前各文献收藏机构亟须解决的问题是对海丝文献标准化、规范化分类和编目，主要原因有以下几点：一是福建海丝地方文献的特殊性决定了对其整理和组织过程要比其他文献更细致，海丝文献与地方文献内容存在多处交叉，且类目概念模糊，因而多数文献收藏机构把海丝文献和地方文献共用同一类目，比如都归在地方文献类目下。二是一些文献收藏机构没有将海丝文献集中起来收藏，而是与普通图书混排在一起，查找起来十分不易，给海丝文献整理工作增加了难度。所以，各文献收藏机构应对地方文献和海丝文献在分类和编目上采取统一标准及规范，海丝文献的分类标准除了要以《中国图书馆分类法》为参照，最好还应制定地方文献分类细则，从多个角度揭示文献内容。海丝文献著录标准应当规范、全面，目前多数机构在海丝文献著录时是按照《中国文献编目规则》中的款目要求进行详细著录，基本揭示文献的一般性特征。但福建海丝地方文献具有鲜明的地方性特征，仅参考《中国文献编目规则》进行一般数据的著录仍无法全面揭示文献的内涵。因此，需要进一步探索适合福建海丝地方文献的信息组织方法，例如，可以在对福建地方文献进行编目时加注文献所属地区的标识；同时，福建海丝文献的地方特色还决定了在主题标引中许多地方性、历史性的主题词并非标准的叙词，因此，编目时应该注意增加有福建地方特色的主题词，构建海丝主题词表，以便更详细地揭示文献内容，做好福建海丝文献的主题标引工作。此外，由于在传统文献管理中，民间的笔记、书信、手稿、日记、谱牒，以及古代的舆图、契书等特殊载体的非书资料常缺乏书目控制，各文献收藏单位应根据本机构收藏情况，合作编制福建海丝非书资料联合目录。

2. 提高海丝文献整理的效率

整理海丝文献工程浩大，要提高文献整理的效率，一是必须加强各个单位的交流与沟通，相互了解文献整理情况和具体进展、存在问题及解决措施等，吸取成功经验，避免重复整理现象发生和走弯路，造成资源浪费。二是在开展海丝文献整理过程中必须根据社会需求，遵循社会效益和经济效益相统一的原则。三是各地区、各相关机构应整合资源，发挥优势，取长补短，在海丝文献整理的人员、技术和设备等方面相互合作，提高海丝文献整理效率。

下 编

福建海丝文献开发

第十一章 福建海丝文献开发概况与特点

福建地方海丝文献资源开发的目的是使之得到充分的利用，为社会经济和文化发展服务。福建海丝文献的开发是建立在海丝文献整理的基础上进行的，各大图书馆和文献收藏机构投入人力、物力进行分析和研究，以便充分揭示海丝文献价值，助力于"21世纪海上丝绸之路"建设。海丝申遗成功，打造了福建海丝文化品牌，海丝文献的开发工作也取得了一定的成效。福建地区的海丝文献是古代海上丝绸之路活动的第一手资料，它能反映历史上福建海丝活动的方方面面，它不仅是福建地区的历史文化资源，也是福建政治、经济发展的依据和助力。通过开发利用这些珍贵的海丝文献资源，开展相关学术研究和各类宣传活动，可促进海丝精神弘扬。

第一节 福建海丝文献开发概况

海丝文献资源开发是一种资源的再建设过程。自1949年至今，福建各地市信息资源开发机构经过持之以恒的努力，完成了大量文献题录、书目索引、内容提要的编制，以及年鉴、手册、图集的编纂工作，产生了一定的社会效益和经济效益，为广大读者利用海丝文献资源提供了便利，同时也提高了海丝文献的利用率。随着海丝文献开发越来越受重视，福建各地方文献收藏机构都通过数字化等技术手段建立地方文献数据库、专题库等，促进了福建海丝文献数据库的开发。

一 福建海丝文献开发活动的开展

福建海丝文献开发活动是对收集整理好的福建海丝文献资源进行有针对性的文献加工和建设，通过宣传利用以充分发挥其实用性和研究价值，拓展海丝文献传播的深度与广度，实现文献共享，为社会发展服务的各项活动。

福建海丝文献开发活动具体包括：将海丝相关古籍、方志、谱牒、现代专著、期刊论文等各类型文献进行数字化；编制海丝相关文献的书目、索引、资料汇编等；建立系统全面的海丝文献数据库；利用海丝文献建立海丝专门网站，或在综合网站中设置海丝专栏；在参考海丝历史文献的基础上，撰写编辑并出版新的海丝研究成果；基于海丝文献展开的各项宣传、利用活动，包括利用海丝文献进行的各项经济、文化、教育活动和读者个性化信息服务等。福建海丝文献开发可分为两个阶段，以2013年为分界点。

1. 1949—2013年福建海丝文献开发概况

福建海丝文献开发活动在此时期呈不均衡发展势态，20世纪80年代前，开发活动和开发成果较少，80年代后才逐渐发展形成一定规模，主要特点如下。

（1）福建海丝文献开发活动比较分散，规模较小。由于缺乏对福建海丝文献开发的有效组织，海丝文献开发活动没有全面开展，各开发机构提供的相应开发经费较少，开发活动范围一般以省内和国内为主。

（2）福建海丝专题开发活动数量和成果数量不多。福建海丝文献开发在这一时期虽然产生了一些高质量且有社会影响的相关成果，但由于参与开发的机构和人员数量有限，各机构重视程度的影响和对海丝文化认知的局限，开发活动以海丝专题为名的不多，形成了相关成果较多但海丝专题成果不多的现象。

（3）参与海丝文献开发的主要是文献收藏机构和相关研究机构等事业单位。此一时期海丝文献开发机构以图书馆、档案馆、方志办、文史馆、研究机构和编辑出版机构为主，社会开发力量加入开发活动中的较少。

（4）海丝文献开发活动形式和开发成果类型比较单一。此时期开发形式以编制书目索引、编辑出版书籍、论文、开展学术研究活动为主。福建海丝文献的开发工作是与整理工作同时开展的，部分学者在其海丝整理研究成果中附有相关参考书目或索引，为海丝历史文化研究者提供了史料线索和研究依据。这一时期此类成果有些质量较高，如向达在整理校释《郑和航海图》的同时，编制了含福建沿海地区在内的古地名索引。

2. 2013—2020 年福建海丝文献开发概况

福建海丝文献开发的热潮始于 2013 年"21 世纪海上丝绸之路"概念的提出。2015 年，福建省发改委、福建省外事办、福建省商务厅联合发布的《福建省 21 世纪海上丝绸之路核心区建设方案》出台，极大地促进了福建海丝文献的开发。这一时期福建海丝文献开发的特点体现在以下几方面。

（1）海丝研究成果数量迅速增加，出版了一批关于海丝文化研究的著作，并有多部海丝系列丛书、汇编成果、志书、书目和年鉴等成果相继推出。如莆田学院妈祖文化研究院编制的《妈祖文化年鉴 2013》，该书收集了 2013 年 1 月 1 日至 12 月 31 日妈祖学学术研究论著、论文、学界概况及国内外举行的各种关于妈祖文化的活动等内容，为相关研究者提供了妈祖研究动态信息，促进了妈祖文化的学术交流、传承与弘扬。

（2）福建海丝文献数字化建设也加快了步伐，各类文献收藏机构相继建设了一些海丝文献专题库、网络资源库。如"福建文化记忆"数据库群等，并配合相关机构开展海丝数字资源建设培训；2017 年，国家图书馆联合福建省图书馆、中国图书馆学会"一带一路"工作委员会举办了"21 世纪海上丝绸之路数字图书馆资源建设培训班"，81 名人员在泉州参加了培训。

（3）福建海丝文献开发及相关学术研究活动频繁，推进了福建海丝历史研究，深入挖掘了海丝文化价值。近 10 年来，福建省举办了数量可观的大型国际海丝专题讨论会、论坛，不仅激发了福建各类机构、社会团体和学者对福建海丝文献的开发工作的热情，也吸引了海内外学者围绕福建海丝史迹遗存、海丝名人、海丝历史展开了多角度、全方面地探讨研究。

（4）形式多样、丰富多彩的宣传推广活动进一步使福建海丝文献活起来、用起来，使参与活动的广大民众深入了解福建海丝历史文化。福建利用海丝文献开展的宣传活动数量及规模均是前所未有的，参与的机构和民众数量巨大，推动了福建海丝文化建设，取得了显著社会效益。

（5）参与福建海丝文献开发研究的机构类型增多，遍及省内各个层次、各个领域、各个地区。除了文献收藏、展览和研究机构，地方传媒机构、图书出版和销售机构、党政机关及相关部门、一些专业学会、相关社团和海丝相关的遗址、景区等纷纷加入福建海丝文献开发队伍中，使福建地方海丝文献的开发工作得到了质的飞跃。

（6）海丝数字资源网络共享平台的建设成效显著，通过有效利用互联网技术、计算机技术为用户群提供方便、快捷的海丝文化服务。福建省作为"21世纪海上丝绸之路"的核心区，基于"大开放"的服务理念，积极建设了一系列共享平台，如"福建文化云"平台、"文化一点通"菜单式服务系统、"海上丝绸之路数字文化长廊""南洋华裔族群寻根谒祖综合服务平台"等，充分发挥网络共享平台在海丝文化交流中的作用。

二 福建海丝文献数字化建设现状

海丝文献是福建省历史发展缩影的真实写照，承载着绚丽多彩的福建海洋文化成果，实现数字化既是传承区域历史文明的必然进程，也是现实社会客观发展的需求。随着科技化、数字化的信息技术浪潮冲击，海丝文献的收集、整理、保存、开发工作面临新的局面，推进海丝文献数字化进程既是文献保存技术发展的大势所趋，也是深入挖掘海丝文献潜在信息价值、服务社会的现实需求。

2018年11月6日，福建省委常委梁建勇在"丝绸之路文献遗产保护和利用"国际研讨会上强调：要"完善'海丝'文化资源建设

第十一章　福建海丝文献开发概况与特点

平台、推动'海丝'文献资源数字化";"推进'海丝'数字文化长廊工程建设"、"扩大'海丝'文化应用服务内容和范围"等，这也为福建海丝文献的开发工作指明了方向。随着"海丝经济圈"的历史性重启，福建省加快了海丝文献资源的收集、整理、开发与数字化建设步伐，其中海上丝绸之路文化信息平台作为福建省"十三五"规划重点文化项目，逐步建成了"一库二网二平台"的海丝资源综合性、立体化保障体系，即海丝数字文化资源库、海丝文化资源建设协作网和服务协同网、海丝文化展示平台和网上文化商贸平台。具体包括如厦门大学文学院创建的"海上丝绸之路学术研究网""厦门大学海上丝绸之路数据库"，泉州市推出的"海上丝绸之路官网"，泉州市图书馆推出的"闽南文化海丝特色数据库"，福建省图书馆打造的"福建记忆文化——海丝展示文化"，福建省档案馆推出的"侨批数据库"等。

1. 福建海丝文献数字化建设概况

福建海丝文献数字化建设需要有规划、有步骤、有侧重、有专题地把海丝文献中有学术价值和参考价值的资源转化为可检索、可编辑的结构化数据，实现海丝文献的结构化存储、梯度化建设，建成本省独具特色的海丝文献系列专题全文数据库，为用户提供所需的全文信息。海丝文献资源的数字化建设既能实现全文保存、全文检索、较为完整地保存海丝文献的原样风貌，又能直观系统地揭示文献的全部内容，从而满足用户对海丝文献资源的个性化和深层次需求。此外还有利于保存、传播、研究、开发福建特色文化，打造特色海丝数字资源文化品牌，锻造海丝文化精品项目，提升福建省文化软实力。

推进海丝文献资源的数字化建设是新常态和网络背景下实现资源即时共享、深度开发、长期保存的有效渠道，也是活化知识、挖掘潜在价值、提升附加值、提供增值服务的一种重要方式。海丝文献的数字化建设可以采用多种表现形式，要结合实际需求选择建设书目数据库、全文数据库及多媒体数据库。数据库是海丝文献数字化建设的重点，目前福建海丝文献数据库建设机构主要是收藏有海丝文献的各类型图书馆，其中公共馆和高校馆是建设的主力军。

(1) 公共馆海丝文献数据库建设概况

福建省共有各级公共图书馆96个。通过对福建省市县三级公共图书馆主页进行调查，整理概括出与海丝内容相关的数据库建设情况（见表11-1）。

表11-1　福建省各公共图书馆海丝数据库建设现状一览

序号	图书馆名称	海丝数据库名称
1	福建省图书馆	妈祖信仰、海上丝绸之路、福建新方志数据库
2	泉州市图书馆	闽南文化·海丝文化特色库、两岸关系谱牒库、闽台姓氏族谱库
3	莆田市图书馆	馆藏数字化妈祖文献书目
4	厦门市图书馆	华人华侨专题库、闽南地方文献联合目录库
5	漳州市图书馆	漳州地方文化特色库、漳州地方文化平台
6	福州市图书馆	船政文化数据库、福州地方文献数据库、馆藏地方文献数据库
7	晋江市图书馆	晋台族谱数据库

2000年福建省文化共享工程启动，2006年我国第一个生态保护实验区——闽南文化生态保护实验区设立。福建作为文化共享工程的主要发源地，在资源建设上已走在前列。福建海丝文献形式丰富，不仅包括纸质文献，还有碑碣石刻、照片等，其中涵盖了丰富的海丝文化遗产，如南音、妈祖信仰、刺桐文化、船政文化、航海智慧等，种类繁多的信息资源为建立多媒体数据库提供了强有力支持。因此可利用计算机技术对海丝文化相关的文献、照片、音频、视频、磁带、缩微胶片、光盘、DOC、PDF、PPT等多媒体资料进行校验、编码转换、设定唯一编码标识、描述框架、生成对象，并转换成可识别的结构化、概念化、有序化的数字资源，建成海丝文献多媒体数据库，实现网络浏览、检索、下载、导出、分析等高效便捷的个性化设置。

福建省公共图书馆作为海丝数据库建设的主要力量，几十年来，不仅致力于传统海丝文献资源的电子化，更是以省内丰富的非物质文化遗产资源作为切入点，利用现代广播电视技术和数字图书馆技术，建设文化专题资源库，为面临消逝威胁的文化遗产留下鲜活的原生态影像资料。《闽南文化》《船政文化》《闽台宗祠文化》《妈祖信俗》等具有海丝文化特色的数据库相继建设落成，极大丰富了福建省海丝文献资源。《福建文化记忆专题资源数据库群》（简称《福建文化记忆》）是福建省公共图书馆联合多部门建设的规模最大、最具影响力的海丝文献数据库群。作为"全国文化信息资源共享工程"的省级子项目，《福建文化记忆》内含多个海丝内容数据库，集文字、图片、音视频媒体等多媒体资源为一体，是福建地方特色文化信息资源数字化的大汇总。为更好地揭示和展现资源，《福建文化记忆》共规划三级类目，分别是福建文化记忆，行政区域文化记忆和其他跨地域、专题性的子数据库，各地的非物质文化遗产项目以及文化遗产项目[①]，最终以文化专题片和数据库两种类型方式呈现。

另外，福建省各市县各级分支中心也围绕省级分中心的数字资源建设，通过自主开发开展特色文化资源建设，厦门市图书馆建设了"厦门记忆""闽南地方文献联合目录""厦门志"等专题资源数据库；泉州市分支中心已建成泉州非物质文化遗产库、泉州文史资料全文库、泉州人物库、地方戏曲库、泉州图片库、泉州著述库等。漳州市图书馆目前正在进行老照片、地方文献、非物质文化遗产等专题资源数据库建设。

（2）高校馆海丝文献数据库建设概况

福建省现有普通高校89所（不含成人教育），其中本科院校37所（含民办15所，其中7个独立学院），专科院校52所（含民办22所）。剔除7个独立学院，通过对剩余的82所高校图书馆网站进行独立访问，整理概括出与海丝内容相关的数据库建设情况（见表11-2）。

---

① 树红霞等：《福建文化记忆：用影像留住渐行渐远的文化背影》，《福建日报》2014年9月2日第9版。

表 11-2　福建省各高校图书馆海丝数据库建设现状一览

序号	图书馆名称	海丝数据库名称
1	厦门大学图书馆	东南海疆研究数据库、闽台族谱数据库、莆仙妈祖文化特色库、东南亚及闽台研究数据库
2	集美大学图书馆	陈嘉庚研究数据库
3	泉州师范学院图书馆	闽台族谱数据库、台湾民族文化资料
4	闽南师范大学图书馆	闽台生态农业库、台湾大陆同乡会文献数据库、两岸关系古籍文库、闽南地方文化特色数据库
5	莆田学院图书馆	妈祖文化资料库、两岸关系数据库
6	福建船政交通职业学院图书馆	船政文化特色库
7	泉州经贸职业技术学院图书馆	泉商研究、泉州古代经贸文化研究
8	闽江学院图书馆	船政文化特色数据库、闽都宗教信仰
9	福建农林大学图书馆	两岸关系数据库、台湾文献馆
10	华侨大学图书馆	华侨华人人物数据库、华侨华人图片数据库、华侨华人研究综合数据库、华侨华人政策法规数据库
11	漳州师范学院图书馆	漳州地方文化特色库
12	三明学院图书馆	闽台客家文献数据库

还有一些福建高校虽然有自建的特色数据库，数据库中也有少部分海丝文献，但因与海丝主题有偏离，在此不一一赘述。如福建师范大学图书馆建设的"馆藏民国中文文献特色数据库""馆藏民国福建和台湾专题文献数据库"索引、"福建三十六种新编地方志人物传记目录数据库""馆藏族谱目录数据库"等。

（3）公共馆与高校馆自建数据库特点分析

依据表11-1、表11-2可以看出，福建省公共图书馆和高校图书馆自建海丝数据库的基本特点如下。

一是自建海丝数据库的公共馆与高校馆层次级别较高。主要表现在两个方面，一方面，自建有海丝数据库的公共馆级别较高，多以省市级图书馆为主；另一方面，自建有海丝数据库的高校办学层次较高。目前福建自建有海丝数据库的12所高校中，本科院校10所，占83.33%，这10所高校图书馆自建有海丝相关数据库23个，占高校馆海丝数据库总量的88.46%，本科院校较之专科院校在海丝数据库数量上优势明显。分析其主要原因是层次级别较高的图书馆拥有更丰富的海丝文献资源、更多的建设经费、更强的建设人员队伍。

二是自建海丝数据库的公共馆与高校馆主要分布在沿海地区。从公共馆来看，海丝数据库建设的区域分布和发展呈现不均衡状态，自建海丝数据库的公共馆集中在福州、泉州等沿海地区。从高校馆来看，自建有海丝数据库的10所高校中，分布于福州、泉州、厦门地区的高校多有建设，莆田、漳州地区高校较少，而其余地区则尚未建设。分析其主要原因是与高校设置地区和数量相关，与当地GDP发展水平相关，与海丝历史发展区域相关。

三是数据库类型以非专题性的海丝数据库为主。各公共图书馆与高校图书馆现有数据库中，以非专题性的海丝数据库为主，专题性海丝数据库较少；以全文数据库为主，其余书目数据库、全文数据库中的图片数据库、多媒体数据库等类型海丝数据库建设为辅。福建省海丝数据库中的内容主题多以福建地方文化为主，其次为华侨华人专题，后续依次为谱牒文化、两岸关系、妈祖文化、船政文化主题。其中，公共系统图书馆建设的海丝数据库主题比较侧重地方文化、谱牒文化、妈祖文化等，其余各主题类型海丝数据库数量较少。高校系统图书馆建设的海丝数据库主题以福建地方文化、华侨华人为主，海丝专题数据库数量多于公共图书馆中海丝专题数据库数量。如福建省华侨大学图书馆建设的基于华侨华人的人物数据库、图片数据库、研究综合数据库、政策法规数据库等。

2. 福建海丝文献数字化建设区域分布

福建海丝文献数字化建设情况与海丝文献资源分布状况两者存在紧密联系，海丝文献资源丰裕地区其数字化资源越多。福建沿海地区的福州、莆田、泉州、厦门、漳州自古以来就是海上丝绸之路的积极参与者，积累了丰富的海丝文献资源。受地理区位因素的影响，闽西、闽北地区地处福建省内陆，靠山，距离海港较远，与东部沿海地区相比出洋人数较少，海外贸易和对外文化交流都受到一定影响，保存的海丝文献资源有限。因此，海丝文献数字化建设的区域主要集中在福建省沿海地区，将福建省九地市的海丝文献数字化建设情况逐级划分，可分为三个梯度。

（1）一梯度：福州、莆田、泉州、厦门、漳州地处海上丝绸之路的重要节点，拥有丰富的海丝文献，囊括地方志、族谱、侨批、碑碣拓片等文献资源。具体如泉州海交馆等编辑出版《泉州海外交通史料汇编》辑录有关泉州海上丝绸之路的文献资料和史迹调查，还有数量众多的海丝文献，如《泉州港与海上丝绸之路》《泉州宗教石刻》等。海丝文献丰富的沿海地区的数字建设情况依据上述的网站、数据库、网上展厅、海丝数字资源文化品牌建设分析中可归纳出：海丝文献数字化建设的聚集地主要集中在一梯度地区，如泉州市图书馆的"海上丝绸之路数据库"、福建省图书馆的"海上丝绸之路数据库"、厦门大学图书馆的"海上丝绸之路数据库门户网站"等。

以闽南地区的谱牒为例，闽南地区的谱牒有着比闽北、闽西地区谱牒更丰富、更详尽的闽人出洋记载，对现有漳州、泉州及厦门谱牒中出洋人数的不完全统计，有近3万条记录，人数是闽西、闽北地区总和的10倍左右，呈现出明显的地域分布不均衡特征。为此，闽南地区的谱牒数据库建设数量与闽西相比，数量呈一边倒态势，如泉州市图书馆中的"馆藏谱牒库""两岸关系谱牒库""闽台姓氏族谱库"，晋江市图书馆的"晋江谱牒""晋台族谱数据库"等一系列谱牒数据库，反观闽西地区相关的谱牒数据库却屈指可数。

（2）二梯度：龙岩、宁德。龙岩地处福建西部，位于汀江的发源地，古时部分闽西客家人通过汀江—韩江航道下海，为此，现今龙岩各区县加强了汀江水系与海上丝绸之路渊源研究。自明清以来龙岩地区的民众也积极参与海上丝绸之路，为后世留下丰富的海丝文献，如《汀州府志》《临汀志》《龙岩地区志》《龙岩地区宗教资料汇编》《上杭基督教志》《上杭基督教简史》等，其中囊括丰富的族谱资源，如《颍川钟氏族谱》、泰国乡亲编制《黄氏族谱》等。二梯度地区对闽台族谱资源着重推进数字化建设，如上杭客家族谱馆中客家族谱门户网站，收录有135条记录；龙岩学院图书馆中的"客家文献数据库""台湾客家数据库"均收录大量有关海丝文化的资源。

宁德地处闽东，毗港临海，但历史上有关海丝文化记载的文献较少。整体而言，二梯度地区的海丝文献数量有限，相应的海丝资源的数字化建设程度较低，亟待加快海丝文献的数字化建设、开发步伐。

（3）三梯度：南平、三明。较之前两梯度，三明、南平两市地处闽北山区，受区位因素的制约明显，古时参与海上丝绸之路的人数较少，但出口海外的茶叶、木材等特产多。其中也有部分出海记录，如清中期迁台大移民中，有部分三明市民众参与其中，现今三明学院自建的"闽台客家文献数据库"中的闽台客家人物库以及收录的谱牒、文献就是佐证。

第二节 福建海丝文献开发特点

福建海丝文献历经多年开发，硕果累累，在"21世纪海上丝绸之路"建设和弘扬海丝文化中发挥了巨大作用。福建海丝文献开发的特点主要体现在开发形式多样、开发成果丰富、开发参与面广、开发影响巨大、开发具有地方特色等几个方面。

一 开发形式多样

福建海丝文献横陈百科，贯穿古今，有多种类型。既有文本资源，包括著述、史料、志书、谱牒、侨批等，也有非文本资源，包括照片、碑碣石刻、录音录像资料等，其开发的形式也呈多样化。福建海丝文献的开发经历了一个发展过程，早期文献开发形式比较单一，随着时代的发展，福建的相关机构越来越重视海丝文献的开发，而在不断的探索中，海丝文献的开发利用形式也得到创新，日趋多样化。20世纪五六十年代和八九十年代的涉及海丝文献的开发，基本上只是简单地编制馆藏文献书目索引。1980年以后，有一些海丝相关研究著述出版发行，到2000年后，以福建省图书馆、泉州市图书馆、厦门市图书馆、福建师范大学图书馆、华侨大学图书馆、厦门大学图书馆为首的一些公共和高校文献收藏机构，开始注重对各种文献的深层开发，各种专题的海丝全文数据库如雨后春笋，资政服务、寻根服务、专题查询服务等高层次的海丝文献参考咨询服务应需而生。在海丝文化研究不断深入的背景下，各层次、各级别、各领域的海丝相关会议在福建举办，产生了大量研究成果，特别是在2013年后，对海丝文化研究进入了一个新高度。

目前，福建各机构通过开发利用海丝历史文献，运用编制书目索引、开发建设数据库、编辑出版书籍、建设网络资源、开展学术研究活动、举办各类宣传活动等开发形式，为传承与发展福建海丝文化做出了巨大的贡献。各机构组织通过不断地摸索，在海丝文献的开发工作上做了许多创新之举，海丝文献开发形式不断创新，开发成果不仅服务于学者、研究者等，也能很好地为普通民众所利用。通过开展以海丝文化为背景的学术研究和宣传教育活动，包括开发海丝学术研究网站、举办海丝学术会议，以及图书馆海丝知识讲座、博物馆海丝品展览和以海上丝绸之路为历史背景的艺术创作等的宣传活动，让海丝文化走入大众视野，充分挖掘福建海丝文献的历史文化等多重价值，真正达到开发为用的目的。

二 开发成果丰富

福建海丝文献开发成果丰富，在内容上包含海丝活动各个方面，在类型上开发成果多种多样，在质量上也不断提高。福建海丝文献开发成果的数量和质量与开发活动开展密切相关，在不同历史时期开发成果呈现出不同特点。

从20世纪50年代至今，福建海丝文献开发经历了一个起伏发展过程。中华人民共和国成立初期，百废待兴，专门的海丝文献开发活动较少，文献收藏机构开发成果以书目索引为主，类型单一，且多为内部刊行，成果数量较少。在"文化大革命"期间海丝文献开发工作不受重视，但却一直在断断续续地进行着。进入20世纪八九十年代，海丝文献开发成果数量开始不断增多，相关研究著述陆续公开出版发行，论文成果大量涌现，海丝专题开发成果研究内容以海上交通、港口为主，船政、妈祖、华侨研究也有所涉及。到了2000年后，福建海丝文献开发活动十分活跃，开发成果大幅度增长，类型也越来

第十一章 福建海丝文献开发概况与特点

越多，成果质量到了一个新的高度。2013 年"21 世纪海上丝绸之路"的倡议提出后，福建海丝文献开发活动进入了繁盛期，海丝文献开发受到各机构高度重视，大型海丝专题丛书和华侨志、妈祖志和海关志、港口志等与海丝相关的专志相继出版，开发成果类型呈多样化，既有书目索引、研究著述、论文、谱牒、侨批等文献类型，也有海丝专题数据库、网上海丝信息资源等数字化类型，还有纪录片、电影电视、歌剧舞剧、戏曲小说、书画摄影、散文诗词等艺术作品类型。涉及内容以海上交通、港口、华侨华人为主，海外贸易、市舶制度、海防与海疆政策、妈祖与船政文化、中外文化交流等方面的研究成果也大量出版。

福建海丝文献开发活动也促进了福建海丝历史研究，研究队伍不断壮大，形成了以庄为玑、李金明、傅宗文等为代表的福建港口研究；以廖大珂、李东华、林开明、陈自强、李玉昆、庄景辉、王连茂等为代表的福建海外交通研究；以陈诗启、连心豪、戴一峰、黄国盛、卢建一、韩栽茂等为代表的福建海关、海疆、海防研究；以庄国土、李天锡、陈衍德、卞凤奎、施雪琴、李明欢等为代表的福建华侨华人研究；以杨国桢、汪征鲁、何绵山、卢美松、戴显群、李冀平、朱学群、胡沧泽等为代表的福建历史文化研究；以谢必震、方宝川等为代表的福建地方文献研究；以林金水、谢必震、吴巍巍、聂德宁、陆芸等为代表的福建对外文化交流研究；以沈岩、赵麟斌、林庆元、林崇墉、江冰等为代表的船政文化研究；以冯立军、谢必震、郑有国等为代表的福建海洋贸易研究；以蒋维锬、郑丽航等为代表的妈祖信仰研究；以李良溪、王朱唇、洪卜仁等为代表的福建侨批研究；以庄为玑、陈支平、郑山玉等为代表的福建谱牒文献研究；以林国平、谢重光、徐晓望等为代表的福建宗教信仰研究等多个研究群体，产生了丰硕的福建海丝研究成果。这些通过开发利用海丝文献而产生的研究成果展现了福建海丝的历史与文化价值，为福建"21 世纪海上丝绸之路"先行区的建设提供了有力支撑。

三　开发参与面广

随着福建省对海丝文化价值挖掘的重视和对海丝文化弘扬的需要，福建海丝文献开发进入一个新阶段，各类型开发机构积极组织人员进行海丝文献深入开发。近年来，福建不仅开发机构数量大幅增加，开发机构的类型也越来越多样化，开发参与面日益广泛，开发的形式不断创新。

福建海丝文献开发机构在2000年前以文献收藏机构为主，如福建各公共图书馆、高校图书馆、各级档案馆、各类博物馆、文史资料馆、方志办等机构，这些机构是海丝文献开发的主力军。2000年后，参与福建海丝文献开发机构类型增多，除了文献收藏机构，各种类型的海丝研究机构、编辑出版机构、广播电视机构、报业集团、海丝专题场馆、政府相关机构和部门、民间团体等也纷纷加入海丝文献开发活动中，使海丝文献开发队伍不断壮大，影响范围和覆盖面更为广泛，开发的成果数量增多。福建海丝文献开发机构通过编制海丝书目索引、编辑出版海丝书籍、开发建设海丝数据库、建设海丝网络资源、召开海丝会议、举办海丝文献文物展览、开展海丝文化活动、进行海丝文化和遗址宣传推介、开发创作海丝文艺作品等形式的开发活动，广泛传播海丝文化，弘扬海丝精神，研究福建海丝历史。

各开发机构根据自身优势和特点进行不同形式的开发活动，如文献收藏机构多编制海丝书目索引、建设海丝数据库、举办海丝文献文物展览等；研究机构和出版机构多召开海丝会议、编辑出版海丝书籍等；广播电视机构和艺术团体多开发创作海丝文艺作品、展演海丝影视片、戏剧舞剧等；文化机构和民间团体多开展海丝文化活动、进行海丝文化和遗址宣传推介；政府相关机构和部门多制定相关政策、建设海丝网络资源、组织海丝开发活动等；报业集团多进行海丝文化宣传、报道海丝相关信息、发表海丝文艺作品等。由此可见，福建海丝文献开发不仅社会参与面广泛，而且开发机构各有所长，开发活动多种多样，促进了福建海丝文献的开发和利用。

第十一章　福建海丝文献开发概况与特点

四　开发影响巨大

随着信息化、数字化、网络化时代的发展，福建海丝文献开发工作不断与时俱进，具有鲜明的时代特征。开发成果形式不仅是纸质文献类型，还产生了大量数字化和视频类型的成果；开发活动不仅在省内、国内开展，还拓展到海丝沿线各国；成果传播渠道除了传统的大众媒介，还充分利用网络、现代信息技术进行更广泛的传播，在社会上产生巨大影响。由于福建是"21世纪海上丝绸之路"建设的核心区，海丝历史悠久，海丝遗存丰富，泉州、漳州、厦门和福州等城市都是海丝文化的发祥地，在国际上也得到广泛认可。如2013年，泉州以深远厚重的历史文化底蕴、鲜明奇特的多元文化大观、丰富多彩的文化遗产、悠久广泛的对外交流等优势成为当之无愧的"东亚文化之都"，其文化精髓就是海丝文化。因此，福建各级政府对海丝地方文献开发十分重视，进行了多种多样的开发活动并完成了大量专门的开发项目，活动涉及面广、影响大。

自1949年以来，福建各公共图书馆、高校图书馆、各类博物馆、档案馆、文史资料馆、方志办等机构，集中大量人力、物力，在福建海丝文献整理的基础上，有重点地进行海丝文献资源开发活动，编制了多种海丝文献目录，完成了海丝文献汇编，出版了大量对海丝文献研究的著作和论文，举办各类海丝相关主题会议，深化了海丝历史文化研究。如2015年11月，在华侨大学厦门校区举行的"华侨华人与海上丝绸之路研讨会"，来自中国、马来西亚、加拿大等国家和地区的120余名与会代表围绕"一带一路"倡议研究、"一带一路"与侨务及沿线国家华侨华人等多个主题展开研讨，此次研讨会为华侨华人研究注入新的动力，同时也是《福建华侨史》编修工作的阶段性成果活动之一。2018年5月，福建师范大学社会历史学院联合多个科研机构和多个社会组织在莆田贤良港主办了"第二届贤良港妈祖文化论坛暨妈祖与海丝学术研讨会"。来自美国、中国社会科学院、中国台湾中研院等海内外著名高校和科研机构的40多名研究者齐聚妈祖研讨会进行学术交流，扩展了对妈祖文化的宣传和研究，提高了妈祖文化的影响力。泉州海交馆、中国海外交通史研究会与国内外学术团体机构在将近40年的时间里，合作举办了20余场海丝学术研讨会，其中最具影响的是连续三次成功举办了联合国教科文组织"海上丝绸之路"国际学术讨论会。2014年2月，由中国新闻社主办的"新世纪丝绸之路经济论坛暨丝绸之路华媒万里行"吸引了20多个国家200多名海外华文媒体代表、丝绸之路沿线国家代表，围绕"丝绸之路新商机在何处""沿线城市如何把握发展机遇"等问题展开探讨。同年6月，"一带一路"专题研究座谈会在泉州举行。这些活动的举办不仅产生了大批海丝文献开发研究成果，也促进了海丝文献需求数量和质量的增长，是福建海丝文献开发的动力和源泉。

福建各个海丝文献开发机构还利用海丝文献进行海丝文化教育，进行宣传展览，通过举办艺术节、旅游节、电影节和运用各种文艺表现形式展示海丝历史和弘扬海丝精神，产生了广泛的社会影响。如福建省档案馆在福建省内各地及东南亚各国举办了几十次"百年跨国两地书——福建侨批档案展"，在全国以及海外产生了较大影响。泉州市连续举办多届大规模的海丝国际艺术节，活动包括举办海丝论坛、海丝书画文物作品展、摄影作品展，海丝舞剧展演等。2015年，由国家旅游局、福建省人民政府主办了福州海丝国际旅游节（每年举办1次）。在首次福州海丝国际旅游节上，设有"海上丝绸之路"（福州）文旅合作高峰论坛、"海丝路上有福舟"福州专场旅游推介会、"海丝之路伴你同行"——2015海上丝绸之路导游员大赛等海丝专题活动，推动了中国海丝旅游品牌和丝绸之路沿线国家（地区）的合作、交流、发展，福建海丝文献在相关活动中得到开发和利用，发挥了史料价值。莆田市政府举办的湄洲妈祖文化旅游节，自2010年起由国家旅游局和福建省共同举办，其国内和国际影响力也不断提升。2017年11月，在福州马尾区琅岐海峡青年交流营地举办了第四届丝绸之路国际电影节，电影节邀请到来自42个国家及地区的电影主管部门、驻华领事、电影机构、出品方及制片方等官员嘉宾近百人。境外嘉宾规格和人数居福建省有史以来所有涉外活动中之最，使第四届海丝电影节的影响力延伸至欧、美、亚、非各大洲，向世界全方位展示了福建、福州、琅岐开展国际间合作的姿态和水平,与海上丝绸之路沿线国家城市增进交流,共谋发展。

五 开发具有地方特色

福建海丝文献的开发具有鲜明的地方特色。具体表现为以下几点。

一是福建海丝文献的开发活动与福建地方文化紧密结合。福建是临海省份,自古以来与海外联系密切,很多地方文化都具有海丝特色,如海洋文化、船政文化、妈祖文化、闽台文化、华侨文化等。通过利用开发福建海丝地方文献,弘扬福建地方海丝文化,挖掘福建海丝历史文献价值,为建设"21世纪海上丝绸之路"架桥铺路。福建各地方结合地方文化特点开展了举办研讨会、讲座、学术论坛、进行图书展览、编辑出版图书、开发专题数据库等一系列各具特色的开发活动。以海丝相关数据库开发为例,福州地方海丝文化以船政文化、闽都文化为主,福州市图书馆开发了"船政文化专题库"、闽江学院图书馆开发了"闽都文化特色库"等;莆田以妈祖文化为主,莆田学院牵头开发了妈祖文化资料库;厦漳泉以港口文化、闽南文化、闽台文化、华侨文化为主,泉州市图书馆开发的闽南文化·海丝文化特色数据库、厦门大学图书馆开发了东南海疆研究数据库和闽台族谱数据库、华侨大学图书馆开发了华侨华人人物数据库和华侨华人图片数据库等。

二是福建海丝文献的开发活动与福建海丝遗址结合起来。福建是古代中国海上丝绸之路的重要起点,福建拥有数量众多、保存较好的海丝文献和历史遗存,而福建海丝文献的开发活动往往与海丝遗址发现、挖掘和利用紧密结合在一起。福建各个地方的海丝遗存类型不同,如泉州漳州的古港口遗址、德化的古窑址、莆田的妈祖祖庙、福州长乐郑和下西洋遗址、马尾的船政文化遗址等,这些遗址有些建立了博物馆和纪念馆,编辑出版了一系列与海丝遗址相关的史料汇编和研究论著,围绕海丝遗址举办各种学术研讨会,组织开展海丝文化宣传活动,传播了海丝精神,扩大了海丝文化的影响力。如莆田是海峡和平女神妈祖的故乡,他们利用海丝文献不断深化以妈祖为主题开展的各项活动,以湄洲妈祖文化旅游节为例,随着举办的规模层次不断提高,旅游节的内容、形式更为丰富,如"妈祖祭典""妈祖颂""妈祖文化灯光秀""《妈祖回家》电影"等,进一步提高了妈祖文化的宣传和利用效率,促进了妈祖文化的广泛传播。

第十二章　福建海丝文献开发方式

福建海丝文献内涵深厚，价值突出，内容涵盖政治、经济、科技、文化等诸多方面，对其进行深入开发意义重大、影响深远。福建海丝文献的开发可分为直接开发和间接开发，主要开发方式有三大类：一是服务开发，如编制海丝书目索引、开发建设海丝数据库、建设海丝网络资源；二是研究开发，如编辑出版海丝书籍、开展海丝学术研究活动；三是普及开发，如举办各类海丝展览、进行海丝宣传推介活动、举办海丝文化艺术旅游节、开发创作海丝文艺作品等。

第一节　编制海丝书目索引

福建海丝文献开发的主要方式之一是编制福建海丝文献书目索引，为福建海丝历史文化研究提供资料线索，使研究者便于获取所需资料。目前专门的福建海丝文献的书目索引较少，多是包含海丝内容的综合性文献书目索引，以各类福建地方文献相关书目索引居多，在其中可查找到福建海丝相关历史文献的踪迹，同时也为福建海丝文献书目索引的编制提供了依据和参考。

福建海丝文献书目索引的编制机构多为图书馆和档案馆等海丝文献收藏机构，因其收藏的相关文献资源较为丰富，所以系统全面揭示馆藏海丝文献资源，满足相关信息用户的利用需求，发挥和挖掘海丝文献的价值，是这些收藏机构编制相关书目索引的主要目的。一般来讲，公开出版的海丝文献书目索引多是将多个收藏机构的相关收藏汇集起来编制而成，收入书目数量较多，比较系统全面，便于广大研究者了解相关文献整体情况并提供查找利用线索。而没有公开出版的海丝文献书目索引多为馆藏相关文献书目索引，它仅是以某一个收藏机构的相关收藏为书目编制对象，收入书目数量有限，通常不够系统全面，编制的目的主要是服务本馆读者利用查找本馆相关文献。

一 与海丝内容相关的专门文献书目索引编制

由于海丝文献内容包罗万象，类型多样，所以与海丝内容相关的专门文献书目索引也多种多样。专门的海丝文献书目索引主题突出，同类相聚，相对系统全面，查找起来十分便利。如福建省档案馆汇总福建省13家档案馆的馆藏华侨档案目录进行编辑整理出版的《民国时期福建华侨档案目录汇编》（海峡文艺出版社出版，2017年11月），由郑丽航、蒋维锬主编的《妈祖研究资料目录索引》（海风出版社出版，2005年）。此外，还有一些书目提要的编制，如由王民、赵建群等编写的《福州"船政文化"研究成果调查与分析》（福建省文史研究馆编，2010年）就属于书目提要。

二 包含海丝内容综合文献书目索引编制

包含海丝内容的综合文献书目索引多根据某种文献类型进行汇集编制，收入书目数量较多，主要分为如下几种类型。

1. 地方文献书目索引。如最早开始辑录福建地方文献的书目《福建地方文献及闽人著述综录》（1962年本，1986年重印，内部发行），该综录对现存国内60余家图书馆所藏清代以前福建典籍进行著录。

2. 地方志书目索引。如由郭天沅主编，杨起予、陈慧杰编著的《闽志谈概》（1987年），该书为兼有学术性和工具书性质的地方志检索丛书，书中对福建各类地方志进行了逐一评析，便于读者检索。

3. 口述文献目录索引。如日本学者濑户口律子、佐藤晴彦著有《琉球官话课本〈白姓官话〉〈学官话〉〈官话问答便语〉语汇索引》（大东文化大学东洋研究所，1997年3月）。

4. 谱牒目录索引。为了更好地保存福建谱牒文献以传承中华文化，要对现有的以及亟待抢救的福建谱牒文献进行整理编目，如《泉州谱牒华侨史料与研究》（上、下）等。

5. 地方史研究论文索引。如福建师范大学历史系地方史研究室编写《福建地方史论文目录索引（1904—1949）》（1986年1月，油印本），后更名为福建师范大学历史系学生地方史学会编写《福建地方史论文目录索引（1977—1990）》（1993年3月，油印本）等。

第二节　开发建设海丝数据库

随着信息网络技术的革新与知识获取方式的转变，客观上为海丝文献的数字化建设创造了可行条件。对涉及海上丝绸之路相关内容的古籍、地方志、口述文献、谱牒资料、影音文献、专著及期刊等进行数字化转换，并建成海丝文献书目数据库、海丝文献专题数据库和海丝文献全文数据库等，这是目前进行海丝文献开发的重要方式。福建海丝文献数据库开发建设可以为用户提供系统全面的海丝文献资源，贡献源于海丝文献内容又高于其固有功能的海丝文献数字化产品，满足用户对海丝历史文献的利用需求。海丝数据库形式主要有书目型、全文型、图片型和多媒体型等类型数据库。福建图书馆等文献收藏机构所建立的有关海丝数据库多以全文型数据库为主，书目型数据库多以馆藏书目为主，图片型数据库和多媒体型数据库数量较少。

一　海丝文献书目型数据库

书目型数据库是指在统一的机读目录数据格式下，按照规范的编目标准加工而成，并最终以计算机网络系统形式向用户提供文献书目数据资源检索的目录数据库[1]。福建海丝书目型数据库主要形式包括书目数据库、题录数据库、文摘数据库、馆藏目录数据库等，通过对海丝文献的内外特征进行半结构化或结构化描述，以满足用户查检相关书目、文摘等信息的基本要求。

---

[1] 陈彬强：《闽台文献资源建设与利用研究》，《图书馆工作与研究》2012年第2期。

海丝书目数据库的建设为海丝文献查阅、搜寻提供了便利，也是海丝数字资源开发研究的前提。福建省文献书目数据库数量较多，多为综合性书目数据库和馆藏数目数据库，有关海丝专题性书目数据库数量较少。目前开发建成的与海丝相关的书目型专题数据库有厦门大学图书馆的"东南亚及闽台研究数据库"等。综合性数据库也收录有部分海丝文献资源，如福建省公共图书馆的"福建省公共图书馆地方文献联合目录"、厦门市图书馆的"闽南地方文献联合目录数据库"、漳州市图书馆的"漳州文库"书目库等。题录数据库是书目数据库的分支和补充，主要收录海丝文化主题相关的文献资料，在建库时，可依据海丝文献的具体类型、内容、读者需求等标准划分成多个数据库，充分满足用户对海丝文献多角度、全方位的检索要求。如福建省图书馆开发建设的"福建家谱提要"则收录有872种家谱内容提要[1]。文摘数据库多以单篇文献为单元，对海丝原始文献的题名、作者、来源、主题、文摘等内容进行著录，海丝文献的内容摘要不仅是对文献主题的扩充，更是对全文内容的高度概括，通过内容摘要，用户即可整体把握文献的主要内容。馆藏文献书目数据库较多，如福建师范大学图书馆基于馆藏开展的书目库建设，分别建设有"馆藏族谱目录数据库""馆藏民国福建和台湾专题文献数据库""馆藏民国期刊论文题录数据库""馆藏民国期刊目录数据库""福建三十六种新编地方志人物传记目录数据库"等共计11个书目库。

二 海丝文献全文型数据库

全文型数据库是海丝文献数据库建设中的重要形式，也是数据库建设的重点，它包括文字、图片和多媒体等多种内容形式。它集文献检索与全文提供于一体，使用户检索后能够获得所需的一次文献全文，节省了用户的时间和精力，使之更快捷地获得所需文献全文或其主要部分内容，检索结果质量较高。目前所建成的海丝全文型数据库收录内容多数是采用扫描技术，如OCR、人工扫描等，优先数字化内

---

[1] 陈彬强：《闽台文献资源建设与利用研究》，《图书馆工作与研究》2012年第2期。

容价值高、版本珍稀、无版权纠纷的海丝文献。

福建省海丝全文数据库的建设主要有两种：一是以海丝命名的海丝专题全文数据库。该类全文数据库的建设对于海丝文化的研究提供了全面系统的信息支撑，主题突出，但数量不多，如闽南文化·海丝文化特色数据库、泉州市图书馆中的海丝特色库等。二是含有海丝内容或设立相关栏目的地方文献类数据库。此类数据库在福建省各机构中建设较多，如福州市图书馆的福州地方文献数据库、船政文化数据库、馆藏地方文献数据库、集美大学图书馆的陈嘉庚研究数据库、莆田学院图书馆的妈祖文化资料库、晋江市图书馆的晋台族谱数据库、闽南师范大学的闽南地方文化特色数据库、福建省档案馆馆藏侨批档案全文数据库等。

三 图片型和多媒体型数据库

图片型数据库、多媒体型数据库是海丝数据库建设的新型模式之一，直观性强，符合用户群体的需求。该类型数据库主要形式是图表、舆图、照片、录音、录像等，运用翻拍、扫描、整合等技术手段制成数字资源建立起来的多媒体数据库。多媒体数据库的建立实现了海丝文献资源的直观化、可视化、立体化的保存，既为用户带来了强烈的感官感受，也有利于对海丝非传统文献资料类型的保护。同时，解决了长期以来原始海丝文献资源"藏"与"用"之间的矛盾，并以其动态、直观、生动的展现形式，为用户提供一种崭新的服务模式，在保证原始海丝文献安全的基础上提升了其利用率。

福建海丝图片型和多媒体型数据库主要有两种形式：一是独立的图片型和多媒体型数据库。如福建省图书馆的海上丝绸之路专题数据库、华侨大学图书馆中的华侨华人图片数据库。二是图片和多媒体资料是全文型数据库的重要组成部分。如福建省图书馆建设的"福建文化记忆"专题资源库和莆田学院开发的"妈祖文化资料库"，不仅包含相关文献书目和全文，还包含与主题相关的图片库、音乐库、视频库等。

第三节　建设海丝网络资源

福建省有关海丝文化的文献数量丰富，海丝遗址众多，各相关机构十分重视海丝网络资源建设，并通过相关网站进行宣传和提供社会利用。福建省各机构设有有关海丝文化的专门网站和相关栏目较多，内含海量海丝文化内容的网络资源。福建海丝数字资源信息门户网站类型主要有两种，一类是专题性的海丝门户网站，另一类是开辟有海丝文化研究栏目的综合性门户网站。

一　专题性海丝门户网站

专题性海丝门户网站是专门以海丝相关内容为依据创建的网站，网站中的信息资源多以海丝历史文献为依据进行阐释，开设栏目类型多样，包括海丝历史、海丝要闻、海丝史迹、海丝会议、海丝商贸活动、海丝文化宣传等。有的网站与海丝数据库链接在一起，可查找各类海丝历史文献、现代著述和论文。专题性海丝门户网站主要有如下几类。

1. 地方海丝官方网站。如海上丝绸之路（泉州）官方网站。该网站是个大型海丝文献展示专题网站，图文并茂地对泉州地方海丝文献价值进行深入揭示和挖掘。网站内含海丝要闻、海丝史迹、海丝文化、海丝论坛、海丝规划、海丝商贸与海丝沿线国家地区七个专题，每个专题下又有不同板块，各专题信息更新频率较高，有一定时效性。

2. 大学图书馆、相关学院和研究机构开发的海丝专题网站。如厦门大学文学院和厦门大学图书馆创办的海上丝绸之路网站。该网站主要有首页、海丝动态、海丝文献、海丝研究、海丝遗珍、关注海丝六个栏目（见表12-1）。

再如厦门大学"一带一路"研究院开发的海上丝绸之路网站。该网站展示内容是海上丝绸之路研究的集合，包括"海上丝绸之路研究文献目录"和"东南亚书目"两个专题书目。前一个书目收集了与

第十二章 福建海丝文献开发方式

海上丝绸之路研究相关的著作和论文目录信息,而东南亚书目的数量可观,种类多样,跨语种、跨年份,具有较高的研究利用价值(见表12-2)。

表12-1 厦门大学海上丝绸之路门户网站内容一览

	内容
首页	收录有6张照片:(1)郑和航海路线(图);(2)福建与长崎间的中国商船(图);(3)忽必烈汗监督金银兑换纸币(图);(4)荒废了的古里旧港(图);(5)地理大发现时代的葡萄牙舰队(图);(6)鄂多立克游历中国(图)
海丝动态	发布有12条记录:(1)泛北合作推动"海上丝绸之路"建设;(2)海上丝绸之路暖风频吹;(3)杜鹰:推进海上丝绸之路建设要加强六大领域合作;(4)广西海上丝绸之路重点推进八大产业合作;(5)蒋正华:四建议促泛北合作发挥海上丝绸之路先导效应;(6)复兴"海上丝绸之路";(7)海交会将举行海上丝绸之路展示馆首次亮相;(8)通过六大战略支点打造"21世纪海上丝绸之路";(9)海上丝绸之路沿岸国家主流媒体"走马"广东;(10)建设"21世纪海上丝绸之路"论坛在广州召开;(11)中国"海上丝绸之路"新提法引国际关注;(12)海洋日关注海上丝路:国家和孩子的海洋梦一同放飞
海丝文献	包括两部分:高事恒所藏东南亚研究书目、海上丝绸之路史料目录(总共有57条数据,具体包括中文汉籍之部41条数据,日本汉籍、合籍之部2条,韩国汉籍之部2条,越南汉籍之部1条,波斯、阿拉伯地理著述之部7条,西文之部4条。)
海丝研究	收录有著作40部,论文5篇
海丝遗珍	6张照片
关注海丝	名称:海上丝绸之路研究,简介:重现海上丝绸之路历史,探求"四海之内皆兄弟"之文明秩序,关注数,粉丝数

表12-2 海上丝绸之路总体研究集合(东南亚目录)

类别		语言		出版年份、数量	
中国东南亚古籍	22册	中文 339册			
年鉴、辞典、目录、地图	39册				
东南亚综合概况	111册			1900年以前	2册
历史、地理	36册	日文 413册		1901—1910年	4册
民族、风俗、文化、宗教	28册			1911—1920年	14册
经济资源	77册			1921—1930年	61册

续表

类别		语言	出版年份、数量	
华侨	89 册	英文 128 册	1931—1940 年	230 册
帝国主义侵略和民族解放运动	10 册		1941—1948 年	417 册
越南、老挝、柬埔寨	52 册		1949—1963 年	103 册
泰国	53 册		未列年期	52 册
缅甸	25 册	泰文 3 册		
印度、巴基斯坦、锡兰	49 册			
马来西亚、新加坡、沙巴州	65 册			
印尼	100 册			
菲律宾	41 册			
报纸、杂志	86 册			
合计	883 册			

注：该目录数据信息来源于厦门大学"一带一路"研究院开发的海上丝绸之路网站。

3. 为开展海丝活动专门开设的海丝专题网站。如海上丝绸之路国际艺术节官网。该网站是为迎接第三届海上丝绸之路国际艺术节在泉州举办而专门开发建设的海丝专题性网站，由福建省重点新闻网站泉州网承建。该网站以"展示、交流、合作、提升"为宗旨，主要有文字、图片、视频等形式，共设置了 7 个板块，其中"非遗 VR 展馆"是利用 VR 展现技术将泉州地方海丝文献资料详细整理分类并开发成线上虚拟博物馆，详细介绍了泉州"非遗"项目的起源、传承、表现与价值等，通过 VR 技术手段实现交互及动态虚拟现实演示，在网络上细致展示泉州各类海丝文字资料、海丝文物、海丝非物质文化遗产，是有很强直观性的海丝专题展示库。

二 综合性和专门性网站中海丝专题栏目

除了上述海丝专题网站，福建省海丝网络资源还广泛散见于各类综合性相关网站中，这些网站中多设立专门与海丝相关的栏目，在福建省地方相关机构网站、博物馆网站、档案馆网站、地情网站等。主要有如下几类。

第十二章　福建海丝文献开发方式

1. 地方综合性网站中的海丝专题栏目。如泉州网站中"海上丝绸之路"专题分为"聚焦海上丝绸之路""古代海上丝绸之路""现代海上丝绸之路""泉州海丝机遇""重走海上丝绸之路""海丝国际研讨会""海上丝绸之路艺术节"七大部分，以古代海丝路历史联系21世纪新海丝路全方位地对泉州海丝进行专题宣传。

2. 地方专门性网站中的海丝专题栏目。如泉州地方志网站中的"海丝史迹"专栏展示了82篇泉州海丝史迹研究文献，内容基本覆盖泉州海丝史迹的各个方面，在泉州海丝史迹文献开发揭示方面比较系统深入。再如莆田湄洲网设有妈祖新闻、妈祖故事、妈祖神庙、妈祖信仰、妈祖研究、妈祖与海丝等栏目，其中专门设有"妈祖与海丝"专栏，其具体收录内容比较全面（见表12-3）。

表12-3　　　　　莆田湄洲网内容一览

序号	"妈祖与海丝"专栏内容
1	妈祖是海丝精神的践行者——访加拿大渥太华大学文化研究中心主任、国际著名文化人类学家玛丽博士
2	"海丝"视野下妈祖文化交流活动频繁
3	中国古代的妈祖文化是如何通过海上传播的
4	海外"安澜之神"——妈祖
5	妈祖之光普照"海丝"
6	"海丝"一带妈祖情
7	妈祖文化：海上丝绸之路的精神家园
8	妈祖与海上丝绸之路

3. 政府创办的地情网站中的海丝专题栏目。如福建省情资料库网站。该网站设有《福建概况》《省志》《地方志》《县志》《旧志》《综合年鉴》《土地信息文献》《福建史志》《闽台边界》《网上书店》等与海丝内容相关栏目。它集准确性、权威性和政府性于一体，收录了丰富的海丝数字资源，是社会各界了解福建地情的重要窗口。

第四节　编辑出版海丝书籍

福建海丝历史文献是记载福建区域内海丝活动历史的重要史料，是海上丝绸之路精神传承的基础，文献内容涵盖福建地方海丝活动的各个方面，为地方史研究提供了可靠的资料。现代学者编辑撰写并印刷出版的海丝著述是对福建海丝历史文献开发利用的主要成果，也是对海丝文化的传承，其主要形式有著作、论文集等。

一　编辑出版海丝相关著作

自建设"21世纪海上丝绸之路"倡议提出后，作为海丝核心区的福建省在对海丝历史的研究上成果显著，现代学者编辑出版的海丝相关著作数量大、种类多，深入解读和揭示海丝历史文化内涵，促进了福建区域文化研究，对福建政治经济发展决策咨询等方面具有独一无二的咨询参考价值。利用海丝历史文献进行研究并编辑出版的福建海丝著作成果主要有如下几类。

1. 海上交通研究成果。如《泉州港与古代海外交通》（文物出版社出版，1982年）、林开明的《福建航运史：古、近代部分》（人民交通出版社出版，1994年）、廖大珂的《福建海外交通史》（福建人民出版社出版，2002年）等。

2. 对外经贸研究成果。如林精华所著的《福州商贸文化丛谈》（福建省文史研究馆编，2013年）、郑有国的《福建市舶司与海洋贸易研究》（中华书局出版，2010年）等。

3. 对外文化交流研究成果。如林金水、谢必震的《福建对外文化交流史》（福建教育出版社出版，1997年），林金水、吴巍巍、崔军锋等著的《福建与中西文化交流史论》（海洋出版社出版，2015年），李冀平、朱学群的《泉州文化与海上丝绸之路》（社会科学文献出版社出版，2007年）等。

4. 宗教信仰研究成果。如徐晓望的《福建民间信仰源流》（福建教育出版社出版，1993年）、《妈祖文化志》（福建方志委、台湾妈祖联谊会合编,国家图书馆出版社出版,2018年)、《湄洲妈祖志》(方志出版社出版,2011年)等。

5. 谱牒文献研究成果。如陈支平的《福建族谱》(福建人民出版社出版,1996年)、庄为玑、郑山玉的《泉州谱牒华侨史料与研究》(中国华侨出版社出版,1998年)等。

6. 福建海丝历史研究成果。如潘茹红所著的《海洋图书变迁与海上丝绸之路》(厦门大学出版社出版,2018年)、谢必震主编的六卷本《图说福建海上丝绸之路》(福建教育出版社出版,2018年)、泉州市地方志编纂委员会编纂的《泉州海丝史话》(海峡书局出版,2015年)等。

7. 船政文化研究成果。如福建师范大学林庆元教授著的《福建船政局史稿》(福建人民出版社出版,1986年,1999年修订)等。

8. 海丝历史人物研究成果。如厦门市郑成功纪念馆编的《郑成功文物史迹》(文物出版社出版,2004年)、台湾林崇镛先生引用《海防档》资料编写的《沈葆桢和福州船政》(台湾联经出版事业公司出版,1987年)等。

9. 华侨华人历史研究成果。如林国平、邱季端的《福建移民史》(中国社会科学出版社出版,2005年),福建省档案局与高校、研究机构及专家学者合作编辑出版的《中国侨批与世界记忆遗产》(鹭江出版社出版,2014年),王朱唇、张美寅编著的《闽南侨批史话》(中国广播电视出版社出版,2006年)等书籍。

二 编辑出版海丝相关论文集

开发福建海丝历史文献,不仅可以深入挖掘和弘扬海丝文化,再现真实的历史原貌,而且对今后海丝相关研究工作的顺利开展提供了可靠的文献资源。近年来,福建省海丝相关研究活动十分活跃,相关研究论文众多,一些高质量的研究成果已结集出版,促进了学术交流,影响深远。福建海丝相关论文集出版有以会议结集论文出版和以主题结集论文出版两种形式。

1. 以海丝相关主题会议论文为主编辑出版的会议论文集

随着福建海上丝绸之路相关研究的开展，各学术团体和有关机构相继组织各类海丝学术会议和学术论坛，除了少数为专题性的海上丝绸之路会议，多数是与海丝相关的学术会议，这些会议产生了大量海丝研究成果，这些研究成果是在利用海丝历史文献的基础上完成的，其结集出版是对福建海丝文献的开发的重要成果。如由福建人民出版社出版的《中国与海上丝绸之路：联合国教科文组织海上丝绸之路综合考察泉州国际学术讨论会论文集》（1991年1月）、由中国社会科学出版社出版的《"泉州港与海上丝绸之路"国际学术研讨会论文集》（2002年）、福州市船政文化研究会整理出版的《第二届中国（福州）船政文化研讨会论文汇编：纪念马江海战120周年和沈葆桢抚台130周年》（2004年9月）、收入作者多来自福州船政和辛亥革命志士后人的《一片热诚佐自强：福州船政与辛亥革命研讨会论文汇编》（2011年）、《海峡论坛第八届海峡两岸船政文化研讨会论文选编：船政文化与中国近现代科技教育发展》（2017年6月）、由海峡文艺出版社出版的第四届闽都文化论坛论文集《海外福州人与海上丝绸之路》（2017年1月）、第七届闽都文化论坛论文集《闽都文化与开放的福州》（2018年9月，稿本）等。

2. 以海丝相关主题研究成果为主编辑出版的成果论文集

福建地区的学术研究团体结合自身研究领域，将有关福建海丝历史发展的各个方面的研究成果分主题汇集出版，这些独具福建地方特色的海丝研究成果，极大地丰富了福建地方史的研究，在弘扬海丝精神上发挥了重要作用。如《历史名城 海丝门户：福州海上丝绸之路论文集》，书中辑录了来自不同研究领域的30多位学者关于福州海丝研究的最新成果；由中国航海学会、泉州市人民政府合作编撰，泉州港务局和泉州港口协会联合出版的《泉州港与海上丝绸之路论文集（第一辑）》（中国社会科学出版社出版，2002年）、《泉州港与海上丝绸之路：纪念郑和下西洋六百周年论文集》（中国社会科学出版社出版，2005年）；福建省文史研究馆整理出版的《船政足为海军根基：福州船政与近代中国海军史研究论文集》（2010年），其中收入了由福建师大历史系"船政文化研究课题组"王民、赵建群、张麟撰写的《福州"船政文化"研究成果调查与分析》；著名船政专家陈道章先生将历年船政研究学术文章55篇汇集出版的《船政研究文集》；福建省马尾船政文化研究会会长沈岩著的《沈岩船政研究文集》（社会科学文献出版社出版，2016年）；郑新清精选船政研究论文80多篇结集出版的《船政文化研究选集——纪念船政创办150周年》（鹭江出版社出版，2016年）；等等。

第五节　开展海丝学术研究活动

利用福建海丝历史文献开展各类研究活动是海丝文献开发的重要形式。对福建海丝历史进行研究离不开海丝文献，只有在掌握所研究的相关海丝文献的基础上，并对文献进行分析、考证和研究，才能揭示福建海丝历史的真实面貌。福建省利用海丝文献开展的学术研究活动主要形式有学术会议、学术论坛和讲座等。其中学术会议和学术论坛举办数量较多，参与机构众多，涉及海内外多个国家和区域。由于福建是海丝发源地，相关机构纷纷在福建各地举办各类海丝学术会议，特别是"一带一路"倡议提出以后，以福建海丝为主题的学术研究会议、论坛增多，举办方式多样，主要有四种：一是由福建各级政府或机构主办；二是由福建各级政府或机构与国家相关部门或学会等机构联合主办；三是由福建各级政府或机构承办；四是福建与海外相关机构联合主办或轮办。

一　福建各机构主办和与国内各机构联合主办的海丝学术会议

福建海丝学术讨论会分为一次性举办的海丝会议和常态化主办的海丝会议两种类型。按会议主题可分为6类。

1. 以福建海丝历史名人为主题的学术研讨会

福建是海丝活动最为活跃的地区，参与海丝活动的历史名人较多，福建主办纪念这些历史名人与海丝相关的学术研讨会都取得了丰硕成果，影响较大。如"纪念郑和下西洋五百八十周年学术讨论会"

（1985 年 6 月）、"纪念郑和下西洋 590 周年学术研讨会"（1995 年 7 月）、"中国·漳平王景弘学术研讨会"（2004 年 7 月，福建省国际文化经济交流中心和龙岩市人民政府联合主办）、"郑和、王景弘：从海峡西走向世界——福建省纪念郑和下西洋六百周年学术研讨会"（2004 年 12 月，福建省政府主办）、"陈文龙信仰与海上丝绸之路研讨会"（2016 年 9 月，福州市台江区民宗局主办）、"纪念王审知入主福州 1124 周年暨海上丝绸之路源史研讨会"（2017 年 6 月，福州市王审知研究会主办）等。

2. 以福建海事为主题的学术研讨会

福建海岸线较长，海事活动频繁，历史上与海丝联系密切，相关的研讨会也在福建沿海多地举办，如"福船、闽商与海上丝绸之路学术研讨会"（2018 年 11 月，福州大学主办）、"21 世纪海上丝绸之路群岛：'一带一路'上的岛屿学术研讨会"［2019 年 11 月，自然资源部海岛研究中心、海岛动态研究会（丹麦）、海岸灾害及防护教育部重点实验室（河海大学）、福州律协涉外商事专业委员会（"一带一路"委员会）、海法与自贸港区建设研究中心主办］等。

3. 以福建海丝遗迹为主题的学术讨论会

福建海丝遗迹众多，目前保存的海丝历史文化遗存主要为以下几类：一是海丝古渡，二是海丝民间信仰及其庙观，三是海丝古桥、古塔、古城，四是海丝家族古厝、古祠堂，五是海丝古村落，六是古窑址、古茶园，七是摩崖石刻。关于福建海丝遗迹的学术研讨会多在海丝遗迹所在地举办。如"福州马尾与海上丝绸之路理论研讨会"（2015 年 6 月，福州市马尾区政府主办）、"明代漳州月港研究学术讨论会"（1982 年 10 月，中共龙溪地委宣传部、福建省历史学会厦门分会、中共龙海县委宣传部主办）、"首届月港海丝文化论坛"（2015 年 12 月，龙海市委宣传部、中共龙海市委党校、龙海市文化广电体育局、龙海市社会科学界联合会、龙海市海澄镇人民政府主办）、"海上丝绸之路与福州开元寺学术座谈会"（2014 年 9 月，福州市民族宗教局主办）、"王审知开辟的甘棠港在琅岐岛学术论证会"（2014 年 5 月）、"首届海峡两岸福清海上丝路历史文化遗存保护开发研讨会"（2017年6月，中共福清市委宣传部与福州晚报主办）等。

4. 以福建地域文化为主题的学术讨论会

福建历史悠久，福建历史文化影响深远，流传至今，与海丝相关的福建文化有海洋文化、闽都文化、闽南文化、闽台文化等。以福建文化为主题的学术讨论会如"福建省海洋文化学术研讨会"（2007年10月，福建省炎黄文化研究会和福州市政协、省社科联、省海峡文化研究会主办）、"漳州海商论坛"（2009年起，漳州市政协主办）、"第三届闽都文化学术研讨会"（2014年4月，福州市闽都文化研究会、台湾中国文化大学、台湾实践大学主办）、"第五届闽都文化论坛暨两岸青年文化研讨会——近代以来福州与台湾"（2016年11月，福州市闽都文化研究会、高雄师范大学、厦门大学台湾研究院主办）、"首届海上丝绸之路核心区文化发展论坛研讨会"（2018年1月，福州市委宣传部主办）、"海峡两岸闽南文化研讨会"（始于2001年，每两年举办一次，厦门市政协、厦门大学台湾研究中心等机构共同主办）、"第三届闽台文化学术研讨会"（2006年10月，福建省炎黄文化研究会、莆田市人大、莆田市政协、中华妈祖文化交流协会主办）、"闽都文化与开放的福州研讨会"（2018年9月，福州闽都文化研究会、厦门大学南洋研究院、华侨大学华侨华人研究院主办）等。

5. 以海丝历史为主题的学术讨论会

福建是海丝创建和始发地，海丝历史悠久，海丝文化遗存丰富，关于海丝历史研究成果丰硕，各机构举办有关海丝历史的学术讨论会较多，如"'丝绸之路'历史进程中的中国——'中国与东南亚'国际学术讨论会"（1997年12月，联合国教科文组织、泉州市政府主办）、"2017年中国高校社会科学前沿论坛——中国与世界：多元视野下的海上丝绸之路研讨会"（2017年5月，《中国高校社会科学》编辑部、厦门大学国学研究院主办）、"海上丝绸之路·中国—东南亚互通共享国际论坛"（2017年11月，福建师范大学主办）等。

6. 以专项研究为主题的学术讨论会

海丝内容丰富，涉及多个方面，召开的学术会议研究的内容也多种多样,如"福建省钱币学会第二次会员代表大会、第五次东南亚历史货币暨海上丝绸之路货币研讨会"(1994年10月,福建省钱币学会)、"《闽台历代方志集成》整理出版项目及海丝历史文献资料收集整理专家学术研讨会"(2015年5月,福建省地方志编委会主办)、"中国古陶瓷学会2016年福建会员大会暨福建陶瓷与海上丝绸之路学术研讨会"(2016年10月,中国古陶瓷学会福建分会主办)、"丝绸之路文献遗产保护和利用国际研讨会"(2018年11月,福建省档案局、国际档案理事会东亚地区分会主办)、"第12届亚洲新人文联网会议暨'海上丝绸之路:回顾与前瞻'国际学术研讨会"(2015年3月,厦门大学人文学院和嘉庚学院联合主办)等。

7. 以福建地方城市与海丝关系为主题的学术讨论会

福建滨海城市参与海丝活动历史悠久,与海丝沿线各国关系密切,在海港建设、海上交通、对外贸易、宗教传播、文化交流、华侨华人等方面,福州、泉州、厦门、漳州、莆田等地都有丰富的海丝历史遗存,从城市在海丝历史发展中的地位作用的角度进行探讨研究,对弘扬海丝精神、发展地方经济、建设"21世纪海上丝绸之路"意义重大。以福建地方城市与海丝关系为主题的学术讨论会举办比较多的是福州和泉州,如"泉州港与海上丝绸之路国际学术研讨会"(2002年9月,中国航海学会、泉州市政府联合主办)、"历史名城海丝门户:福州海上丝绸之路学术研讨会"(2014年8月,福州市委宣传部、市文化新闻出版局联合主办)等。影响较大的还有闽都文化论坛,该论坛自2012年起每年在福州、北京、台北、吉隆坡等海内外各地举办,会议主题多与海丝文化相关,如第二届闽都文化论坛主题为"闽都文化与开放型经济"、第四届主题为"海外福州人与海上丝绸之路"、第六届主题为"福州人与'一带一路'"。

8. 以妈祖信仰为主题的学术讨论会

福建是妈祖文化的发源地,为弘扬、传播妈祖文化精神,充分发挥闽籍华侨华人的强大力量,推动海峡两岸和香港、澳门及"海丝"沿线国家地区人文交流、经贸合作,以妈祖文化为主题的学术讨论会年年都有召开。这些学术会议推动了妈祖文化与海洋文明紧密结合,

第十二章 福建海丝文献开发方式

打响妈祖文化国际品牌,也促进了妈祖文献的利用,彰显了妈祖文献的价值。以妈祖信仰为主题的会议影响最大的是由莆田学院妈祖文化研究院联合各机构主办的妈祖文化论坛和妈祖学术讨论会。如"第二届妈祖文化论坛暨 2016 年妈祖学术研讨会"(2016 年 10 月 30 日至 11 月 3 日,中国社会科学院与莆田学院联合主办)、"第二届贤良港妈祖文化论坛暨妈祖与海丝学术研讨会"(2018 年 5 月,福建师范大学社会历史学院与中国社会科学院世界宗教研究所、中国宗教学会、福建省艺术研究院、莆田学院和莆田经济开发区在莆田贤良港主办)、"第五届国际妈祖文化学术研讨会"(2019 年 10 月,中国社会科学院古代史研究所、中国海洋发展研究会、莆田学院联合主办)等。

9. 以华侨华人为主题的学术讨论会

福建是华侨华人移民的主要中转地,自先秦闽越国时期起,在汉唐、宋元、明清等各个时期福建向台湾移民、闽人向海外移民数量巨大,移民对民系、家族、方言、宗教信仰发展有较大影响,同时,华侨华人以及港澳台胞对福建经济发展也做出了贡献。因此,在福建举办的以华侨华人为主题的学术会议较多,如"中国侨批·世界记忆国际学术研讨会"(2012 年,福建社会科学联合会主办)、"海上丝绸之路与伊斯兰文化国际学术讨论会"(1994 年 2 月,联合国教科文组织丝绸之路项目机构、中国联合国教科文组织全国委员会、中国伊斯兰教协会、福建省人民政府、福建社会科学院、福建省旅游局、泉州市人民政府和福建省海上丝绸之路研究会联合主办)、"(福建省厦门市)集美区社科论坛暨首届华侨文化研讨会"(2014 年 12 月,集美区委宣传部、集美区社科联、华侨大学华侨华人研究院主办)、"华侨华人与海上丝绸之路研讨会"(2015 年 11 月,《福建华侨史》编委会主办)、"海上丝绸之路历史上的移民与贸易"(2016 年 12 月,中国海外交通史研究会、泉州海丝申报世界文化遗产工作小组联合主办)等。

10. 以船政文化为主题的学术讨论会

船政文化是海上福州优秀文化传统与中国近代发展趋势相结合的产物,以船政文化为主题的学术讨论会影响较大的主要有:一是中国

（福州）船政文化研讨会。自2003年首届中国（福州）船政文化研讨会的召开，以及福州市船政文化研究会的正式成立，标志着以福州船政文化为主题的研究活动逐步向系统化、专业化、整体化的阶段发展。在这一时期，相关船政文化学术会议开展、船政史料汇编整理等工作也步入了正轨。如2014年8月，由中国太平洋地区合作委员会、《太平洋学报》编辑部、华中师范大学近代史研究所、福建船政交通职业学院、马尾造船股份有限公司、福建社会科学院文献信息中心联合主办的"船政文化与海上丝绸之路"第六届中国（福州）船政文化研讨会。二是海峡两岸船政文化研讨会。该讨论会由福州市人民政府、台盟福建省委员会、福州市政协、福建省文史研究馆等机构主办。自2010年10月第一届海峡两岸船政文化研讨会开展以来，每年举办一届，相关船政研究方面的成果较为丰富，如整理出版的《海峡论坛第八届海峡两岸船政文化研讨会论文选编：船政文化与中国近现代科技教育发展》（2017年6月），该会议收到两岸专家学者论文30多篇，选编论文24篇。来自海峡两岸25所高校、科研院所的专家学者携研究成果与100余名在福州高校研究生等近300人参会，共议船政文化与中国近现代科技教育发展，以及其在建设"海上福州"中的作用与地位。

二 福建各机构承办的海丝学术会议

由于福建是海上丝绸之路的发祥地，海丝文物遗址众多，很多重要的国际海丝学术会议或全国性的海丝会议多选择在福建举办，所以各机构承办的各类海丝会议较多。如2014年2月，由中国新闻社主办、泉州承办的"新世纪丝绸之路经济论坛暨丝绸之路华媒万里行"邀请了来自20多个国家的200多名海外华文媒体代表、丝绸之路沿线国家代表，共同探讨"丝绸之路新商机在何处""沿线城市如何把握发展机遇"等问题。[①] 2014年6月，"一带一路"专题研究座谈会

[①] 林剑波：《新世纪丝绸之路经济论坛暨华媒万里行活动在泉州启动》，《福建日报》2014年2月24日第2版。

在泉州举行，专家学者忆往鉴今，谋划丝绸之路重振雄风的路径。2016年6月，由国家文物局主办，福建省文化厅和泉州市政府承办的海上丝绸之路国际学术研讨会吸引了来自联合国教科文组织世界遗产中心、国际文化财产保护与修复研究中心等国际组织，以及中、日、韩及希腊等丝绸之路沿线12个国家代表出席了会议。

三 福建各机构与海外相关机构联合主办或轮办的海丝学术会议

福建各机构与海外相关机构联合主办或轮办的海丝学术会议数量不多，但影响较大，促进了福建与海外历史文化学术交流。如2014年5月，由厦门市东南亚华文文学研究会、厦门大学东南亚华文文学研究中心、泉州师范学院、菲律宾华文作家协会联合主办的"第十届东南亚华文文学研讨会"在厦门、泉州两地先后举办，近200名国内外专家学者共同探讨东南亚华文新文学与海上丝绸之路的关系。自2016年以来，华侨大学与马来西亚南方大学学院常态化联合举办中马"一带一路：海上丝绸之路"国际学术研讨会。研讨会每年一届、两校轮流承办，围绕中马关系、合作、战略与问题进行专题研讨，在中马两国产生了广泛的影响，成为中马两国智库深入交流、推动务实合作的重要平台。2017年，由福建师范大学、印度尼西亚驻华大使馆、印度尼西亚驻广州总领事馆、印度尼西亚国际战略研究中心联合主办的"海上丝绸之路·中国—东南亚互通共享国际论坛"在福州召开，来自中国、印度尼西亚、菲律宾、马来西亚等国家和地区的政府官员、高校学者、智库单位、华人侨领和在华留学生代表100余人参加。2017年5月，由厦门大学和泰国宋卡王子大学（普吉校区）在厦门大学联合举办了"泰国华人与中泰关系国际学术会议"，会议主题是泰国华人与中泰关系。2017年11月、12月，由厦门市东南亚华文文学研究会、中国东南亚研究会、厦门大学南洋研究院、泰国华文作家协会、厦门大学东南亚华文文学研究中心主办的"海上丝绸之路与东南亚华文文学——第十二届东南亚华文文学研讨会"在中国厦门、泰国曼谷举行。2018年11月，由厦门大学南洋研究院、东南亚研究中心、印度尼西亚研究中心等多个研究机构主办，印度尼西亚、日本、马来西亚相关机构协办的"第五届印尼华裔研究国际论坛暨海上丝绸之路与东南亚华侨华人：历史、现状与展望"国际学术会议在厦门大学、泉州海交馆会场举行。来自中国大陆、香港和台湾，印度尼西亚、日本、马来西亚、新加坡、菲律宾等多所高校和研究机构的60多位学者、嘉宾参与。2019年，第四届世界妈祖文化论坛"妈祖与航海"研讨会由中华妈祖文化交流协会、上海海事大学、马来西亚雪隆海南会馆共同举办，以妈祖文化与亚洲海洋文明为主题进行讨论。这些学术会议的举行，为福建海丝文献研究带来了新视野、新思维，深入挖掘海丝史料和文献价值，丰富了相关研究成果，揭示了福建海丝历史发展的原貌。

第六节　举办各类海丝展览

福建作为海上丝绸之路的重要起点和发祥地，福建抓住建设"21世纪海上丝绸之路"核心区的机遇，凸显海丝、海洋、海峡特色，搭建中外文化展示、合作平台，促进海上丝绸之路沿线国家的文化交流与合作，推动沿线国家共同建设、共同发展、共同繁荣。举办各种展览是福建文献收藏机构进行海丝文化活动的主要形式。

一　举办海丝文献展览

海丝文献展览主要有图书展览、档案展览、图片展览等形式。

（1）图书展览。福建海丝图书展览的主办方是以出版机构和图书馆、文史馆等海丝文献收藏机构为主，通过对海丝文献进行专门分类和集中管理，并向社会公众展示，不仅有利于更好保存相关文献和开发利用海丝文献，而且达到了海丝历史文化的宣传教育目的。主要展览形式有两种。

一是由出版机构组织参加的大型图书展览，如2020年9月，第27届北京国际图书博览会福建线下分会场设在福州安泰图书城，会场中间设有重点展台、出版单位展台。展会现场集中精选1000多本图书，展示福建省在主题出版、"走出去"等方面的优秀成果，并采

第十二章 福建海丝文献开发方式

用线上读书分享会等直播形式,展现福建文化。福建展区分设六大重点专题展区,其中与海丝文化相关的展区有"聚焦两岸融合发展"展区,重点展示《海峡两岸民间工艺口述史丛书》等图书;"围绕服务一带一路建设和文化'走出去'"展区,有《丝路帆远——海上丝绸之路文物精萃》《闽南侨批大全》(30册)等图书;"聚焦中华优秀传统文化"展区,重点展示"福建的世界遗产"丛书。

二是由图书馆、档案馆等文献收藏机构在馆内举办的海丝文献相关展览,有单独举办的展览,也有联合举办的展览;有单次举办的展览,也有常设的专柜展示。如福州市图书馆9楼国际问题研究区域设有"一带一路"专题书柜,保存了2013年以来各界关于"一带一路"研究的出版刊物,并及时采购最新研究成果,其中关于福州海丝专题的研究专著更是占总数的50%以上。福州闽侯的中科睿谷丝路国家主题会馆区内专设海丝文献馆,作为收集、整理、利用海丝相关文献的专业平台。馆内首批海丝文献由来自中国社会科学院、厦门大学、台湾宜兰大学、台湾中国文化大学、北京联合大学等的专家学者捐出,部分书籍为捐赠者亲著。该馆无偿为公众提供海丝沿线国家和地区的文化、科技、经济、旅游等方面的文献、资料,为海丝沿线国家和地区开展交流合作提供服务,组织开展相关文化课题研讨等[①]。福州市政协文史馆馆内藏书及一批书稿文献资料共八大类别6000余种,除了"全国各省市、福州市及各县市区文史资料""福州市历史人文基本图书",还设置了"福州与台湾、东南亚及海上丝绸之路沿线城市文化经贸交流的图书文献资料""福州近现代中西文化交流图书文献资料"等专题书柜。华侨大学图书馆设立了海上丝绸之路文献特藏专柜,该馆将收集到的泉州地方海丝文献按照年代上架,共511种专著,收藏册数518册。

(2)档案展览。福建海丝档案展览的主办方是以档案馆等海丝档案收藏机构为主,影响最大的是福建侨批展览,主要由福建省档案馆

---

① 刘琳等:《丝路文献跨海来 两岸专家学者打造"海丝文献馆"》,《福州晚报·海外版》2018年6月11日第2版。

牵头举办。特别是2013年侨批档案成为福建省首个入选世界文献遗产的项目后，福建省档案馆分别在福州、泉州、晋江、漳州等国内侨乡和泰国曼谷，印尼雅加达、泗水，马来西亚吉隆坡、新山，柬埔寨金边等海外华侨华人聚居地举办侨批展览，产生了良好的社会反响，影响深远。① 从展览的区域分，福建侨批展览形式主要有以下五种。

一是在福建省各级档案馆内举办侨批展览。如福建省档案馆举办的"百年跨国两地书——福建侨批档案展"，不仅有展品陈列还有宣传短片和互动游戏等，从"过番谋生赴重洋""云中谁寄锦书来""家书封封抵万金""世界记忆永流芳"四方面系统地展示了侨批历史发展过程以及所蕴藏的珍贵的文化价值和世界意义。② 泉州档案馆自2014年起，在馆内首设藏有3214封侨批原件的闽南侨批展览馆，定期更换分批展出，长期邀请学生前来学习、参观，通过侨批展览展现了闽南地区百年来几代华侨漂洋过海的真实历史，让更多人了解侨批，挖掘海丝文献的价值。

二是在福建省内举办巡回侨批展览。如2017年5月24日至26日，"百年跨国两地书暨侨批中的家风"福建侨批档案巡回展在泉州多地展出。福建省档案局联合外事侨务办公室等多部门联合主办巡回展，精心挖掘挑选出一批具有历史时代意义、富有典型内容的侨批档案，在福建南安雪峰华侨农场、洛江双阳华侨农场、泉州师范学院等侨乡地区进行展览。③ 2018年泉州市档案局联合市纪委，在多个县（市区）乡镇举办以"传承优秀家风 助推乡村振兴"为主题的侨批档案文化展。

三是在福建省内各级档案馆合作举办侨批展览。如2015年5月28日，福建省档案馆与泉州市档案馆、华侨大学档案馆联合举办的

---

① 刘默涵：《福建侨批展在厦门举办 用书信还原侨史人文记忆》，搜狐网，2015年10月9日，https://www.sohu.com/a/34829318_114812，2021年9月17日。
② 李方芳：《福建侨批展在厦举办》，搜狐网，2015年10月10日，https://www.sohu.com/a/34892394_114890，2021年9月17日。
③ 黄金泽：《"侨批中的家风"福建侨批档案巡回展在泉州展出》，搜狐网，2017年5月25日，https://www.sohu.com/a/143601509_783316，2021年9月17日。

"百年跨国两地书——福建侨批档案展"在华侨大学泉州校区陈嘉庚纪念堂展出。2018年1月18日,福建省档案局与漳州市档案局、诏安县档案局联合承办的"福建侨批档案展暨诏安县档案馆珍贵档案展"在诏安县档案馆开展。

四是由福建省档案馆与省外其他地区合作举办侨批展览。如2019年10月15日,由福建省档案馆与澳门城市大学图书馆、澳门文献信息学会合作主办"闽澳世界记忆与海上丝绸之路展览"在澳门举办。此次展览巧妙地将闽澳两地相关档案图片进行融合展示,直观对比和反映了福建和澳门作为古代"海上丝绸之路"重要节点,与世界其他地区文明交流交融、互联互通的历史。2018年6月29日至7月2日,由福建省侨联、福建省档案馆主办,福建省华侨历史学会、福建海外杰出女性联谊会、福建省金门同胞联谊会、金门华侨协会协办的"世界记忆遗产——福建侨批档案展"在金门县朱子祠展出,这些侨批档案记录了福建国际移民参与海上丝绸之路建设的史实,见证了中华文化与世界其他地区文化之间的交流和融合。

五是福建省档案馆在海外举办(包括联合举办)侨批展览。为弘扬海丝文化,福建省档案馆先后组织赴美国、日本及新加坡、菲律宾、印度尼西亚、马来西亚、曼谷、柬埔寨等海丝沿线国家20多个城市举办"福建侨批档案展"。如2013年6月和11月,福建省档案馆分别在泰国曼谷和印度尼西亚的雅加达、泗水等海外华侨华人聚居地举办侨批展览,开展侨批文化交流活动,共有4万多人观看了展览。2014年10月,福建省档案馆在马来西亚首都吉隆坡联合举办"百年跨国两地书——福建侨批档案展",系统地展示了侨批历史发展过程以及所蕴藏的珍贵的文化价值和世界意义。2016年12月,福建省档案局选送福建侨批档案随国家档案局代表团赴印度尼西亚在其首都雅加达展出。展览以中国国家档案局和印度尼西亚国家档案馆档案合作谅解备忘录为框架,以"中印尼社会文化关系"为主题,分"福建侨批展示"和"印度尼西亚华侨社会文化生活"两个部分进行展出。展览上,福建省档案馆馆藏有关印度尼西亚的46组共82件侨批档案和印度尼西亚国家档案馆馆藏有关华侨华人的39件相关档案,引起印度尼西亚人民特别是广大华侨华人的强烈反响①。2015年11月20日,"百年跨国两地书——福建侨批档案展"分别在美国纽约法拉盛政治大厦艺术文化中心和华盛顿马里兰州州立大学展出。

(3) 图片展览。福建海丝图片展览主要由福建各文化、宣传机构举办,有些展览是为了配合海丝相关活动进行,社会影响面较广。如2018年2月,"福清海丝文化展示周暨福清海丝历史文化遗存图片展"在福州三坊七巷举行。这是福州首个以海丝为主题的文化展示周,共设有"福清人与海上丝绸之路""海丝古渡""海丝古村""海丝信俗""海丝名窑"等九大板块,以图文和部分实物展出为主。2018年4月,由中共福清市委宣传部主办,福清市文体局承办,福清市图书馆、福清市文化馆协办的福清海丝历史文化遗存图片巡回展又在福清市图书馆展出。海丝图片展览不仅在国内举办,还走出国门,在海外海丝沿线国家举办。如2018年12月,福建省档案馆与菲律宾华商联总会联合举办的"世界记忆遗产——侨批档案图片展"在马尼拉开展。其中首次展出的11封菲律宾华侨华人与福建故乡亲人往来的侨批,让许多菲律宾华侨华人十分动容,图片展加深了华侨华人对中华民族的认同感,有效彰显了侨批档案作为福建重要文化品牌和世界记忆遗产的魅力。

二 举办海丝文物展览

(1) 单馆举办展览。福建海丝文物展览主要由福建各级各类博物馆、展示馆等机构举办,通过展示海丝历史遗存进行海丝文化宣传教育,对海丝文物的注释讲解都需要参阅大量海丝历史典籍,举办展览的过程也是海丝文献开发利用的过程。福建各级各类博物馆都积极参与海丝文物展览活动,取得了较好的社会效果。如福州市博物馆举办的涉及福州海丝文物的展览有"闽都华章——福州历史文化陈列"和"海丝门户,有福之州——福州'海上丝绸之路'文化遗产专题展"

---

① 叶建强:《福建侨批档案展在印尼雅加达展出》,《福建日报》2016年12月6日第5版。

两个固定展览。

（2）多馆举办联展。在海丝文物相关宣传展览中，影响较大的是由泉州、福州、漳州在内的9个海丝始发港城市联合举办的"中国'海上丝绸之路'九城市文化遗产精品联展"，展览从2012年一直延续到2015年在各城市举办，这是中国文博史上最大规模的海上丝绸之路文物精品展。该展览中，包括福建省在内的9个沿海重要省市的近50家文博单位共展出约300件海丝文物精品，包括丝绸、瓷器、陶器、钱币、铜器、香料等。展览立足海丝最新研究成果，从全球化视野首次整理了中国海丝主要城市的文化遗产资源，强调包括泉州、福州、漳州在内的9个海丝始发港城市在中国海丝发展历史中的地位和作用。2014年8月，"跨越海洋——中国海上丝绸之路九城市文化遗产精品联展"在漳州展出，主题是"漳州：全球化初期的映海明月"，主要突出了全球化初期漳州在海上贸易的重要地位，也展示了漳州在海丝考古、研究、调查、整理、开发等各个方面取得的成果。2015年5月18日，正值国际博物馆日，"丝路帆远——海上丝绸之路文物精品九省（区）联展"在厦门市博物馆开展，这其中，厦门市博物馆收藏的汀溪青釉划花碗、出土于唐陈元通夫人汪氏墓的摩羯纹多曲银碗以及明代漳州窑开光红绿彩军持也精彩亮相。此次展览以时间为序，分"海路千年 世界影响""港埠渐隆 货通万国""碧海云帆 文化传播""风云激变 丝路复兴"四个部分，全面地展示了我国海上丝绸之路的发展历史。本次展出的各省重要海上遗存，不但折射出中国海上丝绸之路时期波澜壮阔的航海图景，而且进一步探索了新时期古代中国对外贸易和文化交流的深远意义。

此外，由福建博物院牵头，联合福建、广东等7个沿海省份，于2013年联合举办了一个以海丝为主题的大型展览"丝路帆远——海上丝绸之路文物精品七省联展"，展览荟萃近300件海丝遗存精品，集中向民众展示海丝文化。该联展还和各地区海丝文化活动结合，扩大了社会影响。2014年，联展在漳州展出时，漳州市博物馆还配合联展推出"闽南风·漳州味"文化周活动，以活动为媒进一步宣传了海丝文化和漳州文化。

第七节　进行海丝宣传推介活动

福建作为21世纪海丝建设核心区，各级政府和各机构十分重视海丝文化和遗址宣传推介，通过各种形式开展活动，主要有如下几种形式。

一　设置专门场馆进行宣传推介

2017年9月，福州市海上丝绸之路展示馆对外开放，该馆开设了以"福地宝船 海丝帆影"为主题的陈列展览，围绕独具福州海丝特色的福船文化进行布展，结合触屏、虚拟影像等高科技手段，向公众展示了福州海丝遗迹、海丝相关文献、"南澳1号"古船考古文物、出土丝织品等海丝文物遗存，再现了福州在海上丝绸之路发展中的重要地位与作用。2015年，世界上第一座海丝主题公园"海上丝绸之路艺术公园"在泉州正式开园。该园区占地1096亩，全方位展示海丝路上亚洲各国风采，园内广场有取材于泉州地方海丝文献真实史料的一幅完整海丝石刻地图，复原历史，指导游客在园内按真实海丝地图游览，让游客在游玩中了解海丝历史文化。2018年6月，福州闽侯的中科睿谷丝路国家主题会馆区内所设的海丝文献馆，则是作为一个收集、整理海丝相关文献的专业平台。馆内首批海丝文献由来自中国社会科学院、厦门大学、台湾宜兰大学、台湾中国文化大学、北京联合大学等的专家学者捐出，部分书籍为捐赠者亲著。该馆无偿为公众提供海丝沿线国家和地区的文化、科技、经济、旅游等方面的文献、资料，为海丝沿线国家和地区开展交流合作提供服务，组织开展相关文化课题研讨等，推动了海丝研究学科服务的实现[1]。

---

[1] 刘琳等：《丝路文献跨海来 两岸专家学者打造"海丝文献馆"》，《福州晚报·海外版》2018年6月11日第2版。

第十二章　福建海丝文献开发方式

二　通过各种媒体进行宣传推介

福建省内的各类新闻媒体是海丝文化宣传推介的重要力量,《福州日报》《东南快报》《海峡都市报》等新闻媒体通过设置专栏,对福建海丝史迹遗存以及福建海丝申遗进行连续性追踪报道。从2018年4月13日起,中共福州市委宣传部、福州晚报曾联合在《福州晚报·海外版》开辟《福州海丝文化地图》专栏,深入挖掘、梳理、展示、推介福州丰富的海丝历史文化遗存,提炼独具福州特色的海丝文化,补齐福州海丝"非遗"调查短板,打造凝结海内外福州人的文化纽带,集合更多力量参与建设"21世纪海上丝绸之路"。福建省档案馆为了侨批文化入选《世界记忆名录》和配合侨批展览,拍摄了《福建侨批·世界记忆》中英文宣传片,引起广泛影响。

三　通过各类门户网站进行宣传推介

2014年,人民网福建频道福建视窗在其门户网站上开设了"海丝门户,有福之州——福州21世纪海上丝绸之路战略枢纽城市"专题视窗。该视窗导航页设置"专家观点""渊源背景""遗存印记""路线版图""微博热议"分别解读福州与海上丝绸之路的联系。视窗汇集福州海丝研究各领域的权威信息,并通过文字、视频报道、图片展示等形式,向广大网民提供福州海丝研究的最新资讯服务。福州市博物馆门户网站上设置了福州海上丝绸之路专题展览网上展厅,使广大网民不出家门即可近距离感受福州海丝文化风采。福建省档案馆开设的福建侨批网上展厅,通过多媒体技术打造的虚拟侨批专题展览空间,以形象化、直观化的方式展示侨批,充分展现了时代记忆、海丝文化、数字档案资源建设及利用成果。侨批网上展厅包括三部分内容:全景浏览、地图导航、资料索引,其中展示的过番谋生、侨批溯源、海上批路、汇通天下、情系桑梓、家书万金、记忆永存、海邦剩馥四大部分内容可以点开进行详细查看,每部分可以点开进行详细查看,其中含有详细的解释。此外,侨批展厅不仅可以通过PC端进行访问,还能通过手机APP等方式访问。为帮助用户解答或深入了解侨批的专业术语、细节内容、分布概况等，侨批网上展厅在"资料索引"栏目下加设"相关资料"条目，其中涵盖侨批解读备查工具、侨批专有名词、华侨华人移民情况表、水客批局分布情况表、侨批故事5个专栏（见表12-4）。

表12-4　福建省档案馆侨批网上展厅相关资料栏目内容一览

相关资料	内容
侨批解读备查工具	1824—2003年干支公元纪年对照表、部分国家及地区地名注释、公历月份英文及其缩写对照表、闽南语对外语的影响对照表、侨批上常见农历月份别称对照表、苏州码（商码、花码、番仔码、流水码）对应数字表、外来语对闽南语的影响对照表
侨批专有名词	水客和客头、侨批局、侨批列号、回批、回批总包封
华侨华人移民情况表	1841—1949年福建华侨入国人数统计表，1845—1853年从厦门出口契约华工人数统计表，1876—1940年福建华侨出入国人数统计表，1935—1940年厦门出入国华侨统计表，1935—1938年福建华侨出入国人数表，1939年福建省海外华侨分布表，1947—1948年厦门口岸出入境人数统计表，1988年福建省华侨、外籍华人、归侨、侨眷统计表
水客批局分布情况表	1948年福建省内外批局分布情况表、福建省历年批信局家数统计表、福建省内主要侨乡统计表、福建永春水客一览表、新加坡福建批信局一览表
侨批故事	收录有30个故事，兹罗列部分：爱国华侨庄材鳅——为国家争地位·任何牺牲在所不惜、南侨抗日永记忆·教育子女当勉力、日寇菲岛大屠杀·6岁幼女成刀头鬼

四　借助数字技术进行宣传推介

漳州市博物馆开设的"碧海云帆——漳州海上丝绸之路专题展"，借助虚拟现实技术、全景虚拟浏览等数字技术，为参观者打造集光、电、声、图像、互动视频、文字等内容于一体的浸入式体验。如在"海上丝绸之路"展厅，观众身临其境般进入船舱，切身感受月港码头复原式全景，完全从"看客"变成"历史参与者"。现代数字技术的加持，让观众获得更多的自主权和参与感，也使海丝展览更加直观生动。

五 通过组织学生实践活动进行宣传推介

在教育层面,泉州海交馆对地方海丝文献的开发利用成果十分突出。海交馆携手社区和学校开展各类海丝教育类实践活动,如带领孩子们游学泉州海丝史迹、动手尝试碑拓、制作古代海丝船模、担任海丝文物讲解员或是海交馆志愿者等,不仅通过实践活动开展海丝知识宣讲,还举办了各种类型的泉州海丝文献巡展活动,进一步弘扬了海丝文化,宣传了海丝精神,真正地将海丝文献开发的成果利用到社会中去。

六 通过对海丝遗存进行梳理进行宣传推介

福建作为海上丝绸之路的相生相长的区域,历史上福建与海外开展经贸往来、文化交流等相关活动留存下来的具有历史研究、考古、文化价值的遗址、遗迹较多,对这些海丝遗存进行调查梳理,有利于系统全面地开展海丝宣传,弘扬海丝文化。如 2017 年 3 月,福清市启动的"福清海上丝路历史文化遗存调查"为"21 世纪海上丝绸之路"建设和福建经济发展提供地情的参考,也是海丝文化产品开发和服务行为进步发展的信息源泉。

七 通过提供网络游戏进行宣传推介

福建省图书馆的"海上丝绸之路"专题数据库中收藏有部分海丝题材的网络游戏,海丝文化是福建省特色文化品牌,为进一步提高福建海丝文化的知名度,基于海丝数字资源和部分海丝文化,大力支持具有自主知识产权的海丝游戏产品研发,力争打造一批有影响力的海丝题材游戏品牌,开发一系列海丝题材网络游戏,让用户更容易接受和理解其中的相关知识,达到寓教于乐的效果,延长海丝文化价值链和文化产业链。如福建省图书馆的"海上丝绸之路"专题数据库中收藏有"目标,地中海!《攻城掠地》海上丝绸之路开通""《航海世纪》:重走海上丝绸之路""海上丝绸之路《冰火之刃》护送航海"

"航海大国扬帆起航,《大宋开拓海上玩法》""海上丝绸之路,新浪《航海之王》海上称王""《大航海时代 OL》开通你的海上丝绸之路""海上丝绸之路《航海世纪》中世纪商船"7 个海丝题材的网络小游戏。通过网络小游戏传播海丝文化知识过程中又为用户个体提供了参与感、沉浸感、愉悦感等一系列极具游戏色彩的心理体验,有力去除了陈旧、枯燥乏味的传统静态纸本式的学习体验。通过海丝知识的游戏式传播,使得海丝文化的传播成为充满趣味性、生动性、新颖性,继而为受众提供愉悦感显著、代入感强的学习体验。

八 配合展览、民俗、艺术等活动开展宣传推介

2019 年 9 月,福建省晋江市档案馆开展了"弘扬家国情 探访好家风"侨批文化宣传活动,邀请全市党员干部参观侨批展览,深入感受"晋江侨批展"中的家国情义和优良家风,宣传了海丝文化。2020 年 1 月 11 日至 20 日,互联网平台"文艺通"在福建落地启动,并在福建省海丝艺术馆推出题为"文艺通美学体验中心——海丝艺术市集·春礼"的首场线下品牌活动,该活动拟常态化举办。首场"春礼"专场,带领观众领略海丝沿线国家的异域风情和丰富多元的生活美学,通过开展民俗活动达到了宣传海丝文化的目的。2015 年秋,厦门市图书馆联合晋江市文联、晋江市图书馆举办了"海丝梦·海峡情"两岸书画家作品联展活动,对艺术地展现"海上丝绸之路",挖掘"海上丝绸之路"深厚文化内涵,加强台湾、晋江、厦门的文化交流,增进海峡两岸同根情缘也起到了重要的作用。

九 通过举办海丝相关讲座和座谈会进行宣传推介

厦门市图书馆在海丝文化的宣传方面发挥了重要作用。厦门市图书馆已有多年面向社会大众举办公益免费讲座的经验。以"厦门文史沙龙"活动为例,自 2013 年以来,图书馆举办了将近 50 场沙龙活动,为文史研究者免费提供开放式学术交流平台,普及和共享地方史知识。活动共邀请 30 多位专家学者主讲,分别就厦门地方文化、历史、闽台厦台关系、华侨等 50 多个文史主题进行了探讨交流,讲座

内容多有涉及海丝文化,吸引文史爱好者近 2000 人次参加。2017 年至 2020 年,厦门市图书馆举办了以"拥抱海洋 天涯比邻——厦门从海丝起航点到'一带一路'支点城市"为主题的 5 个系列的文史沙龙活动,主要探讨了厦门的区域历史和华侨历史,积极有效地加强了与读者的交流,宣传了海丝文化。厦门大学东南亚研究中心近年来先后举办了多场海丝相关主题讲座,如 2018 年 6 月 6 日,由福建社会科学院副院长李鸿阶研究员主讲的"一带一路框架下 21 世纪海上丝绸之路核心区建设";2019 年 3 月 14 日,由泉州华侨历史博物馆刘伯孳先生主讲的"侨批局和华侨银行构成的区域金融互动——以印尼为中心";2018 年 6 月 14 日,由《华侨华人历史研究》杂志张秀明主编主讲的"国际移民视角下的华侨华人研究";2016 年 11 月 1 日,由中山大学历史系牛军凯教授主讲的"海上丝路上的千年古国:占城王国的历史与文化";2020 年 4 月,还举办了"华侨华人历史概论"系列讲座等。这些讲座对海丝文化进行了传播,取得了良好的社会效果。华侨大学海上丝绸之路研究院自 2018 年 3 月起举办了"论道海丝"智库系列沙龙,已连续举办几十场海丝文化讲座。同时开设"丝路"讲堂,邀请专家学者以海丝为主题进行讲座。2009 年、2011 年,漳州市政协成功举办两届"漳州海上论坛暨'海上丝绸之路申遗'座谈会",广邀国内外专家学者参与研究交流,弘扬了海商的人文精神;2013 年 6 月,由国家文物局水下文化遗产中心主办、龙海市博物馆承办的"漳州月港遗址考古学研究座谈会"在漳州市博物馆召开,会议提出今后应当加强收集整理漳州海丝相关文献记载和文物资料,努力做好考古调查工作。各机构的讲座和座谈活动极大地激发了民众对海丝文化的热情,加深了对海丝历史的了解。

第八节　举办海丝文化艺术旅游节

福建的福州、莆田、泉州、厦门、漳州等沿海城市多是伴海而生、因海而兴、拓海而荣发展起来的,这些地方参与创造了海上丝绸之路的历史辉煌。新时期,这些城市更是以举办文化节、艺术节、旅游节、电影节为纽带，促进福建继续走向海洋、融入世界，推动我国文化事业发展，提升中国文化影响力。

一 举办海丝文化节

龙海市月港所在地，是古代漳州海丝的始发站，龙海市每年举办"龙海·月港文化节"活动，宣传海丝文化。在文化节上，龙海市委宣传部、文化局、文化馆和文物保护协会等部门和社会组织协力合作，结合当地群众的文化需求，举办"龙海市海丝文物图片展""文物知识图片展""海丝记忆——陶瓷与茶艺展览""逐梦海丝·扬帆起航——张天生船模精萃展""启航——月港·海丝杯船模特展""庆国庆·喜迎十九大 月港海丝文化版画展"等丰富多彩的活动。文化节中展出的珍贵海丝遗存、精致船模、明代克拉克瓷、龙海花釉陶和紫砂壶等吸引了众多市民参观，让人们通过展览活动了解到了月港背后的海洋文化与海丝历史。

二 举办海丝国际艺术节

2015年，中央批准泉州获得海上丝绸之路国际艺术节的在泉永久举办权。第一届海丝国际艺术节于2014年举办，艺术节期间的海丝舞剧、海丝摄影作品展、海丝与世界文化遗产申报的书画文物作品联展等活动，是泉州对海丝文献首次大规模的开发与利用。第二届于2015年举办，泉州海交馆、闽台缘博物、海丝艺术公园在艺术节期间举办了海丝文物图片展、海丝书法作品展和海丝名家画艺术展等。第三届于2017年举办，这届文化节除了保留书画摄影展览和发展论坛等传统项目，还新增了海丝史迹石敢当写生活动和海丝通关文牒集印章活动等。第四届于2019年举办，艺术节进一步丰富了活动内容，吸引了来自韩国、泰国、印度尼西亚、意大利和中国香港等多个国家和地区的艺术团齐聚泉州交流；艺术节期间还同期举办了第六届中国泉州国际木偶展演、第十三届中国泉州国际南音大会和第四届海丝泉州古城徒步穿越活动，其中古城徒步穿越活动以泉州古城文化为背景，结合泉州多元宗教文化特点，通过每一条街巷、每一段历史文化，参赛者们在以双脚丈量古城风貌之余，探寻古城脉搏，感知古城风味。此外，还在中国闽台缘博物馆举办海丝书画小品作品展。海丝国际艺术节是每年泉州海丝文献最大型的海丝文化宣传推介活动，影响广泛①。

三 举办海丝电影节

2014年，国家新闻出版广电总局创办了以海陆丝绸之路沿线国家为主体的"丝绸之路国际电影节"，电影节每年一届，由陕西、福建两省轮流主办。福建省分别举办了第二届、第四届和第六届丝绸之路国际电影节。第二届丝绸之路国际电影节于2015年在福州市举行，活动包括丝绸之路电影展映、电影主题论坛、明星见面会、电影惠民专场等活动。同时开展项目商洽以及电影版权的交易，举办一些以展示、推介、交流、交易等为主题的电影市场活动，并且深入电影的企业、行业，组织联合多个国家的影视协会和多方的资源进行合作交流。第四届于2017年在福州马尾区琅岐海峡青年交流营地举办，电影节邀请到42个国家及地区的电影主管部门、驻华领事、电影机构、出品方及制片方等官员嘉宾近百人，促进了与海上丝绸之路沿线国家城市的文化交流。电影节期间，组委会同时打造了"面向新时代的电影合作——第四届丝绸之路国际电影节中外合作论坛"、电影海报学术论坛等多个重点论坛，有力地推动了"办节"与电影产业的融合发展，通过版权交易、电影海外推广、中外合拍项目等，打造电影产业链，做大做强福州乃至福建的电影产业和电影市场②。2019年10月，第六届丝绸之路国际电影节在福州开幕，主题为"光影熠福，丝路扬帆"，举办了电影展映、电影论坛、电影市场交流等六大主体活动、95项配套活动，社会影响较大。

---

① 陈培源：《泉州举办第六届中国海丝书画小品作品展》，《石狮日报》2019年11月20日第8版。

② 张福财：《第四届丝绸之路国际电影节将在福州举行》，《福州日报》2017年11月16日第6版。

四 举办海丝旅游节

由国家旅游局和福建省人民政府在 2015 年共同创办"海上丝绸之路"（福州）国际旅游节，每年举办，旨在全面展示福建文化旅游发展成果，全力构建"海丝"文化旅游合作平台，吸引广大海内外朋友关注福建以及"海丝"沿线的文化旅游，分享发展机遇。第五届"海上丝绸之路"（福州）国际旅游节就有 35 个"一带一路"沿线国家和地区的驻华使领馆代表、旅游部门官员、旅行商、国际性旅游机构、旅游投资商近千名嘉宾参加。福建通过举办"海丝"国际旅游节，与国内外旅游机构洽谈协商、加强合作，进一步提升了福州作为海丝旅游枢纽的地位和国际影响力。福建通过举办"海上丝绸之路"（福州）国际旅游节，精心培育海丝旅游品牌，构建了"21 世纪海上丝绸之路"旅游合作发展的新模式，打造了海上丝绸之路旅游经济走廊和环南海旅游经济圈。到 2020 年为止，莆田在湄洲岛已举办了 22 届湄洲妈祖文化旅游节，2010 年时由地区升格为国家级文化旅游节，在国内外影响广泛，旅游节已成为莆田与海内外妈祖信众和游客的一大盛事，规模不断扩大，旅游节的举办不仅宣传了福建海丝文化，也打响了妈祖文化品牌，使湄洲岛成为世界妈祖文化中心。

第九节　开发创作海丝文艺作品

福建是海丝文化产生的主要区域，拥有丰富的海丝遗存，深入挖掘记载着本土历史名人、历史事件的海丝文献资源，把海丝文化中的碎片化的东西梳理出来进行艺术创作，能够使人们对于一些地点、人物和历史事件可以在艺术作品中得到更丰富、立体和直观全面的理解和认识。福建海丝历史文化浓厚，是艺术创作的灵感源泉。福建省在《福建省"十三五"文化改革发展专项规划》中要求全省拍摄与福建、海丝、中国梦题材相关的电影生产数量达到平均每年 10 部以上，力争有 1—2 部在全国电影市场既叫好又叫座的精品力作。海丝数字资源作为特色性资源，深入挖掘其内在价值，延长海丝文化的价值链，并进行动漫、电影题材的创新，可使其具有前瞻性、时代性。福建省为此积极推进海丝题材的动漫、游戏、电影产业建设，不断建立健全海丝电影剧本库，并鼓励本省海丝题材电影、动漫的创作生产，拍摄一系列海丝题材的优质动漫、电影。近些年，福建和全国各地文艺创作者以福建海丝历史人物和历史故事创作了众多海丝题材影视艺术作品，作品类型多样，主要有海丝人物纪录片、海丝文化专题片、海丝影视作品、海丝动漫作品、海丝歌舞剧、海丝文学作品和海丝绘画摄影作品等形式。

一 海丝人物纪录片

厦门市海沧区以海沧知名历史人物周起元传记为题材创作了大型高清人文历史纪录片《海洋赤子——周起元》。该片围绕周起元的生平事迹讲述了明代海上丝绸之路的一段厦门故事。影片最大限度地还原了历史风貌，主题高度契合海丝文化要义，展现了福建和厦门与海上丝绸之路的历史渊源及深厚的海洋文明底蕴，是一部极具文化价值的作品。除此片之外，相关海丝题材作品还有已经播出的《开台王颜思齐》《南洋家书》以及还在拍摄制作中的《南侨诗宗——邱菽园》。这些片子从历史的角度，再度探索华侨华人与东南亚国家建立的紧密联系，梳理了建设"21世纪海上丝绸之路"的重要意义，极大地有利于彰显文化自信，续写海丝辉煌。《1405郑和下西洋》，这是纪念郑和下西洋600周年活动的一部大型电视纪录片。记录了公元1405年，郑和船队完成了横渡印度洋的壮举，并且抵达遥远的非洲东海岸的历史。由蒋维锬、王树祥创作的《妈祖》电视专题片，由中华民俗资料片摄制组摄制，1989年开拍，分为上、下集，生动记述了妈祖生平事迹。2006年4月22日，中央电视台播出了《海神妈祖》，这是一部记录妈祖生平以及妈祖庙分灵的历史文献资料电视纪录片，分为上、下两集。

二 海丝文化专题片

福建省图书馆"福建文化记忆"专题资源库中的"船政文化"

部分就由8集大型电视专题片组成,"闽台宗祠文化"由10集大型电视专题片组成,《妈祖信俗》由6集大型电视专题片组成,此外还有《闽南文化》《客家文化》《莆仙文化》《泉州南音》等在内的包含海丝文化内容的电视专题片。此外,由福建省图书馆与海峡卫视联合制作的百集纪录片《丝路百工》,详细记录了与海上丝绸之路相关的100种工艺,很受市民关注,社会影响较大。

三 海丝影视作品

在晋江金井塘东拍摄的闽南首部奇幻爱情喜剧电影《美人鱼前传》是一部"海丝"文化特色的电影,借助人鱼相恋主题宣扬人与自然和谐相处,宣传闽南文化。1955年5月由新人出版社出版放映的《圣女妈祖传》是由香港"国光电影公司"出品的电影,作者文泉(原名陈文泉)。该影片的内容主要是参考郁永河《裨海纪游》、张燮《东西洋考》、北港地区流传的妈祖传说和《北港朝天宫由来记》等相关海丝资料完成的。全剧演出妈祖只身寻盗、深入虎穴、奋勇投井、海中救父、白日升天、观音亲迎等传奇故事。2000年由莆田电视台放映的10集连续剧《妈祖传奇》,其内容就是讲述妈祖出世、古井受符、妙手初试、医巫斗法、治瘟压邪、伏机救亲、焚屋引航、泥峰祈雨、驱"鬼"治贫、除妖升天等妈祖事迹。由张克辉先生创作的22集大型连续剧《湄洲岛奇缘》,由马玉辉导演,2008年首播,该剧形象地、艺术地表现了妈祖的不凡人生和伟大精神。2005年,由中央电视台与福建省威洋影视文化传播有限公司联合录制了6集戏曲片《妈祖——林默娘》,该剧由著名剧作家郑怀兴编剧,讲述了林默娘从一个海边女子成为海上女神妈祖的历程,揭示了"人生的价值在于奉献"的妈祖精神。

四 海丝动漫作品

泉州子燕动漫有限公司推出了《燕尾侠》系列有关海丝文化的3D动漫,该系列作品先后在巴西、加拿大通过授权品牌。此外,泉州网与厦门米力动漫有限公司联合制作的作品《泉州海丝之旅》,已于 2014 年 12 月 1 日在"泉州通"客户端和泉州网同时上线,该短片从文化、经贸往来、宗教文化交流等方面入手,以 Q 版人物展示"海丝"厚重历史,介绍了泉州"海丝"文化与现代港口发展历程。此外还有获得中国"美猴奖"的最佳动画长篇奖《郑和 1405》(又名《郑和魔海劫》《郑和 1405:魔海寻踪》)。

五 海丝歌舞剧

大型舞台剧《平潭映象》融合了壳丘头文化、妈祖信仰、南岛语族等福州地域独有的信仰民俗,通过形意式的舞蹈全方面再现福州海上丝绸之路的文化意境,对深化海丝人文交流具有一定贡献。福建省闽剧团演出的大型闽剧《妈祖》,由郑怀兴编剧,于 2004 年在全省各地隆重演出。剧本根据妈祖一生不平凡的际遇,为民救苦救难,塑造了一个极其典型的舞台艺术形象。《林默娘》是著名剧作家郑怀兴创作编写的莆仙戏剧目,由仙游鲤声剧团于 2004 年 10 月 31 日在湄洲岛举行首演。1989 年,莆田新度镇郑坂剧团演出的《妈祖传》,荣获福建省文化厅三等奖。该剧由王深编剧、郑清和作曲、翁国梁执导,剧情含有丰富的海丝文化内容。2002 年由厦门特区剧作家路冰、黄汉忠创作的大型新编妈祖故事歌仔戏《心灯》,由厦门青年歌仔戏剧团演出。该剧以"海上和平女神"为题材,共分为 7 个场面,即"观音易圣婴""古井得铜符""斗智收二将""落难坡密谋""同心平疫瘟""心灯照本真""心灯映寰海"。

六 海丝文学作品

1. 海丝小说

小说等形式是传播海丝文化感染力较强的形式,对树立海丝文化品牌、提升地区知名度十分有利。以福建海丝相关内容为题材进行创作的《林默娘》是作家黄玉石创作的一部长篇小说,1990 年 4 月由中国青年出版社出版发行。作品通过神化了的妈祖许多舍己救人的故事,来表现她全心全意为百姓救苦救难的崇高美德和伟大精神。小说揭示了历史上林默娘由一个民间女子成为后人心目中护海女神的内在必然规律，树立了妈祖的可信、可亲、可敬的慈爱形象。台湾知名历史小说家南宫博于1963年8月创作小说《妈祖》，以历史大背景，浓墨重彩地歌颂妈祖海上女神的事迹。20年后，《妈祖》以歌仔戏形式被搬上舞台，公开上演。1994年由武汉出版社出版发行《妈祖》一书，这是以妈祖特有的历史人物为题材创作的历史小说，集文学性与民俗性为一体。

2. 海丝诗词楹联

陈禅心先生为迎接妈祖研究国际学术讨论会的召开及纪念和平女神妈祖诞辰1030周年结集出版的《海峡和平合一家》诗词集，由海峡文艺出版社于1990年4月出版。全书共收入诗词作品近300首，以歌颂和平女神为主题，倡导和平，反对战争，是一部爱国主义古体诗集。2004年4月由徐玉福编著、江西人民出版社出版的《妈祖庙宇对联》，专门收集分布在世界各地的妈祖庙宇楹联几千副。这些诗词楹联专辑也是研究妈祖文化的重要资料。

3. 海丝故事

以海丝人物故事创作出版的故事集也是利用海丝文献进行开发的成果形式之一。如海峡文艺出版社1992年6月出版的《妈祖的传说》，就是由莆田市民间文学三套集成编委会承担编辑、王武龙主编的故事集。该书收入民间有关妈祖传说故事50篇，近11万字。每一篇故事配有速写笔法的插图，图文并茂。《妈祖传奇故事》是柳滨先生编著的一部有关妈祖的传奇故事，计有45篇，附录5篇，共11万字，文中配有插图，由海潮摄影艺术出版社于2000年4月出版。该书是一部民间文学作品，富含知识性、趣味性。之后柳滨先生又出修订本《妈祖传奇》，共有50篇和附录7篇，由海潮摄影艺术出版社于2003年4月出版。由罗伟国、胡平、罗壶撰文，潘之、李华佑、谷吉绘图，陈琪主编，于2004年10月黄山书社出版发行的《妈祖全传》是一部民间神话传说，书中详尽地介绍了林默娘一生，从其家世谈起，到她一生的传奇性人生履痕。作品大多取自民间传说，内容通俗易懂，图文并茂，生动形象地体现妈祖海上女神的显赫威灵。

此外，涉及福建海丝内容的文学作品形式还有文集、散文等。如

2004年12月由延边人民出版社出版发行的《三月二十三的妈祖》是游荔生著的一部以妈祖文化为题材的文集,文体有游记、诗歌、随笔、论文等。2006年9月由天津古籍出版社出版发行《妈祖人》一书,是上海许平女士创作的一部妈祖文化传播事业与文学艺术创作双赢的散文集。共有40多篇,约17万字。

七 海丝绘画、摄影作品

绘画作品、摄影作品也是福建海丝内容的艺术作品的重要形式。如2005年1月由福建美术出版社出版发行的《妈祖》一书,是莆田市著名老画家、李耕高足周秀廷先生创作的50多幅有关妈祖圣迹国画作品画集。基本上按照妈祖一生传奇经历,以工笔法为主,兼容写意,画面宏伟壮阔,色彩鲜艳,构图巧妙,生动地把妈祖的高大形象提升到一个极其高雅的神圣品位,使人对海峡和平女神的无比尊崇与敬仰。2018年8月,由中国美术家协会、福建省文学艺术界联合会、福州市人民政府主办的"'海丝情·中国梦'——中国福州'海上丝绸之路'全国中国画作品展"在福州海峡国际会展中心举办,展览分为"海丝情·中国梦""丝路扬帆""闽韵丹青"三大展区,共展出300余幅精品画作。2003年9月由叶恩忠主编、海潮摄影艺术出版社出版发行的《瓣香起湄洲》一书,则以摄影散文形式表现妈祖文化发展与传播历程。图文并茂,并且运用文学艺术的表现手法,歌颂妈祖和平女神的历史功绩。

第十三章 福建海丝文献开发的主要成果

福建海丝文献开发活动近几十年来取得了丰硕成果，主要有海丝书目索引、海丝数据库、福建海丝相关专志、海丝著作、海丝研究论文等。

第一节 海丝书目索引

书目索引是学术之门径，可为研究利用者提供使用线索。福建各机构编制的专题海丝文献书目索引不多，多为包含海丝历史史料的地方文献书目，编制机构以图书馆等文献收藏机构为主。主要海丝书目索引有如下几种。

一 公开出版的海丝书目索引

1.《妈祖研究资料目录索引》

由中华妈祖文化交流协会及莆田学院联合编辑，蒋维锬、郑丽航主编，2005年由海风出版社出版。该书集萃了古往今来与妈祖信俗和妈祖文化有关的史料及研究成果，分为历史文献和现代资料两卷，在编目分类的上卷里分为专著类、档案类、史料类、笔记类、碑文类和方志类等，下卷则为著作、题录等其他文种资料。全书共收录文献目录4507条，是一部纵观古今、横跨各科、体例完备、研究妈祖文献不可或缺的工具书。

2. 《福建省旧方志综录》

由郑宝谦先生主编，2012 年由福建人民出版社出版。该书上辑将民国以前（含民国）修纂的福建历代方志，包含各种通志（省志、府志、州志、县志）及专厅志、杂志的志书志料书目长编，收书 2700 余部，分存、佚两个部分，编成综录，附有收藏及编修情况。该书为读者提供了福建省方志检索的捷径，是为鸿篇巨制、史志学大观。

3. 《民国时期福建华侨档案目录汇编》

由福建省档案馆根据福建省档案馆、福清市档案馆、永泰县档案馆、连江县档案馆在内的 13 家单位的馆藏华侨档案目录整理编辑，2017 年由海峡文艺出版社出版。该书收入民国年间侨务政策的变迁，华侨、归侨、侨眷的基本情况等，共计 1768 条档案。

4. 《闽南与台湾地方文献目录》

由林华东编辑，全 2 册，2012 年由厦门大学出版社出版。该书由上、下编两个部分组成。上编"闽南与台湾研究著作"收录自 1820 年以来大陆与港澳台及海外出版的有关闽南和台湾的地方文献，以纸质文献为主，兼收其他载体的文献，研究领域涉及社会与政治、文化、经济、历史与地理等；下编"闽南与台湾研究论文"涵盖海峡两岸的学术期刊与学位论文。其中，关于"闽南社会"里的"族谱与家族研究"和"华侨华人研究"以及"闽南历史"里的"海外交通史研究"与"地方志"，还有对人物郑成功的研究和闽南地理概况的介绍等篇目里，都有福建海上丝绸之路历史史料线索。

二 非公开出版的海丝书目索引

1. 《福建地方文献及闽人著述综录》

由福建师范大学图书馆古籍组编印，1986 年铅印本（1962 年本，1986 年重印，内部发行）。该书以该馆 1962 年编辑的馆藏《福建地方文献及闽人著述目录》中清以前的著述部分（方志包括民国所修者）为基础，补录 1962 年至 1985 年入藏的有关图书，另增录国内 62 家图书馆及有关单位的藏本编录而成，共著录 3400 余种。分哲学、政治、经济、文化教育、语言文字、艺术、历史、地理、自然科学与技术、综合性图书十大类编排。各书撰有提要，详于版本，以书目的形式揭示了福建地方志、谱牒、诗赋等海丝文献的藏佚基本情况。

2.《莆仙文献目录》

由莆田市图书馆编制，目录收藏图书馆馆藏妈祖文献和莆仙文献书目信息1227种，目录数字化后进一步方便读者研究学习。

3.《福建地方史论文目录索引》

由福建师范大学历史系地方史研究室编写，原名为《福建地方史论文目录索引（1904—1949）》（1986年1月，油印本），后更名为福建师范大学历史系学生地方史学会编写《福建地方史论文目录索引（1977—1990）》（1993年3月，油印本）。

4.《闽中文献辑编》

由林家钟编辑，1997年由福州市鼓楼区地方志办公室刊印，油印本。该书是作者在当时省立图书馆和福建师范大学图书馆参阅前人著作时，耗时8年完成，书中虽有些记载还待进一步考证，但其中有些已被证实其史料价值，如甘棠港确在福州、宋代福州吏胥对于太守程师孟的评价等，是为海丝文献史料的宝藏库。

5.《福州"船政文化"研究成果调查与分析》

由王民、赵建群、张麟编写，2010年由福建省文史研究馆编印。该报告收录了从清光绪年间至2007年间"船政文化"史料、专著类研究成果和论文类研究成果的书目提要。以时间为线索梳理并简要评析了不同历史时期的研究成果，纵向揭示了福州船政文化研究的历史和现状。

6.《福建侨批档案目录》

福建省档案馆对全省侨批档案文献目录进行整合、校勘和编辑，于2012年刊印。这是福建省档案馆在整合全省侨批档案资源的基础上，挖掘开发侨批文化产品，展现侨批历史文化价值的重要成果。

7.《福建文献书目》

该书目由厦门大学李秉乾先生在20世纪80年代所编，书中共共著录了 5100 多条书目，含闽台文献、闽台人士著述、闽台刻印三大部分，所载涵盖了古代福建的政治、经济、军事、社会、文化、教育、科技等各个方面内容。2003 年，李秉乾先生又增订条目 1700 余条，重新出了《福建文献书目》（增订本）。

8.《厦门图书馆馆藏福建地方文献目录汇编》

由王丽主编，厦门市图书馆编纂，并于 2003 年出版。该书主要收录了近万种福建地方文献目录。鉴于馆藏厦门地方文献繁多，因此该书将馆藏厦门地方文献目录和馆藏福建地方文献目录分别列出，并按照图书、报纸、期刊和音像资料这四种载体进行排列，每种文献目录的著录包含题名、责任者、索书号、出版地、出版年月等。读者若想通过此书查询馆藏厦门海丝文献篇目，可根据题名和索书号查找对应文献，再结合厦门海丝文献的主要类型和内容，比如方志或者海外贸易、海上交通、华侨华人等缩小查找范围，快速找到所需资料。

此外，1972 年由福建师范大学图书馆与福建省图书馆、厦门大学图书馆联合编印了《台湾、琉球资料联合目录》（油印本），1973 年又合作编印了《我国南海诸岛资料联合目录》（油印本）。福建师范大学图书馆古籍组在 1980 年和 1988 年编印了《馆藏抄本简目》（油印本）、《馆藏中国地方志目录》（油印本）。在 1988 年和 1989 年，由福建师范大学方宝川主编刊印了《馆藏中国古籍丛书目录》（铅印本）和《馆藏闽人家谱简目》（铅印本）。1987 年由郭天沅主编，杨起予、陈慧杰编著的《闽志谈概》，也是一部兼有学术性和工具书性质的地方志检索丛书，尤其是书中对福州各类地方志都进行了详细评析，为读者检索提供了便利。

第二节　海丝数据库

福建海丝文献数字化建设中的核心形式是海丝文献数据库的建设，加强海丝数据库建设是进一步保存、开发海丝文献资源内在价值的重要举措，也是拓展资源共享范围的有益渠道。福建海丝数据库的建设遵循以用户信息需求为导向，对海丝文献进行收集、整理、分类、著录,并按照一定标准和规范将其数字化,由此建成满足广大用户个性化需求的特色地方文献数据资源库。福建省海丝数据库建设目前主要由省内各层次、各类型图书馆承担,其中高校图书馆和公共图书馆作为海丝数据库建设的主要阵地。

福建各文献收藏机构自建海丝相关书目数据库多以本馆馆藏和本地区文献机构收藏为基础进行建设,如福建省图书馆建有"福建家谱联合目录"(收录2851条福建地方家谱书目)和"福建家谱提要"(收录872种家谱内容提要),极大地方便了国内外学者、谱牒编修人员及华侨华人查阅[①]。此外,厦门市图书馆开发的"闽南地方文献联合目录数据库"、漳州市图书馆的"漳州文库"书目库等,均收录有部分海丝文献资源。其中以"漳州文库"书目库为例,"漳州文库"是依托于漳州市图书馆书目检索系统,进入书目检索系统,选择主题词,输入"漳州文库",在此检索结果的基础上进行二次检索,以"海丝"或"海上丝绸之路"即可检索到相关馆藏书目。海丝书目数据库的建设是开展海丝文献查阅、搜寻的指南,也是海丝数字资源开发研究的前提,通过书目数据库可以快速便捷地查阅相关所需信息内容。

目前,福建各文献收藏机构自建的数据库类型以全文数据库为主,涉及海丝内容的已建成的全文数据库主要有如下几种。

一 闽南文化·海丝文化特色数据库

泉州市图书馆自建特色数据库之一,由走进泉州、海洋文化、海上交流、海丝文化、泉州非遗、旅游文化、专家名人、地方年鉴、期刊论著等部分组成。该数据库收录的文献类型丰富,囊括报纸、期刊、年鉴等,其中"海洋文化"包括泉州渔业、海洋生态、海洋经济、海洋性物质文化遗产;"海上交流"又划分为泉州港、宗教文化、经济贸易、海船四模块12部分内容,主要介绍泉州港的海丝历史,以及海上丝绸之路时期对外的经济贸易、宗教文化的交流和造船

[①] 陈彬强:《闽台文献资源建设与利用研究》,《图书馆工作与研究》2012年第2期。

航海技术;"海丝文化"分为四大主题:泉州海丝历史渊源、探索路上丝绸之路、探索海上丝绸之路、探索"一带一路",每个主题下又按学科类别、发表年度、中文关键词等进行分组。特色数据库内还有各类海丝研究文献,有历史、史迹、文化等各个方面的研究文献,"一带一路"中"21世纪海上丝绸之路"的文献也有涉及。相对于其他数据库类似华侨华人文献数据库、妈祖文献数据库这种只涉及海上丝绸之路某一方面的数据库来说,闽南文化·海丝文化特色数据库综合性更强,也更为全面。它虽然由泉州市图书馆开发建设,但是里面也收录了大量包括厦门在内的闽南各地区海丝文献,读者和研究者可自行查阅浏览。

二 海丝数字文化资源库

由福建省图书馆建设的海上丝绸之路专题数据库是福建地方文化的多媒体数据库,通过图文并茂的形式展示海丝数字文化资源。该库包括4部分内容:海丝首页、古代海丝、现代海丝、文化商贸,其中多为照片、地图进行揭示海丝内容,视频、音频等较少(见图13-1)。库内资源丰富,涵盖海丝航线、科技、文化交流、艺术等多个主题,为"21世纪海上丝绸之路"核心区建设提供了强大的文化支撑。

三 妈祖文化资料库

由莆田学院牵头,根据对妈祖文献资料收集整理相关成果进行建设的妈祖文化数据库,由妈祖文献书目库、全文库、图片库和多媒体库4部分组成。目前,整个资料库辑录书目数据近14000条(含全文资料占78.6%),另有6集《妈祖信俗》文献纪录片。资料库将古籍文献载体和影像手段有效融合,向大众全方位展示妈祖信俗和以妈祖信仰为载体的两岸之间交流,让大众了解到真实的妈祖文化,保存原汁原味的妈祖民俗,无论是对非物质文化遗产还是对妈祖文化生态的保护,都将更有意义。

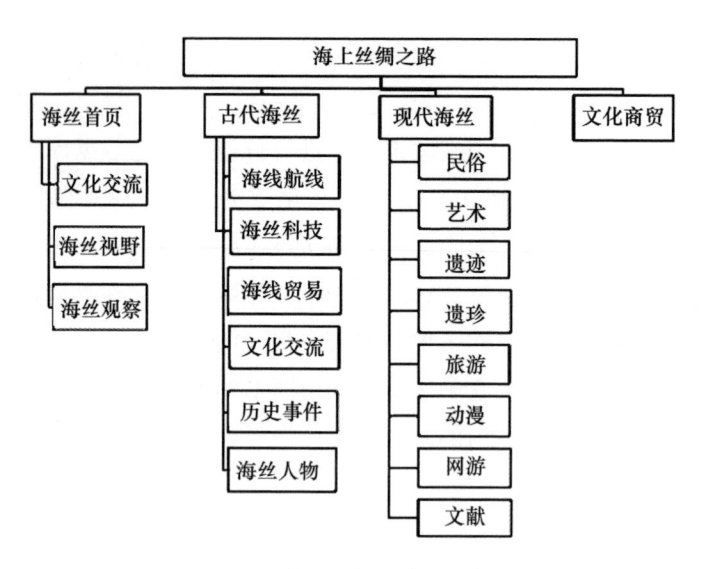

```
                    海上丝绸之路
        ┌───────────┬──────┴────┬──────────┐
     海丝首页      古代海丝    现代海丝    文化商贸
      ├文化交流    ├海线航线    ├民俗
      ├海丝视野    ├海丝科技    ├艺术
      └海丝观察    ├海线贸易    ├遗迹
                   ├文化交流    ├遗珍
                   ├历史事件    ├旅游
                   └海丝人物    ├动漫
                                ├网游
                                └文献
```

图 13-1　海上丝绸之路数据库栏目一览

四　东南海疆研究数据库

该数据库是厦门大学图书馆建设的地方特色数据库，包括以族谱、碑刻、田野调查、地方史料为主的民间资料和中外文地图资料。目前该数据库共收录了近百万条记录，包括专题、主题、地区3种类别，在每个类目下列部分含有三级类目，设有海上丝绸之路专题数据库、华侨华人主题数据库等，涵盖期刊、报纸等形式的相关内容。东南海疆研究数据库具有记录保存功能、缓存浏览功能，保存后的题录信息，即为题名链接页面。其中最近新增数据为该数据库主页面，设置有初级和高级检索系统。

五　闽台客家文献数据库

由宁化县与三明学院合作建设的闽台客家文献数据库。客家系是汉民族系统中特色分明的一个分支，自晋至清代几经迁徙，形成了既是汉族又有自身特色的客家文化，主要分布于粤、闽、赣、湘、桂、川、台，并散居世界各地。福建省三明市宁化县是客家人的祖籍地和客家文化的发源地,该县保留了丰富的客家特色地方文献,记载了客家人思想、习俗、生活、发展现状等各方面的发展历程,是反映客家物质文化和精神文化生活方面的重要文献资源。闽台客家文献数据库,系统地数字化采集与整理该县的客家史志、档案等客家文献,建成客家文献数据库。该数据内容包括宁化客家史志、谱牒(家族和族谱)、论著、档案、客家人士文集、客家人事碑志、客家图录、客家音像资料、笔记、日记、信札等客家文献。此数据库包含地方文献全文数据库、图书馆联合目录数据库、期刊论文题录数据库、客家人物数据库、多媒体资源数据库和网络资源导航数据库六大板块。该数据库的建设可让台湾客家人更直观地了解客家族群历史、文化发展轨迹,为开发和研究客家文化及旅游资源,打造海西特色文化品牌提供资源保障,为方便台湾客属寻根谒祖、闽台文化交流与合作搭建数字化平台。

六 莆仙地方文献全文数据库

由莆田学院图书馆牵头建设地方特色数据库。莆田市管辖着原先的莆田县和仙游县,故民间习惯合称"莆仙"。莆仙地区有丰富的地域文化和民间信仰,如方言文化、戏曲文化、宗教文化、科举文化、武术文化、莆商文化等,并曾出现了一批类似蔡襄、郑樵、林光朝、刘克庄、林默等有影响的杰出人物。目前莆田海丝文献数据库收录莆仙历史文献共 1021 册、现代资料 210 册;妈祖文献古籍 20 多册、现代资料 200 多册,合计共收录全文数字图书 1500 册,初步完成了数据库的构建工作。莆仙地方文献全文数据库收录的资料类型包括史志类、艺术著述类、诗文集类、哲学宗教政治类、地方族谱类、人物传记类和妈祖类资料。

七 船政文化特色数据库

船政文化数据库是福州独特地域文化的典型成果,由三个机构建成:一是由福建船政交通职业学院图书馆建设的船政文化特色数据库,以船政文化为主题,内容涵盖船政学堂、船政文化、船政专业、船政名人、本馆船政特色馆藏、现代船政教育等多个方面,资源更以音像视频、图书、学位论文、期刊等多种类型展示,帮助读者全方面、多维度深刻理解、学习船政文化。二是由闽江学院图书馆建设的数据库,是提供给师生学习和研究的船政文化平台,也是对青少年进行爱国主义教育的阵地,该数据库的内容按资料类型分为船政文化相关史料、船政文化专著类、船政文化期刊论文、船政文化会议论文、船政文化学位论文、船政文化相关报道、船政文化相关网站7种。三是由福州市图书馆建设的船政文化数据库,通过大量图书,全方位地展现了中国船政的诞生、发展与文化内涵。

八 "厦门记忆"数据库

"厦门记忆"资源数据库于2009年开始构建,是"厦门市图书馆馆藏文献资源开发计划"重点开发项目,集中了各类厦门地方文献资源。该数据库以厦门地方文献全文数据为主体,辅以书目数据、篇名索引数据、图片数据和人物数据等资料,同时与已经构建的视频点播库中的闽南戏曲音频视频进行链接。"厦门记忆"数据库按内容共分为12个部分,在"厦门记忆"数据库中,读者可通过题名、责任者、关键词、正文这四个检索途径,根据自己检索对象的主题内容在36个子库中划定范围来获取想要的文献信息。涉及海丝文化内容的专题库主要有如下几种(见表13-1)。

表13-1　　"厦门记忆"数据库概况一览

	名称	主要内容
"厦门记忆"数据库	"小城春秋"专题库	厦门概况、厦门历史上的今天、厦门之最、厦门地名
	"图说厦门"专题库	厦门风光、文物古迹、特色建筑、摩崖石刻
	"厦门文献"专题库	图书全文、期刊全文、报纸全文
	"厦门地方文献索引"库	闽籍海外华人华侨书目索引库、馆藏地方文献书目索引库、地方资料篇名索引库、地方文献书目题录库等
	"华人华侨"专题库	华人华侨图书全文、期刊全文、剪报资料、人物资料、图片

此外，含有海丝内容或设立相关栏目的地方文献类数据库还有很多，如泉州市分支中心建成的泉州非物质文化遗产库、泉州文史资料全文库、泉州人物库、地方戏曲库、泉州图片库、泉州著述库等；漳州市图书馆正在建设的老照片、地方文献、非物质文化遗产等专题资源数据库；集美大学图书馆建设的陈嘉庚研究数据库；晋江市图书馆的晋台族谱数据库；泉州师范大学闽台族谱数据库；厦门大学莆仙妈祖地方文化特色库、东南亚及闽台研究数据库；福建省档案馆馆藏侨批档案全文数据库；华侨大学图书馆中的华侨华人图片数据库、华侨华人人物数据库、华侨华人研究综合数据库、华侨华人政策法规数据库等；泉州市海外交通史博物馆族谱数据库等。

第三节　福建海丝相关专志

福建文史机构长期组织和参与编辑出版了一批与海丝相关的专志，主要分为闽台关系志、华侨志、妈祖志和海关志、港口志、船政志等几大类。

一　闽台关系志

《福建省志·闽台关系志》

该志书由福建省地方志编纂委员会组织编纂、福建省人民政府台港澳事务办公室牵头，福建社会科学院、厦门大学、福建师范大学等单位共同承编，2008年由福建人民出版社于出版。这是有史以来第一部记述福建与台湾历史渊源与现实联系的专业分志，反映了闽台同胞同根同源关系，以及两岸同胞共建家园的事迹。内容包括概述、地理关系、人口播迁、台湾姓氏渊源与地名渊源、台湾行政建置、共御外侮、文化关系、教育、科技、交通运输、经济贸易、传播媒体、闽台相关机构、附录。

二 华侨志

1.《福建省志·华侨志》

该志书由福建省地方志编纂委员会编，1992 年由福建人民出版社出版，分上下两篇。该志书是在福建省人民政府侨务办公室和福建省归国华侨联合会的共同关心和支持下，在福建省地方志编纂委员会的指导下，由《福建省华侨志》编辑室经过 4 年时间编写成的。内容包括出国、华侨华人概况、华侨与祖国革命、华侨与家乡建设、侨务工作、机构。附录有华侨华人名人简介、福建省侨乡分布图。记述了福建人从唐宋时期出国至中华人民共和国成立以后，华侨华人的历史发展概况。

2.《泉州市华侨志》

该志书由卓正明、洪卜仁编纂，1996 年由中国社会出版社出版。该志书全面记述了泉州市华侨的发展历史，内容包括移居国外、居住地、参与祖国革命、参加家乡建设、侨乡、侨务机构、人物，以及华侨对家乡、祖国的建设情况。

3.《厦门华侨志》

该志书由《厦门华侨志》编委会编写，1991 年由鹭江出版社出版，是一部记述福建厦门华侨历史的专志。全书共分为 4 篇，有全景有细节，内容包括移居海外，艰苦创业；热忱爱国，建设家乡；侨务工作，机构团体；人物传，大事记。

4.《漳州华侨志》

该志书由漳州市人民政府侨务办公室编纂，1994 年由厦门大学出版社出版。该志书上限自唐宋时期起，下限至 1990 年。内容包括出国、在居住国、支持和参与祖国革命和反帝斗争、参加家乡建设、漳州侨乡、机构团体、侨务工作。附有漳州华侨华人分布图、人物简介、大事年表。

三 妈祖志

1.《湄洲妈祖志》

该志书由莆田湄洲妈祖祖庙董事会编，2011年由方志出版社出版，全书75万字，近200幅彩图插页，文中还配有约200幅取自志书史籍的黑白图片。该志书记述范围不受普通地域限制，凡涉及与妈祖信仰有关的人和事，均为记述之列。事项上起发端，下限至2010年12月。采用"述、记、志、传、图、表、录"7种志书体裁编纂。除序、凡例、概述和大事记、跋外，分为九章，共40节。内容包括：第一章"湄洲妈祖"中记述由人到神以及神之名称、诞生地与生卒年异说；第二章"灵应传说"记述宋元明清以及在外国的各种灵应传说；第三章"湄洲祖庙"记述祖庙创建沿革、管理机构、妈祖巡安与节庆活动、妈祖文化宣传、联谊交流、慈善服务、遗产保护以及祖庙匾联选；第四章"分灵传播"记述各朝代分灵庙的情况以及历代褒封、敕建宫庙、朝廷赐额等；第五章"文物古迹"；第六章"祭祀习俗"；第七章"宫庙典籍"；第八章"文献资料选辑"；第九章"人物传略"。

2.《湄洲妈祖祖庙志》

该志书为湄洲妈祖祖庙的首部志书，多位文史专家参与编写，林金榜主编，历经5年完稿，2018年由人民日报出版社出版。该书全面介绍湄洲妈祖祖庙1000多年来几经兴衰的历史变迁，尤其改革开放后在历史的废墟上重新崛起及跨越式发展的曲折历程，彰显湄洲妈祖祖庙屹立天下名庙之林、跻身世界文化奇观的厚重历史积淀。记述从公元987年庙宇始建起，至2017年12月31日止，时间跨度1030年；而湄洲妈祖祖庙为世界妈祖分灵庙之"祖"，天下妈祖信众的朝圣中心，凡与湄洲祖庙有重要关联的人与事均入志。全书共80多万字，除序、凡例、概述、特载、大事记、跋外，共分12章49节，以及附录史料。

3.《妈祖文化志》

该志书是全国首部由两岸合编的妈祖文化专志，于2009年启动编纂，由福建省地方志编纂委员会、莆田市湄洲妈祖祖庙董事会与台湾妈祖联谊会联合组织两岸专家学者历时 8 年完成，2018 年由国家图书馆出版社出版。该志书编写是福建省方志委传承弘扬中华优秀传统文化，以志为媒深化两岸对命运共同体共识的重要举措。全书共 4 卷，包括《妈祖宫庙与文物史迹》《妈祖祭典、活动与民俗》《妈祖文学艺术与学术研究》《妈祖信仰组织》，首次较为全面系统翔实地记述了妈祖信仰的形成、发展、流布、影响等，宣扬了"积善、立德、大爱"的妈祖精神，淋漓尽致地展现了妈祖文化内涵。

四　海关志

1. 《泉州海关志》

该志书由泉州海关编纂，2005 年由厦门大学出版社出版，是一部记述泉州海关发展历史的专志。内容包括总述、市舶司篇（概述、建制沿革、船货监管、舶货征榷、查缉走私、招徕迎送、市舶职官、市舶文物史迹）、税馆·常关·洋关篇（概述、建制沿革、货运监管、征收税费、查禁走私、海关统计、行政管理）、人民海关篇（概述、建制沿革、运输工具监管、进出境货物监管、进出境物品监管、征收税费、查缉走私、海关统计、科技应用、行政管理）。

2. 《福州海关志》

《福州海关志（1861—1989）》由编纂委员会历时 4 年编纂而成，1991 年由鹭江出版社出版。该志详细记录了 1685—1989 年福州海关的兴衰交替，反映了近两个世纪以来的福州对外交往和对外经济贸易发展概貌，记录了福州海关机构设置和业务发展情况。内容包括建置、货币监管、物品监管、征收税费、查缉走私、统计、科技应用、关产、其他事务，后附大事记和统计表等。2017 年由中国海关出版社出版了《福州海关志（1990—2012）》。

3. 《厦门海关志（1684—1989）》

该志书由厦门海关编著，1994 年由科学出版社出版。该志书阐述了 1684—1989 年厦门海关 300 多年的发展史，包括建制、货运监管、征收税费、查处走私与违规、统计、科技应用、行政管理、其他事务等，并附有大事记和历史文献。

此外，福建省地方志编纂委员会在《福州海关志》《厦门海关志》基础上编纂了《福建省志·海关志》，1995年由方志出版社出版。

五　港口志

1.《福州港志》

该志由福州港务局史志编辑委员会编，1993年由华艺出版社出版，主要介绍福州港的基本概况，附录中包含福州港出土的文物、史迹资料。

2.《泉州港口志》

该志书由泉州市港口管理局主编，2014年由九州出版社出版，是一部记载泉州海关发展历史的专志。

六　船政志

1.《船政志》

该志由福州市地方志编纂委员会编纂，2016年由商务印书馆出版社出版。该志的整理、编写、校对、出版共耗时5年，凝聚了国内船政研究专家及学者的心血，内容涉及船政的历史沿革和发展历程，是福建海丝历史研究的重要参考资料和专业的船政研究工具书。

2.《船政大事记》

该书是中法马江海战纪念馆、福建省马尾造船厂组织编纂的地方志，由陈道章负责编撰。该志包括造船（含制造火药、鱼雷、火炮、机器及后来的水上飞机）、学校（船政学堂及后来的海军系统学校）两个方面的大事。船政大事记录的时间范围为1866—1949年，书后附录有马尾造船厂大事记（1949—1997年）。

此外，还有《德化陶瓷志》（德化县地方志编纂委员会编纂，方志出版社出版，2004年）等包含海丝内容的专志。

第四节 海丝著作

福建拥有丰厚的海上丝绸之路历史文化积淀，通过深入开发福建海丝文献资源，研究海丝历史，可深层次地挖掘海丝文化。自1949年以来，学者专家利用福建海丝历史文献，研究开发出涉及海丝文化的众多成果，类型多样，其中海丝研究著作是最主要的成果形式。

一 福建海丝文献丛书

福建海丝文献丛书包括福建出版社出版的、福建人参与编写的、涉及福建海丝内容的主要丛书等。

1. 海丝主要专题丛书

（1）《海上丝绸之路与中国海洋强国战略丛书》。该丛书由福州大学海丝核心区建设研究院策划设计，首批13本图书由来自中国、新加坡、马来西亚和新西兰4个国家、10所高校的学者队伍完成，2016年由社会科学文献出版社出版发行。该丛书聚焦中国海洋文化，探索中国与海上丝绸之路沿线国家历史、经济、文化的关联包括丰富的涉闽海丝历史内容，构建了具有中国气质的海洋文化理论知识体系。具体包括《历史影像中的新西兰华人》《沉船、瓷器与海上丝绸之路》《19世纪槟城华商五大姓的崛起与没落》《从龙牙门到新加坡：东西海洋文化交汇点》《国际法新命题：基于21世纪海上丝绸之路建设的背景》《东海海域移民与汉文化的传播——以琉球闽人三十六姓为中心》《明清海盗（海商）的兴衰：基于全球经济发展的视角》《朝贡贸易与仗剑经商》《海上看中国》《海洋与人类文明的生产》《海洋移民、贸易与金融网络》《环苏门答腊岛的海洋贸易与华商网络》《人民币区域化法律问题研究》。

（2）《海上丝绸之路研究丛书》。该丛书由王日根主编，2018年由厦门大学出版社联合日本、越南、中国大陆和中国台湾等众多海内外海上丝绸之路学者共同推出。丛书包括12种学术专著：《中国南洋古代交通史》《长崎华商：泰昌号·泰益号贸易史》《清代华南帆船

第十三章 福建海丝文献开发的主要成果

航运与经济交流》《日本冲绳华裔中的阮氏族群》《东欧亚海域史列传》《耕海耘波：明清官民走向海洋历程》《众力向洋：明清月港社会人群与海洋社会》《海洋图书变迁与海上丝绸之路》《海氛扬波：清代环东亚海域上的海盗》《民国时期东南沿海海盗研究（1912—1937）》《华文越风：17—19世纪民间文献与会安华人社会》《厦门的兴起》。丛书内容对海洋航运、海贸航线、港口区域经济、海外华人社区、商号等做了翔实、精细的研究，体现了一定的专题性和前沿性，反映了海上丝绸之路的发展轨迹和繁荣景象，展示了更为丰富的海上丝绸之路历史面貌，从而使中国海上丝绸之路文化有更进一步的呈现，推动了新时代海上丝绸之路建设。

（3）《21世纪海上丝绸之路研究丛书》。该丛书由华侨大学海上丝绸之路研究院与社会科学文献出版社合作出版。该丛书出版将服务于国家"一带一路"和福建"海丝核心区"建设，有利于加快建设"海丝高端智库"，打造华侨大学"21世纪海上丝绸之路"研究的标志性成果。2020年8月，丛书首部学术著作《华人华侨与"一带一路"》出版发行。由华侨大学海上丝绸之路研究院许培源教授、陈乘风博士共同撰写完成。全书共分为6章，对华人华侨与"一带一路"的历史与现状进行了深入剖析，围绕华人华侨与"一带一路"倡议、华侨华人在"一带一路"的产业实力和产业布局、华人华侨与"一带一路"民心相通，以及各侨乡如何发挥优势助力"一带一路"建设等主题进行了系统研究。

（4）《中国海丝文化·漳州篇》丛书。该丛书共8册，由漳州市政协主席谭培根主编，自2014年起由福建人民出版社陆续出版发行，到2017年已出版了10部。该丛书围绕漳州海丝各专题整理、编写而成，系统全面地揭示了漳州海丝历史文化，为福建海丝文化研究提供了翔实资料。该丛书对漳州古代港口建设、古代制造行业的发展、在漳流通的外国货币、漳州海丝文化在国内外的遗存、漳州古代海商行迹、漳州籍士大夫对外开放的主张，以及漳州海丝文化的最新研究成果等方面进行了研究。丛书不仅对旧有研究成果做出了收集整理，还对漳州海丝的历史进行了全新视角的深入调研。具体包括《漳州古代海外交通与海洋文化》《漳州外来货币概述》《明清时期漳州窑》《漳州"海上丝绸之路"论文选》《漳州侨批史话》《明清时期南靖东溪窑与对外贸易》《月港帆影：漳州海商发展简史》《从花山溪走向海上丝绸之路》《一路向海：漳州人下南洋》《华安东溪窑史话》。

（5）《海洋与中国丛书》《海洋中国与世界丛书》。该丛书由杨国桢主编，江西高校出版社出版，全20册，近400万字，先后列入"九五""十五"国家重点图书。丛书从福建海洋发展史、明清海洋移民台湾与菲律宾、海洋渔业经济与渔民社会等多个方面，全面勾画出中国海洋开发利用中的成就与艰辛，也构建了海洋社会经济史研究的基本板块，拓宽了历史学研究的领域，阐释了研究和开发海洋的重要性。其中，涉及福建海丝历史文化的主要有《闽在海中：追寻福建海洋发展史》（杨国桢著，1998年11月出版）、《喧闹的海市：闽东南港市兴衰与海洋人文》（蓝达居著，1999年12月出版）等。

（6）《闽台与海丝文化研究丛书》。该丛书由福建省高校人文社科基地泉州师院闽南文化生态研究中心负责人林华东总主编，中国社会科学出版社出版。目前已出版《弘一大师在泉州》《海上丝绸之路新探索："第一届海丝文化国际青年学者论坛"论文集》《闽南文化学术年鉴2013—2014》等。

（7）《图说福建与海上丝绸之路丛书》。该丛书由谢必震、吴巍巍、陈硕炫等编著，2018年由福建教育出版社出版。此书共6册，用近2000幅图片述说了福建的发展历史，系统而生动地讲述了古代福建海上历史活动创造的举世闻名、延续千年的海上丝绸之路，充分展示了福建在海上丝绸之路形成与发展中的地位与作用。该丛书包括《牵星过洋：福建与东南亚》《涨海声中：福建与波斯、阿拉伯》《舟行天下：福建与欧美》《闽在海中：福建与海上丝绸之路》《顺风相送：福建与东北亚》《万国津梁：福建与琉球》六部分。全书以图片为主，用大量历史图片展现了历史上福建与东南亚等海上丝绸之路沿线国家和地区的海上往来，包括政治、经济、文化、人员往来、宗教信仰等方面。

此外，由福建人民出版社出版的《福建海史话》丛书也包含大量海丝内容，主要有《福州港》（郑剑顺著）、《厦门港》等。

2. 包含海丝内容和栏目的相关丛书

包含海丝内容的丛书较多，在此仅列举几部以福建地方文化为主的丛书。

（1）《厦门文化丛书》。该丛书由鹭江出版社出版，已出版2辑，每辑13册，共26册，从厦门的人物、历史、戏曲、方言、景观、宗教等多个方面对厦门文化做了详细介绍，对发展地区文化、民族文化，提高民族凝聚力、自豪感能起到促进作用，同时也为厦门文化的研究开辟了更为广阔的前景。其中，丛书第1辑中《厦门人物·海外篇》部分记载了在海上丝绸之路时期，厦门人远渡重洋谋生经商，在侨居地与当地人一起开辟荒野、辛勤劳作的事迹，如甲必丹、苏鸣岗、李为经、辜礼欢等著名人物；《厦门史话》虽然是一些具体的历史事件记述，但字里行间无不与海上丝绸之路有关。比如篇目《八闽门户 海防重镇》《厦门港的盛衰》《五口之一》《触目惊心的"苦力贸易"》等，都是厦门海丝史的体现。丛书第2辑中涉及厦门海丝的篇章有：《厦门考古与文物》第五章主要介绍了厦门港的优势，以及厦门是海上"陶瓷之路"的重要港口，并且厦门与台、澎有着密切的商贸关系，在对外贸易汇总流通多种外币。《厦门海防文化》从文化的角度来研究海防，为厦门文化和厦门海防的深入研究开辟了新思路。《厦门海外交通》以海外交通为线，串联起海外贸易与海外移民，生动描绘了厦门海洋经济活动历史的概貌，为了解厦门的海丝全景和内涵提供了丰富、翔实的资料。《厦门侨乡》通过阐述厦门的对外贸易、海外移民和文化交流，向人们讲述了厦门籍华侨华人向海外移民的辛酸史与创业经历，充分肯定了他们在厦门经济建设和文化教育等方面做出的贡献。《厦门与台湾》共分为6章，从政治、经济、文化、社会等领域记载了厦台数百年交往的历史，包括厦门与台湾的交通航线、厦门台湾之间的移民关系、厦门台湾的经贸往来、厦门台湾的政治军事关系，以及厦门台湾的文化交流等内容，对进一步发展两地或两岸关系、早日实现祖国统一大有裨益。

（2）《闽商发展史》。该丛书由福州大学闽商文化研究院院长苏文菁总主编，2016 年由厦门大学出版社出版，全书 15 卷。这套著作编撰工程起于 2010 年，集纳近百名专家学者，先后历时 6 年完成，是一部跨时空、跨地域的闽商文化研究著作。全书除"总论卷"外，还包含福建省福州、厦门、泉州、漳州、三明、龙岩、南平等 9 个设区市商会，省外异地商会和港澳台及海外商会分卷，全景式记述了闽商的萌芽、形成、发展、转型、复苏、再扩展的过程。如在《闽商发展史·厦门卷》编撰中，专家学者广泛征集地方工商史料和学界研究成果，按照不同时代，分为明清、民国和现代三大篇章，主要讲述了厦门的兴起与海上贸易的活跃以及厦门商人在国内外经济大舞台上的活动及其成就等，内容主要包括明清时期活跃在海上丝绸之路的厦门商人与海上贸易、民国时期厦门的商人与行业网络以及中华人民共和国的厦门工商业等，展现了厦门从一个滨海小岛成长为中国经济特区的现代化国际性商业城市的艰辛历程，还原了厦门商人面对竞争激烈的商海，敢于拼搏的坚强性格。在《闽商发展史·漳州卷》中，阐述了漳州自唐初建置以来漳州商人和商业海外贸易的发展历程。明政府部分开放海禁，置洋市于月港，漳州月港登上前全球化时代国际海外贸易的历史舞台，首次展露了民间华商与外商海上争利的身姿，也首创了我国民间海外贸易管理的体例。在《闽商发展史·泉州卷》中，阐述了伴随着泉州港的闻名世界，建立遍及东亚、东南亚和印度洋的海上商业网络。特别是明清时代，泉州商人对环球贸易体系的建立起了重要作用，形成了遍及全球的华侨网络。泉州商人历经各朝代的艰辛与辉煌，创造着非凡业绩的史实，对泉州商人的海洋特性、发展线索和各阶段特性做深入的探讨。这套著作不仅探寻了历代闽商发展历程，也是研究中国区域经济发展、区域商人精神史、区域社会发展史、中国海商史乃至构建中国商人史、中国经济史等学科的重要参考书。

（3）《厦门文史丛书》。该丛书由厦门市政协与厦门市文史工作者携手合作，利用数年时间编辑而成，目前共出版 32 册。丛书尽量选取厦门第一手的"原生态"史料，从厦门市及其临近相关区域中所传承积淀下来的文化历史切入，围绕厦门市并适当延伸至闽南地区,撷取厦门市历史发展进程中具有典型性、代表性的人物及事件,图文并茂。在 32 册书中,共有 9 册与厦门海上丝绸之路历史有关,分别是《厦门船舶工业》《厦门人文记忆》《厦门史地丛谈》《厦门海防百年》《厦门航运百年》《厦门华侨纪事》《厦门跨海情缘》《厦门货币图录》《厦门古代文献》。这些书介绍了在古代海上丝绸之路时期,厦门海上航道四通八达、造船业不断发展、航海贸易日益繁荣、许多厦门人渡台湾下南洋的历史,书中附有历史老照片,这些文献均是厦门海丝历史发展的见证。

(4)《泉州地情丛书》。该丛书由泉州市地方志编纂委员会编纂而成,至 2017 年已出版四辑 19 册。该丛书全面、系统地挖掘和梳理了泉州人文地理、风土人情、传统技艺等方面的资料。第 1 辑为第一轮修志后,根据相关史实,于 2007 年整理出版的《历史名城泉州》《泉州史事纪实》《外国人在泉州与泉州人在海外》,共 3 册。后为配合"东亚文化之都"和"古城文化复兴计划"宣传,开始搜集整理泉州人文地理、风土人情、传统技艺等方面的资料,并于 2013 年辑录成《泉州地情丛书》第 2 辑,包括《泉州宰相录》《泉州状元录》《泉州进士录》《泉州古城铺镜神》《泉州古城名街名巷名居》《泉州漆艺》,共 6 册。为服务泉州"海丝"申遗活动和纪念中国抗战胜利七十周年,又于 2015 年编纂出版了《泉州地情丛书》第 3 辑,包括《泉州海丝史话》《泉州抗战史话》《泉州经济史话》《泉州戏曲史话》《泉州古代科技史话》,共 5 册。2017 年,《泉州地情系列丛书》第 4 辑出版发行,该套丛书包括《泉州古代职官录》《泉州院士录》《泉人著史修志录》《泉州大事实录》《泉州侨界名人录》,共 5 册。其中,《泉州海丝史话》以文字和实地拍摄的海丝史迹图片,栩栩如生地展现了一幅泉州海丝的民俗传统、港口商贸、造船航海、宗教信仰等人文历史全景图。

(5)《漳州历史文化丛书》。该丛书 2009 年由海峡文艺出版社出版,全 11 册。丛书在挖掘整理海峡两岸历史文化资源的基础上,用通俗生动的形式记录了漳州历史文化,用"探寻历史遗存""拜访古代先贤""感悟绿色山水""品味地方风情""寻找故事传说""重读古典诗文""欣赏县城新姿"等板块进行书写和展示。其中涉及海丝内容的栏目篇章有：探寻历史遗存、清代云霄航运业的繁荣、家祠见证闽台缘、一座古城的记忆、月港往事、大清第一局——天一信局等。该丛书是"海峡二十七城市历史文化丛书"之"漳州系列"。全套丛书所涉及的城市包括海西经济区四省的20个地级市，以及台湾的台北、高雄等7个主要城市，一县（区、市）编写一册。

（6）《闽南文化丛书》。该丛书由福建人民出版社出版，共14卷。编纂者以厦门大学和台湾中研院的专家学者为主体，并聘请两岸对闽南文化有较深造诣的相关人士共同参与完成。每卷编写实行双主编制，分别由两岸专家学者担任。选取闽南文化最有代表性的14个专题。第1辑6卷，于2007年出版，分别是《闽南区域发展史》《闽南宗教》《闽南书院与教育》《闽南乡土民俗》《闽南海外移民与华侨华人》《闽南理学的源流与展望》。第2辑8卷，于2008年开始出版，包括《闽南方言》《闽南文学》《闽南戏剧》《闽南民间信仰》《闽南宗族社会》《闽南音乐与工艺美术》《闽南文化事业》《闽南建筑》。丛书的出版促进了闽南文化的深入研究，使读者更加全面地了解了闽南文化和中华文化，也使台湾民众进一步增进了对中华文化、闽南文化、民族文化之情的共识，增加认同感。

二 福建海丝文献研究专著

福建海丝文化属于福建地方特色文化，因而在出版的这些福建地方文献著作中，有专门论及和涉及福建海上丝绸之路内容的著作数量巨大，这些著作的出版，不仅有助于了解福建海丝历史发展情况，而且对进行海丝研究有着重要的参考价值。福建海丝著作包括福建出版社出版的或福建人所著的和涉及福建海丝内容著作，公开出版的海丝研究著作主要分为海丝研究著作和海丝相关著作。

1. 福建海丝主要研究著作

福建海丝文献类型多样，学者对海丝历史研究的范围较广，在研究海丝历史文献的基础上，开发出大量研究成果，其中海丝研究著作出版数量颇多，主要集中在20世纪80年代以后，特别是2000—2020

第十三章　福建海丝文献开发的主要成果

年，在20年的时间里，海丝相关著作数量远超前50年的海丝著作数量，按研究内容划分其主要研究开发成果有如下几类。

（1）福建港史研究成果：主要有《泉州港与古代海外交通》（《泉州港与古代海外交通》编写组编写，文物出版社出版，1982年、1996年）、《海上丝绸之路的著名港口——泉州》（庄为玑、庄景辉、王连茂撰，海洋出版社出版，1989年）、《古刺桐港》（庄为玑著，厦门大学出版社出版，1989年）、《安海港史研究》（《安海港史研究》编辑组编，福建教育出版社出版，1989年）、《厦门港史》（厦门港史志编纂委员会编，人民交通出版社出版，1993年）、《泉州古港史》（《泉州古港史》编委会编，人民交通出版社出版，1994年）、《福州港史》（福州港史志编辑委员会编，人民交通出版社出版，1996年）、《漳州港：明代海澄月港兴衰史》（李金明著，福建人民出版社出版，2001年）、《福州港》（郑剑顺著，福建人民出版社出版，2001年）、《厦门港》（顾海著，福建人民出版社出版，2001年）、《泉州港考古与海外交通史研究》（庄景辉，岳麓书社出版，2006年）、《沧桑刺桐》（傅宗文著，厦门大学出版社出版，2011年）、《海丝申遗话月港》（郑云编，厦门大学出版社出版，2015年）、《历史转折时期的漳州月港》（陈子铭著，海峡文艺出版社出版，2015年）、《月港帆影》（郑镛著，福建人民出版社出版，2016年）等。

（2）海防、海关研究成果：主要有《近代中国海关与中国财政》（戴一峰著，厦门大学出版社出版，1993年）、《厦门海防文化》（黄鸣奋著，鹭江出版社出版，1996年）、《鸦片战争前的东南四省海关》（黄国盛著，福建人民出版社出版，2000年）、《中国近代海关常用词语英汉对照宝典》（陈诗启、孙修福主编，中国海关出版社出版，2002年）、《中国海关与对外贸易》（连心豪著，岳麓书社出版，2004年）、《明清海疆政策与东南海岛研究》（卢建一著，福建人民出版社出版，2011年）、《厦门海防百年》（韩栽茂著，厦门大学出版社出版，2012年）、《中国海域史·东海卷》（谢必震、吴巍巍主编，上海古籍出版社出版，2020年）、《中国近代海关史》（陈诗启著，人民出版社出版、中国海关出版社出版，2021年）等。

(3) 海洋交通研究成果：主要有《泉州与我国中古的海上交通》（李东华著，台湾学生书局出版，1986年）、《泉州湾宋代海船发掘与研究》（福建省泉州海外交通史博物馆编，海洋出版社出版，1987年）、《福建航运史：古、近代部分》（林开明著，人民交通出版社出版，1994年）、《泉州海外交通史略》（李玉昆著，厦门大学出版社出版，1995年）、《海外交通史迹研究》（庄景辉著，厦门大学出版社出版，1996年）、《厦门海外交通》（李金明著，鹭江出版社出版，1996年）、《闽台海上交通研究》（王耀华、谢必震编，中国社会科学出版社出版，2000年）、《福建海外交通史》（廖大珂著，福建人民出版社出版，2002年）、《泉州古代海外交通史》（李玉昆、李秀梅著，中国广播电视出版社出版，2006年）、《海外交通与文化交流》（李金明，云南美术出版社出版，2006年）、《厦门船舶工业》（洪卜仁主编，厦门大学出版社出版，2008年）、《厦门航运百年》（洪卜仁主编，厦门大学出版社出版，2010年）等。

(4) 华侨华人研究成果：主要有《泉州侨批业史料》（中国银行泉州分行行史编委会编辑，李良溪主编，厦门大学出版社出版，1994年）、《闽南侨批史纪述》（中国银行泉州分行行史编委会，厦门大学出版社出版，1996年）、《厦门人物·海外篇（第2版）》（郭瑞明编撰，鹭江出版社出版，1996年）、《泉州谱牒华侨史料与研究》（庄为玑、郑山玉著，中国华侨出版社出版，1998年）、《厦门侨乡》（郭瑞明编著，鹭江出版社出版，1998年）、《华侨华人与中国的关系》（庄国土著，广东高等教育出版社出版，2001年）、《福建移民史》（林国平、邱季端著，方志出版社出版，2005年）、《闽台区域研究丛刊（第5辑）移民与闽台民俗宗教研究》（林国平主编，海洋出版社，2005年）、《泉州华侨华人研究》（李天锡著，中央文献出版社出版，2006年）、《闽南侨批史话》（王朱唇、张寅美编著，中国广播电视出版社出版，2006年）、《谱牒研究与华侨华人》（周仪扬、陈育伦、郭志超主编，新华出版社出版，2006年）、《东南亚的福建人》（〔马来西亚〕林忠强等主编，厦门大学出版社出版，2006年）、《闽南海外移民与华侨华人》（陈衍德、卞凤奎主编，福建人民出版社出版，

第十三章　福建海丝文献开发的主要成果

2007年)、《基督教与海外华人的文化适应———近代东南亚华人移民社区的个案研究》(朱峰著,中华书局出版,2009年)、《中国侨批与世界记忆遗产》(福建省档案局与高校、研究机构及专家学者合作编辑,鹭江出版社出版,2014年)、《漳州侨批史话》(苏通海著,福建人民出版社出版,2016年)、《一路向海——漳州人下南洋》(郑来发著,福建人民出版社出版,2016年)、《厦门华侨纪事》(洪卜仁主编,厦门大学出版社出版,2017年)、《厦门侨批》(洪卜仁主编,厦门大学出版社出版,2018年)、《华侨华人与"一带一路"》(许培源、陈乘风著,社会科学文献出版社出版,2020年)等。

(5) 船政文化研究成果:主要有《福建船政局史稿》(林庆元著,福建人民出版社出版,1986年,1999年修订)、《沈葆桢和福州船政》(林崇镛,联经出版事业公司出版,1987年)、《福建船政局史稿》(林庆元著,福建人民出版社出版,1999年)、《船政学堂》(沈岩著,科学出版社出版,2007年1月)、《船政文化与台湾》(朱华主编,鹭江出版社出版,2009年)、《船政文化概论》(张兰英主编,鹭江出版社出版,2014年)、《近代风云看船政:船政与近代台湾》(中国船政文化博物馆编,福建人民出版社出版,2017年)、《船政文化》(江冰著,福建人民出版社出版,2018年)等。

(6) 妈祖文化研究成果:主要有《妈祖千年祭》(林文豪主编,华艺出版社出版,1988年;淑馨出版社出版,1990年)、《妈祖信仰与祖庙》(陈国强著,福建教育出版社出版,1990年)、《妈祖信仰与研究》(陈国强主编,福建教育出版社出版,1990年)、《妈祖信仰》(李露露著,学苑出版社出版,1994年)、《妈祖的子民——闽台海洋文化研究》(徐晓望著,学林出版社出版,1999年)、《世界妈祖庙大全(第一卷)》(《世界妈祖庙大全》编辑部,国际炎黄文化出版社出版,2002年)、《莆田文化丛书·妈祖文化》(黄国华编著,福建人民出版社出版,2003年)、《三家妈祖身世的初考》(陈章燕等编著,新加坡福莆仙文化出版社出版、中华龙贤湄出版社出版,2004年)、《世界妈祖庙大全(第二卷)》(《世界妈祖庙大全》编辑部,国际炎黄文化出版社出版,2005年)、《妈祖文化研究论丛1》(彭文宇主编,人民出版社出版,2012年)、《妈祖研覃考辩》(许更生著,西安出版社出版,2014年)、《海丝雕龙》(许更生著,中国文史出版社出版,2016年)、《妈祖文化与海洋精神》(黄少强等,海洋出版社出版,2017年)等。

(7)海洋贸易研究成果:主要有《明清时代商人及商业资本》(傅衣凌著,人民出版社出版,1956年)、《明代海外贸易史》(李金明,中国社会科学出版社出版,1990年)、《福建对外贸易史与海关史》(林仁川著,鹭江出版社出版,1991年)、《喧嚣的海市——闽东南港市兴衰与海洋人文》(蓝达居著,江西高校出版社出版,1999年)、《近现代中国与东南亚经贸关系史研究》(聂德宁著,厦门大学出版社出版,2001年)、《明清中琉航海贸易研究》(谢必震,海洋出版社出版,2004年)、《中国市舶制度研究》(郑有国著,福建教育出版社出版,2004年)、《厦门纵横——一个中国首批开埠城市的历史》([美]毕腓力著,何丙仲译,厦门大学出版社出版,2009年)、《福建市舶司与海洋贸易研究》(郑有国著,中华书局出版,2010年)、《刺桐梦华录——近世前期闽南的市场经济》(苏基朗著,李润强译,浙江大学出版社出版,2012年)、《闽商史研究(第1辑)》(何志毅、王贤斌主编,中国工商出版社出版,2013年)、《中华海丝文化·漳州篇:漳州外来货币概述》(林南中著,谭培根主编,福建人民出版社出版,2014年)、《明清时期南靖东溪窑与对外贸易》(中国人民政治协商会议南靖县委员会编,福建人民出版社出版,2016年)等。

(8)海丝文化研究成果:主要有《福建对外文化交流史》(林金水、谢必震著,福建教育出版社出版,1997年)、《闽在海中:追寻福建海洋发展史》(杨国桢著,江西高校出版社出版,1998年)、《中华海洋文化的缩影——泉州海外交通史博物馆》(王连茂、陈丽华著,中国大百科全书出版社出版,1999年)、《逝去的繁荣——一座老城的历史人类学考察》(王铭铭,浙江人民出版社出版,1999年)、《泉州文化与海上丝绸之路》(李冀平、朱学群主编,社会科学文献出版社出版,2007年)、《天问·惊世:中国古代海洋文学》(赵君尧著,海洋出版社出版，2009年)、《海洋中国与福建》(胡沧泽著，黑龙江人民出版社出版，2010年)、《刺桐梦华录》(苏基朗著，李润强译，浙江大学出版社出版，2012年)、《明清时期闽南海洋文化概论》(陈自强著，鹭江出版社出版，2012年)、《海上丝绸之路的起点——泉州》(陈瑞统著，海峡文艺出版社出版，2014年)、《泉州海丝史话》(泉州市地方志编纂委员会编纂，海峡书局出版，2015年)、《福建与中西文化交流史论》(林金水、吴巍巍、崔军锋等著，海洋出版社出版，2015年)、《宋元泉州与印度洋文明》(李大伟著，商务印书馆出版，2015年)、《福建海洋文化研究》(苏涵著，厦门大学出版社出版，2015年)、《从花山溪走向海上丝绸之路》(杨征著，福建人民出版社出版，2016年)、《辉煌灿烂的福建"海丝"文化》(卢承圣主编，海峡文艺出版社出版，2016年)、《海上丝绸之路2000年》(梁二平著，上海交通大学出版社出版，2016年)、《泉州：海丝起点 多元文都》(泉州市文化广电新闻出版局、泉州晚报社编纂，中国书籍出版社出版，2017年)、《丝路帆影》(叶重耕著，鹭江出版社，2017年)、《海上福州》(曾筱霞撰，海峡文艺出版社出版，2017年)、《中国福建海上丝绸之路发展史》(徐晓望著，九州出版社出版，2017年)、《海洋图书变迁与海上丝绸之路》(潘茹红著，厦门大学出版社出版，2018年)、《刺桐城——滨海中国的地方与世界》(王铭铭著，生活·读书·新知三联书店出版，2018年)、《海上丝绸之路与中医药文化的海外传播——以中医药文化在东南亚的传播和影响为中心》(冯立军著，黑龙江教育出版社，2019年)等。

2. 包含海丝内容的主要研究著作

包含海丝内容的研究专著较多，一般是书中内容有涉及福建海丝历史的某一方面，或书中有章节专门论述海丝历史文化，这类著作多为地方历史文化研究成果（详见表13-2）。

表 13-2　　包含海丝内容的主要研究著作（1990—2019 年）

时间（年）	出版发行的主要著作
1990—1999	《福建民间信仰源流》（徐晓望著，福建教育出版社出版，1993 年）、《福建文化概览》（王耀华、李如龙主编，福建教育出版社出版，1994 年）、《福建宗教碑铭汇编（兴化府分册）》（郑振满、丁荷生编，福建人民出版社出版，1995 年）、《福建古代经济史》（唐文基著，福建教育出版社出版，1995 年）、《福建族谱》（陈支平著，福建人民出版社出版，1996 年）、《福建宗教史》（陈支平主编，福建教育出版社出版，1996 年）、《漳州窑》（福建省博物馆编，福建人民出版社出版，1997 年）、《春华秋实录：福建文化史料（1949—1998）》（中国人民政治协商会议福建省委员会文史资料委员会编，福建人民出版社出版，1999 年）等
2000—2009	《闽台区域文化研究》（林国平编，中国社会科学出版社，2000 年）、《福建族谱》（刘亚忠主编，湖北人民出版社出版，2001 年）、《中华文化与闽台社会的变迁》（黄新宪著，福建教育出版社出版，2002 年）、《闽台民间信仰源流》（林国平著，福建人民出版社出版，2003 年）、《福建史纲》（汪征鲁主编，福建人民出版社出版，2003 年）、《闽台区域文化研究》（林国平主编，中国社会科学出版社出版，2004 年）、《郑成功文物史迹》（厦门市郑成功纪念馆编，文物出版社出版，2004 年）、《区域性经济发展与社会变迁：以近代福建地区为中心》（戴一峰著，岳麓书社出版，2004 年）、《近代厦门城市发展史研究》（周子峰著，厦门大学出版社出版，2005 年）、《福建通史（第 1—5 卷）》（徐晓望、杨彦杰、刘大可撰，福建人民出版社出版，2006 年）、《泉州文史研究》（许在全主编，中国社会科学出版社出版，2006 年）、《福建古代历史文化博览》（邱季端主编，福建教育出版社出版，2007 年）、《清代中琉关系档案研究》（丁春梅著，中国档案出版社出版，2007 年 9 月）、《厦门史地丛谈》（洪卜仁著，厦门大学出版社出版，2007 年）、《福建史稿》（朱维幹主编，福建教育出版社出版，2008 年）、《厦门旧影新光》（洪卜仁主编，厦门大学出版社出版，2008 年）等
2010—2019	《古代中国与东南亚中医药交流研究》（冯立军著，云南美术出版社出版，2010 年）、《晚清闽都文化之西传——以传教士汉学家卢公明为个案》（林立强著，海洋出版社出版，2010 年）、《泉州历史上的人与事》（陈笃彬、苏黎明著，齐鲁书社出版，2010 年）、《中琉关系史料与研究》（谢必震、胡新著，海洋出版社出版，2010 年）、《闽台佛教亲缘及其文化》（何绵山著，福建人民出版社出版，2010 年）、《闽台文化教育史论》（黄新宪著，海洋出版社出版，2010 年）、《福建史略》（谢必震著，海洋出版社出版，2011 年）、《八闽文化综览》（福建省文史研究馆编，福建人民出版社出版，2012 年）、《珠光青瓷故乡同安窑》（杜志政著，厦门大学出版社出版，2012 年）、《闽都文化简论》（赵君尧著，福建美术出版社出版，2012 年）、《福州商贸文化丛谈》（林精华主编，福建省文史研究馆编，2013 年）、《闽南历史文化概说》（萧庆伟、邓文金、施榆生著，福建人民出版社出版，2013 年）、《明清时期漳州窑》（吴其生著，福建人民出版社出版，2015 年）、《漳州民间信仰与闽南社会》（林国平、钟建华主编，中国社会科学出版社出版，2016 年）、《华安东溪窑史话》（林艺谋著，福建人民出版社出版，2016 年）、《福建历史文化博览》（林国平编著，福建教育出版社出版，2017 年）、《明清以来福建区域社会史论》（徐文彬，人民出版社出版，2019 年）等

此外，许多海外著名学者也利用海丝文献开展相关研究。如日本松浦章教授所著的《海上丝绸之路与亚洲海域交流：15 世纪末—20 世纪初》（大象出版社出版，2018 年），该书辑录了《清代中琉关系档案选编》（中华书局出版，1993 年）中福州与琉球贡船往来的贸易明细探索了清代帆船与东亚的物流，从整个亚洲海域角度对福州海外贸易进行解读，为其他研究者提供新思路。而在其早前所著的《明清时代东亚海域的文化交流》（江苏人民出版社出版，2009 年）、《清代帆船东亚航运与中国海商海盗研究》（上海辞书出版社出版，2009 年）也能找到诸如福建海商等海丝史料的引证。

第五节 海丝研究论文汇编

福建拥有丰富的海丝文献，为专家学者研究福建海丝历史提供了巨大史料支撑，因此，关于福建海丝历史的论文研究成果较多。福建学者们不仅在《海交史研究》《闽台文化交流》《闽台文化研究》《泉州文史》《东南学术》《南洋问题研究》《福建史志》《福建论坛》《福建文史资料》《福州文史资料选辑》《泉州文史资料》《厦门文史资料》《漳州文史资料》《闽商文化研究》《闽台区域研究丛刊》《妈祖文化研究》以及《厦门大学学报》《福建师范大学学报》等福建学术刊物上刊载海丝论文学术成果，同时也在《丝绸史研究》《华侨与华人历史研究》《东南亚》《中国航海》等国内海丝相关刊物上发表了众多海丝文化历史研究论文。此外，还出版了大量汇集海丝论文研究成果的相关论文集。已出版的涉及福建海丝专题的论文集主要有如下几种。

一 以海丝命名的论文集

1. 《中国与海上丝绸之路：联合国教科文组织海上丝绸之路综合考察泉州国际学术讨论会论文集》

该论文集 1991 年由福建人民出版社出版。联合国教科文组织海上丝绸之路综合考察是联合国世界文化发展十年中的一项重要活动，在泉州举办的这次国际学术讨论会是其活动重要组成部分。本次研讨会收到的50篇论文,主要是围绕中国与海上丝绸之路这一主题的研究成果。1994年6月,福建人民出版社又出版了《中国与海上丝绸之路:联合国教科文组织海上丝绸之路综合考察泉州国际学术讨论会文集(续集)》(中英文对照),续集收有论文15篇,其中主要论文成果有《泉州海外交通史研究概述》《元朝与高丽的海上交通》《东南亚发掘的中国外销瓷器》等。

2.《泉州港与海上丝绸之路》

该论文集由中国航海学会、泉州市人民政府合作编辑,2002年由中国社会科学出版社出版第1辑,2003年出版第2辑,2005年出版第3辑,内容集中在泉州港与海上丝绸之路这一主题。据不完全统计,近半个世纪以来,有关泉州港与海上丝绸之路的研究文章不下500篇,专著近100种。第1辑是从近半个世纪以来有关泉州与海上丝绸之路的研究文章中精选了51篇汇辑而成,是研究泉州港与海上丝绸之路的重要成果和参考资料。第2辑中则选录了"泉州港与海上丝绸之路"国际学术研讨会论文成果。此次会议共收到来自海内外学术论文80余篇。收录的论文有《宋代泉州等市舶机构的设置及其兴衰沿革考辨》《宋元泉州与亚洲海洋经济世界的互动》《宋元时期泉州海外贸易的管理》《古泉州地区陶瓷生产与海上"陶瓷之路"的形成》《海外贸易与宋元泉州社会》等。第3辑是《泉州港与海上丝绸之路:纪念郑和下西洋六百周年论文集》,该论文集收录了56篇关于泉州海丝的研究文献,分析研究了古代泉州与海外的交通贸易以及文化交流的各个层面。包括弘扬郑和精神,郑和下西洋对海上丝绸之路的杰出贡献及现实意义,郑和下西洋与世界地理大发现的比较研究,郑和下西洋与中西海上交通及宝船、航海术,郑和下西洋的经贸活动,郑和下西洋与明初的海防国策,郑和下西洋与我国陶瓷的对外输出,郑和后裔和同郑和一起下西洋的福建人,郑和下西洋目的、结果和遗憾,郑和下西洋与民俗信仰的传播等内容的研究成果。

3.《海外福州人与海上丝绸之路》

该论文集是闽都文化研究会编辑的第四届闽都文化论坛论文集,

2017年由海峡文艺出版社出版。论文集收入海内外专家学者的论文共31篇，内容涉及福州与马来西亚、泰国的人文交流、海外福州人的迁徙和再移民、海外福州人的创业精神、海外福州人的民族大义和家乡情怀、海外福州人对中华文化的传承等。论文结集出版旨在进一步挖掘福州与海上丝绸之路的关系，加强与海外福州人的联系沟通，宣传福州海上丝绸之路历史，扩大闽都文化影响。

4.《历史名城 海丝门户：福州海上丝绸之路论文集》

该论文集是《建设21世纪海上丝绸之路战略枢纽城市》系列丛书之一，该书由何静彦、陈晔主编，2014年由海峡文艺出版社出版。在该论文集中辑录了来自不同研究领域的30多位学者关于福州海丝研究的最新成果，主要有《福州与海上丝绸之路》《略论古代福州港与中琉航海交通》《东岐古道头的历史考证》《海上丝绸之路与福州丝织品贸易》《近代福州海外贸易商品流通网络》等文章。这些学者以严谨的考证和翔实的史料再现了"海上福州"的辉煌历史，对于探索海上丝绸之路的特殊规律和历史价值，以新视野、新思维推进新的海上丝绸之路建设，很有帮助。其中，收入由福建师范大学闽台区域研究中心吴巍巍、徐斌、谢必震撰写的《福州海上丝绸之路文献选粹》，该选粹辑取历史上福州涉及海上丝绸之路的诗词、笔记，全文由"闽都市井十洲人，船到城添外国人""山海之间：闽越人开辟的海丝之路（汉唐五代、宋元）""夷夏之间：五虎门前的舰队与商船""天地之间：从闽江走向大海，走向世界（近代）"四部分组成，按时间线选取相关史料对福州海上丝绸之路进行梳理，古代篇中罗列了"外国人眼中的福州""郑和下西洋与福州""福州与琉球"，近代篇则论述了"福州港对外交通与贸易""西人文献著述中对福州茶叶贸易的记载""马尾船政史料""福州的留欧学生""福州与东西方文化交流"，引用史料文献之完备准确，为后来学者深入研究提供了翔实的参考资料。由此得窥福州海上丝绸之路文献之大观。

5.《福建陶瓷与海上丝绸之路：中国古陶瓷学会福建会员大会暨研讨会论文集》

该论文集是厦门市博物馆和泉州市博物编辑，2016年由东北师范大学出版社出版。该论文集收入会议论文 30 余篇，论文内容主要探讨了福建陶瓷在历史上海上丝绸之路所做出的贡献和所产生的影响，特别是泉州德化作为我国古代南方著名的产瓷地区之一，德化的瓷器外销具有悠久历史，泉州德化瓷器与海丝的关系密切。各位学者从不同的层面和角度阐述了各自的观点与看法，是关于福建陶瓷与海上丝绸之路研究的重要参考资料。

6.《2015 首届月港海丝文化研讨会论文集》

该论文集是 2015 年 12 月召开的"首届月港海丝文化论坛"讨论会会议成果，2016 年由国际学术文化资讯出版公司出版。论文集由龙海市海丝文化研究会主编，从 60 多篇会议论文中精选并结集出版，以"挖掘海丝资源 重振月港雄风"为主题，对月港"海丝"文化的传承和保护与创新、"一带一路"倡议的合作与发展等内容进行了研究。

7.《浅藏：初编·泉州海丝文献管窥》

该书由钟叶青编著，2016 年由山东画报出版社出版。书中共分八大专辑：海丝寻踪、泉郡书丛、刺桐花束、泉南艺苑、泉州史珍、惠邑文踪、史海钩沉、八闽剪影，合计共超百篇的泉州地方海丝研究文献，展示了大量海丝论文著述，是近年来泉州地方海丝文献最为系统完整同时也是最为优秀的文献汇编著作。

8.《中国海丝文化·漳州篇：漳州古代海外交通与海洋文化》

该书作者为陈自强，2014 年由福建人民出版社出版。全书收录论文 20 篇、附录 3 篇，分上下两编，上编为海外交通，下编为海洋文化，论文主题内容也主要集中在闽南海外交通和海洋文化上，尤其是对漳州月港或称漳州港区进行了深入研究。他以翔实、可靠的资料为依据论述了漳州月港在中国海交史上的重要地位和影响。

9.《漳州"海上丝绸之路"论文选》

该书由漳州市政协文教卫体委员会编，2015 年由福建人民出版社出版。该书是漳州市政协为推动"海丝"申遗工作，于 2009 年、2011 年先后组织召开了首届"漳州海商论坛""第二届海商论坛暨'海上丝绸之路'申遗座谈会"，两次会议共收到论文 53 篇。漳州市政协文教卫体委员会从中选出了 27 篇,作为"中国海丝文化·漳州篇"丛书之一出版。

10.《海上丝绸之路与泉港海国文明》

该书由陈支平、肖惠中主编,2015 年由厦门大学出版社出版。书中收录了数篇关于泉港海国文明的研究论文,包括陈华发的《"海国文明"的学术价值、时代意义和社会作用》、刘宗训的《海国文明与海洋福建及闽台关系》、陈振峰的《关于泉港加快海港文化建设的战略思考》、谢胜义的《浅谈泉港区发展闽南海国文明之战略管理》福建海丝论文等。

二 与海丝相关的论文集

海丝相关主题包括侨批文化、妈祖文化、闽南文化、闽都文化、船政文化等,与海丝相关主题的论文集如下。

1. 侨批文化论文集

(1)《"中国侨批·世界记忆"国际学术研讨会论文集》。该论文集由福建省档案局编辑,2013 年由鹭江出版社出版。该论文集主要收录了 2012 年 12 月举办"中国侨批·世界记忆"国际学术研讨会上的中外交流论文,主要包括侨批在中外文化交流中的作用,国内外侨批业及侨批业政策,侨批文献的价值、保护与开发等内容。

(2)《回望闽南侨批:首届闽南侨批研讨会论文集》。该论文集由泉州市归国华侨联合会、泉州市档案馆、泉州学研究所共同编著,泉州华侨历史学会组织人员具体编写完成,2009 年由华艺出版社出版。书中图文并茂、内容翔实,共收录了 2008 年举办的"首届闽南侨批研讨会"收到的 19 篇论文以及随后征集的 2 篇论文,从历史、文化等多方面、多角度论述侨批的发展及历史。此外,在书的前半部分还编入通过实地实物拍摄和资料、相片扫描等途径征集的"王顺兴信局"遗址的文物图片 104 张。

(3)《中国侨批与世界记忆遗产》。该书是 2013 年 4 月 19 日由国家档案局、福建省人民政府和广东省人民政府主办的"中国侨批·世界记忆工程"国际研讨会论文集。福建省档案馆将这次会议论文结集，2014 年由鹭江出版社出版。该论文集主要围绕侨批的世界价值与意义这一主题，收录了 40 多篇学术论文，包括《侨批与亚太区域网络：从批局·邮政·汇兑看》《侨批文书的遗产价值》等。

2. 妈祖文化论文集

（1）《妈祖研究论文集》。该论文集由朱天顺任主编，1989 年由鹭江出版社出版。论文集共收录妈祖研究论文 31 篇，论文不仅涉及妈祖信仰源流、传播、影响，郑和下西洋与妈祖等内容，还涉及民俗学、宗教学、心理学、华侨史、海外交通史、闽台开发史、中外关系史等方面，论文集在全国妈祖研究专家学者中有较高的认可度。

（2）《妈祖研究文化论丛（一）》。该论文集由彭文宇主编，2012 年由人民出版社出版。论文集汇集了第三届海峡论坛"保护世界遗产，弘扬妈祖文化"学术研讨会论文集近 60 篇，内容涵盖妈祖文化的研究进展、妈祖文化的类型和载体、妈祖文化遗产保护与开发、妈祖祭典文化的保护与传承、妈祖文化发展的保障体系和发展趋势、妈祖信仰与政治认同、妈祖文化对两岸关系发展和华人世界观的影响及现实意义等，涉及传播学、民俗学、航海交通、区域地理、建筑文物、文学艺术、历史、旅游经济等诸多学科，为妈祖文化各项研究提供了支持。

（3）《连江妈祖文化集萃》。该书由连江县妈祖文化研究会编辑，2007 年由香港文学报社出版社出版。书中收录了《妈祖与中华文化》《浅论妈祖信仰宗教属性》《浅谈闽台妈祖信仰文化活动》《妈祖文化在连江》《妈祖信仰在马祖》《连江与马祖地名由来的考证》《郑和下西洋与佛教妈祖文化》《浅谈对妈祖女神的信奉》《马祖开发史话》《海神信仰与妈祖文化》《从郑和下西洋看明代妈祖文化的发展——凤城妈祖庙碑记小考》等多篇文章。

（4）《海内外学人论妈祖》。该书是 1990 年妈祖研究国际学术讨论会的论文选，由林文豪主编，1992 年由中国社会科学出版社出版。该书收入会议论文 43 篇，涉及妈祖信仰的历史与现状、妈祖研究的学术意义与现实意义等方面内容。所收入的论文遍及海内外，如美国、日本、韩国等学者所取得的研究成果，具有较高的学术性和资

第十三章 福建海丝文献开发的主要成果

料性。

（5）《两岸学者论妈祖（第二集）》。该书为论文集，由陈国强、林华章主编，1999年由香港闽南人出版有限公司出版。本书以霞浦为主兼论八闽各地天后宫有关妈祖文化现象及历史渊源，涉及港澳台或海外妈祖信仰文化现象。

（6）《妈祖研究资料汇编》。该书是一部妈祖研究论文集，由肖一平、林云森、杨德金编辑，1987年由福建人民出版社出版。全书收入34篇论文，18万余字。内容包括妈祖信仰的发生和传播及其影响、天妃与古代航海、妈祖的历代褒封、妈祖世系及各地天后宫、海峡两岸共同的妈祖信仰等。

（7）《妈祖研究》。该书是一部研究妈祖文化的论文集，由许在全主编，1999年由厦门大学出版社出版。全书约有21万字，从深层面、高视角，研究妈祖文化内涵，颇具学术性、史料性和可读性。

（8）《妈祖研究文集》。该书是妈祖研究学者蒋维锬先生从事妈祖文化研究30年的成果，以论文为主，2006年由海风出版社出版。该书共有53篇文章，计29万字，分为学术篇、纪实篇和解说篇3类，具有学术性和史料性。

（9）《贤良港妈祖文化论坛：海峡两岸传统视野下的妈祖信俗研讨会文集》。该论文集由福建莆田贤良港天后祖祠董事会、贤良港妈祖文化论坛组委会编，叶明生主编，2013年由宗教文化出版社出版。论文集是"首届贤良港妈祖文化论坛——海峡两岸传统视野中的妈祖文化学术研讨会"的文集。大会收到论文44篇，从中精选33篇结集出版，是学者们从传统文化视野和角度，对海峡两岸妈祖信俗文化进行深入研究的成果。

3. 闽南文化论文集

《海峡两岸闽南文化研讨会论文集》。该论文集是由厦门市政协和厦门各相关机构联合举办的"海峡两岸闽南文化学术研讨会"会议成果，由海峡出版发行集团、鹭江出版社、福建人民出版社分别发行出版。该会议自2001年起每两年举办一次，在厦门、泉州、漳州、金门、台北等地轮流举办，会议论文以探讨研究闽南文化历史渊源、传承闽南文化精髓、交流闽南文化研究方法等学术问题为主。每次会议的参会论文都会结集出版，其中，有很多涉及海丝内容的研究成果。如在《厦门大学台湾研究中心闽南文化研究——第二届闽南文化研讨会论文集》（上、下）中，刊载了《闽南文化与漳州月港的兴衰》《漳州月港在传播闽南文化中的地位与作用》等；在《守望与传承——第四届海峡两岸闽南文化学术研讨会论文集》中，收录了第四届海峡两岸闽南文化学术研讨会优秀论文 100 篇。其中涉及海丝内容的研究成果有《略述闽南妈祖信仰中的海洋文化因素》《闽南文化的海洋性特征及其在海西经济中的作用》《近代闽南侨批文化中的"水客"》《闽南开发台湾的海洋文化思维启示》等。在《海峡两岸之闽南文化——海峡两岸闽南文化研讨会论文集》（福建省炎黄文化研究会、台湾中华闽南文化研究会，福建人民出版社出版，2009 年）中，收录了两岸学者的论文 39 篇，包括《闽南文化与海洋传播》《论闽南人与中国海洋文化》等海丝论文成果。

4. 闽都文化论文集

（1）《闽都文化与开放的福州》。该书为第七届闽都文化论坛论文集，由闽都文化研究会编辑，2019 年由海峡文艺出版社出版。该论文集由专家学者的 42 篇专题论文结集而成，从闽都文化视角，以福州为出发点，在国家"一带一路"倡议下，多方面、多角度，历史与现实相结合，阐述闽都文化的深厚底蕴、独特魅力、历史贡献及其艰辛曲折的兴衰历程。收入了《元代福州港的海运》（徐晓望撰）、《海上福州五千年：改革开放四十年福州考古研究硕果累累》（欧潭生撰）、《福清海丝之路初探》、《明代闽都文化名人曹学佺游记背后的故事：大航海时代福州人移民东南亚考》（刘涛撰）等著述。

（2）《海外福州人与"一带一路"》。该书由福州闽都文化研究会编，是闽都文化丛书。该书为第六届闽都文化论坛——海外福州人与"一带一路"的论文合集，2018 年由海峡书局出版。

5. 船政文化论文集

（1）《船政研究文集》。该文集由陈道章编辑，2006 年由福建省音像出版社出版。著名船政专家陈道章先生将历年船政研究学术文章

第十三章 福建海丝文献开发的主要成果

55篇汇集起来，结集出版。

（2）《船政文化研究选集——纪念船政创办150周年》。郑新清编辑，2016年由鹭江出版社出版，该选集精选船政研究论文80多篇结集出版，以纪念船政创办150周年。

（3）《船政文化研究·第三辑》。该书由张作兴主编，2006年由海潮摄影艺术出版社出版，是一部关于船政文化的研究文集，书中重点研究福建省船政人物，介绍了沈葆桢、罗丰禄、陈季同、叶祖珪、许寿山、黄鸣球等人的研究文章48篇。

（4）《沈岩船政研究文集》。该文集由福建省马尾船政文化研究会会长沈岩著，2016年由社会科学文献出版社出版。

除了公开出版的海丝论文集，福建还有很多海上丝绸之路相关会议的论文集没有正式出版，如《月港研究论文集》（中共龙溪地委宣传部、福建省历史学会厦门分会编印，1983年）、《福建省钱币学会第二次会员代表大会、第五次东南亚历史货币暨海上丝绸之路货币研讨会专辑》（福建省钱币学会编辑，1994年）、《三条丝绸之路比较研究学术讨论会论文集》（2001年）、《"中国侨批·世界记忆"国际学术研讨会论文集》（福建省档案局编，2013年）、《闽都海洋文化研讨会论文汇编》（福建省炎黄文化研究会、福州市闽都文化研究会编，2014年）、《海外福州人与海上丝绸之路——第四届闽都文化论坛论文汇编》（福州市闽都文化研究会等编辑，2015年）、《海上丝绸之路·中国—东南亚互通共享国际论坛》（福建师范大学编辑，2017年）、《中华妈祖文化学术研讨会论文稿》（中华妈祖文化学术研讨会组委会编，2004年）等，在这些论文集中，也收录了大量海丝研究成果。船政文化相关会议成果也很多，如福州市船政文化研究会整理出版有《第二届中国（福州）船政文化研讨会论文汇编：纪念马江海战120周年和沈葆桢抚台130周年》（2004年9月）、福建省文史研究馆整理出版的《船政足为海军根基：福州船政与近代中国海军史研究论文集》（2010年）、《一片热诚佐自强：福州船政与辛亥革命研讨会论文汇编》（2011年）、《海峡论坛第八届海峡两岸船政文化研讨会论文选编：船政文化与中国近现代科技教育发展》（2017年6月）、

《莆阳学者论妈祖诞生地》（林仙久主编，莆田贤良港天后祖祠董事会，2017 年）、《丝绸之路文献遗产保护和利用国际研讨会论文集》（福建省档案局编，2018 年）、《第二届贤良港妈祖文化论坛——海峡两岸妈祖信仰与海上丝绸之路学术研讨会论文集》（福建师范大学社会历史学院编辑，2018 年）、《福船，闽商与海上丝绸之路学术研讨会论文集》（福州大学编辑，2018 年 11 月）等。

  此外，还有很多中国海丝研究论文集中收录了福建学者海丝研究的相关论文，如《中国帆船贸易和对外关系史论集》《20 世纪中国"海上丝绸之路"研究集萃》《中国海洋发展史论文集》《跨越海洋："海上丝绸之路与世界文明进程"国际学术论坛文选》等，这些学术成果的出版，反映出各类海丝论文集是在对福建海丝历史文献利用的基础上获得的，是福建海丝文献开发的主要成果。

第十四章　福建海丝文献开发存在的问题

福建海丝文献的开发目的主要是发挥海丝文献作用、演绎并展示海丝文化内涵和弘扬海丝文化精神。尽管福建在海丝文献的开发工作上取得了一定的成绩，但是仍然存在很多的问题，对这些问题进行深入分析是十分必要的。

第一节　对海丝文献开发重要性认识不够

一　部分文献收藏机构重藏轻用观念比较严重

近年来，福建海丝历史文献整理活动愈加频繁，为海丝文献开发利用提供了有力的资源保障。但一些单位仍然有"重藏轻用"思想观念和举措，在一定程度上限制了海丝文献的开发利用及研究，使海丝文献难以发挥本身的价值。主要表现如下。

1. 不重视对海丝文献的开发利用

福建很多文献收藏机构都拥有丰富的海丝文献资源，但由于海丝历史文献的稀缺和珍贵，大部分收藏单位对古籍、孤本这类文献比较注重对其进行"珍藏"和"保护"，"重藏轻用"思想观念比较严重。部分文献收藏机构对海丝文献的开发利用不够重视，如研究专著、研究论文、采集影印资料等这种年代比较近、价格并不高昂、文本比较新的文献也被一些图书馆作为特藏保存，层层设限使普通读者无法轻易看到所需海丝文献。对海丝文献只注重保存，不注重开发利用，海丝文献价值就无法体现。忽视海丝文献开发利用主要体现在：一是个别机构的主要领导在思想上还未对海丝文献开发工作给予足够的重视，没能把它当作一项重要的工作来抓，不重视海丝文献的使用价值，仅对海丝文献进行一般保存，甚至将其束之高阁，或完全与读者隔离，轻易不会示人。二是有些机构虽然对海丝文献进行了一定的整理开发，但开发层次较浅且形式单一，不善于对海丝地方文献的文化和历史价值进行深入挖掘。如电影、文学艺术作品多集中在妈祖这一主题，其他海丝主题作品相对较少。三是部分单位海丝文献数字化建设滞后，很多珍贵的海丝文献分散收藏在各个机构中，读者利用时需实地走访多处也不一定获得所需文献。四是海丝文献开发经费来源单一，有些机构不加以重视，提供的开发经费数量不足，对开发活动支持力度有限。海丝文献资源的开发包括前期的数据采集、加工、揭示、流通，以及后期的开发和共享工作，整个开发过程对人力、物力、财力均有较大需求。经费不足必然影响海丝文献开发工作的开展和效果。五是有些开发人员缺少认真负责态度和历史责任感。海丝文献开发活动是一项需要长期坚持而又默默无闻的工作，由于参与活动的人员素质水平不一，个别人因工作环节的机械程式化和简单重复引发的职业倦怠，往往坚持不住，致使开发人员频繁地流动，开发工作不能平稳持续地进行，阻碍了海丝文献开发利用进程。

2. 缺乏对海丝文献的有效管理

部分文献收藏机构不重视海丝文献的管理，也影响了海丝文献的开发利用。主要表现为：一是一些拥有较多海丝文献的机构并没有将海丝文献单独收藏，缺乏集中有效管理。各公共馆和高校馆海丝文献因采用不同的分类原则而在各处分散排架，有些和地方文献合在一处，有些甚至和普通文献混在一起，找寻相关书籍往往要费许多时间和精力。二是对海丝文献保管上的疏忽，造成海丝历史文献无可挽回的损失，十分可惜。有些海丝历史文献因年代久远和保护不力变得非常脆弱，而且由于资金的匮乏，部分图书馆等文献收藏机构的古籍存储环境不达标，理想的古籍恒温恒湿存储条件基本没有实现，造成地方文献遭受虫蛀、酸化和受潮，加上人们在对其开发利用的过程中的

第十四章　福建海丝文献开发存在的问题

翻阅造成的损毁和保管失当导致一些海丝文献的散佚与残缺，可见对海丝文献的保护力度不够现象严重。三是由于一些机构搬迁等原因没有及时地对海丝文献进行上架和管理，读者在相当长一段时间无法接触到所需海丝文献，影响了海丝文献的开发进程。如莆田市图书馆搬至新馆后，该馆妈祖文献收藏室在相当长一段时间仅对相关文献进行收藏和保存，并未对其进行整理开发，这使颇具研究价值的内部文献长期得不到有效利用。还有些图书馆、档案馆等文献收藏机构因为工作人员未及时将归还的书籍上架，致使获取海丝文献的难度也随之加大，不利于广大读者学习研究工作的开展。四是由于有关机构领导的忽视，在开展海丝文献开发活动时，专业开发人才没有配备齐全。很多开发工作都需要一定数量的专业开发人员参与，在技术、标准、流程和管理等方面都有一定要求，开发工作人员要具有广博的文史知识和深厚的地域文化知识、古汉语知识等，掌握一定的综合分析能力、文献加工处理能力和数字资源开发技术。如果配备的专业开发人员数量不足则无法有效地进行开发活动。一些单位在开发活动开展时往往雇用临时人员或抽调其他部门的非专业人员，水平参差不齐，没有稳定的开发队伍，最终会影响开发活动的效果。如福建师范大学图书馆现有古籍馆藏量很大，有 20 余万册古籍亟待修复，其中就包括大量的海丝历史文献，但能够担负起古籍修复责任的专业人员只有两人，古籍修复专业技术人员配备严重不足。

二　没有充分调动民众积极参与文献开发活动

海丝历史文化影响福建的方方面面，涉及政治、经济、人文等领域，在千年海丝历史积淀中，在福建众多区域留下历史印迹，海丝活动也在海丝文献中有详细记载，这些海丝遗存较为分散，要有效地开发利用需充分调动民众热情，鼓励民众一起参与到文献采集开发工作中来。但目前在福建各地海丝文献资源开发中，民众参与度明显不高，主要表现如下。

1. 相关机构没有充分调动民众参与海丝文献开发活动

海丝文献开发活动离不开民众的积极参与，但目前福建海丝文献开发活动没有充分调动民众参与，具体体现在：一是活动组织社会团体、民间组织和个人参与较少。目前海丝文献开发组织多为政府及相关事业机构，由于开发活动需耗费较多人力、物力、财力，一般民众个体或小型社会团体很难承担，虽有一些合作开发项目，但数量较少，在合作中又存在很多协调管理问题。二是很多开发活动民众参与有限。从海丝文献开发形式上看，编制海丝书目索引、开发建设海丝数据库、编辑出版海丝书籍、建设海丝网络资源、开展海丝学术研究活动、举办各类海丝展览、进行海丝宣传推介活动、举办海丝文化艺术旅游节、开发创作海丝文艺作品等开发活动多为政府和相关事业机构负责进行，民众多为有限参与，缺少自发积极地组织对海丝文献进行开发利用，相关部门也没有出台鼓励民众参与海丝文献开发活动的措施。如一些专门从事谱牒收集、整理、价值挖掘等工作的宗祠研究机构，在机构内没有设置族人后裔保管谱牒文献或建立有效的沟通联系渠道，在开发活动中造成谱牒收集不及时、不完整的情况，影响了开发活动的质量效果。三是没有发动民众收集散失在世界各地的海丝文献。福建相关文献收藏机构对海丝文献进行了一系列的征集、普查工作，但至今仍有许多珍贵的海丝文献资料收藏在民间。尽管有一些学者在世界各地考察学习时发现收集了少量海丝历史文献，但由于福建海丝历史文献的收藏过于分散，还有很多要靠社会人士、馆员、学者在外寻访、收集和挖掘，在鼓励和发动民众参与海丝文献收集和开发方面有很多要做的工作。

2. 部分民众对海丝文献开发活动意义认知明显不够

海丝文献开发活动的开展依赖于广大民众的参与，民众参与度越高越能体现海丝文化的社会价值。但福建地区一些相关机构在海丝文化宣传上仍不够深入和广泛，很多藏在民间的海丝历史文献因其文献价值未被认识而散佚，有许多珍贵的古代海丝文献因年代久远而在流传中变成孤版、绝版。还有些民众对海丝文献的重要性不清楚，对挖掘海丝文献价值的意义不了解，也不懂开发利用海丝文献到底要做什么，因此缺少参与海丝文献开发利用活动的热情和积极性，这样就使海丝活动推广宣传的效果受到影响。

3. 海丝文献开发活动与一些民众利益发生冲突

海丝文献开发利用是弘扬海丝文化、传播海丝精神的重要途径，但在开发过程中会与一些民众的利益相冲突，比如海丝文献的开发过程中，一些持有珍贵海丝文献的民众不愿配合开发活动，自我利益维护意识比较强烈，他们担心在开发过程中会对自己珍藏的文献造成损坏或丢失。当海丝文献资源开发涉及这部分群众的利益时，如果开发机构不能很好地解决他们所担忧的问题，群众的参与和支持度就会受到影响，就会阻碍海丝资源的深度开发和利用。

第二节　海丝数据库开发建设存在的问题较多

加快进行海丝文献数字化建设，深度开发海丝文献资源，是福建地方海丝文献开发建设工作面临的重要任务，而海丝文献数据库的开发是海丝文献数字化建设的重中之重。目前，福建海丝文献数据库开发建设还面临重重困难，存在许多问题。

一　数据库开发缺乏统一的规划和管理

福建海丝文献数据库开发是一项复杂的系统工程，在开发过程中应根据现有海丝文献资源现状，有规划、按主题、分层次地进行开发，加强统筹管理。但在数据库开发过程中，由于缺乏统一的规划和管理，出现了一些的问题：一是海丝文献数据库有重复开发的现象，浪费了人力、物力、财力；二是海丝文献数据库开发缺少横向合作，开发的数据库规模较小；三是海丝文献数据库开发缺少统筹管理机构，各开发机构多各自为政，开发处于无序化状态；四是缺少统一的开发管理措施，海丝文献数据库开发成果质量参差不齐。这些问题的存在，严重影响了海丝文献数据库开发建设工作。如泉州海丝文献资源主要分布在泉州海外交通史博物馆、泉州市博物馆、泉州市图书馆、华侨大学图书馆、泉州师范学院图书馆等文献收藏机构，但由于没有统一的规划管理，各机构之间合作进行的海丝开发活动较少。特别是相互独立的人员工作和不同性质行政功能，致使各个机构缺乏统一共识，没有统一标准，无法达到海丝数字信息资源共建和共享，所以泉州至今都没有整合资源建成大型海丝数据资源库。

二 海上丝绸之路专题数据库较少

福建海丝文献数据库主要有以海丝命名的数据库和与海丝相关的专题数据库两种类型，目前海丝专题数据库开发建设数量较少，主要原因有：一是开发类型多为与海丝相关的专题数据库，以海丝命名的数据库数量较少，且数据量不大，无法反映福建海丝历史文献全貌。二是大多数文献收藏机构都将海丝文献收入地方文献数据库中，如当地特色文献库、闽籍人物库、地方文化数据库、国情库等数据库。虽然地方文献数据库是间接对福建海丝文献进行了开发，但是其开发对象过于宽泛，开发深度及专指性远远不够，与多数人对福建海丝文献具体和个性化的需求不相匹配。三是较多文献收藏机构在数据库开发时没有将海丝文献单设栏目集中入库，而是分散在数据库各类文献中，不利于用户对海丝文献的查找和开发利用。四是由于海丝文献数据库开发进程比较缓慢，在福建海丝文献的数字化建设中，对传统纸质文献数字化处理滞后，一些关于福建海上丝绸之路的学术论文、专著等出版物没能及时进行数字化处理。如厦门市图书馆所藏《厦门侨批》一书，该书目前只有纸本馆藏，还没有电子资源，只能到馆查阅，对于想要即时获取该书内容信息十分不方便。

三 海丝文献数据库建设开发存在失衡现象

福建海丝文献数据库资源开发建设单位多为拥有丰富海丝文献资源机构，由于这些机构的地理位置和所藏海丝文献类型等客观原因，海丝文献数据库开发建设出现失衡现象，主要表现在：一是海丝数字资源开发建设的区位分布不均衡。福建省海丝数据库开发建设机构的分布地区主要集中在福州、泉州、厦门、漳州、莆田等东南沿海地区，而内陆龙岩、三明、南平等闽西、闽北等地区的开发建设的海丝数据库数量较少。其原因是闽东、闽南与闽北、闽西之间在经济、文化发展水平上存在着明显的差距，海丝文献资源配置和专业开发人才数量均呈现东强西弱的地域差异，特别是福建各地海丝活动及历史积淀的差异，也是海丝数字资源建设开发失衡的原因之一。二是海丝文献数据库开发类型不均衡。福建海丝数字资源所呈现给用户的表现形式多以静态文字、图片为主，其他类型的海丝数字资源的表现形式相对较少。三是海丝文献数据库开放程度不均衡。目前，福建拥有海丝文献数据库的机构多对本单位开放并开展服务，对外海丝数据库可免费、零障碍访问的较少，设置有访问权限的占多数。

四　海丝数据库表现形式单一化

海丝数据库表现形式单一主要体现在：一是福建各相关机构所开发建成的海丝数据库主要有导航型数据库和全文型数据库两大类，导航型数据库包括书目数据库、题录数据库、文摘数据库等；全文型数据库包括全文文字数据库、图片数据库、多媒体数据库等。各类文献收藏机构所开发建设的海丝数据库多以全文文字数据库为主，导航数据库、全文数据库中的图片数据库、多媒体数据库数量较少。二是海丝数字资源内容的表现形式比较单一，难以契合现今用户多元化需求。多媒体化的动漫、影视、新颖动态的游戏资源库等数量较少，数字海丝资源建设多以传统的书目式、摘要式、全文式的静态文本数字资源表现方式来传递信息内容，信息内容揭示有一定局限性，从而降低了服务效果和用户满意度。由于海丝数字资源内容的表现形式未能体现新时代发展态势，创新服务滞后不能满足用户动态化需求，各海丝数字资源内容的表现形式缺乏独特亮点，影响了海丝文化的广泛传播及宣传程度。

五　海丝数据库建设标准化有待加强

福建海丝文献数据库建设存在标准、规范不统一问题，主要表现为：一是海丝数字资源散存于省内各收藏机构，各类型的收藏机构在开发过程中由于条块分割的文化事业管理体制的局限，各机构缺乏统一的规划以及协调能力，不同机构的数字资源建设缺乏统一的标准。二是各数据库建设平台参差不齐、来源庞杂，其中资源类型、数据格式、元数据标准差异性大，致使不同机构海丝数字资源互操作困难，阻碍资源共享。三是福建省各机构在海丝数据库建设过程中多采取相对封闭、独立的数字化建设模式，同时又存在建设主体不同、建设目标不同、建设动机不同、利益诉求不同、数字化建设规范和标准不同等差异，难以实现各机构数字资源的有效整合，也无法为用户提供一站式的零障碍共享服务。如厦门大学海上丝绸之路数据库属于自建，泉州市图书馆中的海丝特色库属于和CNKI机构知识库共同开发，其运用的平台、标准均存在差异。再如闽江学院图书馆据馆藏、福州地域特色资源结合网络资源所建立的三坊七巷数据库，该数据库以电子图书、期刊、图片和视频的形式展示丰富的福州地域资源，涵盖了本土名人、风俗习惯、老字号和古建筑等文献信息。但这一数据库在标准化、检索功能、共享度等方面仍有待加强，数据覆盖面仍需扩大[①]。

六 海丝数字资源的开发层次较浅

海丝数字资源所呈现内容的详略与否取决于开发力度，表层数字化是依赖计算机技术来推动相关内容的建设，而深层数字化则是建立在对于海丝文献内容深入理解的基础上进行开发，其深层次开发的难度与价值成正比态势。目前福建海丝数字资源的开发多数基于显性内容价值的浅层次开发，对海丝数字资源的隐性内容价值的深层次开发有限。主要体现在两方面：一是开发主体的开发层次流于表面。开发主体的开发层次处于何种水平在一定程度上决定了开发成果的质量，现今福建省对于海丝数据库建设和开发多数处于表层，主要受制于开发主体的经济实力、人才因素、资源丰裕度要素等影响，如果数字化技术、开发人员综合能力较弱，就无法深入理解、提炼文献内容，致使数字化建设项目停留在原始化、表面化的阶段，无法实现其深层次的开发。以福建海丝数据库建设为例，如泉州市图书馆的海丝特色全文库、厦门大学海上丝绸之路书目数据库等均处于表层开发，其深层

---

① 孙玉艳：《图书馆自建专题特色数据库的实践研究——以"三坊七巷特色数据库"为例》，《图书馆学研究》2011年第12期。

第十四章　福建海丝文献开发存在的问题

次的开发如海丝文献中运用地理信息系统（GIS）、智能数据关联、知识网络的运用并未在数据库建设中体现。二是利用主体的开发程度有限。海丝数字资源用户群体受制于文化素养、信息素养、需求驱动、技术手段等众多因素的影响，对于海丝数字资源的开发利用程度较低，进行深入开发挖掘的数量不多，较少用户将海丝数字资源的潜在内容、隐性价值进行充分挖掘并应用于实际生产生活、学习中。利用主体低效、简单、浅层次的开发使海丝数字资源的潜在和衍生价值无法突显，极大弱化了海丝资源潜在服务能力。

第三节　海丝网络资源开发建设有待进一步加强

在福建海丝网站建设中，海丝信息资源至关重要，拥有丰富海丝文献的收藏机构面临着文献资源数字化建设重任，只有加快数字化建设步伐，才能更好地实现海丝信息资源共享目标。但目前海丝网站建设还需进一步加大力度，以扩大海丝信息资源的开发利用。

一　海丝文化研究的专题性门户网站数量较少

全国范围内有关海丝文化研究的专门网站众多，类型广泛，涉及政治、经济、历史、地理等各主题，而福建作为建设"21世纪海上丝绸之路"的核心区，有关海丝文化的文献数量或遗址丰富，但有关海丝文化研究的专题性门户网站数量较少，而且在一些文献收藏机构的网站中，没有独立单设海丝相关栏目，仅将海丝文献放到地方文献类别中。如南平市图书馆官网中，虽有"地方文献"这一类目，但无任何二级分类，这样在开发海丝信息资源时，检索和查找都会产生一定的困难。

二　部分海丝学术研究网站内容更新缓慢

海丝信息门户、数据库的更新频次、维护机制合理与否关系到海丝信息资源的建设，在一定程度上会影响用户的使用意愿和需求强烈度。福建很多文献收藏机构、科学研究机构及其他相关机构为传播海丝文化、促进海丝研究，积极投入海丝信息门户网站、海丝数据库的开发建设中。但在这一过程中受到工作人员更迭、项目规划不周全、缺乏后续资源、维护机制不合理等诸多可控和不可控因素影响，致使网站内容更新缓慢、网页故障、超链接或 URL 死链、对象数据打不开等现象。如厦门大学人文学院和厦门大学图书馆联合开发的海上丝绸之路学术研究网站，自 2014 年 6 月建成之时，发布海丝动态 12 条，上传海上丝绸之路史料目录 57 条和海上丝绸之路研究文献目录 45 条，一直到 2018 年 9 月时隔四年才又更新了高事恒所藏东南亚研究书目 883 册，并且对之前的动态也没有再继续更新，使海丝学术研究网站没有充分发挥作用。一些网站海丝信息资源后续更新停滞，使之陷入信息质量降低、服务效果欠佳、用户认同感下降、网站利用率低下的恶性循环。

三 海丝资源网站为用户服务能力有待提升

随着海丝数字资源的开发，相关研究范畴随之拓展，用户对海丝文献信息需求不断上升，海丝信息资源网站已成为为用户服务的重要阵地。由于用户需求逐步呈现出层次性、递进式的状态，过去传统、单一的被动服务模式难以满足现今用户的多样化信息需求，福建海丝数字资源服务体系与用户的海丝信息需求之间存在一定的鸿沟。海丝资源网站为用户服务能力欠缺主要体现在两方面：一是海丝数字资源服务体系的不完善，未形成多层面、一体化综合性服务体系；二是用户受年龄层次、文化背景差异、职业性质不同等因素的影响，信息需求呈多元化、个性化特点，服务体系未能精准把握用户需求层次为其提供针对性的信息服务。因此，海丝资源网站与用户之间对等的供需关系受制于海丝服务体系及服务能力的不足，无法及时为用户提供便捷、高效、优质、个性化和深度增值的服务。

四 重复建设缺少内容创新现象普遍

福建很多海丝网站相关信息资源内容多有重复，内容范围虽涉及政治、经济、文化、艺术等各个领域，但依据的海丝文献资源相同，所以重复建设现象普遍存在。高校图书馆、公共图书馆、地方旅游观光网站、地方政府、地情网站之间都有相同专题的海丝数字资源重复建设的现象，特色化不明显，在内容的表现形式和内容价值两方面创新性不足。如妈祖文化网站的建设，不仅有专门的妈祖文化文献专题网站"中华妈祖网"，莆田市人民政府网站也下设了"妈祖文化专栏"，莆田学院还专门建立了"福建省妈祖文化研究会"网站，且许多旅游观光网也都有妈祖文化和湄洲岛妈祖文化旅游资源和景点的介绍，各网站都希望拥有丰富的妈祖文化相关资源，反而忽略了创新性，致使特色价值无法显现。

五 缺乏统一的网站建设标准和控制体系

由于各系统、各类型的海丝文献资源的网站建设购买和使用不同的软件，许多相同的海丝专题数据库有不同的数据库格式，检索的界面、方式、提供的信息均存在差异。同时因提供的检索方式不同，有些网络资源不能保证按照读者所需的方式将资源检出，限制了利用者对海丝文献的充分检索和利用。各种海丝相关文献数据库的检索入口和途径也不够完善，许多海丝相关文献数据的检索途径与其他一般数据库的途径一样，提供的都是关键词、著作名、责任者、分类号、索书号等一些常规检索入口，缺少地名、书目、人名等一些特殊的检索和浏览途径。此外，相同专题海丝文献资源的网站级别和数据库名称不一致，人为地给海丝文献资源的精确检索设置了障碍。比如福州市地方志（福州市地方志编纂委员会）设置在福州地情网的二级网页上，而南平市地情设置在南平市地方志的二级网页下，海丝相关文献所在栏目和网站层级的差异，阻碍了用户的有效检索。

六 网站建设开发人员的素质能力参差不齐

福建参与海丝信息资源相关网站建设开发的机构较多，但因各机构情况不同，建设开发的人员素质能力差别较大。一些实力不够雄厚的建设开发机构没有明确规划建设开发的内容与方式，部分开发人员对海丝文献资源的开发思路不够广阔，在海丝信息资源相关网站建设开发中缺少创新，致使海丝文献开发利用的效果也不尽如人意。还有一些机构专业开发人才短缺，现有网站建设开发工作者缺少过硬的专业素质、海丝的历史知识、较强的开发技能，使海丝信息资源网站的建设开发速度和质量受到影响。

第四节 海丝文献开发同质化且深度广度不够

福建海丝文献资源开发的目的是高效便捷地为用户群体提供异质性强、高附加值的信息服务，但在实际开发中却存在着一方面因创新性较弱而致使同质化现象严重，甚至造成重复浪费；另一方面由于海丝文献价值挖掘不够，影响了海丝文化的传播和建设。因此，福建在海丝文献各项开发工作的形式和内容的区分度上有待加强，开发的深度广度有待拓展。

一 海丝文献开发的同质化现象严重

1. 海丝文献开发的形式同质化

在福建海丝文献开发过程中，存在开发形式同质化现象，对海丝文献特色化开发明显不足。如在海丝文化推广活动方面，福建各地千篇一律地推出海丝历史文献、遗迹、遗物展览，活动形式单一，难以吸引人们的兴趣。尽管宣传活动的数量变多了，但它们在形式内容上大同小异，特别是每年各地都要举办各类海丝文化活动，对海丝文献开发形式的同质化和缺乏实质性的创新，福建海丝文献的后续深度开发乏力。依托福建海丝文献资源进行旅游产业开发也存在同质化现象，福建各地无论是单个旅游文化节历届举办形式，还是同一主题内容文化活动或项目的举办形式，都普遍存在相类似的活动形式，活动特色不明显。如湄洲岛历届妈祖文化旅游节的举办形式就缺少一些让人耳目一新的变化，较难形成新的旅游热点和消费欲望。福建各地开发的海丝旅游尽管越来越多，但其诉求点与活动内容大同小异，实质性的创新较少。

2. 海丝文献开发的内容同质化

福建各地海丝遗存各具特点，但在海丝文献开发的内容上区分度并不高，难以凸显各地海丝独特价值。在海丝文献开发内容同质化方面，表现比较明显的主要是海丝数字资源重复建设严重。由于福建省海丝数字资源建设中缺少统筹规划，对海丝数字资源进行开发研究的机构互相独立，互相交流沟通较少，海丝数字资源重复建设、信息内容同质化现象严重。重复开发建设的结果就是较多海丝数据库中的信息内容重复，缺少特色，也造成巨大的人力、物力和财力的浪费。福建公共图书馆、高校图书馆在海丝特色数据库建设中存在着相似主题内容重复开发的现象，如莆田学院所建的"妈祖文化资料库"和厦门大学所建的"莆仙妈祖数据库"，虽然两者各自的内容侧重点略有不同，但重复建设问题明显。

再如福建省图书馆、福州市图书馆、马尾区图书馆、闽江学院图书馆、福建船政交通职业学院图书馆都分别建立了船政文化数据库，但这些数据库存在内容同质化现象。

二 开发深度和广度略有欠缺

福建海丝文献开发工作的开展很多都停留在表面化阶段，海丝文献内容及其深厚的文化价值没有被充分地揭示和挖掘，在海丝文献开发工作的深度和广度上还有很大拓展空间，深层次开发建设力度有待提升。

1. 对海丝文献内容的价值挖掘深度不够

福建海丝文献资源的内容丰富，价值较高，对其开发利用往往要将多学科、多领域海丝知识进行综合，且开发利用是一个海丝文献增值过程，对新颖性、专业性、实用性的要求非常高。这就要求要有专业知识水平、综合分析能力强的信息开发人员或综合各领域的人才组成的开发利用团队。但由于开发人员的素质能力的局限，制约了海丝文献工作的深度开发，很多文献的内容和价值被忽视，研究开发成果多为浅层次，具体表现为：一是与其他相关内容的交叉研究、跨领域融合、嵌入式研究的联系薄弱，对海丝文献内容知识分析不够深入，缺乏相关知识领域的融合和海丝原始知识内容的二次创新。二是在开发建设独具特色的海丝文化过程中，没有将海丝文献内容的创新与树立海丝文化的优质品牌融合在一起，海丝文献开发活动缺少热点、品牌或标志性符号，海丝文字资源的诗歌化、散文化、音乐化等非交叉性转化较弱。三是由于对海丝文献内容的价值挖掘深度有限，在区域互动交流、社会文化情报研究与分析、决策参考等信息咨询服务中，无法提供海丝文化研究创新性知识成果，影响了专家学者和各类用户群体对海丝文献信息的利用和有效的转化，延缓了海丝内容价值的"社会化"进程。

2. 对海丝文献开发利用的广度有限

从福建海丝文献开发整体现状来看，开发活动的数量呈逐年上升趋势，特别是海丝申遗和建设"21世纪海上丝绸之路"倡议提出后，海丝文献开发活动和成果不断增加，但在开发范围上还存在拓展空间，主要体现在如下几个方面。

（1）海丝文献整体开发仍有疏漏，缺乏完备的海丝文献保障体系。由于没有统一的规划管理，海丝文献整体开发工作尚待深入开展，涉及的各个领域开发还需进一步拓展，海丝文献数字化建设还需加强，完善合理的管理条例和系统的多层次的保障机制亟须建立。

（2）关于福建海丝文献整理与开发研究的成果不多，研究范围有待扩大至更多领域。福建关于海丝文献整理与开发的研究比较欠缺，现有的研究比较零散，还没有形成系统的研究，现有的相关研究论文论著的成果和专题会议论坛都很少，很多成果和活动的主题大部分是综合性，关于海丝文献整理与开发专题性研究亟待加强。

（3）海丝文献开发机构多以事业单位为主，开发的主体有待扩展。目前海丝文献开发主体主要是政府、图书馆、档案馆、博物馆、文史馆、方志机构和研究机构，参与海丝文献开发活动的社会团体和组织较少，民众参与海丝文献开发活动的范围有限，缺乏相关的激励机制。

（4）海丝文献开发工作与社会发展契合点较少，对社会经济文化发展的促进效应不显著。利用海丝文献资源服务地方政治、经济、文化发展是开发福建海丝文献的现实意义。开展开发海丝文献活动目的是促进福建经贸合作和人文交流，但有些开发活动与当地社会发展结合得并不紧密。特别是在经济文化价值开发上还有欠缺。如福建很多海丝旅游景点没有充分挖掘景点背后所蕴藏的海丝人文内涵，景点的解说词不与海丝挂钩，在城市旅游文化品牌建设上不够重视，海丝旅游文化产业发展对当地经济的推动力较弱，以市场为导向的海丝文化衍生品的开发滞后，完整系统的海丝文化旅游产业链尚未形成。

（5）对海丝文献开发活动宣传不到位，宣传手段和方式比较单一。由于资金缺乏、人员不得力、社会参与度低、开发内容形式缺少创新等多种原因，部分机构开展的海丝文献的宣传推广活动并没有达到预期效果，大规模的开发活动不多，很多活动开展因场地原因能容纳的人数有限，有些连续举办的海丝文献相关讲座和专题研究会议等，每次参加的人员中都有很多是老面孔，参加活动的人员范围应进一步扩展。此外，因为宣传方式和手段的局限以及人们对海丝历史及海丝文献了解不多，有些机构在做海丝文献宣传活动时，活动的内容和形式又缺乏创新与亮点，不能吸引民众的参与兴趣，难以达到扩大海丝文献的社会效应、宣传普及海丝文化的目的。

第五节　海丝文献整体开发利用效率较低

福建海丝文献分布比较分散，许多珍贵的历史文献或已成孤本或流于海外，而由于文献收藏开发机构之间缺乏沟通，福建海丝文献整体开发利用效率不高，信息资源共建共享程度较低。

一　海丝文献利用率有待提高

福建海丝文献资源丰富，但各文献收藏机构中的海丝文献查阅有一定难度，查阅权限限制致使利用率低下。其主要原因如下。

1. 缺少流畅的开放查阅渠道

许多公立博物馆或图书馆都缺少咨询学术资源服务，读者利用文献时须找到馆内办公室与工作人员详细沟通后才能进行文献查阅。如泉州市博物馆，馆内资料室收藏数千种泉州海丝文献、百种珍贵族谱，但是进馆开放游览的部分只有展示性的文物，没有开放海丝文献的阅览，如要查阅相关文献需要与工作人员沟通批准后才能进行，难度较大。

2. 限制海丝文献对外开放利用

限制海丝文献对外开放利用主要体现在：一是出台一系列限制利用的措施或收费规定，使一部分海丝文献资源由于各种原因让读者难以触及，限制了海丝文献社会效能的发挥。二是很多海丝历史文献没有整理和数字化，原本只在馆内有条件地对读者开放。如漳州市图书馆珍藏有很多海丝历史文献，但这些文献作为内部刊物并未对外出版发行，也未做数字化处理，很大程度地限制了文献的利用率。三是查阅权限门槛较高。如华侨大学图书馆设立了海上丝绸之路文献特藏专柜（海丝文献特藏资料库），华侨大学校内只有华侨大学海上丝绸之路研究院可以使用这个海丝文献特藏资料库，校内学生可以向图书馆的工作人员咨询库内文献的名录，但无法查阅到华侨大学图书馆的海丝文献特藏资料库中的文献，这对海丝文献开发和研究造成不利影响。

3. 馆内海丝文献分散，没有统一查阅平台

有些图书馆等文献收藏机构没有将海丝文献统一起来管理并建立统一查阅平台，使研究者不能对海丝文献进行整体把握，只能通过不断检索类似"海外贸易""交通"这种反映海上丝绸之路某一方面的关键词来获取需要的信息，有时甚至可能检索不到相关信息。由于没有海丝文献统一查阅平台，分散收藏影响了文献利用率。如泉州市图书馆开发的海丝文化数据库可以在泉州市图书馆官网查阅，但数据库内容少，网络数据库无法查询到馆内的海丝专著，须到馆查询馆内OPAC，并到4楼古籍地方文献办公室填写申请资料方可查阅到海丝专著，且每次申请查阅的专著数量不可超过5本，只能在专区房间阅

第十四章　福建海丝文献开发存在的问题

览，不可外借。

4. 馆内数据库受制于"限制+授权"服务模式，对外开放利用有限

很多机构的海丝数据库都限制外网查看，部分海丝数据库查看或检索无外网限制，但浏览、下载全文则需要登录内网。福建省各海丝数据库多以"限制+授权"服务模式为主，对外开放程度低、共享困难。喻丽[①]曾将之归纳为4种模式：一是针对外网IP段内容用户提供资源的免费浏览和访问数据库全文服务，IP段外的外网用户则须申请获取用户名和密码后方可访问；二是对外网用户进行较严格限制，外网用户最多可免费浏览文献数据库，无权自由检索下载，必须通过文献传递获取所需全文资源；三是对数据库的外网访问实行严格限制，访问者只能打开特色数据库简介页面，无法进一步浏览或访问；四是完全限制外网用户访问，只限于内网或图书馆检索系统里检索利用该资源，外网用户无法使用。如福建省图书馆的"海上丝绸之路"专题库的利用就需要内网或读者账号，厦门大学图书馆"东南海疆研究数据库"外网虽可免费浏览但无权下载，莆田学院图书馆的"妈祖文化资料库"外网用户则无法访问。莆田学院开发的"莆仙特色全文数据库"和"妈祖文化资料库"仅供校园网内使用，没有对外开放，不利于海丝文献的开发研究。

二　海丝信息资源共建共享程度较低

海丝文献具有特定的地域性，许多同一专题的珍贵历史文献分散在全国各地，甚至漂洋过海流散到了海外。这造成了海丝文献分布的流散性与读者对资源的系统性、完整性需求的不对称现象。导致读者在从事海丝专题研究时，要全面完整地收集资料必须数次往返奔波于多个图书馆和地方文献收藏机构。由于福建海丝文献资源建设并没有完全打破传统界限，实现馆际之间互通有无和海丝文献资源的共建共

---

① 喻丽：《我国高校特色文献资源建设与共享：现状、问题及对策》，《图书情报工作》2014年第14期。

享，所以也无法为读者提供方便、高效、快捷的服务，使开发成果利用效率低下。

1. 缺少跨区域、跨行业、跨部门协同联合建设机制

由于海丝文献信息资源建设开发的统筹规划与管理规范的缺位，国内相关资源的跨区域、跨部门、跨行业的联合协同机制较弱，不利于各机构之间的共建共享。如参与联合申遗的蓬莱、扬州、宁波、福州、泉州、漳州、广州、北海、南京9个城市均有极为丰富的海丝资源，但9个申遗城市之间并没有建立资源共建共享的协同联合机制，难以使有限的资源实现效益最大化。各城市海丝数字资源的建设标准、建设重点、建设进展均存在差异，各城市之间没有权威的政府部门或机构进行统筹协同，海丝数字资源难以打破区域隔阂，无法推进跨区域海丝数字资源的联动机制建设，跨区域、跨行业、跨部门的海丝数字资源共建共享尚未实现。

2. 福建各机构海丝文献资源协同联合开发机制较弱

福建省海丝文献信息资源的建设缺少区域联合机制，致使各文献保存机构海丝资源建设的"孤岛现象"严重，无法实现海丝数字资源零障碍访问与共享。管理体制上的条块分割造成各自为政的局面，机构间缺乏有机协同与创新，重复建设造成浪费。此外，由于海丝数字资源的互补性不足，海丝数字资源、服务的可替代性强，协同联合机制较弱，各方积极性和共建意愿不高，在很大程度上延缓了海丝数字资源的一体化建设，降低海丝资源的利用效度，不利于福建海丝文献资源的体系化聚集和整合。如在收藏和建立谱牒文献检索目录时，除福建省图书馆收藏有各地的谱牒文献并制作馆藏谱牒文献检索目录外，其他收藏机构多以该地区的谱牒文献为重点。特别是在出洋人数最集中的闽南地区，很多收藏机构以本地区的谱牒文献为主单独建立自己的收藏库与检索数据库，虽然整理开发了本地区的谱牒文献，但区域间的谱牒文献开发利用却存在困难，造成谱牒种类收藏较少，影响了谱牒文献的利用及对其内在区域间的联系、区别和整体特征分析。

第十五章　福建海丝文献开发的发展策略

卷帙浩繁的福建海丝文献蕴含着深厚的文化和经济价值，如何有效整理、开发和利用福建海丝文献是将这一文献资源优势转变成战略优势、文化优势和产业优势的关键。制定对福建海丝文献开发的发展策略，需要找出开发中存在的问题，分析阻碍海丝文献开发的因素，构建起空间布局合理、层次结构科学的文献信息资源保障体系，在对海丝文献有效搜集和整理的基础上，以现代信息网络技术和数字化技术为依托实现海丝文献资源的共建共享和有效利用，最大限度地满足不同层次读者的各种需求。

第一节　加大对海丝文献开发活动的宣传力度

一　充分认识海丝文献开发的重要性

福建海丝文献开发的最终目标是提高文献的利用率，使海丝文献在"21世纪海上丝绸之路"建设中发挥作用，真正地"活"起来，将海丝文献的研究价值和使用价值挖掘出来，促进社会经济文化发展。这就要求福建省各相关机构在加快对海丝文献整理的基础上做好海丝文献的开发和服务工作，改变对海丝文献管理的陈旧观念，加大对福建海丝文献的宣传力度，提高民众对福建海丝文献的认知和兴趣。要充分认识海丝文献开发的重要性应当从以下几个方面展开。

1. 树立海丝文献管理开发新观念

在开发海丝文献的过程中，各机构首先要做的就是从上至下都要改变文献管理与开发的旧观念，提升文献开发创新意识，加大海丝文献管理与开发利用力度。应做到：一是改变对海丝文献"以藏为主"的旧观念。目前，很多文献机构对海丝历史文献的收藏都十分重视，多与地方文献一起收藏，或放入特藏部进行单独的保存管理，但对其开发利用则明显忽视。因此，各单位在做好海丝文献收藏工作的同时，还要注重海丝文献的开发利用，充分发挥海丝文献的社会价值。二是创新开发利用海丝文献的形式。海丝文献的价值是在人们对其开发利用中体现出来的，各机构应提升创新意识，多角度开发利用海丝文献，做好海丝书目索引编制、海丝数据库开发建设、海丝书籍编辑出版、海丝网络资源建设、海丝学术研究活动举办、各类海丝文献展览及海丝文献宣传推介活动的开展等工作，并结合本地区海丝文化特色，打造海丝文化品牌，为当地旅游文化和经济建设服务。三是注重海丝文献开发中的交流合作。海丝文献分散在各地，单一机构收藏的海丝文献毕竟有限，要做好海丝文献开发工作，应打破地区、机构类型的限制，树立开放观念，加强合作与交流，逐步实现各地数字资源成果在各级各类机构中开发和多向流动，提高使用效益，共同推进海丝文献开发利用工作的开展。

2. 加大对海丝文献开发资金的支持

充足的经费是做好海丝文献开发建设工作的重要保证。根据目前海丝文献收藏机构的特点，要扩大资金支持力度，应做到：一是争取地方政府重视与财政支持。各相关机构应让领导们认识到海丝文献开发的重要性，了解海洋及航海贸易对福建历史文化发展的深刻影响，以及华侨华人对福建经济的推动作用，尤其是要认识到开发海丝文献对福建打造"21世纪海上丝绸之路"核心区和战略支点所具有的现实意义。各海丝文献收藏机构要利用各种机会向上级领导部门介绍福建海丝文献资源建设的价值和产出效益，以争取更多的财政支持。各级政府应将海丝文献开发工作提到业务工作的议事日程上来，制订工作计划并配置相关人员解决相关问题。有条件的地区应设立海丝文献专项资金，以保障海丝文献的收藏保管、开发和利用。二是拓宽福建海丝文献开发的资金渠道。除了争取政府财政资金的支持，还需要与

第十五章　福建海丝文献开发的发展策略

社会各界合作开展海丝文献开发活动，以获取一部分资金支持，这不仅能够节约人力成本，还能形成效益最大化，整合海丝文献开发资源，提高开发利用范围效果。各文献收藏机构可与学术研究机构或企业合作，通过互惠互利的合作方式，使海丝开发成果向市场化转变。三是要发挥福建特有的海外资源优势，争取海外华侨和机构的支持。在举办华侨华人专题文献资源开发活动时，可邀请知名华侨华人做指导顾问，或争取相关人士和各侨刊乡讯出版等机构的资金赞助，或在华侨机构给予的经费基础上开展华侨华人专项研究，为华侨华人研究和侨务工作更好地提供咨询服务，实现互利共赢。

二　加大对海丝文献的宣传推广与利用

福建海丝文献是特定历史时期的产物，只有广泛宣传，让海丝文献的价值被广大民众知晓，积极参与开发和利用海丝文献，才能使海丝文献在经济文化建设中发挥应有作用。福建海丝文献的开发在"一带一路"建设中的重要意义，决定了在宣传福建海丝文献及研究成果时，需要有明确的思想站位，即宣传报道要站在国家发展的高度，秉持海丝文化包容开放的精神，以海丝文献作为契机推进海丝沿线国家和地区的文化交流。要加大对海丝文献的宣传推广与利用应当从以下几个方面展开。

1. 运用多种方式开展海丝文献宣传推广活动

海丝文献的利用是收集整理开发工作的最终目的，图书馆等文献收藏机构和其他相关机构应采取多种途径和形式加大对福建海丝文献的宣传力度，提高海丝文献的利用率，强化人们对海丝文献资源的认识和了解。海丝文献开发机构的宣传活动可从以下几方面着手。

（1）扩大利用报纸、电视等传统媒体宣传报道海丝文献开发活动。在福建海丝文献有了较为突出的整理、开发成果后，海丝文献建设机构应充分联合各种地方媒介进行推广，宣传海丝文献的价值。当有新的福建海丝文献出版时，也可以由出版机构利用新书首发式、读者座谈会、媒体发布会、书评专栏等形式向社会进行宣传推广。此外，还可以在杂志、报纸、电台、电视上开辟海丝历史和海丝文化的相关专栏，结合海丝历史文化对海丝文献资源进行宣传，扩大海丝文献的社会影响。

（2）重点利用图书馆等文献收藏机构广泛开展海丝文献宣传活动。图书馆等文献收藏机构是主要的海丝文献资源建设机构，故图书馆等文献收藏机构也应作为海丝文献资源宣传的主阵地。图书馆等文献收藏机构可定期举办福建海丝文献相关阅读推广活动或与海丝文化主题相关的读者活动，例如图书馆可举办海丝主题文献展、专题书展、专题报道、海丝主题读者交流会和讲座、实地体验等，可利用馆内的宣传屏、宣传栏、宣传单、官网或联合当地媒体向读者推介海丝文献，通过电子邮箱、微博、微信等平台进行定向推送，开展海丝文献专项咨询服务，切实为读者提供研究型、专题型以及学习型的海丝文献服务，最大限度地提高福建海丝文献的利用率。

（3）注重利用新媒体作为福建海丝文献开发活动的传播渠道。海丝文献收藏机构可以使用移动图书馆、图书馆微信公众号、图书馆微博、地方门户网站等虚拟平台发布与海丝文献相关的读者活动资讯，提供海丝研究动态和海丝文献数据库链接，加大新媒体服务、推广力度，通过新媒体提高福建海丝文献的传播广度。

（4）充分利用特殊节假日来宣传推广海丝文献资源。各类海丝文献收藏机构应利用"世界读书日""文化和自然遗产日"等重要节假日，开展宣传推广活动，可采用线下的展览、讲座、民俗活动等方式，也可运用线上海丝数字资源阅读推广、海丝文献资源微推广、海丝文化网上展览等方式进行宣传。

（5）参与配合各地举办的海丝文化艺术节活动。福建各海丝文献收藏机构应结合当地举办的海丝艺术节、文化节、电影节、音乐节和旅游节等活动，利用海丝文献收藏优势，积极加入并配合举办海丝主题的图书展览、新书发布会、讲座、有奖知识竞赛相关宣传活动。上述宣传推广形式的联合实施均有利于形成品牌效应，提高福建海丝文献在读者心中的影响力。

2. 调动民众积极参与海丝文献开发活动

在广泛宣传海丝文献重要性的基础上，要调动广大民众积极参与

第十五章 福建海丝文献开发的发展策略

海丝文献开发的各类活动,如果没有民众参与或参与度低都会影响海丝文献开发效果,达不到传播海丝文化、弘扬海丝精神的目的。因此,调动民众参与海丝文献开发活动十分必要,可从以下几方面着手。

(1)增强民众参与活动的积极性和主动性。各机构应对民众宣传福建海丝文献开发活动对福建海丝文化建设和社会发展的重要性,要让参与文献开发活动的民众增强使命感、自豪感,自觉自愿地参加活动。

(2)制定民众参与活动的鼓励措施。应尽量打破限制,让民众最大限度地参与到各种形式的海丝文献开发活动中,举办活动的机构应对积极参与福建海丝文献开发活动并在活动中发挥重要作用的民众予以鼓励和荣誉嘉奖。

(3)有针对性地开展海丝文献开发活动。海丝文献开发活动类型多样,参与活动的主要群体不同,活动范围和形式也有区别。要根据参与活动群体特点,有针对性地选定活动类型、规模。如服务性的海丝文献开发活动主要是编制书目索引、开发海丝数据库、建设海丝信息资源网站等,参与开发活动的主要是专业人员;研究性海丝文献开发活动主要是举办会议、论坛、编辑出版著作等,参与开发活动的主要是专家学者;普及性的海丝文献开发活动主要是举办展览、讲座、演出和民俗活动等,参与开发的主要是广大民众。

(4)创新开发活动形式和内容来吸引民众参与。要使广大民众常态化地积极参与福建海丝文献开发活动,不仅要求活动形式的多样化,还要创新开发活动的形式和内容,服务性和研究性开发活动注意在深度广度上创新,而服务性开发活动创新的重点主要在趣味性与多样性,以激发民众对海丝文献开发活动的参与热情。只有不断创新开发活动的形式和内容,才能持续吸引广大民众参与,并通过民众对活动的评价和反馈及提出的意见、建议,总结活动经验,丰富活动形式和内容,提高海丝文献开发活动的水平和效果。

第二节　重视海丝特色数据库的开发

以数字技术作为海丝文献资源开发建设和为读者服务的突破口，是实现福建海丝文献资源的数字化、网络化的重要手段，而福建海丝数字资源开发建设的重点就是海丝数据库开发。福建省应加快建成福建海丝文献联合目录数据库，重点开发建设海丝全文数据库和海丝专题特色数据库，通过海丝文献一体化集成服务平台，实现福建海丝文献的高效使用。在海丝数据库开发建设中，要注意满足现今用户多元化需求，增添多媒体化的动漫、影视、新颖动态的游戏资源库，运用多种方式传递和揭示海丝文献内容，提高服务效果和用户满意度。要推动福建海丝数据库开发建设应当从以下几个方面展开。

一　促进福建海丝文献联合目录数据库的开发

福建海丝文献资源的数字化开发包含诸多内容，如建立书目数据库、文献联机编目、海丝文献的数字化转换以及特色数据库建设等，其中书目数据库是最为基础的数据库，也是读者查找福建海丝地方文献的主要线索。当前，由多馆书目数据整合构成联合目录数据库是许多图书文献机构实现馆际互借、资源共享的通用做法。促进福建海丝文献联合目录数据库的开发应注意以下两个方面。

1. 注重开发的多样性与针对性

福建省应在海丝文献保障体系的框架下，与地方海丝文献收藏机构统筹规划、分工合作，根据统一的规范和标准建立起集成的福建海丝文献联合目录数据库。由于福建海丝文献种类繁多、数量巨大，海丝研究者所需文献的侧重点也各不相同，因此有必要根据读者需求开发面向多种文献资源类型、可提供多种检索入口的书目数据库，以尽可能减少读者的文献排查时间。在书目数据库的建设过程中，可以根据馆藏特点，按不同文献类型、不同文献出版时期开始开展书目回溯建库。

第十五章　福建海丝文献开发的发展策略

2. 坚持开发的标准化和规范化

标准化和规范化是建设数据库应该遵循的重要原则，直接影响着数据库的使用效果。福建海丝文献联合目录数据库在开发建设中应做到：一是应当尽可能全面地搜集福建海丝文献信息，通过对海丝文献资源进行采集、整理、查重、筛选、审核等程序，确定海丝数据库中应收录哪些文献。二是为确保海丝文献的通用性，要注意遵守标准的数据通信格式、网络传输协议和数据加工标准，在文献的标引、著录规则方面也要采用统一的规则，从而确保书目数据的通用性和标准化，便于不同机构间书目数据的交换。各海丝文献收藏机构应按照标准规范的分类著录原则及要求，参照标准 MARC 格式，采用一致的分类主题标引以及统一的著录规范对海丝文献资源进行标引、编目，最终将其转换为二次文献。三是在开发过程中，根据实际需要可以对有些类目进行适当的细分和扩充，增加关键词标引或选择大众普遍熟悉的关键词来标引，这样实用性更强。四是在数字资源著录过程中，要特别注意结合福建海丝文献的特点，加强对作品年代、主题词、目次、责任者、内容提要及其他与海丝相关的重要信息的提取和录入，实现对文献的深入揭示。

二　加快福建海丝文献全文数据库的开发

全文数据库可以较为充分和直观地揭示文献的整体内容，从而满足读者对文献资源的深层次需求。在建设文献联合目录数据库的基础上，开发文献全文数据库已经成为当前我国图书馆文献开发的一大趋势。对福建海丝文献进行全文数字化，既可以保护省内稀缺文献资源，又可以使文献不受时间、地点的局限被更广泛地利用，最终提高资源的社会价值。与此同时，将纸质文献资源转化为数字资源，有助于文献的长期保存，也为后续进一步开发海丝文献特色数据库提供了保障。加快福建海丝文献全文数据库的开发应做到以下几点。

1. 推进福建海丝文献全文数据库建设步伐

随着海丝文化建设的需要，海丝文献的重要作用越来越凸显，福建海丝地方文献全文数据库开发建设应加快速度，以满足用户多元化需求。各海丝数据库开发建设机构应有计划地推进相关工作：一是需要对福建海丝文献的纸质版进行数字化转换，数字化转换可采用文件扫描、手动录入、缩微拍摄、摄像、OCR、视频采集、音频采集等多种技术手段，将这些纸质的海丝原始文献转换为可被电子设备识别、保存、渲染、传播的数字文献，实现文献储存模式的质变，为后期海丝数字资源的开发工作做好前期准备。二是需要通过将数字化处理的海丝文献上传至网络，将已经完成数字化文献格式转换的福建海丝文献资源上传至全文数据库平台网站，使其突破空间和时间的限制而为读者所用，实现福建海丝文献的广泛传播。三是超星、万方、知网等部分商业数字出版机构已经对大量地方文献进行了数字化处理，因此福建海丝文献全文数据库的建设，也可与上述机构合作，实现互利共赢。

2. 重视开发的效益和版权保护问题

在海丝全文数据库开发建设中，应注意开发效益和版权保护问题。由于全文数据库的建设成本远高于书目数据库，因此应优先选择部分利用率高、有传承价值和学术价值的海丝文献进行全文数字化。海丝文献的数字化机构可首先选择闽台方志、古籍、族谱，以及与福建海丝研究有关的印刷型期刊、学术专著、论文集等，对资料进行筛选、甄别、扫描、著录、数字化处理后录入全文数据库中。开发时既要注重文献的社会价值，也要考虑文献的使用价值，提高海丝文献开发效益。另外，在海丝文献数字化的过程中需要重视版权保护问题。国务院在2008年颁布的《国家知识产权战略纲要》中明确指出应当有效应对互联网等新兴技术发展对版权保护带来的挑战。福建海丝地方文献的知识产权保护问题，特别是数字化全文处理过程中的知识产权保护问题是福建海丝文献资源建设良性、健康发展的关键。根据我国版权法规定，作者身故逾50年的作品本身进入公有领域，可以被广泛传播和复制，但是需要注意古籍的点校人、整理人、注释人等都对古籍付出了独创性的劳动，因而对古籍的点校版本、整理版本、注释版本也享有著作权。在福建海丝地方文献数字化过程中，可采用以下策略防范可能出现的版权问题：一是在征集海丝地方文献时，应该尽可能征得著作权人提供的作品使用授权，避免一些知识产权纠纷；二是在文献数字化过程中，优先考虑对已超出文献著作权保护期的作品数字化，另外也可以在《著作权法》合理使用条款的框架下对部分作品数字化；三是与文献著者、研究机构等信息生产者建立起良好的长期合作关系，通过长期合约形式获取著作权人的作品复制权和数字网络传播权。如首都图书馆为了开发地方文献资源，专门与北京学研究所、北京史地民俗学会以及北京京剧院等多家机构签订版权协议，较为妥善地解决了地方文献数字化过程中涉及的知识产权问题。

三　重视福建海丝文献特色数据库的开发

海丝特色数据库是指依托图书馆馆藏文献资源，针对读者的信息需求，对特定学科或特定专题具有开发价值的海丝信息进行搜集、评价、分析、加工、储存，并对海丝文献资源进行数字化处理，最终满足读者特定需求的数据库。福建海丝文献的主题涵盖广泛，与海丝有关的研究涉及众多学科领域。因此，福建省文献机构开展福建海丝文献整理和开发工作，有必要深化学科分类，做到有的放矢。为了实现这一目标，一方面，文献机构可以根据自身在人才、文献资源、学科等方面的优势来确定重点研究领域，进行专门扶持；另一方面，也可以根据当前学术界对于福建海丝文献的研究情况，结合文献机构自身实际来选择重点开发研究方向，再根据福建海丝文献资源保障体系的整体配置情况补缺补差。无论如何抉择，福建海丝文献的形态复杂、多学科交叉、内容丰富等特征，都决定了福建省文献机构在对海丝文献开展研究时要有的放矢，确定自身的细分领域，突出各自的长处和优点。这样既可以充分发挥本机构的优势做出成绩，也有利于在所选领域里形成特色。推进海丝文献特色数据库开发建设，可以从以下四个方面着手进行。

1. 开发海丝专题数据库

福建省现有数据库中海丝专题数据库较少，目前海丝专题数据库开发建设比较有规模和特色的有泉州市图书馆和福建省图书馆。泉州市图书馆自建的特色数据库"闽南文化·海丝文化特色数据库"，分别由走进泉州、海洋文化、海上交流、海丝文化、泉州非遗、旅游文化、专家名人、地方年鉴、期刊论著等部分组成。由福建省图书馆开发建设"海丝数字文化资源库",该数据库是福建地方文化的多媒体数据库,通过图文并茂的形式展示海丝数字文化资源,内容涵盖海丝航线、科技、贸易、文化交流、历史事件、艺术、动漫等主题。由于海丝文化内容丰富,涉及各个学科领域,所以应加强海丝专题数据库的开发建设。现已有"妈祖文化资料库""船政文化特色数据库""东南海疆研究数据库"等,但今后还应开发建设更多的福建海丝专题数据库,如"福建华侨华人数据库""福建侨批档案数据库"等。

2. 开发地方特色数据库

根据本地区的政治、文化、经济、教育及科研的发展状况和文献搜集状况,建设与区域人物、文史、民俗、经济、土产相关的专题特色数据库,为促进当地的政治、文化、经济的发展服务。例如,泉州南音是我国南方地区弥足珍贵的音乐瑰宝,被音乐界誉为"中国音乐史上的活化石",在我国台湾和东南亚各区域都有流传。近年来,泉州各级政府十分重视南音的保护、传承和研究,因此,泉州市图书馆在泉州市政府的支持下开发了"泉州非物质文化遗产资源库"。这一特色数据库包含了大量与南音有关的书目信息、研究论著、调查报告,以及图片、档案、视频等多媒体资源,这些资料对弘扬南音文化、研究南音文化、深化海峡两岸的文化交流提供了文献信息支持,为2009年泉州南音被联合国教科文组织列入"人类非物质文化遗产代表作名录"做出了贡献。再如,莆田学院图书馆建设的"莆仙地方文献全文数据库",它将该馆拥有的1500多册仙游、莆田两地的古籍文献、方志以及现代地方研究资料进行全文电子化并入库,形成了莆仙地方文献数字资源库。

3. 开发闽台特色数据库

利用本地区对台优势,对与台湾相关的文献进行筛选、鉴别、研究、分析、数字化后形成面向台湾海丝文献的特色数据库,从而为闽台合作与交流服务。例如,三明学院图书馆和宁化县共同建设了"闽台客家文献数据库",该特色数据库将宁化区域的客家文献做了系统的数字化采集与加工。建成后的特色数据库除了包含宁化客家史志、论著、档案、谱牒（家谱和族谱）、客家人士文集、日记、信札、笔记、客家人事碑志、迁台史等纸质文献，也包括客家图录、客家音像资料等多媒体文献。通过对客家文献的数字化与网络化处理，可让在台湾的客家人更加直观地熟悉客家族群文化和族群历史的发展轨迹，为进一步方便台湾客家团体回到三明寻根谒祖、开发客家旅游文化资源，以及协助三明市于2012年申办的"第25届世界客属恳亲大会"提供了文献保障。再如，福建省图书馆所建设的"福建省地方史志全文数据库"是全省收录闽台方志电子全文数量较多的数据库，共收录了福建地方志共3761种、台湾省地方志共265种。

4. 构建海丝多媒体数据库

近年来文献载体呈现多样性发展，多媒体数据库集图、文、声、像于一体，可以有效解决多媒体资源的数字化保存与使用，已然成为数据库建设的新趋势。海丝文献多媒体数据库可以利用多媒体技术和网络技术，通过对与海丝相关的视频、音频、动画、图像、文字等多媒体资料进行编辑、数字化转换、压缩等技术处理，将关于海丝文化的各种音视频资料转换为可供计算机处理的数字化文档，储存于信息中心网络服务器上，提供读者在线检索浏览和利用。此类多媒体数据库的建设可以参考国内相关图书馆的案例，例如，首都图书馆为保存京城、城垣、京剧、人物等老照片专门创建了"北京记忆"多媒体数据库；上海数字图书馆所建设的"上海图典"则以上海市城市发展为主线，通过数千幅老照片图文并茂地再现百年上海的历史发展进程；汕头市图书馆则构建了"潮汕地方文献多媒体数据库"，特别是其中的"潮汕海内外名人数据库"，全面收录了海内外潮汕名人著述、档案及人物多媒体资料。因此，多媒体数据库的建立既可以方便读者，也有利于图书馆对非书资料型的海丝文献的长期保护，解决了对非书资料使用与保管的矛盾。

需要注意的是，无论是书目数据库、全文数据库还是特色数据库，都必须在海丝文献保障体系的建设框架内，统一规划、统一技术标准和工作规范，分工合作、分步实施，共同构建开放共享的数据库。对于已建成的各类数据库,要坚持更新完善和日常维护,才能永葆数据库的生命力。

第三节 规划和整合海丝资源拓展开发的深度

一 统一规划和管理海丝文献资源开发

统一规划和管理海丝文献资源开发可避免资源重复浪费,提高海丝文献资源开发效率。福建省图书馆在福建省公共图书馆体制中的中心地位决定了其便于统筹省内地方公共图书馆海丝文献资源的搜集和整理开发,丰富的海丝文献资源、较强的技术实力和相对充裕的建设资金是其统管全省海丝文献资源开发建设的重要支撑,同时省级图书馆也易于开展与档案馆、高校图书馆、博物馆、新闻出版机构等横向文化机构的合作。做好统一规划和管理海丝文献资源开发应当从以下几个方面展开。

1. 促进海丝文献资源的合作开发

要做好海丝文献资源开发的统一规划和管理,应建立福建海丝文献资源开发的跨区域联合机制,加强区域合作的纵深维度,深化区域、机构、行业三者间的协调职能。有效借助互联网、新兴技术,坚持走联合开发、资源共享之路,打破地域、行业、机构限制,建设跨区域、跨行业、跨机构、互联互通、共建共享的文献资源服务体系。各地区和各机构可依托馆藏资源优势,采取分工合作的模式实施,协同共建开发海丝文献资源。

2. 坚持差别性开发共建的原则

各类机构在强化自身特色优势的基础上,实现海丝文献资源开发工作的合理分工,充分挖掘各地区和各机构的特色海丝文献资源,强化互补性,提高开发与利用效率,有效节约成本,优化海丝文献资源开发质量和水平。如图书馆、档案馆、博物馆等机构的优势各不相同,在开发中图书馆可侧重海丝图书文献和影像等多媒体资源的建设,档案馆可侧重真实性、原始性、叙述性历史资料信息资源的建设。此外,各个区域都具有本区域独具特色的海丝文化资源和优势,如闽南的侨批、莆田的妈祖、福州的船政等特色性海丝文化,在统筹建设的前提下充分发挥各区域互补性功能。通过差别性共建促进各区域、各行业、各机构间的协同联合能力,也避免了资源的重复建设。

3. 实现选择性合作共享

在海丝文献资源合作开发过程中,破除制度性、观念性障碍,在各方认可的范畴内实现选择性共享,可选择共享海丝文献开发建设过程中的地点、时间、人员、设备等资源,充分利用各区域、各机构拥有的不同优势,避免由于不同规模、类型机构在资源、服务的付出与回报中的不对称性及利益关系造成工作冲突,要注重协作协调及共建共享资源中的利益平衡,激发成员机构参与选择性共建共享活动的积极性,促进福建海丝文献资源开发建设。

二 整合海丝数字资源促进深度开发

数字人文技术的发展,为福建海丝文献的数字化建设和资源整合提供了新的思路。福建海丝文献类型多,内容丰富,各开发机构应注重将各类海丝文献资料以数字化的方式重新组织与呈现,通过海丝数据库、海丝网站供研究者以及普通读者浏览使用。同时,深入分析并挖掘海丝图像资料和文献史料,揭示海丝文献价值,有助于民众进一步了解福建海上丝绸之路历史、开展海丝学术研究、促进本地区经济文化建设。因此,深度挖掘蕴藏于福建海丝文献中的知识信息,使其充分发挥作用是非常必要的。做好整合海丝数字资源促进深度开发应当从以下几个方面展开。

1. 运用各种方式进行海丝数字资源整合

海丝数字资源开发统一规划和管理应立足于数字资源系统结构性优化整合,在跨区域、跨系统协调合作的基础上,全面提升数字资源有序整合力度。应让专门机构负责,依托多种技术方法整合多种载体、多种形式、分散异构的海丝信息资源。对不同的数字资源内容也要采取汇合、组合、重组、一体化综合等不同的整合方式,系统梳理海丝文化的知识脉络,厘清海丝内容与含义,以体现海丝数字资源的系统性、有机关联性。此外,整合后的海丝数字资源具有相同的组织结构、组织功能，便于互操作、共享，便于实时更新、扩充，也便于为用户提供统一的用户界面、共同的检索方法、一站式的零障碍共享服务。

2. 拓展海丝文献开发的内容与形式

海丝文献资源所呈现内容的详略与形式的多少取决于开发的深度和力度，深层次开发是建立在对海丝文献内容深入理解基础上的，开发的形式多样化，难度与价值较大。因此应从以下几方面着手。

（1）各文献开发机构应着重组织和培养优秀专业开发人才队伍，通过多种形式和先进设备技术，从各个层面多角度深入挖掘海丝文献隐性高价值内容。各开发群体应该充分发挥自身优势，对于特定主题进行细化研究，可借助现今信息科技的技术优势，提升研究深度，以此发挥海丝文献资源的价值，避免泛而不精、全而不专。

（2）有条件的单位应定期组织编纂有关海丝研究成果的三次文献，如各种研究综述、专题、述评、福建海丝研究进展性出版物等，将海丝文献内容进行浓缩性、针对性或者综述性的揭示，全面系统地呈现福建海丝的研究成果和现状。

（3）各机构可利用深层次开发的多类型优质海丝成果，广泛开展宣传推广活动，扩大海丝文化影响，发挥海丝文献经济价值和社会作用。

（4）运用现代技术采取多样形式进行深入开发，不仅限于对海丝文献的一般性利用开发，更要注重海丝数字资源的深层次开发，实现一站式检索、智能化分析、可视化显示、强关联性推荐的效果。不仅限于提供单一、静态的海丝文献的书目提要或全文内容，还应在内容标引、著录的基础上更深层次地提高文献资源揭示的深度和潜在关联性，深入挖掘隐性、潜在的内容价值。

（5）推进海丝文献开发的创新力度，延长海丝文献资源的价值链。海丝文献作为福建省特色信息资源，对其开发要注重与文化艺术活动开展相结合，通过不断开发优质海丝文化资源，推进海丝题材的电影、动漫、游戏、戏剧、歌曲、诗文、小说、绘画等艺术形式和内容创新，树立海丝文化品牌、打造海丝文化精品，提升福建海丝文化

第十五章　福建海丝文献开发的发展策略

的影响力、竞争力。

（6）积极利用海丝文献资源打造优质文化旅游项目，促进本地区经济发展。应结合先进的信息技术，引进高新技术演绎展示海丝景区的文化内涵，并运用数字模拟、动漫游戏、VR、AR等手段创新海丝文化内涵的表现形式，增强对游客群体的吸引力，提升游客的黏度。并利用移动互联网等新兴媒体展示福建海丝文化旅游资源，推进海丝文化旅游推介、在线导游、数字景区等信息化管理和服务平台建设。

第四节　提高海丝文献整体开发利用效率

一　重视海丝文献整体开发利用效率的提升

福建海丝文献的开发利用是体现海丝文献价值的重要途径。福建拥有丰富的海丝文献资源，但各地对海丝文献资源的开发利用程度不同，从整体上看，开发利用效率较低，一些海丝文献开发时间长、质量不高，开发的成果利用率和共享程度较低，参与开发活动的民众数量较少。因此，必须重视提高海丝文献开发利用的效率，采取有效措施使海丝文献充分发挥作用，具体可从以下几方面展开。

1. 重视海丝文献开发效率

提高海丝文献开发效率，可促进海丝文化建设，加快海丝文化建设步伐。应重点从以下几方面着手。

（1）建立协同联合建设机制。各开发机构应提高海丝信息资源共建共享程度，建立跨区域、跨行业、跨部门协同联合建设机制，促进福建各机构海丝文献资源协同联合开发。

（2）建立审核评估和奖励机制。各开发机构可有计划地组织和培养专业开发队伍，加大海丝文献开发资金支持力度，优选海丝文献开发项目，通过建立审核评估和奖励机制，以鼓励和支持优秀海丝成果和海丝活动项目。

（3）拓展文化服务传播渠道。各开发机构可利用网络通信技术构建一体化、分布式的信息传播体系，改善海丝文献资源分布不均衡、数字资源不对称的状况,避免开发过程中因缺乏海丝信息资源而影响开发进程的困境。可通过数字图书馆推广工程与文化信息资源共享工程、新型终端技术获取方式实现共享共知,拓展文化服务传播渠道,注重海丝特色数字资源的开发。

(4)建立海丝文献保护长效机制。各开发机构应配合国家遗产保护规划,遵照各项法律法规和规章制度,做好海丝文化遗产的真实性和完整性保护工作,同时做好开发利用工作,以促进人们对海丝文化的认知,使海丝文献开发和文化遗产保护形成相互促进的良性循环发展局面。

(5)提高研发人员技术能力。各开发机构应培训研究开发人员掌握先进开发技术手段,强化检索能力,利用数据库和挖掘、咨询辅助软件等,提高研究效率,提升研究深度。

2. 提高海丝文献利用率

海丝文献利用率主要包括两个方面,一方面是对海丝历史文献的利用率,另一方面是利用海丝历史文献产生的开发成果的利用率。从整体上看,各海丝文献收藏单位在这两方面的利用率都有待提高,要采取有效措施提高海丝文献利用率,应从以下几方面着手。

(1)开放海丝文献查阅渠道。各海丝文献收藏机构应建立流畅的开放查阅渠道,打破海丝文献对外开放利用的限制,构建馆内海丝文献统一查阅平台。

(2)推动用户泛在化服务体系建设。各海丝文献收藏机构应切实把握用户信息需求的层次意愿,提升海丝文献资源的用户黏度,推动用户泛在化服务体系建设,能让用户便捷高效、随时随地地获得海丝信息资源,实现信息的动态化、泛在化流通。

(3)创新海丝文献服务模式。各海丝文献收藏机构应借助高科技信息技术手段打造服务新模式,注重服务模式下用户的交互性,以吸引和扩大海丝文献用户前来利用。通过海丝数字资源创新,满足用户优质阅读体验的需求。

(4)针对用户个性化需求开展针对性服务。各海丝文献收藏机构应依据用户对于海丝数字资源的使用习惯、研究方向等数据进行智能分析，定期或不定期为用户推送有关海丝数字资源的主题内容。

（5）设立海丝文献特藏专柜或特藏室。各文献收藏机构应根据各自馆藏情况相应地设立海丝文献特藏专柜或特藏室，这样不仅有利于对海丝文献集中保存和整理，形成本馆的特色藏书体系，还可以方便读者利用海丝文献，提高海丝文献利用率。

（6）建立信息更新与维护机制。各海丝文献收藏机构应实现海丝数字资源的定期更新，保证维护工作的及时性。海丝信息门户、海丝数据库等数字资源更新与维护机制常态化运营是保证福建省海丝数字资源的服务效果与用户满意度的重要举措，也是保障用户获取便捷、高效、高附加值信息服务的重要途径。只有认真整理筛选相关资源，及时对数据库及网站中的内容进行更新补充，保证数据的连续性和全面性，使数据库及网站呈现动态发展的良好态势，才能提高数据库及网站中海丝信息资源的使用效率，满足用户需求。因此有必要建立信息更新机制，根据福建省各机构的不同情况制定海丝数字信息资源科学合理的更新频次，确保海丝数字信息资源的时效性，争取实现海丝内容的创新创作、上传发布，做到一次生产多途径利用，避免后续推进力不足或员工等因素造成信息更新不及时的问题。此外，还可以通过转载、网络抓取、设置相关机构链接等方式，在降低更新成本的同时保障内容的更新率。此外，还要对信息门户、数据库进行定期或不定期维护，以保障信息门户、数据库的正常运行并可持续、健康地发展。

二　注重海丝文献开发的高素质人才培养

加强海丝文献开发效率的关键是开发人才，人才是一切工作得以顺利开展的关键要素。海上丝绸之路研究是一门涵盖众多学科领域的综合性主题，它的研究内容包含人文学科和一部分自然学科，涉及文学、历史、经济、宗教、政治、艺术、科技等众多领域，相比于传统文献的整理与开发更具难度，因此福建海丝文献的整理与开发工作更依赖于高素质人才的参与。目前，福建省海丝文献开发急需的人才主要包含数据库开发人才、网站建设人才、海丝历史研究人才、海丝文献整理人才、海丝文艺创作人才、新媒体技术开发人才，以及跨学科综合性人才等。培养海丝文献开发的高素质人才应当从以下几个方面展开。

1. 重视培养古籍文献工作者和研究人员

海丝历史文献是海丝文献中最重要的组成部分，而海丝古籍文献则是海丝历史文献中最重要的组成部分。要想使福建海丝文献的开发工作高效有序地开展，专业的古籍整理、研究人员是不可或缺的。优秀的海丝古籍文献工作者需要具备良好的专业素养，不仅需要具有古籍文献的阅读能力、古籍文献的搜集整理能力以及与古典文献学、目录学有关的业务知识，还需要怀有高度的责任感和事业心。这就要求海丝文献收藏机构对于古籍整理工作者的素质引起高度重视，加强对从业人员在古典文献领域培训的资金投入，并注意优化此类专业人才的比例构成。

2. 组建跨学科综合性人才队伍

具备跨学科综合能力的工作人员也是海丝地方文献开发建设的关键要素。在"一带一路"新形势下，从事海丝文献开发的工作者不但需要具备文献编目、分类、索引等业务的知识，还要掌握网络、计算机、多媒体、数据库等现代信息技术，同时又需要具备一定的文史能力，熟悉当地历史文化，最好还应具备一定的科研能力。此类跨学科综合性人才在当前福建海丝文献的收藏单位中尚十分缺乏，这就要求相关机构加强人才培育和队伍建设，合理制定人才引进规划。总体而言，在我国当前的人才培养模式下，此类既适应文献工作又具备一定跨学科知识的人才多见于图书馆学、情报学、文献学等学科，但在当前图书馆实践中，均显示相关学科的人才多集中在福建沿海的大中型公共图书馆和高校图书馆，小型信息机构和内陆地区的专业人才十分缺乏。因此，福建省教育部门应重视有关学科的建设发展，加大教育改革和支持力度，为海丝文献开发工作培养更多具有综合能力的人才。

3. 注意发现和借助民间开发力量

福建海丝文献的开发工作不是单靠少数专业文献机构的力量就能完成的，它还需要全社会的重视与本地区的民众的广泛支持。这就需

第十五章 福建海丝文献开发的发展策略

要文化主管部门和文献收藏机构长期开展针对民众的培训活动，普及海丝历史、文献学、古代汉语、谱牒学等相关理论知识，并通过开展知识问答和技能竞赛等提高民众对海丝文献的认知，发现优秀开发人才，借助民间志愿者团队参与海丝文献开发活动，扩大海丝文献宣传利用范围，减少文献工作者压力。海丝文献开发机构可以与境内外宗亲、宗祠合作，成立志愿者服务团队，在民间志愿者的辅助下保证海丝文献收集的完整性，并促进合作开发。

第五节 优化海丝文献的服务模式

一 建立海丝文献一体化集成服务平台

海丝文献数字化建设的目的是让资源得到最广泛的利用，尽可能发挥其服务效益。因此，福建海丝地方文献资源的建设应该藏用并举，不仅要对海丝文献进行整理和组织，还应开发利用海丝文献，为读者提供优质高效的信息服务。数字技术为福建海丝文献的信息组织提供了许多新的途径，如超媒体、超文本、可视化、本体、在线数据库等。在互联网环境下，建议通过一体化的数字集成服务平台作为载体，将与福建海丝文献有关的各种资源整合起来，采用开放链接的模式，将不同储存地域、不同载体的海丝地方文献资源关联起来，基于网络门户提供"一站式"的服务。集成服务平台是海丝地方文献信息资源共建共享的高级形式，也是海丝文献资源建设直接面向读者的窗口，该平台需要具备以下三个作用。

1. 在集成海丝文献资源基础上开展福建公共文化服务一站式服务

一站式服务平台可让用户进入单一入口后访问福建省范围内的所有海丝地方文献书目资源，在一致的用户界面中便捷地检索到所需的海丝文献题录数据，完成用户登录、资源获取、分析研究等多项工作，享受一站式的读者服务。在创新海丝文化服务供需对接平台建设中，集成"福建文化云""福建文化记忆""文化一点通"等海丝文化平台和资源，采用链接无缝关联各种数字平台和资源，提供跨平台的联合目录检索服务，构建福建公共文化服务一站式服务大平台。海丝文献集成服务平台是一个承上启下、面向读者的工作单元，通过这一平台可以摒弃传统的一市、一县或一馆为主体单打独斗的地方文献建设模式，改变为以现代信息技术和网络技术为依托，把全省各地的海丝文献诸要素链接成一个动态的有机体。因此，构建基于网络的集成化管理与服务体系，这是福建海丝地方文献开发建设的主要发展方向。

2. 根据馆藏特色和用户需求开展个性化服务

基于用户账户体系建立的读者个性化服务系统是当前图书馆等信息机构开展信息服务的重要任务。海丝地方文献的个性化服务，本质上是一个由用户特质驱动的集成定制系统，其目的是根据读者的文献需求，以模块定制、系统主动推送和资源推荐等功能为依托，为读者提供个性化的福建海丝文献信息服务。如可通过南洋华裔族群寻根谒祖综合服务平台的建设，利用福建丰富的族谱文献，对接服务全球闽籍华侨华人寻根问祖，促进与海外华侨华人的文化交流。

3. 充分利用平台的交互性主动开展各项服务

集成文献服务平台改变了传统文献服务平台单一检索框界面，由读者、信息资源和参考咨询馆员构成三维互动的应用场景。海丝文献一体化集成服务平台的在线交互式可以同步，也可以异步，尽可能发挥参考咨询馆员的能动性，以主动服务、交互式服务代替被动服务、单向服务。此外，海丝文献一体化集成服务平台的建设应特别关注用户的反馈。由于服务平台直接面向最终用户，因此在服务过程中，不妨引入相关服务业中常见的效能评定机制，通过读者打分、分析用户浏览停留时间等方式综合评定，以用户体验引导资源的建设，实现从文献资源采集、整理、服务到反馈的闭环。

二 创新优化海丝文献服务模式

福建海丝文献蕴含着巨大的社会、经济、文化价值，因此，在做好福建海丝文献的加工整理和文献数字化工作后，文献服务机构还要

第十五章 福建海丝文献开发的发展策略

注意通过改善和提升文献服务质量来发掘海丝文献中的有效的信息资源,将经过整理的信息资源传递给读者,从而最大限度地提高福建海丝文献的社会价值。因此,各文献服务机构应与时俱进,不断创新和优化海丝文献服务模式,具体应当从以下几个方面展开。

1. 提升服务质量

读者服务向来是图书馆等文献收藏机构的本职工作之一,近年来,随着福建省各地区文献收藏机构对海丝文献的收集整理,出现大量海外侨胞专门到馆查阅族谱、寻根问祖的热潮。文献收藏机构应做到满足普通读者的文献需求,增设海丝文献阅览室、提供馆内文献目录信息查询和文献复制等读者服务。图书馆等文献收藏机构还可通过提供专门的海丝地方文献咨询服务,以满足每一位读者个性化的文献需求,为用户深入挖掘海丝文献的潜在价值提供优质服务。需要注意的是,部分海丝文献具有较高的保存和收藏价值,对于普通海丝文献,可以提供开架式阅览,而较为珍贵的文献,则可以提供复制版本或数字版本供读者阅读,在保护文献的前提下,最大限度地满足用户需求。

2. 进一步推进学科服务

除了普通读者,专业海丝问题研究者也是海丝文献的重要需求者。目前,许多学者开展了与海丝文化、海丝历史相关的前沿性课题研究,这些读者多为专业素质较高的学者,如高校的教学和科研工作者,政府宣传部门以及艺术馆、博物馆、文化馆等机构的文化、艺术工作者,他们急需得到专业的文献作为科研和艺术创作的支撑。因此对于海丝文献收藏机构而言,对海丝文献资源的整理和组织仅是助力科研的一个方面,另一个更为重要的方面是为海丝研究者提供全面系统的文献服务。对于福建海丝研究课题小组或科研团队,海丝文献机构应有针对性地为他们提供量身打造的文献咨询服务;还可以直接由参考咨询馆员作为研究团队的小组成员或合作伙伴,主动参与研究工作,以专业化的文献服务为科研提供热点追踪、前沿发现、评估评价等一系列嵌入式学科服务。在这一方面,泉州师范学院图书馆的经验可资借鉴:泉州师范学院于 2009 年主持的福建省高校服务海西建设重点项目"闽南文化的传承与海西社会发展"，急需与闽台相关的文学、艺术、历史、语言、科技等学科的文献资料支持。泉州师院图书馆了解到课题组需要后，以信息咨询部为牵头机构，联合采编及多个图书馆部门对相关海丝文献进行搜集、整理、分类、挖掘，为课题组提供了纸质文献、图片资料、电子书刊、文献综述、资料汇编、书目辑录和研究述评等大量二次、三次文献。此外，泉州师院信息咨询部还专门设立了课题咨询小组，实时帮助读者解决科学研究中遇到的文献资料问题，用户可通过电话、到访、邮件、在线答疑等方式与专项小组取得联系，为保证相关课题研究的顺利开展提供了信息保障。

3. 探索新型服务形式

目前，部分图书馆等文献信息机构在地方文献读者服务领域做了多元化探索，开展的新型服务模式包括个性化服务、主动服务、整合服务、知识服务、推荐服务等。但目前大多数文献收藏机构的海丝文献服务更多的是面向大众的一般性服务，在多元化服务方面应该做出更多的尝试。例如，可根据某些读者的特定要求，对海丝文献资源进行挖掘分析，提供定题服务和文献推荐服务，使海丝文献能够产生更大的社会价值和经济效益。针对海丝文献的新型服务模式可以借鉴国内部分图书馆在地方文献读者服务方面的探索，如首都图书馆在其网站上设置的"网上答疑"栏目，是北京学研究所和首都图书馆北京地方文献中心合力搭建的一个有关北京历史文化的咨询服务平台，该平台以首都图书馆地方馆藏、首图已建设的全文数据库和虚拟数字资源为基础，特聘北京学研究所的北京文化资深专家，向读者提供实时在线的高质量咨询服务，受到了广大读者的欢迎，取得了较好的效果。

附录1　福建海丝文献主要整理成果

古籍方志			
文献名称	责任者	出版机构	出版时间（年）
敬和堂集	许孚远	日本东尊经阁藏明刊本	
（乾隆）海澄县志（卷十五）·风土志·风俗考	陈锳等	乾隆二十七年刊本	
海岛逸志	（清）王大海撰，麦都思译	墨海书馆	1849
诸番志	（宋）赵汝适	文殿阁书庄	1935
荔枝谱	（宋）蔡襄述	商务印书馆	1936
东西洋考	（明）张燮	商务印书馆	1936
梦梁录	（宋）吴自牧	商务印书馆	1939
（乾隆）晋江县志	（清）蔡琛	时代晚报社	1945
东西洋考中之针路	张礼千	南洋书局	1947
瀛涯胜览	（明）马欢著，冯承钧校注	中华书局	1955
海纪辑要·闽海纪略·海上闻见录·闽海纪要（合订本）	（清）阮旻锡	大通书局	1957
宋会要辑稿1—8	（清）徐松加	新华书店	1957
广阳杂记	（清）刘献庭撰；汪北平，夏志和点校	中华书局	1957
两种海道针经	不注编著者名氏；向达校注	中华书局	1961

续表

古籍方志			
文献名称	责任者	出版机构	出版时间（年）
厦门志	（清）周凯著；台湾银行经济研究室编	中华书局	1962
明经世文编	（明）陈子龙等	中华书局	1962
筹办夷务始末（道光朝）六	齐思和等整理	中华书局	1964
明代方志选（三）漳州府志	（明）彭泽等修	台湾学生书局	1965
（嘉靖）龙溪县志	（明）刘天授修；（明）林魁，（明）李恺纂	中华书局上海编辑所	1965
（乾隆）晋江县志	（清）方鼎等修；（清）朱元升等纂	成文出版社	1967
海澄县志（全）	（清）陈瑛等修；（清）邓庭祚等纂	成文出版社	1968
明史	（清）张廷玉	中华书局	1974
新五代史	（宋）欧阳修	中华书局	1974
新唐书	（宋）欧阳修，（宋）宋祁撰	中华书局	1975
岛夷志略	（元）汪大渊	福建晋江地区文物管理委员会	1975
闽部疏	（明）王世懋	成文出版社	1975
元史	（明）宋濂等撰	中华书局	1976
旧五代史	（宋）薛居正等撰	中华书局	1976
鹿洲初集	（清）蓝鼎元	文海出版社	1977
宋史	（元）脱脱等撰	中华书局	1977
台湾外纪	江日升撰；杨家骆主编；刘雅农总校	世界书局	1979
东西洋考	（明）张燮	中华书局	1981
裔乘	（明）杨一葵	台湾"国立中央"图书馆	1981
真腊风土记校注	（元）周达观，夏鼐校注	中华书局	1981
岛夷志略校释	（元）汪大渊著，苏继庼校	中华书局	1981

附录1 福建海丝文献主要整理成果

续表

古籍方志			
文献名称	责任者	出版机构	出版时间（年）
宫中档乾隆朝奏折第1辑	台湾"国立"故宫博物院编辑委员会编	台湾"国立"故宫博物院	1982
吴文正集	吴澄	台湾商务印书馆	1983
安海志	晋江县《安海志》修编小组编		1983
漫游纪略	（清）王沄	江苏广陵古籍刻印社	1983
四夷广记	（明）慎懋赏	台湾"国立中央"图书馆	1985
晋江新志	庄为玑	泉州志编纂委员会办公室	1985
西海纪游草（走向世界丛书）	林鍼著	岳麓书社	1985
闽产录异	（清）郭柏苍著；胡枫泽校点	岳麓书社	1986
通制条格		浙江古籍出版社	1986
万历重修泉州府志	（明）阳思谦修，徐敏学，吴维新纂	台湾学生书局	1987
光绪漳州府志50卷	（清）李维钰原本；（清）沈定均续修；（清）吴联薰续纂	福建省漳州市图书馆	1988
仙溪志	（宋）黄岩孙撰；仙游县文史学会点校	福建人民出版社	1989
天妃娘妈传	（明）吴还初撰；黄永年标点	上海古籍出版社	1990
晋江县志	（清）周学曾纂修；晋江县地方志编纂委员会整理	福建人民出版社	1990
淳熙三山志	（宋）梁克家纂修	中华书局	1990

续表

古籍方志			
文献名称	责任者	出版机构	出版时间（年）
日本藏中国罕见地方志丛刊（嘉靖）仙游县志（嘉靖）福清县志续略（崇祯）海澄县志（崇祯）尤溪县志		书目文献出版社	1990
八闽通志（上）	（明）黄仲昭修纂；福建省地方志编纂委员会旧志整理组，福建省图书馆特藏部整理	福建人民出版社	1990
八闽通志（下）	（明）黄仲昭修纂；福建省地方志编纂委员会旧志整理组，福建省图书馆特藏部整理	福建人民出版社	1991
舆地纪胜	（宋）王象之	中华书局	1992
海岛逸志	（清）王大海著；姚楠，吴琅璇校注	香港学津书店	1992
噶喇吧纪略	（清）程日炌，（清）王大海撰；姚南，吴琅玻校注	香港学津书店	1992
（崇祯）海澄县志	（明）梁兆阳	书目文献出版社	1992
安海志	（清）佚名纂	上海书店出版社	1992
诸蕃志	（宋）赵汝适	上海古籍出版社	1993
殊域周咨录	（明）严从简著；余思黎点校	中华书局	1993
明实录类纂（福建台湾卷）	薛国中，韦洪	武汉出版社	1993
永春州志	（清）黄任	厦门大学出版社	1994
闽书	（明）何乔远	福建人民出版社	1994
闽书第1册	（明）何乔远	福建人民出版社	1994
闽书第2册	（明）何乔远	福建人民出版社	1994
闽书第4册	（明）何乔远	福建人民出版社	1995

附录1 福建海丝文献主要整理成果

续表

古籍方志			
文献名称	责任者	出版机构	出版时间（年）
闽书第5册	（明）何乔远	福建人民出版社	1995
鹿洲全集	（清）蓝鼎元	厦门大学出版社	1995
台海使槎录	（清）黄叔璥撰	大通书局有限公司	1995
云麓漫钞	（宋）赵彦卫	中华书局	1996
诸番志校释	（宋）赵汝适，杨博文校释	中华书局	1996
厦门志·清道光十九年镌	（清）周凯；厦门市地方志编纂委员会办公室整理	鹭江出版社	1996
鹭江志（整理本）	（清）薛起凤主纂；江林宣，李熙泰整理	鹭江出版社	1998
岭外代答校注	（宋）周去非	中华书局	1999
福建省志	福建省地方志编纂委员会编	中国社会科学出版社	1999
中外交通史籍丛刊 两种海道针经	（明）巩珍	中华书局	2000
东西洋考	（明）张燮；谢方点校	中华书局	2000
建炎以来朝野杂记	（宋）李心传撰	中华书局	2000
敕封天后志	（清）林清标撰	江苏古籍出版社	2000
西洋朝贡典录校注：东西洋考	（明）黄省曾著；（明）张燮，谢方校注	中华书局	2000
中国方志集成·福建府县志辑（第21辑）（光绪）漳浦县志、（乾隆）铜山志、（康熙）诏安县志		上海书店出版社	2000
四库全书闽人著作提要	朱维幹纂辑；李瑞良增辑	福建人民出版社	2001
福州府志	（明）王德，叶溥，张孟敬纂修；福州市地方志编纂委员会整理	海风出版社	2001

续表

古籍方志			
文献名称	责任者	出版机构	出版时间（年）
鼓山志·艺文	福建省地方志编纂委员会整理	海风出版社	2001
瀛寰志略	（清）徐继畬	上海书店出版社	2001
妈祖图志	（清）林清标著	江苏古籍出版社	2001
天下郡国利病书	（清）顾炎武；昆山顾炎武研究会编	上海科学技术文献出版社	2002
南溟集	陈佳荣	麒麟书业有限公司	2002
海澄县志二十卷	（明）梁兆阳修；（明）蔡国祯，（明）张燮等撰	北京图书馆出版社	2002
方舆胜览	（宋）祝穆撰；（宋）祝洙增订；施和金点校	中华书局	2003
荔枝谱	（宋）蔡襄撰；陈定玉点校	福建人民出版社	2004
漳浦县志·清康熙志·光绪再续志点校本	福建省漳浦县政协文史资料征集研究委员会编		2004
读史方舆纪要	（清）顾祖禹撰；贺次君，施和金点校	中华书局	2005
泉州海关志	泉州海关编	厦门大学出版社	2005
闽大记	（明）王应山纂修；陈叔侗，卢和校注；福建省地方志编纂委员会整理	中国社会科学出版社	2005
宓庵手抄漳州府志	王君定手抄者	漳州市图书馆	2005
泉州海关志	泉州海关	厦门大学出版社	2005
八闽通志（修订本，上、下）	（明）黄仲昭著；福建省地方志编纂委员会主编	福建人民出版社	2006
筹海图编	（明）郑若曾	中华书局	2007
正气堂全集	（明）俞大猷撰；廖渊泉，张吉昌点校	福建人民出版社	2007
萍洲可谈	（宋）朱彧	中华书局	2007
重刊兴化府志	（明）周瑛，（明）黄仲昭著；蔡金耀点校	福建人民出版社	2007

附录1　福建海丝文献主要整理成果

续表

古籍方志			
文献名称	责任者	出版机构	出版时间（年）
瀛寰志略校注	（清）徐继畬著；宋大川注	文物出版社	2007
闽海纪要	（清）夏琳撰；林大志校注	福建人民出版社	2008
历代中外行纪	陈佳荣，钱江，张广达	上海辞书出版社	2008
平和县志	（清）黄许桂主修；（清）曾萃水纂辑；平和县地方志编纂委员会点校；福建省地方志编纂委员会整理	厦门大学出版社	2008
福建师范大学图书馆藏稀见方志丛刊32	方宝川，陈旭东主编	北京图书馆出版社	2008
福建师范大学图书馆藏稀见方志丛刊33	方宝川，陈旭东主编	北京图书馆出版社	2008
殊域周咨录	（明）严从简著；余思黎校	中华书局	2009
漳州府志	（明）罗青霄修纂；陈叔侗点校；福建省地方志编纂委员会整理	厦门大学出版社	2010
漳州府志	（清）沈定均修；（清）吴联薰增纂；陈正统整理	中华书局	2011
文献通考	（宋）马端临	中华书局	2011
天下郡国利病书	（清）顾炎武撰；黄珅等校点	上海古籍出版社	2012
（正德）大明漳州府志	（明）陈洪谟修	厦门大学出版社	2012
万历癸丑漳州府志	（明）闵梦得修	厦门大学出版社	2012
大明漳州府志	福建省地方志编纂委员会编	中华书局	2012

续表

古籍方志			
文献名称	责任者	出版机构	出版时间（年）
中国地方志集成·福建府县志辑（第32辑）（康熙）平和县志、（乾隆）南靖县志、（民国）长泰县新志	（清）王相修；（清）昌天锦，（清）蓝三祝，（清）游宗亨等纂	上海书店出版社	2012
敕封天后志	（清）林清标编著；卢金城译注	莆田市文化广电新闻出版局	2013
渡海方程辑注	陈佳荣，朱鉴秋	中西书局	2013
厦门海疆文献辑注	陈峰	厦门大学出版社	2013
筹海图编	（明）郑若曾	国家图书馆出版社	2013
西洋番国志	（明）巩珍著；向达校注	华文出版社	2017
闽中金石志	（明）李恺著；福州市地方志编纂委员会整理	海峡书局	2017
闽中金石志	（清）冯登府，福州市地方志编纂委员会整理	海峡书局	2017
国外历史文献			
中国阿剌伯海上交通史	［日］桑原骘藏著；冯攸译	商务印书馆	1934
中日交通史	［日］木宫泰彦著；陈捷译	商务印书馆	1935
唐宋贸易港研究	［日］桑原骘藏著；杨炼译	商务印书馆	1935
宋代之市舶司与市舶条例	［日］藤田丰八著；魏重庆译	商务印书馆	1936
汉译世界名著 中国南海古代交通丛考	［日］藤田丰八著；何建民译	商务印书馆	1936
蒲寿庚考	［日］桑原骘藏；陈裕菁译	中华书局	1954

续表

国外历史文献			
文献名称	责任者	出版机构	出版时间（年）
郑和下西洋考	［法］伯希和（P. Pelliot）著；冯承钧译	中华书局	1955
华夷变态	［日］林春胜，林信笃编	东方书店	1981
东印度航海记	［荷］威·伊·邦特库著；姚楠译	中华书局	1982
十六世纪中国南部行纪	［英］博克舍；何高济译	中华书局	1990
道里邦国志	［阿拉伯］伊本·胡尔达兹比赫	中华书局	1991
大中国志	［葡］曾德昭著；何高济译	上海古籍出版社	1998
光明之城	［意大利］雅各·德安科纳；杨民等译	上海人民出版社	1999
远游记	［葡］费尔南·门德斯·平托；金国平译	东方葡萄牙学会	1999
南明行纪	［葡］伯来拉等著；何高济译	中国工人出版社	2000
南明行纪	［葡］伯来拉等著；何高济译	台湾古籍出版有限公司	2003
马可·波罗行纪	［意大利］马可·波罗	东方出版社	2011
大中国志	［葡］曾德昭	商务印书馆	2012
十六世纪葡萄牙文学中的中国中华帝国概述	［葡］巴洛斯，［西］艾斯加兰蒂著；何高济译	中华书局	2013
伊本·白图泰游记	［摩洛哥］伊本·白图泰	华文出版社	2015
文献档案史料汇编			
文献名称	责任者	出版机构	出版时间（年）
泉州宗教石刻	吴文良	科学出版社	1957
海防档	台北"中央研究院"近代史研究所编	台北"中央研究院"近代史研究所	1957

续表

文献档案史料汇编

文献名称	责任者	出版机构	出版时间（年）
中西交通史料汇编	张星烺编注	中华书局	1978
泉州海外交通史料汇编	中国海外交通史研究会、福建省泉州海外交通史博物馆编	福建省泉州海外交通史博物馆	1983
泉州伊斯兰教石刻	福建省泉州海外交通史博物馆编	宁夏人民出版社、福建人民出版社	1984
闽台关系族谱资料选编	庄为玑，王连茂编	福建人民出版社	1984
福建文史资料选辑（第十辑）闽海关史料专辑	中国人民政府协商会议福建省委员会文史资料编辑室编	福建人民出版社	1985
近代华侨投资国内企业史资料选辑（福建卷）	林金枝，庄为玑编	福建人民出版社	1985
福建文史资料选辑（第十五辑）船政史料专辑	中国人民政府协商会议福建省委员会文史资料编辑室编	福建人民出版社	1986
妈祖文献资料	蒋维锬编校	福建人民出版社	1990
福建华侨档案史料（1912—1949年）	福建省档案馆编	档案出版社	1990
厦门商会档案史料选编	厦门市档案局（馆），厦门总商会编	鹭江出版社	1993
闽台关系档案资料（1894—1949年）	福建省档案馆，厦门市档案局（馆）编	鹭江出版社	1993
泉州侨批业史料	李良溪主编；中国银行泉州分行行史编委会编	厦门大学出版社	1994
福建宗教碑铭汇编	郑振满，[美]丁荷生编	福建人民出版社	1995、2003、2018
厦门海关历史档案选编（1911—1949）年，第1辑	戴一峰主编；厦门海关档案室编	厦门大学出版社	1997

附录1 福建海丝文献主要整理成果

续表

文献档案史料汇编

文献名称	责任者	出版机构	出版时间（年）
近代厦门经济档案资料	厦门市档案局（馆）编	厦门大学出版社	1997
明实录闽海关系史料	台湾银行经济研究室编	台湾省文献委员会	1997
近代厦门涉外档案史料	汪方文主编；厦门市档案局（馆）编	厦门大学出版社	1997
泉州谱牒华侨史料与研究	庄为玑，郑山玉主编	中国华侨出版社	1998
泉州桃源庄氏族谱汇编	《泉州桃源庄氏族谱汇编》编纂委员会编	厦门大学出版社	1999
春华秋实录：福建文化史料	中国人民政治协商会议福建省委员会文史资料委员会编	福建人民出版社	1999
北京图书馆藏家谱丛刊·闽粤侨乡卷	张志清等主编；北京图书馆编	北京图书馆出版社	2000
清代妈祖档案史料汇编	蒋维锬，杨永占主编	中国档案出版社	2003
妈祖真迹	林庆昌	中山大学出版社	2003
泉州宗教石刻（增订本）	吴文良原著；吴幼雄增订	科学出版社	2005
历代妈祖诗咏辑注	刘福铸，王连弟主编	中国文史出版社	2005
船政文化研究——船政奏议汇编点校辑	张作兴	海潮摄影艺术出版社	2006
妈祖文献史料汇编（第1辑）	蒋维锬，郑丽航等编	中国档案出版社	2007
厦门古籍序跋汇编	厦门市图书馆编	厦门大学出版社	2009
妈祖文献史料汇编（第2辑）	蒋维锬，郑丽航等编	中国档案出版社	2009
闽台族谱汇刊	陈支平	广西师范大学出版社	2009
天后显圣录	卢金城注译	莆田文化广电新闻出版局	2010

续表

文献档案史料汇编

文献名称	责任者	出版机构	出版时间（年）
明清东南海岛史料选编	卢建一点校	福建人民出版社	2011
妈祖文献史料汇编（第3辑）	周金琰，郑丽航等编	海风出版社	2011
船政奏议全编	沈岩著；方宝川主编	国家图书馆出版社	2011
沧桑刺桐	傅宗文	厦门大学出版社	2011
厦门货币图录	陈亚元，陈国林著	厦门大学出版社	2012
近代妈祖经卷文献与郑成功信仰资料	王见川主编	博扬文化事业有限公司	2013
百年跨国两地书：福建侨批档案图志	福建省档案馆编	鹭江出版社	2013
中国家谱资料选编·漳州移民卷	陈建华，王鹤鸣主编	上海古籍出版社	2013
妈祖文献整理与研究丛刊（第一辑）	妈祖文献整理与研究丛刊编纂委员会编	鹭江出版社	2014
厦门老照片	洪卜仁	厦门大学出版社	2014
厦门侨乡历史文化资料汇编丛书·海沧卷（共6册）	许金顶等编	花城出版社	2015—2019
民国时期福建华侨史料汇编	福建省图书馆编	国家图书馆出版社	2016
明清宫藏闽台关系档案汇编（全30册）	中国第一历史档案馆；福建省档案馆；福建师范大学合编	福建人民出版社	2016
近代厦台交流档案资料选编	厦门市档案局（馆）编	厦门大学出版社	2017
妈祖文献整理与研究丛刊（第二辑）	妈祖文献整理与研究丛刊编纂委员会编	海峡文艺出版社	2017
福建侨批档案文献汇编	福建省档案馆编辑	国家图书馆出版社	2017

续表

文献档案史料汇编			
文献名称	责任者	出版机构	出版时间（年）
中国珍稀家谱丛刊：福州族谱丛刊	王强编著	凤凰出版社	2017
海上丝绸之路文献汇编（全44册）	宫楚涵，俞冰编著	学苑出版社	2018
历代地理外纪史籍丛刊	张汝鸿主编	北京燕山出版社	2018
闽粤下南洋家族族谱资料选编	苏黎明，吴绮云主编	厦门大学出版社	2020

附录2 福建海丝主要研究开发成果（1949—2020年）

出版发行的主要著作			
文献名称	责任者	出版机构	出版时间（年）
明清时代商人及商业资本	傅衣凌	人民出版社	1956
厦门史话	孔立	上海人民出版社	1979
宋元时期的海外贸易	陈高华	天津人民出版社	1981
泉州港与古代海外交通	《泉州港与古代海外交通》编写组编	文物出版社	1982
福建史稿	朱维幹	福建教育出版社	1985
泉州与我国中古的海上交通	李东华	台湾学生书局	1986
福建船政局史稿	林庆元	福建人民出版社	1986（1999年修订）
泉州湾宋代海船发掘与研究	福建省泉州海外交通史博物馆编	海洋出版社	1987
沈葆桢和福州船政	林崇镛	联经出版事业公司	1987
妈祖千年祭	林文豪	华艺出版社	1988
古刺桐港	庄为玑	厦门大学出版社	1989
海上丝绸之路的著名港口：泉州	庄为玑，庄景辉，王连茂	海洋出版社	1989
安海港史研究	《安海港史研究》编辑组编	福建教育出版社	1989
妈祖千年祭	林文豪	淑馨出版社	1990
明代海外贸易史	李金明	中国社会科学出版社	1990

附录2　福建海丝主要研究开发成果（1949—2020年）

续表

出版发行的主要著作

文献名称	责任者	出版机构	出版时间（年）
妈祖信仰与祖庙	陈国强	福建教育出版社	1990
海上丝绸之路	陈高华	海洋出版社	1991
福建对外贸易史与海关史	林仁川	鹭江出版社	1991
厦门华侨志	《厦门华侨志》编纂委员会编	鹭江出版社	1991
福州海关志（1861—1989年）	《福州海关志》编纂委员会编	鹭江出版社	1991
福建省志·华侨志	福建省地方志编纂委员会编	福建人民出版社	1992
福州港志	福州港务局史志编辑委员会编	华艺出版社	1993
厦门港史	邓孙禄	人民交通出版社	1993
福建民间信仰源流	徐晓望	福建教育出版社	1993
近代中国海关与中国财政	戴一峰	厦门大学出版社	1993
福建文化概览	王耀华	福建教育出版社	1994
福建航运史（古、近代部分）	林开明	人民交通出版社	1994
厦门海关志（1684—1989年）	厦门海关编著	科学出版社	1994
妈祖信仰	李露露	学苑出版社	1994
泉州古港史	《泉州古港史》编委会编	人民交通出版社	1994
漳州华侨志	漳州市人民政府侨务办公室编	厦门大学出版社	1994
泉州海外交通史略	李玉昆著；泉州历史文化中心编	厦门大学出版社	1995
福建古代经济史	唐文基	福建教育出版社	1995
福建省志·海关志	福建省地方志编纂委员会编	方志出版社	1995

续表

出版发行的主要著作

文献名称	责任者	出版机构	出版时间（年）
闽南侨批史纪述	中国银行泉州分行行史编委会编	厦门大学出版社	1996
海外交通史迹研究	庄景辉	厦门大学出版社	1996
福建宗教史	陈支平	福建教育出版社	1996
福州港史	福州港史志编辑委员会编	人民交通出版社	1996
厦门海外交通	李金明	鹭江出版社	1996
厦门人物·海外篇（第2版）	郭瑞明编撰	鹭江出版社	1996
厦门史话	陈孔立	鹭江出版社	1996、1999
厦门海防文化	黄鸣奋	鹭江出版社	1996
厦门考古与文物	吴诗池	鹭江出版社	1996
海上集	庄为玑	厦门大学出版社	1996
福建族谱	陈支平	福建人民出版社	1996
东南考古研究	吴绵吉，吴春明	厦门大学出版社	1996
泉州市华侨志	《泉州市华侨志》编纂委员会编	中国社会出版社	1996
福建对外文化交流史	林金水，谢必震	福建教育出版社	1997
漳州窑	福建省博物馆编	福建人民出版社	1997
闽在海中：追寻福建海洋发展史	杨国桢	江西高校出版社	1998
厦门侨乡	郭瑞明编著	鹭江出版社	1998
族谱：华南汉族的宗教·风水·移居	[日]濑川昌久著；钱杭译	上海书店出版社	1999
喧嚣的海市——闽东南港市兴衰与海洋人文	蓝达居	江西高校出版社	1999
妈祖的子民——闽台海洋文化研究	徐晓望	学林出版社	1999
福建船政局史稿	林庆元	福建人民出版社	1999

附录 2　福建海丝主要研究开发成果（1949—2020 年）

续表

出版发行的主要著作			
文献名称	责任者	出版机构	出版时间（年）
逝去的繁荣——一座老城的历史人类学考察	王铭铭	浙江人民出版社	1999
中华海洋文化的缩影——泉州海外交通史博物馆	王连茂，陈丽华	中国大百科全书出版社	1999
鸦片战争前的东南四省海关	黄国盛	福建人民出版社	2000
闽台海上交通研究	王耀华，谢必震	中国社会科学出版社	2000
华侨华人与中国的关系	庄国土	广东高等教育出版社	2001
漳州港：明代海澄月港兴衰史	李金明	福建人民出版社	2001
厦门港	顾海	福建人民出版社	2001
福州港	郑剑顺	福建人民出版社	2001
近现代中国与东南亚经贸关系史研究	聂德宁	厦门大学出版社	2001
中国近代海关史	陈诗启	人民出版社	2001
福建海外交通史	廖大珂	福建人民出版社	2002
泉州港与海上丝绸之路	中国航海学会，泉州市人民政府编	中国社会科学出版社	2002
世界妈祖庙大全（第一卷）	《世界妈祖庙大全》编辑部编	国际炎黄文化出版社	2002
厦门与台湾	唐次妹著	鹭江出版社	2002
泉州稽古集	黄天柱	中国文联出版社	2003
福建史纲	汪征鲁	福建人民出版社	2003
妈祖神韵：从民女到海神（第 2 版）	李露露	学苑出版社	2003
莆田文化丛书·妈祖文化	黄国华	福建人民出版社	2003
中国海关与对外贸易	连心豪	岳麓书社	2004

续表

出版发行的主要著作

文献名称	责任者	出版机构	出版时间（年）
德化陶瓷志	德化县地方志编纂委员会编	方志出版社	2004
泉漳集	陈自强	国际华文出版社	2004
明清中琉航海贸易研究	谢必震	海洋出版社	2004
三家妈祖身世的初考	陈章燕等编著	新加坡福莆仙文化出版社、中华龙贤湄出版社	2004
中国市舶制度研究	郑有国	福建教育出版社	2004
福建移民史	林国平，邱季端	方志出版社	2005
厦门窑	陈娟英著	福建美术出版社	2005
世界妈祖庙大全（第二卷）	《世界妈祖庙大全》编辑部编	国际炎黄文化出版社	2005
闽台区域研究丛刊（第5辑）移民与闽台民俗宗教研究	林国平主编	海洋出版社	2005
泉州海关志	泉州海关编	厦门大学出版社	2005
福建通史（第1—5卷）	徐晓望	福建人民出版社	2006
泉州学研究	林华东	厦门大学出版社	2006
泉州港考古与海外交通史研究	庄景辉	岳麓书社	2006
谱牒研究与华侨华人	周仪扬，陈育伦，郭志超主编	新华出版社	2006
东南亚的福建人	[马来西亚]林忠强	厦门大学出版社	2006
泉州华侨华人研究	李天锡	中央文献出版社	2006
闽南侨批史话	王朱唇，张美寅	中国广播电视出版社	2006
泉州古代海外交通史	李玉昆，李秀梅	中国广播电视出版社	2006
海外交通与文化交流	李金明	云南美术出版社	2006
妈祖文化研究	罗春荣	天津古籍出版社	2006
妈祖信仰研究	蔡相辉	秀威资讯科技股份有限公司	2006

附录2 福建海丝主要研究开发成果（1949—2020 年）

续表

出版发行的主要著作			
文献名称	责任者	出版机构	出版时间（年）
泉州文化与海上丝绸之路	李冀平，朱学群，王连茂主编	社会科学文献出版社	2007
闽南海外移民与华侨华人	陈衍德，卞凤奎	福建人民出版社	2007
厦门旧影	哲夫，翁如泉，张宇	上海古籍出版社	2007
妈祖信仰史研究	徐晓望	海风出版社	2007
厦门史地丛谈	洪卜仁	厦门大学出版社	2007
泉州地情丛书	泉州市地方志编纂委员会编	福州海风出版社	2007
闽南文化丛书	《闽南文化丛书》编委会编	福建人民出版社	2007
船政学堂	沈岩	科学出版社	2007
厦门船舶工业	洪卜仁主编	厦门大学出版社	2008
福建史稿	朱维幹	福建教育出版社	2008
厦门郑成功纪念馆	陈洋，叶玮著	文物出版社	2008
福建省志·闽台关系志	福建地方志编纂委员会编	福建人民出版社	2008
福建编年史（上、中、下）	陈遵统	福建人民出版社	2009
厦门纵横：一个中国首批开埠城市的史事	［美国］毕腓力；何丙仲译	厦门大学出版社	2009
天问·惊世：中国古代海洋文学	赵君尧	海洋出版社	2009
基督教与海外华人的文化适应———近代东南亚华人移民社区的个案研究	朱峰	中华书局	2009
海洋中国与福建	胡沧泽	黑龙江人民出版社	2010
厦门航运百年	洪卜仁主编	厦门大学出版社	2010
福建市舶司与海洋贸易研究	郑有国	中华书局	2010
船政文化与台湾	朱华主编	鹭江出版社	2010

续表

出版发行的主要著作

文献名称	责任者	出版机构	出版时间（年）
古代中国与东南亚中医药交流研究	冯立军	云南美术出版社	2010
福建史略	谢必震	海洋出版社	2011
中国"中国海上丝绸之路研究"百年回顾	龚缨晏	浙江大学出版社	2011
厦门跨海情缘	彭一万著	厦门大学出版社	2011
明清海疆政策与东南海岛研究	卢建一	福建人民出版社	2011
湄洲妈祖志	莆田湄洲妈祖祖庙董事会编	方志出版社	2011
沧桑刺桐	傅宗文	厦门大学出版社	2011
刺桐梦华录——近世前期闽南的市场经济	苏基朗，李润强译	浙江大学出版社	2012
闽台区域研究丛刊	福建师范大学闽台区域研究中心编	海洋出版社	2012
明代海外贸易研究	晁中辰	故宫出版社	2012
闽都文化简论	赵君尧	福建美术出版社	2012
明清时期闽南海洋文化概论	陈自强	鹭江出版社	2012
厦门海防百年	韩栽茂著	厦门大学出版社	2012
妈祖文化研究论丛1	彭文宇主编	人民出版社	2012
闽南历史文化概说	萧庆伟，邓文金，施榆生主编	福建人民出版社	2013
闽商史研究（第1辑）	何志毅，王贤斌主编	中国工商出版社	2013
船政文化概论	张兰英主编	鹭江出版社	2014
中国侨批与世界记忆遗产	福建省档案局编	鹭江出版社	2014
海上丝绸之路的起点——泉州	陈瑞统	海峡文艺出版社	2014
漳州外来货币概述	林南中	福建人民出版社	2014

附录2　福建海丝主要研究开发成果（1949—2020年）

续表

出版发行的主要著作

文献名称	责任者	出版机构	出版时间（年）
漳州古代海外交通与海洋文化	陈自强	福建人民出版社	2014
妈祖文化传播导论	孟建煌主编	厦门大学出版社	2014
妈祖文化源流探析	金文亨，陈金海	鹭江出版社	2014
妈祖研覃考辩	许更生	西安出版社	2014
中国海丝文化·漳州篇	谭培根主编	福建人民出版社	2014
泉州港口志	泉州市港口管理局主编	九州出版社	2014
海上丝绸之路与泉港海国文明	陈支平，肖惠中	厦门大学出版社	2015
宋元泉州与印度洋文明	李大伟	商务印书馆	2015
海丝申遗话月港	郑云	厦门大学出版社	2015
历史转折时期的漳州月港	陈子铭	海峡文艺出版社	2015
明清时期漳州窑	吴其生	福建人民出版社	2015
泉州海丝史话	泉州市地方志编纂委员会编	海峡书局	2015
福建与中西文化交流史论	林金水，吴巍巍，崔军锋	海洋出版社	2015
海丝雕龙	许更生	中国文史出版社	2016
厦门人文记忆	陈志铭著；洪卜仁主编	厦门大学出版社	2016
明清时期南靖东溪窑与对外贸易	政协南靖县委员会编	福建人民出版社	2016
漳州侨批史话	苏通海	福建人民出版社	2016
月港帆影	郑镛	福建人民出版社	2016
华安东溪窑史话	林艺谋	福建人民出版社	2016
一路向海——漳州人下南洋	郑来发	福建人民出版社	2016
从花山溪走向海上丝绸之路	杨征	福建人民出版社	2016
闽商发展史·厦门卷	洪卜仁，周子峰主编	厦门大学出版社	2016

续表

出版发行的主要著作

文献名称	责任者	出版机构	出版时间（年）
辉煌灿烂的福建"海丝"文化	卢承圣主编	海峡文艺出版社	2016
舟游海丝——中国"海丝"申遗九城纪行	李膺舟	中国文联出版社	2016
海上丝绸之路2000年	梁二平	上海交通大学出版社	2016
福建海洋文化研究	苏涵	厦门大学出版社	2016
船政志	福州市地方志编纂委员会编	商务印书馆	2016
海上丝绸之路与中国海洋强国战略丛书	福州大学海丝核心区建设研究院编	社会科学文献出版社	2016
厦门华侨纪事	洪卜仁主编	厦门大学出版社	2017
泉州：海丝起点多元文都	戴源水	中国书籍出版社	2017
丝路帆影	叶重耕主编	鹭江出版社	2017
海外福州人与海上丝绸之路	闽都文化研究会编	海峡文艺出版社	2017
海上福州	曾筱霞	海峡文艺出版社	2017
近代风云看船政：船政与近代台湾	中国船政文化博物馆编	福建人民出版社	2017
中国福建海上丝绸之路发展史	徐晓望	九州出版社	2017
妈祖文化与海洋精神	国家海洋局办公室主编	海洋出版社	2017
刺桐城——海滨中国的地方与世界	王铭铭	生活·读书·新知三联书店	2018
图说福建与海上丝绸之路丛书	谢必震主编	福建教育出版社	2018
海洋图书变迁与海上丝绸之路	潘茹红	厦门大学出版社	2018

附录2　福建海丝主要研究开发成果（1949—2020年）

续表

出版发行的主要著作

文献名称	责任者	出版机构	出版时间（年）
海上丝绸之路研究丛书：厦门的兴起	［新加坡］吴振强著；詹朝霞，胡舒扬译	厦门大学出版社	2018
厦门侨批	洪卜仁主编	厦门大学出版社	2018
船政文化	江冰	福建人民出版社	2018
海上丝绸之路研究丛书	王日根主编	厦门大学出版社	2018
湄洲妈祖祖庙志	林金榜主编	人民日报出版社	2018
妈祖文化志	福建省地方志编纂委员会，莆田市湄洲妈祖祖庙董事会，台湾妈祖联谊会编	国家图书馆出版社	2018
海上丝绸之路与中医药文化的海外传播——以中医药文化在东南亚的传播和影响为中心	冯立军	黑龙江教育出版社	2019
华侨华人与"一带一路"	许培源，陈乘风	社会科学文献出版社	2020

出版发行的主要论文集

文献名称	责任者	出版机构	出版时间（年）
妈祖研究资料汇编	肖一平，林云森，杨德金编辑	福建人民出版社	1987
妈祖研究论文集	朱天顺主编	鹭江出版社	1989
中国与海上丝绸之路：联合国教科文组织海上丝绸之路综合考察泉州国际学术讨论会（1991.2.17—20）论文集	联合国教科文组织海上丝绸之路综合考察泉州国际学术讨论会组织委员会编	福建人民出版社	1991
海内外学人论妈祖	林文豪主编	中国社会科学出版社	1992

续表

出版发行的主要论文集			
文献名称	责任者	出版机构	出版时间（年）
中国与海上丝绸之路：联合国教科文组织海上丝绸之路综合考察泉州国际学术讨论会（1991.2.17—20）论文集（续集）	联合国教科文组织海上丝绸之路综合考察泉州国际学术讨论会组织委员会编	福建人民出版社	1994
两岸学者论妈祖（第二集）	陈国强，林华章主编	香港闽南人出版有限公司	1999
妈祖研究	许在全主编	厦门大学出版社	1999
泉州港与海上丝绸之路（共三辑）	中国航海学会，泉州市人民政府合编	中国社会科学出版社	2002、2003、2005
妈祖研究文集	蒋维锬	海风出版社	2006
船政研究文集	陈道章编	福建省音像出版社	2006
船政文化研究（第三辑）	张作兴主编	海潮摄影艺术出版社	2006
连江妈祖文化集萃	连江县妈祖文化研究会编	香港文学报社出版社	2007
回望闽南侨批：首届闽南侨批研讨会论文集	泉州市归国华侨联合会，泉州市档案馆，泉州学研究所编	华艺出版社	2009
福建海洋文化研究	福建省炎黄文化研究会、中国人民政治协商会议福州市委员会编	海峡文艺出版社	2009
海峡两岸妈祖文化学术研讨会论文集	宁波市文物保护管理所编	中国文史出版社	2010
妈祖研究文化论丛（一）	彭文宇主编	人民出版社	2012
贤良港妈祖文化论坛：海峡两岸传统视野下的妈祖信俗研讨会文集	福建莆田贤良港天后祖祠董事会，贤良港妈祖文化论坛组委会编；叶明生主编	宗教文化出版社	2013

附录2 福建海丝主要研究开发成果（1949—2020年）

续表

出版发行的主要论文集			
文献名称	责任者	出版机构	出版时间（年）
"中国侨批·世界记忆"国际学术研讨会论文集	福建省档案局编	鹭江出版社	2013
历史名城 海丝门户：福州海上丝绸之路论文集	何静彦，陈晔主编	海峡文艺出版社	2014
中国海丝文化·漳州篇：漳州古代海外交通与海洋文化	陈自强著；谭培根主编	福建人民出版社	2014
中国侨批与世界记忆遗产	福建省档案馆编	鹭江出版社	2014
漳州"海上丝绸之路"论文选	漳州市政协文教卫体委员会编	福建人民出版社	2015
海上丝绸之路与泉港海国文明	陈支平，肖惠中主编	厦门大学出版社	2015
福建陶瓷与海上丝绸之路：中国古陶瓷学会福建会员大会暨研讨会论文集	厦门市博物馆，泉州市博物编	东北师范大学出版社	2016
2015首届月港海丝文化研讨会论文集	龙海市海丝文化研究会主编	国际学术文化资讯出版公司	2016
浅藏：初编·泉州海丝文献管窥	钟叶青	山东画报出版社	2016
沈岩船政研究文集	沈岩	社会科学文献出版社	2016
船政文化研究选集——纪念船政创办150周年	郑新清编	鹭江出版社	2016
海上丝绸之路新探索——第一届海丝文化国际青年学者论坛论文集	林华东主编	中国社会科学出版社	2016

续表

出版发行的主要论文集			
文献名称	责任者	出版机构	出版时间（年）
海外福州人与海上丝绸之路	闽都文化研究会编	海峡文艺出版社	2017
海外福州人与"一带一路"	闽都文化研究会编	海峡书局	2018
闽都文化与开放的福州	闽都文化研究会编	海峡文艺出版社	2019
第二届贤良港妈祖文化论坛——海峡两岸海上丝绸之路学术研讨会论文集	福建莆田贤良港天后祖祠董事会，贤良港妈祖文化论坛组委会编；叶明生主编	宗教文化出版社	2019
传承创新，融合发展：2019年海丝建筑文化与绿色建材融合发展高端论坛论文集	施振华，孙继成主编	中国建材工业出版社	2019
海丝文化研究（第一辑）	王万盈主编	厦门大学出版社	2019

参考文献

一 古籍方志

陈峰编纂，厦门市图书馆编：《厦门古籍序跋汇编》，厦门大学出版社2009年版。

陈峰辑注：《厦门海疆文献辑注》，厦门大学出版社2013年版。

陈佳荣，朱鉴秋编著：《渡海方程辑注》，中西书局2013年版。

（宋）蔡襄，陈定玉点校：《荔枝谱》（外十四种），福建人民出版社2004年版。

（宋）黄岩孙撰，仙游县文史学会点校：《仙溪志》，福建人民出版社1989年版。

（元）汪大渊，苏继庼校释：《岛夷志略校释》，中华书局1981年版。

（明）陈洪谟修：《（正德）大明漳州府志》（上、下册），厦门大学出版社2012年版。

（明）陈洪谟修，中国人民政治协商会议福建省漳州市委员会编：《（正德）大明漳州府志》，厦门大学出版社2012年版。

（明）巩珍，向达校注：《西洋番国志》，华文出版社2017年版。

（明）何乔远，厦门大学古籍整理研究所校点：《闽书》，福建人民出版社1994年版。

（明）黄省曾，（明）张燮著；谢方校注：《西洋朝贡典录校注东西洋考》，中华书局2000年版。

（明）黄仲昭：《八闽通志（修订本）》卷25《土产福州府》，福建人民出版社2006年版。

(明) 黄仲昭, 福建省地方志编纂委员会主编:《八闽通志》(上、下), 福建人民出版社 2006 年版。

(明) 李恺著, 福州市地方志编纂委员会整理:《闽中金石志》, 海峡书局 2017 年版。

(明) 罗青霄修纂, 陈叔侗点校, 福建省地方志编纂委员会整理:《漳州府志》, 厦门大学出版社 2010 年版。

(明) 马欢, 冯承钧校注:《瀛涯胜览》, 商务印书馆 1935 年版。

(明) 闵梦得:《(万历癸丑)漳州府志》, 厦门大学出版社 2012 年版。

(明) 闵梦得修, 中国人民政治协商会议福建省漳州市委员会编:《(万历癸丑)漳州府志》, 厦门大学出版社 2012 年版。

(明) 王德, (明) 叶溥, (明) 张孟敬纂修; 福州市地方志编纂委员会整理:《福州府志》, 海风出版社 2001 年版。

(明) 吴还初, 黄永年标点:《天妃娘妈传》, 上海古籍出版社 1990 年版。

(明) 许孚远:《敬和堂集》, 日本东尊经阁藏明刊本。

(明) 张燮, 谢方校注:《东西洋考》, 中华书局 1981 年版。

(明) 张燮, 谢方校注:《东西洋考》, 中华书局 2000 年版。

(明) 郑若曾:《筹海图编》, 中华书局 2007 年版。

(明) 周瑛, (明) 黄仲昭著; 蔡金耀点校:《重刊兴化府志》, 福建人民出版社 2007 年版。

(清) 陈瑛等: 乾隆《海澄县志》卷 15《风土志·风俗考》, 乾隆二十七年 (1762 年) 刊本。

(清) 冯登府著, 福州市地方志编纂委员会整理:《闽中金石志》, 海峡书局 2017 年版。

(清) 顾炎武, 昆山顾炎武研究会:《天下郡国利病书》, 上海科学技术文献出版社 2002 年版。

(清) 林清标:《敕封天后志》, 江苏古籍出版社 2000 年版。

(清) 林清标, 卢金城译注:《敕封天后志》, 莆田文化新闻局 2013 年版。

（清）林清标：《妈祖图志》，江苏古籍出版社2001年版。

（清）林鍼，钟叔河等校点：《西海纪游草》（走向世界丛书），岳麓书社1985年版。

（清）沈定均修，（清）吴联薰增纂，陈正统整理：《漳州府志》，中华书局2011年版。

（清）王大海，麦都思译：《海岛逸志》，墨海书馆1849年版。

（清）夏琳著，林大志校注：《闽海纪要》，福建人民出版社2008年版。

（清）徐继畬：《瀛寰志略》，上海书店出版社2001年版。

（清）周凯，厦门市地方志编纂委员会办公室整理：《厦门志：清·道光十九年镌》，鹭江出版社1996年版。

向达校注：《两种海道针经》，中华书局1961年版。

二　谱牒文献

安溪河图郑氏族谱编委会：《安溪河图郑氏族谱》，1985年版。

参山二房黄氏族谱续修族谱委员会：《参山二房黄氏族谱》，2005年版。

第九次修谱牒理事会：《福建安溪榜头白氏族谱》，2008年版。

芙蓉李氏族谱编委会：《芙蓉李氏族谱》，1949年版。

南安诗山坊前黄氏族谱编委会：《南安诗山坊前黄氏族谱》，福建人民出版社1993年版。

蒲楼林氏族谱编委会：《蒲楼林氏族谱》，1970年版。

《清溪周氏族谱》，1981年版。

泉州虹山彭氏族祠理事会编：《虹山彭氏族谱》，1931年版。

泉州桃源庄氏族谱汇编编纂委员会编：《泉州桃源庄氏族谱汇编》，厦门大学出版社1999年版。

儒林宋氏族谱续修族谱委员会：《儒林宋氏族谱》，1983年版。

《桃源东熙王氏族谱》，1988年版。

《桃源凤山康氏族谱》，1992年版。

《桃源蓬莱黄氏族谱》，1990年版。

桃源鹏翔郑氏族谱续修委员会：《桃源鹏翔郑氏族谱》，1903年版。

吴维钦：《延陵锦霞吴氏族谱》，1986年版。

宗大：《上卿欧阳廖氏族谱》，1987年版。

三　专著

北京图书馆编：《北京图书馆藏家谱丛刊》（闽粤侨乡卷），北京图书馆出版社2000年版。

晁中辰：《明代海外贸易研究》，故宫出版社2012年版。

陈峰：《厦门古代文献》，厦门大学出版社2010年版。

陈锋编：《厦门古籍序跋补编》，厦门大学出版社2017年版。

陈锋编：《厦门古籍序跋汇编》，厦门大学出版社2009年版。

陈高华等：《海上丝绸之路》，海洋出版社1991年版。

陈建华、王鹤鸣主编，林嘉书整理：《中国家谱资料选编：漳州移民卷》（上下册），上海古籍出版社2013年版。

陈娟英：《厦门窑》，福建美术出版社2005年版。

陈孔立：《厦门史话》，鹭江出版社1996年版。

陈亚元、陈国林：《厦门货币图录》，厦门大学出版社2012年版。

陈洋、叶玮：《厦门郑成功纪念馆》，文物出版社2008年版。

陈支平：《福建民间文书》，广西师范大学出版社2007年版。

陈支平：《福建族谱》，福建人民出版社1996年版。

陈子铭：《历史转折时期的漳州月港》，海峡文艺出版社2015年版。

陈自强：《明清时期闽南海洋文化概论》，鹭江出版社2012年版。

陈自强：《泉漳集》，国际华文出版社2004年版。

陈自强：《漳州古代海外交通与海洋文化》，福建人民出版社2014年版。

戴一峰：《厦门海关历史档案选编（1911—1949）》（第一辑），厦门大学出版社1997年版。

戴源水：《泉州——海丝起点 多元文都》，中国书籍出版社2017年版。

杜定友：《地方文献的搜集整理与使用》，南京省市图书馆工作人员进修班印 1957 年版。

杜瑜:《海上丝路史话》,社会科学文献出版社 2011 年版。

杜志政:《珠光青瓷故乡同安窑》,厦门大学出版社 2012 年版。

方宝川、陈旭东主编:《福建师范大学图书馆藏稀见方志丛刊》,北京图书馆出版社 2008 年版。

冯承钧:《中国南洋交通史》,上海三联书店 2014 年版。

福建省博物馆编:《漳州窑》,福建人民出版社 1997 年版。

福建省档案馆编:《百年跨国两地书:福建侨批档案图志》,鹭江出版社 2013 年版。

福建省档案馆编:《福建华侨档案史料(1912—1949)》,档案出版社 1990 年版。

福建省档案馆编:《福建侨批档案文献汇编》,国家图书馆出版社 2017 年版。

福建省档案馆编:《民国时期福建华侨档案目录汇编》,海峡文艺出版社 2018 年版。

福建省档案馆编:《中国侨批与世界记忆遗产》,鹭江出版社 2014 年版。

福建省图书馆辑:《民国时期福建华侨史料汇编》,国家图书馆出版社 2016 年版。

福建省文史研究馆编:《福建丛书》,广陵古籍出版社 1993 年版。

福清市地方志编纂委员会编:《福清市方志丛书》,福建人民出版社 2015 年版。

福州港史志编辑委员会编:《福州港史》,人民交通出版社 1996 年版。

宫楚涵、俞冰主编:《海上丝绸之路文献汇编》,学苑出版社 2018 年版。

龚缨晏主编:《中国"海上丝绸之路研究"百年回顾》,浙江大学出版社 2011 年版。

龚缨晏主编:《20 世纪中国"海上丝绸之路"研究集萃》,浙江大学出版社 2011 年版。

顾海:《厦门港》,福建人民出版社 2001 年版。

管宁主编，张帆等撰稿：《福建文化生态与软环境建设研究》，海潮摄影艺术出版社 2004 年版。

郭瑞明：《厦门侨乡》，鹭江出版社 1998 年版。

郭瑞明：《厦门人物·海外篇》，鹭江出版社 1996 年版。

国家文物局编：《海上丝绸之路》，文物出版社 2014 年版。

海上丝绸之路研究中心编：《中国海上丝绸之路研究年鉴（2014）》，浙江大学出版社 2015 年版。

韩栽茂：《厦门海防百年》，厦门大学出版社 2012 年版。

洪卜仁：《厦门史地丛谈》，厦门大学出版社 2007 年版。

洪卜仁、周子峰主编：《闽商发展史·厦门卷》，厦门大学出版社 2016 年版。

洪卜仁主编：《厦门船舶工业》，厦门大学出版社 2008 年版。

洪卜仁主编：《厦门航运百年》，厦门大学出版社 2010 年版。

洪卜仁主编：《厦门华侨纪事》，厦门大学出版社 2017 年版。

洪卜仁主编：《厦门人文记忆》，厦门大学出版社 2016 年版。

华侨大学海上丝绸之路研究院主编：《21世纪海上丝绸之路研究丛书》，社会科学文献出版社 2020 年版。

黄国胜：《鸦片战争前的东南四省海关》，福建人民出版社 2000 年版。

黄鸣奋：《厦门海防文化》，鹭江出版社 1996 年版。

纪云飞：《中国"海上丝绸之路"研究年鉴（2013）》，浙江大学出版社 2014 年版。

蒋维锬编校：《妈祖文献资料》，福建人民出版社 1990 年版。

蒋维锬、杨永占：《清代妈祖档案史料汇编》，中国档案出版社 2003 年版。

金沛霖、韩朴：《图书馆地方文献工作》，北京图书馆出版社 2000 年版。

蓝达居：《喧闹的海市：闽东南港市兴衰与海洋人文》，江西高校出版社 1999 年版。

李秉乾：《福建文献书目》，厦门知健电脑部 1996 年版。

李东华：《泉州与我国中古的海上交通》，台湾学生书局 1986 年版。

李冀平、朱学群、王连茂主编：《泉州文化与海上丝绸之路》，社会科学文献出版社2007年版。

李金明：《海外交通与文化交流》，云南美术出版社2006年版。

李金明：《厦门海外交通》，鹭江出版社1996年版。

李金明：《漳州港：明代海澄月港兴衰史》，福建人民出版社2001年版。

李露露：《妈祖信仰》，学苑出版社1994年版。

李献璋著，郑彭年译，刘月莲校：《妈祖信仰研究》，澳门海事博物馆1995年版。

李燕：《古代中国的港口：经济、文化与空间的嬗变》，广东经济出版社2014年版。

连江县地方志编纂委员会办公室整理：《连江县志》，鹭江出版社2017年版。

连江县妈祖文化研究会编：《连江妈祖文化集萃》，香港文学报社出版社2007年版。

联合国教科文组织海上丝绸之路综合考察泉州国际学术讨论会组织委员会编：《中国与海上丝绸之路》，福建人民出版社1991年版。

联合国教科文组织海上丝绸之路综合考察泉州国际学术讨论会组织委员会编：《中国与海上丝绸之路（续集）》，福建人民出版社1994年版。

梁二平：《海上丝绸之路2000年》，上海交通大学出版社2016年版。

林国平、邱季端：《福建移民史》，方志出版社2005年版。

林华东：《历史、现实与未来：闽南文化的传承创新研究》，厦门大学出版社2011年版。

林华东、吴绮云、吴力群：《闽南与台湾地方文献目录》，厦门大学出版社2012年版。

林华东主编：《闽台与海丝文化研究丛书》，中国社会科学出版社2016年版。

林金水、吴巍巍、崔军锋：《福建与中西文化交流史论》，海洋出版社2015年版。

林金水、谢必震等：《福建对外文化交流史》，福建教育出版社1997

年版。

林金枝、庄为玑编纂：《近代华侨投资国内企业史资料选辑（福建卷）》，福建人民出版社1985年版。

林立：《跨越海洋："海上丝绸之路与世界文明进程"国际学术论坛文选》，浙江大学出版社2012年版。

林南中：《漳州外来货币概述》，福建人民出版社2014年版。

林庆昌：《妈祖真迹》，中山大学出版社2003年版。

林仙久主编：《莆阳学者论妈祖诞生地》，海峡书局2017年版。

林耀华：《金翼：中国家族制度的社会学研究》，生活·读书·新知三联书店1989年版。

林艺谋：《华安东溪窑史话》，福建人民出版社2016年版。

刘德城、刘煦赞：《福建图书馆事业志》，方志出版社2006年版。

刘福铸、玉连弟主编：《历代妈祖诗咏辑注》，中国文史出版社2005年版。

卢承圣主编：《辉煌灿烂的福建"海丝"文化》，海峡文艺出版社2016年版。

卢建一点校：《明清东南海岛史料选编》，福建人民出版社2011年版。

卢金城注译：《天后显圣录》，莆田文化新闻局2010年版。

妈祖文献整理与研究丛刊编纂委员会编：《妈祖文献整理与研究丛刊》（第二辑），海峡文艺出版社2017年版。

［马来西亚］林忠强等主编：《东南亚的福建人》，厦门大学出版社2006年版。

闽都文化研究会编：《第六届闽都文化论坛——海外福州人与"一带一路"论文汇编》，闽都文化研究会2017年版。

闽都文化研究会编：《海外福州人与海上丝绸之路》，海峡文艺出版社2017年版。

闽都文化研究会编：《闽都文化与开放的福州》，海峡文艺出版社2019年版。

闽南师范大学闽南文化研究院编：《闽南历史文化概说》，福建人民出版社2013年版。

闽南文化丛书编委会编：《闽南文化丛书》，福建人民出版社 2007 年版。

潘天林编：《莆田港口》，莆田市政协学习宣传和文史资料委员会 2017 年版。

彭文宇主编：《妈祖研究文化论丛（1）》，人民出版社 2012 年版。

彭一万：《厦门跨海情缘》，厦门大学出版社 2011 年版。

莆田学院妈祖文化研究院、莆田市湄洲妈祖祖庙董事会编：《妈祖文化年鉴 2013》，人民出版社 2016 年版。

泉州港与古代海外交通编写组编：《泉州港与古代海外交通》，文物出版社 1982 年版。

泉州市地方志编纂委员会编：《泉州地情丛书》，海风出版社 2007 年版。

泉州市地方志编纂委员会编：《泉州海丝史话》，海峡书局 2015 年版。

［日］濑川昌久著，钱杭译：《族谱：华南汉族的宗教·风水·移居》，上海书店出版社 1999 年版。

上海书店出版社编：《中国地方志集成·福建府县志辑》，上海书店出版社 2000 年版。

社会科学文献出版社、国际图书馆、福建省图书馆、福建师范大学图书馆编：《闽台历代方志集成》，社会科学文献出版社 2018 年版。

沈岩：《沈岩船政研究文集》，社会科学文献出版社 2016 年版。

宋秀琚主编：《21 世纪海上丝绸之路与中国——印尼战略合作研究》，华中师范大学出版社 2017 年版。

苏通海：《漳州侨批史话》，福建人民出版社 2016 年版。

苏文菁主编：《海上丝绸之路与中国海洋强国战略丛书》，社会科学文献出版社 2017 年版。

谭培根主编：《中国海丝文化·漳州篇》，福建人民出版社 2014 年版。

唐次妹：《厦门与台湾》，鹭江出版社 2002 年版。

汪方文主编，厦门市档案局、厦门市档案馆编：《近代厦门经济档案资料》，厦门大学出版社 1997 年版。

汪征鲁：《福建史纲》，福建人民出版社 2003 年版。

王见川：《近代妈祖经卷文献与郑成功信仰资料》，博扬文化事业有限公司 2013 年版。

王日根：《海上丝绸之路研究丛书》，厦门大学出版社 2018 年版。

王耀华主编：《福建文化概览》，福建教育出版社 1994 年版。

吴其生：《明清时期漳州窑》，福建人民出版社 2015 年版。

吴诗池：《厦门考古与文物》，鹭江出版社 1996 年版。

吴士存主编：《21 世纪海上丝绸之路与中国—东盟合作》，南京大学出版社 2016 年版。

吴文良：《泉州宗教石刻》（增订本），科学出版社 2005 年版。

吴文良：《泉州宗教石刻》，中国科学院出版社 1957 年版。

吴仰荣：《近代厦台交流档案资料选编》，厦门大学出版社 2017 年版。

厦门港史志编纂委员会编：《厦门港史志》，人民交通出版社 1993 年版。

厦门华侨志编纂委员会编：《厦门华侨志》，鹭江出版社 1991 年版。

厦门市档案馆、厦门总商会编：《厦门商会档案史料选编》，鹭江出版社 1993 年版。

厦门市人民政府新闻办公室编：《丝路帆影》，鹭江出版社 2017 年版。

厦门市政协主编：《厦门文史丛书》，厦门大学出版社 2007 年版。

厦门图书馆编：《厦门图书馆馆藏福建地方文献目录汇编》，厦门市图书馆 2003 年版。

厦门文化丛书编委会编：《厦门文化丛书》，鹭江出版社 1993 年版。

肖一平、林云森、杨德金编辑：《妈祖研究资料汇编》，福建人民出版社 1987 年版。

谢必震：《图说福建与海上丝绸之路丛书》，福建教育出版社 2018 年版。

熊月之总主编，中国华东文献丛书编辑委员会编：《中国华东文献丛书·第 8 辑（196—200）妈祖文献》（第 1 卷），学苑出版社 2010 年版。

徐晓望：《福建民间信仰源流》，福建教育出版社 1993 年版。

许更生：《海丝雕龙》，中国文史出版社 2016 年版。

许更生：《妈祖研覃考辩》，西安出版社 2014 年版。

杨国桢：《闽在海中：追寻福建海洋发展史》，江西高校出版社 1998 年版。

曾筱霞：《海上福州》，海峡文艺出版社 2017 年版。

张帆、杨华基：《福建文化发展蓝皮书（2007—2008）》，海潮摄影艺术出版社 2008 年版。

张汝鸿主编：《历代地理外纪史籍丛刊》，北京燕山出版社 2018 年版。

张天禄编纂，福州市地方志编纂委员会整理：《鼓山艺文志》，海风出版社 2001 年版。

张星烺：《中西交通史料汇编》（第 1 册、第 5 册），华文出版社 1978 年版。

张作兴主编：《船政文化研究·第三辑》，海潮摄影艺术出版社 2006 年版。

漳州市政协文教卫体委员会编：《漳州"海上丝绸之路"论文选》，福建人民出版社 2016 年版。

赵大志：《地方文献建设研究》，西南交通大学出版社 2012 年版。

赵江林主编：《21 世纪海上丝绸之路：目标构想、实施基础与对策研究》，社会科学文献出版社 2015 年版。

赵君尧：《闽都文化简论》，福建美术出版社 2012 年版。

郑宝谦主编：《福建省旧方志综录》，福建人民出版社 2010 年版。

郑剑顺：《福州港》，福建人民出版社 2001 年版。

郑来发：《一路向海——漳州人下南洋》，福建人民出版社 2016 年版。

郑新清编：《船政文化研究选集——纪念船政创办 150 周年》，鹭江出版社 2016 年版。

郑镛主编：《月港帆影》，福建人民出版社 2016 年版。

郑云：《海丝申遗话月港》，厦门大学出版社 2015 年版。

郑振满、[美]丁荷生：《福建宗教碑铭汇编》，福建人民出版社 1995 年版。

中共龙溪地委宣传部、福建省历史学会厦门分会整理：《月港研究论文集》，中共龙溪地委宣传部、福建省历史学会厦门分会 1983 年编印。

中国海外交通史研究会、泉州海外交通史博物馆编:《泉州海外交通史料汇编》,晋江地区印刷厂 1983 年版。

中国航海学会、泉州市人民政府编:《泉州港与海上丝绸之路》,中国社会科学出版社 2002 年版。

中国谱牒学研究会编:《谱牒学研究》,书目文献出版社 1995 年版。

中国人民政治协商会议福建省委员会文史资料委员会编:《春华秋实录:福建文化史料》,福建人民出版社 1999 年版。

中国人民政治协商会议漳州市委员会编:《漳州历史文化丛书》,海峡文艺出版社 2009 年版。

中华妈祖文化交流协会、莆田学院编:《妈祖研究资料目录索引》,海风出版社 2005 年版。

中华人民共和国文化部编:《中国文化文物统计年鉴》,国家图书馆出版社 2013 年版。

钟叶青:《浅藏:初编·泉州海丝文献管窥》,山东画报出版社 2016 年版。

周仪扬、陈育伦、郭志超主编:《谱牒研究与华侨华人》,新华出版社 2006 年版。

周子峰:《近代厦门城市发展史研究》,厦门大学出版社 2005 年版。

朱维幹:《福建史稿》,福建教育出版社 2008 年版。

庄为玑、郑山玉主编:《泉州谱牒华侨史料与研究》,中国华侨出版社 1998 年版。

庄为玑、庄景辉、王连茂:《海上丝绸之路的著名港口:泉州》,海洋出版社 1989 年版。

四 期刊论文

蔡惠茹、郭培贵:《现存明代福建地方科举文献研究》,《福建师范大学学报》(哲学社会科学版) 2015 年第 6 期。

蔡天新:《妈祖信仰的由来及其古丝路传播的时空研究》,《妈祖文化研究》2018 年第 3 期。

蔡晓君、陈彬强:《泉州建设闽南海丝文化信息资源中心的思考》,《长春师范大学学报》2016 年第 4 期。

曹敏华：《福建华侨对祖国抗日战争的贡献》，《中共福建省委党校学报》1989 年第 Z1 期。

陈彬强：《1840 年以来我国海上丝绸之路文献整理成就述论》，《图书馆建设》2018 年第 6 期。

陈彬强：《海上丝绸之路文献资源保障体系建设》，《图书馆建设》2015 年第 5 期。

陈春阳、李红学：《莆仙地方文献数据库建设刍议》，《江西图书馆学刊》2008 年第 1 期。

陈大莲：《高校图书馆地域文化数据库的构建与优化——以"闽都历史文化名人数据库"为例》，《闽江学院学报》2013 年第 1 期。

陈登源：《基于 21 世纪海上丝绸之路的福州文化产业"走出去"战略研究》，《河南理工大学学报》（社会科学版）2016 年第 1 期。

陈方劲：《地方高校图书馆地方文献数据库共建共享研究》，《宁德师范学院学报》（哲学社会科学版）2016 年第 2 期。

陈国强：《福建省历史学会筹委会成立》，《历史教学》1963 年第 2 期。

陈红虹：《福建古代地方文献研究的范围、现状及今后发展的方向》，《农业图书情报学刊》2010 年第 10 期。

陈红秋：《传统与坚持：公共图书馆特色馆藏建设策略研究——以厦门市图书馆华侨华人特色馆藏建设为例》，《河南图书馆学刊》2017 年第 37 卷第 2 期。

陈红秋：《地方古籍文献深度开发研究——以厦门市图书馆为例》，《情报探索》2012 年第 1 期。

陈建标：《明末清初厦门港的崛起与陶瓷贸易》，《南方文物》2004 年第 2 期。

陈君：《漳州：新"海丝"新机遇》，《今日中国》2015 年第 2 期。

陈恺旻：《从〈恩赐琅琊郡王德政碑〉看海上丝绸之路中的福州》，《文化学刊》2016 年第 11 期。

陈克：《当代文献纪录片的定义》，《电影评介》2012 年第 1 期。

陈丽华：《南宋泉州江湖诗人盛世忠及其诗作》，《泉州师范学院学报》

2014 年第 32 卷第 1 期。

陈丽华：《元王应祚墓志铭考释》，《福建文博》2016 年第 1 期。

陈萍：《从馆藏文物看福州"海丝"贸易》，《福建史志》2015 年第 3 期。

陈琦勇：《莆田市图书馆古籍普查的实践与思考》，《福建图书馆理论与实践》2011 年第 4 期。

陈群：《高校图书馆建设特色数据库的依据》，《图书馆学刊》2011 年第 4 期。

陈文革：《地方文献在闽台文化交流中的价值》，《中共福建省委党校学报》2012 年第 6 期。

陈希育：《清代厦门港的海外贸易与华侨》，《南洋问题》1987 年第 3 期。

陈小慧：《厦门大学图书馆特藏建设的现状与发展方向》，《图书馆学研究》2010 年第 4 期。

陈晓忠：《海南"海上丝绸之路"文化遗产保护的数字图书馆模式研究》，《美术教育研究》2015 年第 16 期。

陈炎：《略论海上丝绸之路》，《历史研究》1982 年第 3 期。

陈颖、孟雪梅：《基于"城市记忆"的地方文献信息资源整合研究——以福州为例》，《福建省社会主义学院学报》2014 年第 3 期。

陈颖：《问题与出路——妈祖文化研究述评》，《中国史研究动态》2018 年第 5 期。

陈兆民：《19 世纪中后期东南亚殖民政府的华侨政策评析》，《东南亚之窗》2007 年第 3 期。

陈振杰：《明清时期福建民间远洋贸易推动海上丝绸之路繁荣发展——解析福建古民居乾隆时期福船远洋阿拉伯壁画》，《中国远洋航务》2015 年第 12 期。

陈支平：《福建民间族谱中所见南明史料辑述》，《淮阴师范学院学报》（哲学社会科学版）2009 年第 2 期。

陈支平：《明清福建家族与人口变迁》，《中国社会经济史研究》1989 年第 3 期。

陈梓生：《略谈刘华墓出土的孔雀蓝釉瓶》，《福建文博》2013年第3期。

陈自强：《海外贸易商业资本的代言人——评清代前期三位漳州学者的海外贸易思想》，《海交史研究》1994年第1期。

陈自强：《论明代漳州月港》，《福建论坛》1982年第2期。

陈自强：《明代漳州月港续论》，《漳州职业大学学报》1999年第3期。

陈自强：《明清时期闽南涉海著述举要》，《闽台文化交流》2012年第3期。

池敬嘉：《纪念郑和下西洋600周年专题之二 福州方言俗语中残留着郑和下西洋遗迹》，《台声》2004年第9期。

戴晖：《海丝与福州海神信仰文物史迹述略》，《福建史志》2015年第1期。

戴立岩：《图书馆古籍整理开发工作管见》，《图书馆学刊》2011年第12期。

戴一峰：《近代福建华侨出入国规模及其发展变化》，《华侨华人历史研究》1988年第2期。

丁玲玲：《泉州沿海古镇"海丝"文化资源产业化开发探索》，《泉州师范学院学报》2016年第34卷第3期。

丁志可、杨毅、程文：《新常态下公共图书馆地方文献深度挖掘研究——以淮南市图书馆为例》，《大学图书情报学刊》2017年第35卷第2期。

董清花：《我国现存唯一宋代县志〈仙溪志〉》，《闽台文化交流》2010年第1期。

杜巍巍：《非物质文化遗产类地方文献资源的征集与保护研究》，《农业图书情报学刊》2015年第27卷第3期。

范佳平：《论泉州港在海上丝绸之路中的地位和优势》，《中国港口》2016年第Oz1期。

范启龙：《福建华侨与辛亥革命》，《福建师范大学学报》（哲学社会科学版）1991年第4期。

方宝川：《福建师范大学图书馆藏中琉关系史料述略——明清文献之

二》,《福建师范大学学报》(哲学社会科学版) 2001 年第 3 期。

方宝川:《福建师范大学图书馆藏中琉关系史料述略——明清文献之一》,《福建师范大学学报》(哲学社会科学版) 1999 年第 3 期。

方宝川:《六种明末清初福建地方抄本文献叙录》,《文献》2001 年第 4 期。

菲律乔治、薛澄清:《西班牙与漳州之初期通商》,《南洋问题资料译丛》1957 年第 4 期。

傅倩琛:《漳州民间芗剧文献的收集和整理》,《福建图书馆理论与实践》2013 年第 4 期。

甘淑美:《荷兰的漳州窑贸易》,《福建文博》2012 年第 1 期。

甘淑美:《西班牙的漳州窑贸易》,《福建文博》2010 年第 4 期。

甘淑美、张玉洁:《葡萄牙的漳州窑贸易》,《福建文博》2010 年第 3 期。

高建辉:《小城镇公共图书馆对民族地方文献的收集保护及利用策略研究》,《四川图书馆学报》2016 年第 6 期。

高坤育:《地方多媒体文献资源库建设——泉州学文献资源数据库建设的思考》,《情报探索》2002 年第 4 期。

高云:《古代海上丝绸之路对福建古建筑的影响研究》,《湖北科技学院学报》2016 年第 1 期。

葛丁海:《明确"地方文献"的概念》,《图书馆杂志》1994 年第 1 期。

龚为纲、罗教讲:《大数据视野下的 19 世纪"海上丝绸之路"——以丝绸、瓷器与茶叶的文化影响力为中心》,《学术论坛》2015 年第 12 期。

龚旭曦:《地方文献开发利用实践分析》,《浙江档案》2019 年第 6 期。

郭丹:《〈福建文献汇编〉的编撰与出版》,《海峡教育研究》2016 年第 4 期。

韩朴:《关于图书馆地方文献工作基本理论的几点探索》,《图书馆学刊》1989 年第 2 期。

郝文军、陈托兄:《草原丝绸之路研究论文的统计分析》,《渤海大学学报》2016 年第 3 期。

何俊伟：《浅谈大理地方文献的收集》，《大理学院学报》2003 年第 4 期。

洪霆：《侨批：海丝之路的历史文化遗存》，《东南传播》2018 年第 3 期。

洪映红：《闽南海丝文化的历史钩沉——以厦门港为中心的追溯》，《集美大学学报》（哲学社会科学版）2016 年第 3 期。

胡彩云：《区域性地方文献建设再思考——以福建省地方文献建设为例》，《福建图书馆理论与实践》2010 年第 3 期。

胡寄馨：《明代福建对外贸易港研究》，《福建省研究院研究汇报》1947 年第 2 期。

黄成：《古籍文献资源整理保护与开发利用简论》，《兰台世界》2016 年第 12 期。

黄德旺：《浅谈福建海上丝绸之路与泉州港》，《福建文博》2009 年第 4 期。

黄国灿：《"21 世纪海上丝绸之路"战略下文化档案品牌资源保护研究——以泉州市为例》，《辽宁经济》2017 年第 7 期。

黄华美：《福州地方文献数字化建设构想》，《闽江学院学报》2012 年第 33 卷第 1 期。

黄建铭：《典籍缱绻 信仰流长——闽台民间信仰文献内涵与价值解读》，《中国宗教》2007 年第 4 期。

黄捷：《论高校图书馆珍稀地方文献的保护和利用》，《兰台世界》2014 年第 29 期。

黄俊贵：《地方文献工作刍论》，《中国图书馆学报》1999 年第 1 期。

黄连庆：《从读者需求角度谈高校图书馆地方文献工作》，《高校图书馆》2005 年第 4 期。

黄秋梨：《福建古代地方文献研究范围、现状和未来走向考》，《河南图书馆学刊》2007 年第 1 期。

黄瑞国：《第二届国际妈祖文化学术研讨会综述》，《形象史学研究》2016 年第 2 期。

黄腾华：《评〈妈祖研究资料目录索引〉》，《莆田学院学报》2006 年第

1 期。

黄文福、苏瑞竹：《"一带一路"战略背景下东盟文献信息资源的采集》，《内蒙古科技与经济》2017 年第 7 期。

黄志景：《和谐海西环境下福建高校图书馆闽台地方文献建设》，《情报探索》2010 年第 5 期。

冀满红：《论晚清政府对东南亚华侨的保护政策》，《东南亚研究》2006 年第 2 期。

贾立菲：《谈地方文献的开发与利用》，《中国图书馆学报》2006 年第 6 期。

江亚：《汇聚与深化："一带一路"背景下的图书馆海丝文献工作——基于海丝相关区域的考察》，《图书馆界》2019 年第 1 期。

蒋冬英：《"一带一路"与创新岭南海洋文化资源建设研究》，《图书馆界》2016 年第 6 期。

蒋维锬：《〈天妃显圣录〉现存版本及其纂修过程初探》，《莆田学院学报》2008 年第 6 期。

金秋鹏：《继续努力挖掘、整理、宣传中国的海洋文化》，《海交史研究》1989 年第 2 期。

康汉彬：《闽南海丝文化信息资源服务平台的构建》，《泉州师范学院学报》2018 年第 36 卷第 4 期。

柯平：《论地方文献的特征及其划分》，《图书情报论坛》1990 年第 4 期。

孔远志、杨康善：《郑和下西洋与东南亚华侨华人》，《华侨华人历史研究》2005 年第 3 期。

来新夏：《图书馆与地方文献》，《图书馆》2002 年第 6 期。

蓝静红：《"海丝战略"背景下的侨批档案研究》，《广东开放大学学报》2016 年第 2 期。

雷玉虹：《戴国辉的东南亚华侨华人研究》，《华侨华人历史研究》2012 年第 4 期。

李家清：《地方文献共享体系研究》，《图书馆》2006 年第 6 期。

李建伟：《"海丝"视阈下广东梅州客侨家谱开发利用述略》，《图书馆研究》2016 年第 4 期。

李金明：《闽南人与中华文化在菲律宾的传播》，《华侨华人历史研究》1998 年第 1 期。

李金明：《十六世纪中国海外贸易的发展与漳州月港的崛起》，《南洋问题研究》1999 年第 4 期。

李天锡：《从泉州华侨看泉州港在海上丝路的历史地位》，《泉州师范学院学报》2003 年第 1 期。

李天锡：《闽南族谱资料价值得失论》，《华侨大学学报》（人文社会科学版）2001 年第 3 期。

李晓花：《承传乡邦典籍，发扬桑梓文化——〈福建师范大学图书馆藏稀见方志丛刊〉评介》，《文献信息论坛》2009 年第 1 期。

李艳玲：《道光〈厦门志〉："海丝"文化的重要文献》，《福建史志》2017 年第 3 期。

李一鸣、李洁宇、黄海蓉：《古代海上丝绸之路与海南妈祖信仰关系初探》，《新东方》2017 年第 3 期。

李艺：《福州海上丝绸之路研究综述》，《福建省社会主义学院学报》2016 年第 6 期。

连心豪：《清初漳州月港的海外交通贸易——民间宗教信仰史迹与文献视角》，《丝绸之路》2013 年第 4 期。

梁芳：《中国族谱资料的整理、研究和数字化建设》，《山东图书馆季刊》2007 年第 2 期。

廖中武：《"21 世纪海上丝绸之路"战略中妈祖文化的传播研究》，《中共福建省委党校学报》2017 年第 2 期。

林斌龙：《月港诗话》，《炎黄纵横》2007 年第 1 期。

林长生：《〈闽南涉台族谱汇编〉首次面世》，《台声》2014 年第 10 期。

林春培、刘佳、田帅：《基于文献计量的国内海上丝绸之路研究热点分析》，《情报杂志》2018 年第 37 卷第 2 期。

林国平：《海神信仰与古代海上丝绸之路——以妈祖信仰为中心》，《福州大学学报》（哲学社会科学版）2017 年第 31 卷第 2 期。

林惠滨：《福建旅游资源的特点及开发利用战略》，《福建论坛》（经济社会版）1984 年第 10 期。

林剑华：《馆藏晚清民国时期宗教期刊名录考述——以福建师范大学图书馆为例》，《福建教育学院学报》2016 年第 17 卷第 4 期。

林金枝：《从福建侨乡族谱看南洋华侨史的若干问题》，《历史研究》1984 年第 4 期。

林金枝：《福建华侨旅居日本史略》，《南洋问题》1984 年第 4 期。

林金枝：《福建侨乡族谱中有关南洋华侨史的若干问题》，《南洋问题》1982 年第 4 期。

林金枝：《近代福建华侨与新加坡、马来亚的华文报》，《华侨大学学报》（哲学社会科学版）1988 年第 2 期。

林金枝：《闽南侨乡族谱中的南洋华侨史实》，《福建论坛》1983 年第 1 期。

林明太、黄朝晖：《妈祖文化在海上丝绸之路沿线国家的传播与发展》，《集美大学学报》（哲学社会科学版）2015 年第 18 卷第 4 期。

林明太、连晨曦、陈立峰：《我国海上丝绸之路沿线城市妈祖文化的联合旅游开发研究》，《牡丹江大学学报》2018 年第 27 卷第 11 期。

林明太、连晨曦、赵相相：《试析海上丝绸之路沿线主要国家的妈祖文化旅游联合开发》，《武夷学院学报》2018 年第 37 卷第 5 期。

林明太：《莆田文化资源特色及其旅游开发》，《福建地理》2004 年第 3 期。

林楠虹：《近代福州茶叶对外贸易下的城市发展》，《福建商业高等专科学校学报》2016 年第 2 期。

林清哲：《明末清初福建陶瓷文化在东南亚的传播及影响——以漳州窑系为中心》，《南方文物》2013 年第 3 期。

林仁川：《明代漳州海上贸易的发展与海商反对税监高寀的斗争》，《厦门大学学报》（哲学社会科学版）1982 年第 3 期。

林胜、朱宇：《海外华侨华人安全问题思考——以福建海外移民为例》，《福州大学学报》（哲学社会科学版）2015 年第 2 期。

林仕珍：《高校图书馆特色专题数据库的建设——以漳州地方文化数据库为例》，《漳州师范学院学报》（自然科学版）2007 年第 4 期。

林汀水：《海澄之月港港考》，《中国社会经济史研究》1995 年第 3 期。

林蔚文：《明代福建华侨史略》，《东南文化》1987 年第 2 期。

林祥瑞：《略论福建华侨史的分期问题》，《福建师大学报》（哲学社会科学版）1983 年第 4 期。

林小玲：《开发古籍文献资源为经济建设服务》，《图书馆学研究》1995 年第 3 期。

林仪：《略论泉州族谱中泉籍华侨对祖国革命的积极参与》，《黑河学刊》2011 年第 8 期。

林莹、郑舒翔：《清末闽籍华侨出国特点研究》，《现代商贸工业》2009 年第 2 期。

刘福铸：《〈妈祖文献史料汇编〉（第三辑）简介》，《莆田学院学报》2011 年第 6 期。

刘福铸：《妈祖文献资料的搜集整理与展望》，《浙江海洋学院学报》（人文科学版）2015 年第 5 期。

刘平、刘颖，[越]张玄芝整理：《区域研究·地方文献·学术路径——"地方文献与历史人类学研究论坛"纪要》，《中国社会历史评论》2009 年第 10 期。

刘勤：《地方文献著录中的若干问题——以福建地方文献为例》，《图书馆工作与研究》2010 年第 10 期。

刘珊珊：《海南"海上丝绸之路"文化遗产保护的数字图书馆运行方式分析》，《佳木斯职业学院学报》2015 年第 11 期。

刘少明：《五口通商至清末时期福州港茶叶贸易变迁与启示》，《海关与经贸研究》2016 年第 3 期。

刘士星：《文献开发浅谈》，《图书与情报》1985 年第 4 期。

刘淑玉：《海上丝绸之路海南特色档案建设》，《档案时空》2018 年第 3 期。

刘淑玉：《"一带一路"视域下档案馆的使命与对策探讨》，《山西档案》2016 年第 3 期。

刘威：《论构建数字图书馆的影响因素》，《吉林师范大学学报》（人文社会科学版）2009 年第 1 期。

刘煦赞：《"福建文化记忆"工程建设实践及推进设想》，《图书馆学研究》2012年第20期。

刘子明：《论地方文献的概念》，《图书馆理论与实践》1991年第3期。

龙丹、郑辉：《福建师范大学图书馆民国文献概况及主要特色》，《大学图书情报学刊》2012年第4期。

陆芸：《近30年来中国海上丝绸之路研究述评》，《丝绸之路》2013年第2期。

罗焕文：《省地方文献的组织》，《图书馆学通讯》1957年第2期。

罗涛：《福建地方高校智库服务"海丝核心区建设"研究》，《福建商学院学报》2017年第6期。

罗雪珍：《泉州"海丝"的历史文化魅力与现代开发研究》，《福建省社会主义学院学报》2016年第2期。

骆伟：《论地方文献》，《广东图书馆学刊》1988年第3期。

骆伟、朱晓华：《试论地方文献与地方文化的关系》，《图书馆论坛》2000年第5期。

孟艳丽：《"一带一路"环境下中国与东盟国家数字图书馆主题共现可视化分析》，《图书馆工作与研究》2016年第11期。

欧潭生：《从考古角度看福州历史及"海丝"遗存》，《福建史志》2018年第6期。

戚文闯：《海上丝绸之路研究综述》，《福建省社会主义学院学报》2016年第2期。

秦邕江：《全国部分省市旧志整理情况简介》，《广西地方志》2006年第6期。

丘瑜：《高校图书馆地方文献数字化建设探讨——以东莞地方文献数字化为例》，《图书情报论坛》2013年第6期。

全毅、林裳：《漳州月港与大帆船贸易时代的中国海上丝绸之路》，《福建行政学院学报》2015年第6期。

上官小红：《民国时期华侨与侨乡政治——以福建事变为例》，《八桂侨刊》2015年第4期。

邵建平、于姗姗：《福州与冲绳的历史文化渊源探析》，《世纪桥》2015

年第 7 期。

申宁宁：《城市文献纪录片的三维价值解读》，《当代电视》2016 年第 11 期。

沈秀琼：《闽南地方文献的搜集与整理方略》，《兰台世界》2014 年第 20 期。

沈玉水：《泉州港兴衰的启迪》，《福建论坛》1982 年第 2 期。

施存龙：《郑和下西洋的出国门——五虎门考辨》，《南通航运职业技术学院学报》2018 年第 17 卷第 2 期。

司徒尚纪、许桂灵：《中国海上丝绸之路的历史演变》，《热带地理》2015 年第 35 卷第 5 期。

苏清闽：《浅谈泉州市图书馆古籍保护工作》，《科技信息》2012 年第 29 期。

孙挺、徐长林：《基于 CiteSpaceⅢ的"一带一路"研究文献的可视化分析》，《图书情报工作》2015 年第 2 期。

孙晓：《〈妈祖文献整理与研究丛刊〉述评》，《莆田学院学报》2015 年第 4 期。

唐天尧：《试论明代月港兴衰的原因》，《福建师范大学学报》（哲学社会科学版）1982 年第 3 期。

田圣宝：《东方海上丝绸之路研究述评》，《山东行政学院学报》2018 年第 1 期。

汪敬钦、尹峻：《浅论闽江学院图书馆"闽都文化"特色馆藏的构建》，《闽江学院学报》2012 年第 33 卷第 1 期。

王爱虎：《从海上丝绸之路的发展史和文献研究看新海上丝绸之路建设的价值和意义》，《华南理工大学学报》（社会科学版）2015 年第 1 期。

王宏生：《点校本〈鳌峰集〉：地方文献整理的新成果》，《湖南科技学院学报》2013 年第 34 卷第 4 期。

王华：《东南亚华侨华人谱牒文献的形成、收藏现状与整理措施》，《图书馆理论与实践》2016 年第 4 期。

王慧慧：《"海上丝绸之路漳州申遗点"研究》，《福建文博》2013 年第

2 期。

王亮亮、齐月：《大数据环境下黑龙江地方文献资源的开发与保障体系研究》，《图书馆学刊》2016 年第 38 卷第 6 期。

王明雄：《浅论福建古代地方文献》，《现代经济信息》2009 年第 19 期。

王日根：《清代闽南海洋环境与家族发展——龙溪壶山黄氏家族的个案分析》，《安徽史学》2011 年第 1 期。

王荣国：《近代福建佛教向东南亚传播与当地华侨社会》，《华侨华人历史研究》1997 年第 3 期。

王天亮、李晓瑜：《网络地方文献资源的分布及其开发利用研究》，《现代情报》2010 年第 6 期。

王晓琦：《县级图书馆地方文献征集工作初探》，《理论观察》2005 年第 3 期。

王晓云：《论伊斯兰教在闽都社会的传播及影响》，《福建行政学院学报》2013 年第 5 期。

王雨卉：《浅谈非善本西文古籍的开发整理》，《图书馆工作与研究》2011 年第 4 期。

王毓澄：《福建泉州华侨教育的历史沿革》，《教育评论》1986 年第 4 期。

王云庆、刘振华：《谱牒资料的社会意义及文化价值刍议》，《图书与情报》2007 年第 5 期。

王展妮：《泉州地区海上丝绸之路文献整理与利用研究》，《图书馆理论与实践》2015 年第 7 期。

温广益：《福建华侨出国的历史和原因分析》，《中国社会经济史研究》1984 年第 2 期。

吴春浩：《"海上丝绸之路"文献资源建设现状分析与发展策略研究》，《图书馆工作与研究》2016 年第 6 期。

吴大振：《加强地方文献建设之管窥——以泉州为例》，《内蒙古科技与经济》2009 年第 4 期。

吴凤斌：《福建华侨研究四十年回顾》，《南洋问题研究》1989 年第

4 期。

吴建中：《新丝路 新作为 谱写"一带一路"图书馆建设新篇章》，《图书与情报》2016 年第 6 期。

吴劲松：《"漳州文库"的数字化建设》，《情报探索》2008 年第 6 期。

吴静、郭香：《地方文献资源建设的现状分析与对策研究——以南京市江宁区为例》，《河南图书馆学刊》2016 年第 36 卷第 1 期。

吴培植：《泉州海上丝绸之路与中外文化交流》，《丝绸之路》2014 年第 10 期。

吴绮云：《高校图书馆馆藏地方文献的开发与利用——以泉州师范学院图书馆为例》，《泉州师范学院学报》2017 年第 35 卷第 4 期。

吴绮云：《"海丝战略"背景下的闽粤族谱数据库建设》，《山西档案》2018 年第 2 期。

谢在华：《论福州在古代"海上丝绸之路"中的重要地位》，《福建史志》2015 年第 2 期。

修彩波：《张星烺与〈中西交通史料汇编〉》，《史学史研究》2010 年第 3 期。

徐斌、林小芳：《大型历史文献〈台湾文献会刊〉首发式暨座谈会在榕举行》，《福建师范大学学报》（哲学社会科学版）2005 年第 4 期。

徐晓望：《明代漳州商人与中琉贸易》，《海交史研究》1998 年第 2 期。

许龙波：《清朝后期厦门海防建设论略》，《武夷学院学报》2017 年第 36 卷第 8 期。

许志雄：《关于我校图书馆泉州地方文献信息工作的思考》，《泉州师专学报》1996 年第 2 期。

许仲雍、何巧云：《论公共图书馆地方特色馆藏的开发利用》，《河南图书馆学刊》2007 年第 6 期。

薛菁、陈永正：《闽都文化的基本特质与精神》，《新华文摘》2008 年第 9 期。

颜涉、罗小安：《加强吉安市地方文献收集之管见》，《井冈山师范学院学报》2003 年第 4 期。

杨洸：《广州海上丝绸之路研究综述》，《广州社会主义学院学报》2017

年第 2 期。

杨洸：《泉州海上丝绸之路研究综述》，《泉州师范学院学报》2016 年第 34 卷第 5 期。

杨国桢：《葡萄牙人 Chincheo 贸易居留地探寻》，《中国社会经济史研究》2004 年第 1 期。

杨娟娟：《如何完整著录闽南地方文献书目数据——以漳州师范学院图书馆为例》，《山东图书馆学刊》2010 年第 1 期。

杨勤：《地方高校与公共图书馆地方文献资源共建共享探析》，《图书馆论坛》2008 年第 10 期。

杨雪星：《福建建设 21 世纪海上丝绸之路核心区的对策思考》，《福建金融》2015 年第 6 期。

杨浙兵：《数字化地方文献收集、利用研究》，《图书馆研究与工作》2016 年第 4 期。

叶建玉、谢红彬：《基于 CiteSpace 的"海上丝绸之路"研究知识图谱分析》，《海洋开发与管理》2018 年第 35 卷第 5 期。

叶钦地：《试论闽都文化影响力》，《福建省社会主义学院学报》2012 年第 5 期。

易雪梅：《地方文献工作中值得思考的几个问题》，《国家图书馆学刊》2005 年第 1 期。

余锦秀：《公共图书馆保存利用地方特色文化资源刍议——以福建省图书馆为例》，《福建图书馆理论与实践》2016 年第 2 期。

袁桂英：《公共图书馆地方文献初探——以厦门市图书馆为例》，《福建图书馆理论与实践》2015 年第 1 期。

曾绍文：《新建本科院校图书馆特色数据库建设思考——以闽台客家文献数据库为例》，《情报探索》2012 年第 11 期。

詹艳：《略论泉州"海上丝绸之路"与中外文化交流》，《黔东南民族师范高等专科学校学报》2005 年第 5 期。

张长琳：《地方文献在学术研究中的价值及规范运用》，《青海社会科学》2018 年第 4 期。

张长水：《漳州地方文献资源的开发利用及其意义》，《漳州职业技术学院学报》2005 年第 4 期。

张春兰：《西外宗与福州海上丝绸之路》，《福建文博》2015 年第 2 期。

张春燕：《浅谈漳州地方文献及其收集》，《情报探索》2010 年第 12 期。

张国友：《公共图书馆地方文献搜集与开发利用再研究》，《边疆经济与文化》2017 年第 1 期。

张汉平：《丝绸之路共建中图书馆的使命与机遇》，《图书馆理论与实践》2014 年第 8 期。

张惠萍：《"21 世纪海上丝绸之路"倡议背景下侨批文献资源的建设与利用》，《长春师范大学学报》2018 年第 37 卷第 8 期。

张嘉星：《闽方言文献信息资源建设导说——兼论高校图书馆地方文献建设》，《漳州师范学院学报》（哲学社会科学版）2005 年第 3 期。

张娟、殷婷婷、张源、王顺新：《高校图书馆地方文献资源建设研究》，《内蒙古科技与经济》2017 年第 6 期。

张军华：《浅谈对地方文献概念、特征、范畴的再认识》，《西域图书馆论坛》2017 年第 4 期。

张连英：《从历史上看闽南华侨与菲律宾人民的友好关系》，《东南亚》1984 年第 1 期。

张连英：《明清时期福建华侨对中非经济文化交流的作用》，《福建论坛》（文史哲版）1984 年第 3 期。

张林友：《地方文献的出版、整理及获取研究——以近代福建金融史资料为中心》，《福建江夏学院学报》2016 年第 3 期。

张美莺：《浅谈福建地方文献整理与研究的意义》，《福建图书馆理论与实践》2006 年第 28 期。

张明俊：《海上丝绸之路研究在福建》，《海洋开发与管理》1997 年第 4 期。

张晓东、陈淑贞：《海外华侨与福建人民政府运动》，《福建论坛》（文史哲版）1991 年第 2 期。

张宜强：《20 世纪以来妈祖信仰研究的回顾与思考》，《莆田学院学报》2018 年第 25 卷第 3 期。

张宜强：《我国妈祖信仰研究现状分析》，《重庆文理学院学报》（社会科学版）2018年第37卷第5期。

张禹东：《华侨华人传统宗教的世俗化与非世俗化——以东南亚华侨华人为例的研究》，《宗教学研究》2004年第4期。

张玉文：《民国时期地方文献的保护与开发——以辽宁省图书馆为例》，《图书馆研究》2013年第3期。

张振玉：《王审知与福州海上丝绸之路》，《福建文博》2013年第4期。

张智慧：《省级公共图书馆地方文献中内部出版物的收集途径和方式》，《图书工作与研究》2001年第6期。

张中华：《发挥档案作用 服务海上丝路建设——在"推进21世纪海上丝绸之路建设"专题调研座谈会上的发言（摘编）》，《广东档案》2014年第6期。

章莉莉：《海南"海上丝绸之路"文化资源的美术课程转化》，《戏剧之家》2016年第13期。

赵立红：《浅谈闽南地方文献资源的收集范围和研究角度》，《闽台文化交流》2010年第4期。

赵麟斌：《略述福州华侨华人对马来西亚经济发展的影响》，《闽江学院学报》2016年第3期。

郑东、石钦：《厦门港——闽南古陶瓷外销的重要锚地》，《南方文物》2005年第3期。

郑金帆：《福建古代地方文献研究探析》，《河南图书馆学刊》2009年第1期。

郑君瑜：《论妈祖文化与海上丝绸之路的关系》，《文化学刊》2018年第8期。

郑山玉：《华侨与海上丝绸之路——部分侨乡族谱中的海外移民资料分析》，《华侨华人历史研究》1991年第1期。

郑山玉：《明代泉州人旅居东南亚的族谱资料分析》，《华侨华人历史研究》1998年第1期。

郑山玉：《侨乡族谱与华侨华人问题研究》，《海交史研究》1995年第1期。

郑一钧：《"海上丝绸之路与伊斯兰文化"国际学术讨论会述要》，《中国史研究动态》1994 年第 8 期。

郑莹：《空海——经海上丝绸之路前来福州的日本高僧》，《福建文博》2014 年第 4 期。

郑云：《明代漳州月港对外贸易考略》，《福建文博》2013 年第 2 期。

郑泽隆：《海上丝路展新姿，兰台服务显身手——广东省档案部门服务 21 世纪海上丝绸之路建设》，《广东档案》2014 年第 6 期。

植素芬：《高校图书馆助力"一带一路"建设的服务策略——以国内"21 世纪海上丝绸之路"四省区高校为例》，《宁波教育学院学报》2017 年第 19 卷第 4 期。

周长山：《日本学界的南方海上丝绸之路研究》，《海交史研究》2012 年第 2 期。

周静梅等：《中国与"一带一路"沿线国家科研合作态势研究——基于 Web of Science 的计量分析》，《情报工程》2016 年第 4 期。

周义覃：《1979—2009 年丝绸之路研究论文的统计分析》，《科技情报开发与经济》2010 年第 34 期。

周媛、刘锡涛：《郑和下西洋与东南亚华侨》，《景德镇高专学报》2009 年第 3 期。

朱玉玲：《广东海上丝绸之路特色档案开发利用策略——以档案展览为例》，《兰台世界》2017 年第 21 期。

朱玉玲、詹衍、孙学政：《海上丝绸之路广东特色档案建设》，《兰台世界》2017 年第 4 期。

庄国土：《世界华侨华人数量和分布的历史变化》，《世界历史》2011 年第 5 期。

庄恒恺：《从地方文献看福建经济作物的引进与作用——以番薯为例》，《淮海工学院学报》（人文社会科学版）2012 年第 10 卷第 2 期。

庄恒恺：《从地方文献看制度化宗教与民间信仰的融合——以福建地区佛教俗神崇拜为中心》，《宜春学院学报》2014 年第 36 卷第 4 期。

庄琳芳：《福建古代地方文献研究综述》，《图书馆理论与实践》2007 年第 6 期。

庄为玑：《福建晋江专区华侨史调查报告》，《厦门大学学报》（社会科学版）1958年第1期。

庄为玑：《论我国一部较大的华侨族谱》，《南洋问题》1986年第4期。

邹华享：《地方文献工作若干问题的再认识》，《图书馆论坛》2004年第6期。

邹娟：《基于复分表改造的地方文献多维度标引——以闽都文献为例》，《图书馆》2014年第5期。

五　会议论文

陈峰：《厦门古代海疆文献考》，福建省图书馆学会2012年学术年会，宁德，2012年10月。

陈琦勇：《莆田市图书馆古籍普查的实践与思考》，福建省图书馆学会2011年学术年会，三明，2011年10月。

陈文敬：《论华侨华人与中华民族凝聚力》，《谱牒研究与华侨华人》研讨会，晋江，2005年11月。

陈自强：《明清时期漳州海洋文化简论》，福建省首届海洋文化学术研讨会，福州，2007年10月。

李金明：《早期移居菲律宾的闽南华侨》，《谱牒研究与华侨华人》研讨会，晋江，2005年11月。

李金生：《新加坡闽人的谱牒与族史：文献资源的开发、管理与利用》，《谱牒研究与华侨华人》研讨会，晋江，2005年11月。

李天锡：《从泉州侨乡族谱看海外华侨的不幸遭遇》，《谱牒研究与华侨华人》研讨会，晋江，2005年11月。

李跃忠：《厦门市图书馆地方文献资源建设分析与思考》，福建省图书馆学会2010年学术年会，武夷山，2010年10月。

连心豪：《清代漳州月港海外交通贸易一瞥——民间宗教信仰史迹文献视角》，第三届闽南文化学术研讨会，漳州，2005年11月。

邱雅玲：《浅析郑成功对厦门历史发展进程的影响》，闽南文化新探——第六届海峡两岸闽南文化研讨会，龙岩，2010年11月。

吴乔生：《泉州家谱简论》，闽台谱牒民俗研讨会，晋江，2002年10月。

俞云平：《泰国华侨华人社会的血缘地缘纽带》，《谱牒研究与华侨华人》研讨会，晋江，2005年11月。

祝淑月：《地方文献实际利用状况的调查分析》，浙江省图书馆学会第八次学术研讨会，杭州，2001年11月。

六　网络资源

卞军凯：《莆田加入海丝申遗城市联盟我省三座城市联袂申报海丝世遗》，http：//www.hxnews.com/news/fj/pt/201609/02/943022.shtml，2018年9月10日。

博能·泉州非遗网络展示馆：http：//www.qzwb.com/spec/node/node_46178.htm。

第二批国家珍贵古籍名录：http：//www.cpcss.org/_d270623846.htm。

福建省情资料库：http：//w1.fjsq.gov.cn/。

福建省图书馆：http：//www.fjlib.net/。

福建师范大学图书馆：http：//library.fjnu.edu.cn/s/155/t/529/。

福建中医药大学图书馆：http：//lib.fjtcm.edu.cn/。

福州大学图书馆：http：//www.lib.fzu.edu.cn/。

福州地情网：http：//fz.fjsq.gov.cn/。

海上丝绸之路福建段专题资源库：http：//61.154.14.234：8080/pub/res/2/hssczl/。

海上丝绸之路国际艺术节官网：http：//www.hsgjysj.com/#hsqz。

海上丝绸之路（泉州）官方网站：http：//www.hssczl.net/。

海上丝绸之路学术研究网：http：//msr.xmu.edu.cn/main.htm。

海上丝绸之路学术研究网：https：//msr.xmu.edu.cn/。

海上丝绸之路"一带一路"研究院：https：//msr.xmu.edu.cn/main.htm。

华侨大学海上丝绸之路研究院：http：//msri.hqu.edu.cn/。

华侨大学图书馆：http：//lib.hqu.edu.cn/。

黄婕、黄瑞国：《第二届妈祖文化高峰论坛——2016年国际妈祖文化学术研讨综述》，http：//www.ptu.edu.cn/mazuwh/info/1040/1047.

439

htm，2018年9月10日。

黄凌燕：《林氏族人历时7年努力〈莆田林氏谱牒〉汇编首发》，http://www.ptwhw.com/？post=14856，2018年9月10日。

集美大学图书馆：http://library.xmu.edu.cn/portal/#&panel1-1。

集美图书馆：http://www.jmlib.cn/lib/Index.html。

连雨欣：《第二十届中国·湄洲妈祖文化旅游节18日开幕》，http://www.fj.xinhuanet.com/yuanchuang/2018-11/18/c_1123731290.htm，2018年9月10日。

联合国教科文组织：https://en.unesco.org。

林爱玲：《第二届莆田贤良港妈祖文化论坛顺利闭幕》，http://www.fujian.gov.cn/xw/ztzl/mty/xwdt/201805/t20180517_2294158.htm，2018年9月10日。

龙岩市图书馆：http://www.lytsg.com。

龙岩学院图书馆：http://lib.lyun.edu.cn。

闽南地方文化特色数据库：http://211.80.179.197/gotobin/select.dll。

闽南文化·海丝文化特色数据库：http://218.66.169.78:81/qzlib/。

南平市图书馆：http://www.nplib.net/about/？3.html。

宁德师范学院图书馆：http://library.ndnu.edu.cn。

《宁化建设闽台客家文献数据库》，《福建日报》，http://fjrb.fjsen.com/fjrb/html/2010-07/08/content_176891.htm，2014年12月30日。

莆田：《上半年湄洲岛引客60多万人次旅游收入首破2亿》，http://news.cncn.com/50097.html。

莆田学院图书馆：http:www.ptu.edu.cn/library/tszy/index.asp。

泉州地方志：http://www.qzsfzw.fjqz.gov.cn/。

泉州海外交通史博物馆：http://www.qzhjg.cn。

泉州师范学院图书馆：http://lib.qztc.edu.cn。

泉州市图书馆：http://www.qzlib.com.cn/。

泉州网"海上丝绸之路"专题：http://www.qzwb.com/spec/node/node_46638.htm。

三明市图书馆：http://www.fjsmlib.cn。

三明学院图书馆：http：//218.5.241.12/。

《十年磨一剑——广陵书社精心打造〈福建丛书〉》，http：//www.guoxue.com/gjzl/gj401/gj401_06.htm，2015年5月14日。

同安图书馆：http：//www.xmtalib.net/web/index.asp。

武夷学院图书馆：http：//lib.wuyiu.edu.cn/。

厦门大学图书馆：http：//library.xmu.edu.cn/portal/#&panel1-1。

厦门档案信息网：http：//www.xmda.gov.cn/shtml/default.shtml。

厦门市地方志首页：http：//www.fzb.xm.gov.cn/。

厦门市海沧区图书馆：https：//www.hclib.cn/。

厦门市湖里区图书馆：http：//hlqtsg.superlib.libsou.com/。

厦门市思明区图书馆：http：//www.xmsmlib.net/。

厦门市翔安区图书馆：http：//xmxalib.org/。

厦门图书馆：http：//www.xmlib.net/。

谢如明：《把莆田打造成"21世纪海上丝绸之路"先行区》，http：//www.sohu.com/a/29161060_162758，2018年9月10日。

漳州市图书馆：http：//www.fjzzlib.org.cn/。

中国海外交通史研究会：http：//www.zghjsyjh.cn。

七 英文期刊

Lucille Chia, "The Butcher, the Baker, and the Carpenter: Chinese Sojourners in the Spanish Philippines and Their Impact on Southern Fujian (sixteen-eighteenth centuries)", *Journal of the Economic and Social History of the Orient*, Vol. 49, No. 4, 2006.

Pu, Y., "A Systematic Analysis of Motivations of International Migration of People from the Homes of Overseas Chinese in Fujian Province", *Population Research*, Vol. 5, No. 4, 1988.

Zhu, G., "A Probe into Reasons for International Migration in Fujian Province", *Chinese Journal of Population Science*, Vol. 2, No. 3, 1990.

后　　记

　　福建历史上就是海上丝路的发源地、起始点，人文积淀深厚。在建设"21世纪海上丝绸之路"的背景下，对福建海丝文献整理与开发进行深入研究，挖掘和弘扬福建海丝文化，有助于加快推动福建地方经济与文化事业的发展。

　　本书为国家社科基金项目"基于海丝文化的福建地方文献整理与开发研究"的研究成果，该项目申报是基于对当时国内相关研究的学术史梳理及研究动态进行审视后，发现海丝文化与福建地方文献信息资源整理开发研究有两个特点：一是自20世纪90年代以来，关于福建地方文献的整理与开发著述和研究成果处于递增态势，越来越多的学者投入了对地方文献整理与开发利用的研究中，但专门对福建海丝文献信息资源整理与开发的研究成果不多。二是现有相关成果大部分是由福建高校和相关机构师生和学者研究的，这些成果大部分是对福建某一领域或某一地方文献著作的研究，罕见有以海丝文化为主线，对福建地方文献整理与开发进行整体梳理和研究的成果，已有成果发掘的资料比较有限，缺乏更加深入、细致、全面而系统的理论研究。福建是建设"21世纪海上丝绸之路"的核心区，对福建海丝文献整理与开发进行研究十分必要且意义重大。因此，本书写作是以海丝文化为主线，以福建海丝文献信息资源整理与开发为研究的切入点，着重研究和挖掘福建海丝文献中海丝文化内容及价值，在探讨福建海丝文献信息资源整理与开发状况及历史演进的基础上，对福建地方文献中关于海丝文化的相关内容做较详尽的梳理与考述，同时围绕福建海丝文献的搜集、整理、开发以及研究状况，对取得的成果和存在的问题进行深入的分析，以期对福建

后 记

海丝文献信息资源整理与开发有一个全景式的回顾与再现。

本书研究和撰写自 2016 年开始启动，前后历经 5 年完成。在此期间，文献资料收集难度较大，完善补充相关内容数字耗时较长，新冠肺炎疫情又使实地调研受阻，且项目组原主要成员陈林出国并退出项目组，新进组成员熟悉项目需要时间，致使书稿撰写完成时间延后一年。完成的最终成果在结构上进行了调整，原项目申请书稿结构框架为绪论、福建地方文献整理与开发概述、与海丝文化相关的福建地方文献整理与开发成果、与海丝文化相关的福建地方文献整理与开发作用、与海丝文化相关的福建地方文献整理与开发思路、结论。完成的最终成果将五部分内容根据重要性和类别重新组织，并细化了研究内容。在全面完成原定研究的五大部分主要内容的同时，增加了海丝文献类型、收藏机构、整理与开发机构、整理与开发中的问题分析等内容，比预期研究内容更为丰富，体系更为完整，结构更加合理。

本书是集体智慧的结晶，参与写作的研究人员孟雪梅、林泽斐、陈颖、张雪峰、张巧娜、陈汝模都为本书付出了巨大努力。同时，在孟雪梅教授的指导和带领下，曾辉、邢瑞姗、俞雪莲、贾强、陈婉铃、吴娟、陈汝模七名研究生也先后加入了课题研究，撰写了《基于海丝文化的福建谱牒文献整理研究》《漳州海丝文献整理开发现状及对策研究》《福州海丝文献整理开发现状及对策研究》《莆田海丝文献整理开发现状及发展策略研究》《泉州地方海丝文献开发策略研究》《厦门海丝文献整理开发现状及对策研究》《福建海丝文献数字化建设研究》等硕士学位论文。为获得相关研究资料，孟雪梅和项目组成员以及所带的研究生除了购买借阅相关文献和通过网络、数据库获取相关资料与数据，还通过实地调研来获取相关资料和数据，先后到福建省图书馆、福建省档案馆、福建师范大学图书馆、福建省博物院、福建省地方志编纂办公室、泉州海上交通博物馆、泉州市图书馆、泉州市档案馆、华侨大学图书馆、泉州师范学院图书馆、厦门大学图书馆、厦门市图书馆、漳州市图书馆、莆田市图书馆、莆田学院图书馆等海丝文献整理与开发机构进行了实地调研，对相关的研究资料尽可能地进行收集。为了更全面深入地了解福建海丝文献利用和保护现状，孟雪梅参加了由国家档案局和国际档案理事会东亚地区分会主办、福建省档案局承办的丝绸之路文献遗产保护和利用国际研讨会，会议围绕"丝绸之路文献遗产的利用和保护""丝绸之路文献遗产项目地区合作"等主题展开讨论，会议研究成果也为本书写作提供了部分资料来源。此外，项目组成员还在专业期刊上发表了《基于关联数据的地方文献地名规范控制》《上杭县地方志中的海丝资料整理与研究》等与项目主题相关的研究论文。

在本书写作过程中，课题组研究人员都耗费了大量心血和精力，并参考和吸取了国内外学者的相关研究成果。本书的出版也是在大家共同努力下完成的，特别要感谢中国社会科学出版社编辑刘艳，她为本书出版付出了辛勤劳动，尤其是她认真负责的态度、过硬的编辑能力，让我深感敬佩。此外，福建地方文化研究学者戴显群教授为福建海丝文献研究提供了宝贵资料并与孟雪梅进行了交流探讨，福建师范大学社会历史学院各位领导也对本书出版给予了大力支持，学院提供了出版经费，叶青院长一直关心并多次询问本书的出版情况，孙建党副院长与黄建兴副院长在研究资料和出版社联系上也提供了帮助，在此致以最衷心的感谢！由于福建海丝文献整理与开发的成果数量比较庞大，本书作者不可能将每个整理开发的成果都进行通览和深入研究，所以在研究分析时会受到一定局限。且相关资料和数据收集很难齐全，缺漏在所难免，只能将福建海丝文献整理开发的主要成果进行分析。因此，未来尚需进一步深入研究如何合理规划福建海丝文献整理开发工作，促进不同区域和机构间的合作，提高海丝文献整理开发效率，使福建海丝文献整理与开发工作取得更大成就。

孟雪梅

2021 年 11 月 10 日于旗山